AF748321

सत्य शास्त्र
और
विश्वशास्त्र

notionpress.com

सत्य शास्त्र
और
विश्वशास्त्र

लव कुश सिंह "विश्वमानव"

सत्यकाशी पीठ
पांचवां और अन्तिम शंकराचार्य पीठ

Notion Press

Old No. 38, New No. 6
McNichols Road, Chetpet
Chennai - 600 031

First Published by Notion Press 2020

ISBN 978-16-49190-26-0

समर्पण

यह पुस्तक समर्पित है -

उन सभी खोजी आत्माओं को,

जो सत्य की ज्योति को अपने भीतर

और संसार के हर कोने में जलाना चाहते हैं।

भारतीय संविधान के धारा-51 (ए)

नागरिक का मौलिक कर्तव्य के अनुसार

01. संविधान के प्रति प्रतिबद्धता, इसके आदर्शों, धाराओं, राष्ट्रीय ध्वज व राष्ट्रीय गान का आदर करना।
02. स्वतंत्रता के लिए संघर्ष हेतु प्रेरित करने वाले सुआदर्शों का अनुकरण करना व उन्हें चिरस्थायी बनाना।
03. भारत की सर्वोच्चता, एकता और अखण्डता की रक्षा करना तथा समर्थन करना।
04. जब भी आवश्यकता पड़े देश की रक्षा करना व राष्ट्रीय सेवाओं हेतु समर्पित होना।
05. समाज में भाई-चारें की भावना का विस्तार करना, मातृत्व भाव, धार्मिक, भाषायिक, क्षेत्रीय विभिन्नताओं में एकता कायम करना तथा नारी सम्मान आदि का ध्यान देना।
06. अपने मिश्रित संस्कृति का मूल्यांकन करना उसको स्थायित्व देना और इसकी परम्परा को कायम रखना।
07. प्राकृतिक सम्पदा की रक्षा करना जिसमें जलवायु, जंगल, झील, नदियां, जंगली जीवों व समस्त जीवों के प्रति दया का भाव सम्मिलित है।
08. वैज्ञानिक भावना को प्रोत्साहित करना, मानवीय भावनाओं के स्वरूप की परख करते रहना।
09. जन सम्पत्ति की सुरक्षा करना और हिंसा आदि का परित्याग करना।
10. व्यक्तिगत, सामूहिक गतिविधियों के प्रत्येक क्षेत्र में सर्वोच्चता हासिल करना, जिससे राष्ट्र शतत उत्थान, प्रयत्न व प्राप्ति की ओर अग्रसर होता रहे।
11. जो कि माता-पिता या अभिभावक हो, वे अपने 6 साल से 14 साल के बच्चों को शिक्षा या अन्य ऐसे सुअवसरों का लाभ उन्हें मुहैया करावें।

मूल जीवन मंत्र

"हे प्रभु, तेरे प्यार में बस दो ही बातें है। एक तो अपना कल्याण करूँ, दूसरा तुझ जैसा बन सबका कल्याण करूँ"

विषय- सूची

भाग-2: सत्य शास्त्र

हरिवंश राय बच्चन – "मधुशाला"
स्वामी अड़गड़ानन्द – "यथार्थ गीता"
मनु शर्मा – "कृष्ण की आत्मकथा"
बिल गेट्स – "बिजनेस @ द स्पीड आफ थाट"
स्टीफेन हाकिंग – "समय का संक्षिप्त इतिहास"

भाग-3: विश्वशास्त्र

लव कुश सिंह "विश्वमानव"
विश्वशास्त्र की स्थापना
रचना क्यों?
आविष्कार किस प्रकार हुआ?
उपयोगिता क्या है?
बाद का मनुष्य, समाज और शासन
कितना छोटा और कितना बड़ा?
एक ही शास्त्र-साहित्य के विभिन्न नाम
विश्वव्यापी स्थापना का स्पष्ट मार्ग
सम्बन्धित स्थान?
नयी प्रणाली और व्यापार का आधार
कल्कि महाअवतार से उत्पन्न नयी प्रणाली और व्यापार
अ. ज्ञान से जुड़ा व्यापार - नयी प्रणाली और व्यापार
01. भारतीय आध्यात्म एवं दर्शन आधारित
स्वदेशी विपणन प्रणाली: 3-एफ (3-F: Fuel-Fire-Fuel)
02. कार्पोरेट विश्वमानक मानव संसाधन विकास प्रशिक्षण
(Corporate World Standard Human Resources Development Training)
03. विश्व राजनीति पार्टी संघ (World Political Party Organisation - WPPO)
04. नयी पीढ़ी के लिए नया विषय - ईश्वर शास्त्र, मानक विज्ञान, एकात्म विज्ञान
05- विश्वशास्त्र पर आधारित आडियो-विडियो
06. मनोरंजन - नयी प्रणाली और व्यापार
01. फिल्म
02. टी0 वी सिरियल –
03. गीत
ब. जीवन से जुड़ा व्यापार - रियल स्टेट - नयी प्रणाली और व्यापार
01. "सत्यकाशी महायोजना" (वाराणसी-विन्ध्याचल-शिवद्वार-सोनभद्र के बीच का क्षेत्र)
02. डिजिटल प्रापर्टी और एजेन्ट नेटवर्क (Digital Property & Agent Network)
स. कर्म से जुड़ा व्यापार - नयी प्रणाली और व्यापार
01. उत्पाद ब्राण्ड
02. कैलेण्डर

03. शिक्षा ब्राण्ड - सत्य मानक शिक्षा (परियोजना पुनर्निर्माण- PROJECT RENEW)
04. राष्ट्र निर्माण के पुस्तक

विश्व सरकार के लिए पुनः भारत द्वारा शून्य आधारित अन्तिम आविष्कार
श्रीमदभवद्गीता की शक्ति सीमा तथा कर्मवेद: पंचमवेद समाहित विश्वशास्त्र के प्रारम्भ का आधार
कालभैरव कथा: यथार्थ दृष्टि
एक ही मानव शरीर के जीवन, ज्ञान और कर्म के विभिन्न विषय क्षेत्र से मुख्य नाम

भाग-4: समष्टि धर्म दृष्टि

अनिर्वचनीय कल्कि महाअवतार भोगेश्वर श्री लव कुश सिंह "विश्वमानव" का मानवों के नाम खुला चुनौती पत्र
अनिर्वचनीय कल्कि महाअवतार का काशी-सत्यकाशी क्षेत्र से विश्व शान्ति का अन्तिम सत्य-सन्देश

भाग-5: परिवर्तन

सीधी समझ
नये भारत में, नये मनुष्य के उदय के लिए
व्यवस्था के परिवर्तन या सत्यीकरण का पहला प्रारूप और उसकी कार्य विधि
वे शब्द जिसके बिना युग परिवर्तन सम्भव नहीं

भाग-6: केन्द्र या मध्य (भारत) में पांचवां और अन्तिम सत्यकाशी पीठ

सत्यकाशी पीठ: स्थान
सत्यकाशी पीठ: इतिहास और उद्देश्य
पाँचवाँ और अंतिम शंकराचार्य पीठ: इसकी विशेषता

भाग-7: सत्यकाशी पीठ के कार्य

धारा-उद्धार: धर्म की पुनर्स्थापना
मनुष्य चेतना का रूपांतरण
साधना, दीक्षा और आध्यात्मिक अनुष्ठान
वैश्विक कार्य: मानवता के लिए संदेश
शिव-तत्व और कल्कि-तत्व का मिलन
"सार्वभौम सत्य-सिद्धान्त" पर आधारित "युग परिवर्तन श्रृंखला" के नवयुग के शास्त्र-साहित्य

मुख पृष्ठ की व्याख्या

इस पुस्तक का आवरण ज्ञान, शास्त्र-परंपरा और वैश्विक चेतना को एक ही प्रतीकात्मक रूप में प्रस्तुत करता है। गहरे नीले आकाश की पृष्ठभूमि पर शीर्षक **"सत्य शास्त्र और विश्वशास्त्र"** तेजस्वी पीले अक्षरों में उभरता है, जो तुरंत यह संकेत देता है कि यह ग्रंथ केवल धर्म या परंपरा का नहीं, बल्कि सार्वभौमिक सत्य और विश्व-व्यवस्था का मार्गदर्शक है।

आवरण के मध्य में एक खुला हुआ पवित्र ग्रंथ है, जिसकी पंखुड़ियों-सी पृष्ठभूमि से दिव्य प्रकाश प्रस्फुटित होता है। ग्रंथ के ऊपर उगता हुआ विशाल "ज्ञान-वृक्ष" इस बात का प्रतीक है कि सत्य-ज्ञान ही विश्व का मूल आधार है-वही जड़ है, वही विस्तार है, और वही भविष्य का मार्ग है। वृक्ष से फैलता स्वर्ण-प्रकाश पुस्तक के 'सत्य' और 'विश्वशास्त्र' दोनों के सार को जीवंत रूप में चित्रित करता है।

ग्रंथ के दोनों ओर ध्यानमग्न संतों की परछाइयाँ एक गंभीर आध्यात्मिक वातावरण स्थापित करती हैं। वे उस अनंत साधना-परंपरा का संकेत हैं जिसने शास्त्रों को जन्म दिया और आज भी विश्व के लिए दिशा-प्रकाश बनती है।

नीचे पृथ्वी का दृश्य-अपनी नीली-हरी आभा के साथ-मानो सम्पूर्ण मानवता का केंद्र बिन्दु है। उसके चारों ओर विविध परंपराओं के संत, ऋषि और गुरु हाथों को मिलाकर एक वृत्त बनाते हैं। यह दृश्य "विश्वशास्त्र" की प्रमुख अवधारणा को दर्शाता है-कि मानव सभ्यता का भविष्य एक ऐसे वैश्विक सत्य पर टिका है जो सभी धर्मों, देशों और समाजों को एक ही चेतना में जोड़ सके।

सबसे नीचे **"सत्यकाशी पीठ"** का लाल–पीला शिलालेख आवरण पर एक धार्मिक-दार्शनिक अधिकार और गौरव भर देता है, जबकि उपशीर्षक **"पाँचवां और अन्तिम शंकराचार्य पीठ"** इस ग्रंथ के अनूठे इतिहास, इसकी परंपरा और उसके विशिष्ट मिशन का संकेत है।

समग्र रूप से यह आवरण शास्त्र–परंपरा, ज्ञान-विज्ञान, वैश्विक एकता, सांस्कृतिक समन्वय और आध्यात्मिक चेतना-सभी को एक ही दृश्य में समाहित करता है। यह पुस्तक के विषय को न केवल चित्रित करता है, बल्कि उसके भाव और उद्देश्य को दृश्य रूप में जीवंत बना देता है।

भूमिका

मनुष्य का इतिहास केवल युद्धों, साम्राज्यों और राजाओं की कहानी नहीं है; यह उस अदृश्य यात्रा का इतिहास भी है जिसमें मनुष्य लगातार यह जानने का प्रयास करता रहा है कि वह कौन है, क्यों है, कहाँ से आया है और किस दिशा में जा रहा है। सभ्यता की प्रत्येक उपलब्धि-विज्ञान, कला, संस्कृति, शासन, राजनीति, अर्थशास्त्र, आध्यात्म-इन सभी के पीछे मनुष्य की इसी सत्य–अन्वेषण यात्रा का हाथ रहा है। किंतु समय के साथ यह यात्रा दो भागों में बँट गई-एक वह जो बाहरी संसार को जीतने और सुधारने के लिए विज्ञान, तकनीक और भौतिक उपक्रमों की ओर बढ़ी; और दूसरी वह जो अंतरतम की गहराइयों में उतरकर मन के, आत्मा के और चेतना के रहस्यों को समझने के लिए ध्यान, योग और अध्यात्म की ओर प्रवृत्त हुई। यह द्वंद्व जितना पुराना है, उतना ही आधुनिक भी। यही कारण है कि आज का मनुष्य अत्यधिक उन्नत भौतिक दुनिया में रहते हुए भी किसी गहरी अधूरी खोज से पीड़ित दिखाई देता है-मानो उसके भीतर का मनुष्य अब भी कुछ ऐसा खोज रहा है जो उसे संसार के किसी भी बाज़ार में नहीं मिलता। इसी अधूरी खोज का समाधान प्रस्तुत करने का प्रयास *"सत्य शास्त्र और विश्वशास्त्र"* करता है। यह ग्रंथ मनुष्य के समस्त विकास को-व्यक्तिगत, सामाजिक, राष्ट्रीय और वैश्विक-एक ही सूत्र में समझकर बताता है कि सत्य की खोज और समाज का निर्माण तब तक अधूरा है जब तक उसका आधार मन के सही मानक, विश्वमानक और मानवता के एकात्म ध्येय से न जुड़ जाए।

मनुष्य ने युगों से ज्ञान को टुकड़ों में बाँट दिया-धर्म अलग, विज्ञान अलग; राजनीति अलग, नैतिकता अलग; राष्ट्र अलग, विश्व अलग; शिक्षा अलग, जीवन अलग। लेकिन वास्तविकता यह है कि मनुष्य एक ही है, उसका मन एक है, उसका लक्ष्य एक है और उसका अस्तित्व भी एक ही धारा में प्रवाहित होता है। यह पुस्तक इस विभाजन को समाप्त करते हुए एक ऐसे एकीकृत ज्ञान–तंत्र का स्वरूप प्रस्तुत करती है जिसे "विश्वशास्त्र" कहा गया है-एक ऐसा शास्त्र जो धर्म, अध्यात्म, विज्ञान, व्यवहार, शासन और समाज-इन सभी का अंतिम और सार्वभौमिक समन्वय है। विश्वशास्त्र यह बताता है कि मनुष्य का विकास तभी संभव है जब वह अपने मन के मानकों को समझे, उन्हें पहचानें, और फिर उन मानकों का उपयोग करके एक ऐसी वैश्विक व्यवस्था स्थापित करे जो सत्य पर आधारित हो, न कि भीड़ और भावनाओं पर। यह सत्य शास्त्र और विश्वशास्त्र का मूल है-एक ऐसा ज्ञान जो व्यक्तिगत जीवन, पारिवारिक जीवन, सामाजिक जीवन, राष्ट्रीय जीवन और वैश्विक जीवन के बीच निरंतरता स्थापित करता है। मनुष्य का मन जब तक असंगत रहेगा, समाज भी असंगत रहेगा; और जब तक समाज असंगत रहेगा, विश्व शांति एक असंभव सपना ही बनी रहेगी।

मानव सभ्यता के हर संकट के पीछे ज्ञान का संकट रहा है-या तो ज्ञान अधूरा रहा, या गलत दिशा में लगा, या समाज उससे जुड़ नहीं पाया। यह पुस्तक संकटों की इस श्रृंखला का विश्लेषण करती है-पहले संकट से लेकर पाँचवें और छठे संकट तक-जहाँ यह स्पष्ट दिखता है कि

समाज का पतन तब होता है जब राजा (शासन) और समाज (जनता) दोनों अपने–अपने कर्तव्यों से च्युत हो जाते हैं। जब राजा शक्तियों को संतुलित करने की जगह उन्हें दबाने लगता है, जब नागरिक धर्म-अर्थात् सत्य-से हटकर केवल भौतिक लाभों की ओर बढ़ने लगता है, तब व्यवस्था का विनाश अनिवार्य हो जाता है। इसी ऐतिहासिक दृष्टि से यह विश्वशास्त्र बताता है कि आज विश्व जिस मोड़ पर खड़ा है, वह केवल तकनीकी क्रांति का मोड़ नहीं, बल्कि मानव मन की क्रांति का मोड़ है-जहाँ मनुष्य को स्वयं अपने मन, अपनी इच्छाओं, अपनी प्रवृत्तियों और अपनी चेतना की दिशा तय करनी है। आज की तकनीक-चाहे वह AI हो, मशीन लर्निंग हो, क्वांटम कम्प्यूटिंग हो या जैविक इंजीनियरिंग-मनुष्य को शक्ति तो दे सकती है, लेकिन दिशा नहीं दे सकती। दिशा का काम ज्ञान का है, और दिशा का अंतिम रूप सत्य का है। इसलिए *"सत्य शास्त्र और विश्वशास्त्र"* का उदय समय की मांग भी है और युग परिवर्तन की घोषणा भी।

यह ग्रंथ मनुष्य को समझाता है कि समाज केवल कानून और व्यवस्था से नहीं चलता-समाज चलता है मन के मानकों से। जिस मन का लक्षण जैसा होगा, वैसा ही समाज का ढाँचा होगा। यदि मन द्वंद्वपूर्ण है, तो समाज भी संघर्ष से भरा होगा; यदि मन लालसा-प्रधान है, तो राजनीति भी स्वार्थ-प्रधान होगी; यदि मन कर्तव्य-प्रधान है, तो समाज भी नैतिक होगा; यदि मन ध्यान-प्रधान है, तो सभ्यता भी शांत, संतुलित और दीर्घजीवी होगी। इसी के आधार पर विश्वशास्त्र मनुष्य के तीन मूल मानक प्रस्तुत करता है-ब्रह्मा का मानक (सृजन), विष्णु का मानक (पालन), और शिव का मानक (मार्गदर्शन/निश्चय/ध्यान)। ये तीनों केवल धार्मिक प्रतीक नहीं, बल्कि मनुष्य के तीन मानसिक कार्य-विचार, कर्म और निर्णय-के वैज्ञानिक आधार हैं। जब मन इन तीनों मानकों में संतुलित होता है, तब मनुष्य 'पूर्ण मानव' बनता है-एक ऐसा मनुष्य जो केवल जीवित नहीं रहता, बल्कि सभ्यता का निर्माता भी बनता है।

पुस्तक का एक अत्यंत महत्वपूर्ण पक्ष यह है कि यह विश्व के बदलते राजनीतिक परिदृश्य-संयुक्त राष्ट्र, मिलेनियम शिखर सम्मेलन, वैश्विक शांति एजेंडा, मानवाधिकारों की सार्वभौमिक घोषणा-इन सबको एक बड़े संदर्भ में रखकर दिखाती है कि विश्व को एक ऐसे ज्ञान–मानक की आवश्यकता है जो सम्पूर्ण मानवता को एक ही व्यवस्था में बाँध सके। यह व्यवस्था धर्म के आधार पर नहीं, राष्ट्र की सीमाओं पर नहीं, बल्कि मन के विकास और सत्य की सार्वभौमिकता पर आधारित होनी चाहिए। इसी दिशा में विश्वशास्त्र "विश्व-नागरिक" की अवधारणा प्रस्तुत करता है-एक ऐसा नागरिक जिसकी पहचान केवल उसके देश से नहीं, बल्कि उसके ज्ञान से निर्धारित होती है। शिक्षा के क्षेत्र में यह पुस्तक बताती है कि पूर्ण शिक्षा का अर्थ केवल तथ्यों का संग्रह नहीं, बल्कि सोचने की क्षमता, तर्क की शक्ति, निर्णय क्षमता और आत्म-प्रेरणा का विकास है। यही कारण है कि पुस्तक में "विचार-अंतर्प्रज्ञा" (मस्तिष्क का वास्तविक प्रशिक्षण), "पूर्ण ज्ञान में प्रमाण-पत्र", "मानक शिक्षा", "सत्य शिक्षा" और "विश्व शिक्षा पाठ्यक्रम" जैसी अवधारणाएँ प्रस्तावित की गई हैं, जो भविष्य की शिक्षा व्यवस्था का खाका प्रस्तुत करती हैं।

समाज और व्यक्ति का संबंध इस पुस्तक में अत्यंत गहन रूप से समझाया गया है। व्यक्ति समाज से बनता है, और समाज व्यक्ति से-दोनों एक ही चेतना के दो आयाम हैं। जब व्यक्ति का मन शुद्ध और उन्नत होता है तो वह परिवार को बदलता है; परिवार समाज को बदलता है; समाज राष्ट्र को बदलता है; और राष्ट्र विश्व को बदल सकता है। इसके विपरीत यदि व्यक्ति भ्रमित, भयभीत, स्वार्थी या दिशाहीन है तो वही स्थिति पूरे समाज और विश्व में परिलक्षित होती है। आज का विश्व–संकट-राजनीतिक अस्थिरता, युद्ध, आर्थिक असमानता, पर्यावरणीय संकट-ये सारी चुनौतियाँ मनुष्य के मन की असंगति का परिणाम हैं। इसीलिए विश्वशास्त्र कहता है कि मनुष्य को पहले "स्वयं का शासन"-*self-governance*-सीखना होगा, तभी वह "विश्व शासन"-*global governance*-का अधिकारी बन सकता है। यह पुस्तक बार-बार यह स्पष्ट करती है कि ईश्वर का सत्य केवल मंदिरों, ग्रंथों, कर्मकांडों में नहीं मिलता; वह मनुष्य की निष्ठा, सत्यता, कर्तव्य, करुणा और विवेक में प्रकट होता है। जब मनुष्य सत्य को अपने व्यवहार में स्थापित कर लेता है तो वही समाज स्वतः ईश्वरीय समाज बन जाता है-एक ऐसा समाज जहाँ धर्म का अर्थ विभाजन नहीं बल्कि एकात्मता है।

अंत में यह पुस्तक मानव सभ्यता के उस अगले चरण की चर्चा करती है जिसे "अंतिम शास्त्र"-*The Knowledge of Final Knowledge*-कहा गया है। यह अंतिम शास्त्र किसी नए धर्म की घोषणा नहीं है; यह किसी पंथ, किसी देवता, किसी जाति या किसी राष्ट्र की श्रेष्ठता नहीं गाता। यह शास्त्र केवल एक ही बात कहता है कि सत्य सार्वभौमिक है, ज्ञान सार्वभौमिक है, मन सार्वभौमिक है और मानवता भी सार्वभौमिक है-इसलिए शास्त्र भी सार्वभौमिक होना चाहिए। यह पुस्तक इसी सार्वभौमिक शास्त्र की रचना की दिशा में एक पहला, निर्णायक और ऐतिहासिक कदम है।

✍ ***लव कुश सिंह "विश्वमानव"***

एक शोधक, चिंतक और मार्गदर्शक, जिन्होंने अपना जीवन *मानवता, आत्मा और नव-सृष्टि* के अध्ययन एवं लेखन को समर्पित किया है।

- प्रमुख ग्रंथ: *विश्वशास्त्र*
- दृष्टि: *नव-मनुष्य और नव-संसार का निर्माण*

Writing is designing with words

लेखक/शास्त्राकार

किसी भाषा के शब्दों से अपने विचार को लिखित रूप से प्रस्तुत करने वाले चरित्र को लेखक कहते हैं। एक लेखक शब्दों को एक सही क्रम में रखकर कुछ अर्थ और समझ को व्यक्त करने वाला कलाकार होता है।

एक लेखक, शास्त्राकार नहीं हो सकता लेकिन एक शास्त्राकार, लेखक होता है। एक लेखक, लेखन की कला को जानता है यदि उसे शास्त्राकार बनना है तो उसे अपने मन को ऊँचाई को समग्रता, सार्वभौमिकता, रचनात्मकता और एकात्मता की ओर ले जाना पड़ेगा। सामान्य रूप में एक लेखक विशेषीकृत विषय का लेखक होता है तो शास्त्राकार समग्रता, सार्वभौमिकता, रचनात्मकता और एकात्मता को धारण किया हुआ एकात्मता को विकसित करने के लिए लिखता है। दोनों में अन्तर मात्र मन की ऊँचाई का होता है। एक लेखक नीचे का पायदान है तो शास्त्राकार उसका सर्वोच्च मानक है। जो लेखक शब्दों का जितना व्यापक कलाकार होगा जिससे समझ विकसित हो वह उतना ही लम्बे समय तक याद किया जाने वाला लेखक बनता है।

शास्त्र

सार्वभौम सत्य-सिद्धान्त अर्थात् सार्वभौम एकात्म की ओर ले जाने वाले और उसके प्रति समझ को विकसित करने वाले विचार को शास्त्र कहते हैं तथा यह विचार जिस पुस्तक में संग्रहित किया जाता है उसे शास्त्र-साहित्य कहते हैं। शास्त्र-साहित्य, आध्यात्म अर्थात् अदृश्य विज्ञान तथा भौतिक विज्ञान अर्थात् दृश्य विज्ञान दोनों की ओर से हो सकते हैं। आध्यात्म की ओर से शास्त्र रचना करने वाले को "व्यास" उपाधि नाम दिया गया है।

कालजयी, जीवन और व्यर्थ साहित्य

सम्पूर्ण जगत् का सत्य-एकात्म की व्याख्या करने वाला प्रत्येक साहित्य कालजयी साहित्य कहलाता है। जो सत्य ज्ञान, आत्म ज्ञान, एकात्म ज्ञान, ब्रह्माण्डीय एकात्म, मानवीय एकात्म, समभाव की ओर प्रेरित करता है। जबकि सम्पूर्ण जगत् का सैद्धान्तिक सत्य-एकात्म सिद्धान्त की व्याख्या करने वाला प्रत्येक साहित्य जीवन साहित्य कहलाता है। जो सिद्धान्त ज्ञान, एकात्म कर्मज्ञान, ब्रह्माण्डीय कर्मज्ञान, मानवीय एकात्म कर्मज्ञान, एकात्म कर्मभाव की ओर प्रेरित करता है। कालजयी साहित्य अनेक हो सकता है। परन्तु जीवन साहित्य सिर्फ एक ही हो सकता है। जीवन साहित्य कालजयी साहित्य होता है। परन्तु कालजयी साहित्य आवश्यक नहीं कि वह जीवन साहित्य हो। कालजयी का अर्थ है- जो देश काल से मुक्त, सार्वकालिक, सर्वव्यापी, सर्वग्राही, सर्वमान्य, सार्वजनिक हो। जीवन का अर्थ है- जो देश काल से मुक्त, सर्वकालिक, सर्वव्यापी, सर्वग्राही, सर्वमान्य, सार्वजनिक, क्रियाकलाप हो। कालजयी साहित्य का उदाहरण- वेद उपनिषद्, संतो का साहित्य इत्यादि है तो जीवन साहित्य का उदाहरण व्यक्तिगत प्रमाणित गीता तथा सार्वजनिक प्रमाणित कर्मवेदः प्रथम अन्तिम तथा पंचमदेव एवम् आधारित उपनिषद् है इसलिए कर्मवेदीय साहित्य को मात्र कालजयी साहित्य सम्बोधित कर नजर अन्दाज कर देना सत्य नहीं है और न ही उसके सत्य अर्थ को समझना है। ऐसा साहित्य जो न तो कालजयी है और न ही जीवन साहित्य है - व्यर्थ साहित्य या देश काल बद्ध साहित्य कहलाता है।

प्रत्येक व्यापार एक विशेष विचार पर आधारित होता है। साधारणतया लोग यही सोचते हैं कि ज्ञान की बातों से क्या होगा, परन्तु ज्ञान ही समस्त व्यापार का मूल होता है। किसी विचार पर आधारित होकर आदान-प्रदान

का नेतृत्वकर्ता व्यापारी और आदान-प्रदान में शामिल होने वाला ग्राहक होता है। "रामायण", "महाभारत", "रामचरितमानस" इत्यादि किसी विचार पर आधारित होकर ही लिखी गई है। यह वाल्मिीकि, महर्षि व्यास और गोस्वामी तुलसीदास का दुर्भाग्य है कि वे ऐसे समय में जन्म लिये जब का◌ॅपीराइट और रायल्टी जैसी व्यवस्था नहीं थी अन्यथा वे वर्तमान समय के सबसे धनवान व्यक्ति होते। परन्तु इसी को दूरदर्शन पर दिखाकर रामानन्द सागर और बी.आर.चोपड़ा ने इसे सिद्ध किया। "विश्वशास्त्र" इसी श्रं◌ृखला की अगली कड़ी है जिसका बाजार विश्वभर में मानव सृष्टि रहने तक है - लव कुश सिंह "विश्वमानव"

हे भारत के मानवों, क्या तुम जानते हो भारत में असुरी प्रवृत्तियों के बढ़ने का क्या कारण है? तो सुनो आज के पूर्व जितने विदेशी व देशी स्थूल शरीर धारी सूक्ष्म शरीर भारत को नष्ट-भ्रष्ट कर डालने की अन्तिम इच्छा रखते हुये अपने स्थूल शरीर का त्याग भारत में कर चुके है। उन का सम्पूर्ण मन, अपने मन की पूर्णता के लिए योग्य वातावरण पाकर पुनः स्थूल शरीर धारण कर व्यक्त हो चुके हैं, भले ही वे भारतीय भूमि पर क्यों न जन्म ग्रहण किये हों परन्तु उनमें सूक्ष्म शरीर उन्हीं इच्छाओं को धारण कर व्यक्त है। जो भारत के परतन्त्रता के समय विदेशीयों की थी। यही नहीं उनका प्रभुत्व इस समय इतना बढ़ चुका है। कि वे भारतीय दैवी प्रवृत्यिों को भी असुरी प्रवृत्तियों में बदलने में सफलता भी प्राप्त करने लगी हैं। क्योंकि जिनका मन पर नियंत्रण नहीं होता उनका मन वातावरण के अनुसार बदल जाते है। और वर्तमान में सर्वत्र असुरी प्रवृत्ति का ही वातावरण प्रभावी है। इससे बचने का एक मात्र और अन्तिम उपाय है। दैवी प्रवृत्ति का वातावरण निर्माण जो मात्र आध्यात्मिक ज्ञान के प्रसार और प्रभुत्व द्वारा ही सम्भव है।

- लव कुश सिंह "विश्वमानव"

हे अपनी पहचान बनाने के लिए संघर्षरत मानवों, तुम तो अपनी पहचान बनाने का मार्ग भी नहीं जानते। तुम अपनी पहचान का मार्ग बनाने के लिए इस प्रकार मार्गों को पहचानों। पहचान के ये मूल विषय है शारीरिक-निम्नतम, आर्थिक-मध्यम, मानसिक और आध्यात्मिक-सर्वोच्च तथा ऐतिहासिक आध्यात्मिक-अन्तिम एवम् क्रमशः उत्तरोत्तर बढ़ते हुये ये स्तर है- ग्राम या मुहल्ला, विकास क्षेत्र या नगर, अनुमण्डल, जनपद, मण्डल, प्रदेश, देश, विश्व और मध्यस्थ अन्य स्तर। शारीरिक पहचान सबसे कठिन पहचान का मार्ग है। आर्थिक पहचान, शारीरिक से थोड़ा कम कठिन मार्ग है। मानसिक और आध्यात्मिक पहचान सरल मार्ग है तथा ऐतिहासिक आध्यात्मिक पहचान दुर्लभ मार्ग है जो एक युग में एक बार ही आता है। हे मानव, जब ऐतिहासिक आध्यात्मिक दुर्लभ पहचान का मार्ग प्राप्त हो तब तुम किस पहचान के लिए संघर्ष कर रहे हो। तुम्हें इस मार्ग से जुड़कर ही पहचान प्राप्त करना चाहिए क्यां◌ेकि सदा उच्च और व्यापक स्तरीय पहचान ही निम्न और सीमित स्तरीय पहचान को पहचान प्रदान करता है। निम्न और सीमित स्तरीय पहचान सदा उच्च और व्यापक पहचान का माध्याम या साधन होता है। इसलिए हे मानव, तू व्यापक स्तरीय ऐतिहासिक आध्यात्मिक पहचान में अपने निम्न स्तरीय पहचान को विलीन कर उसी भा◌ॅति व्यापक पहचान को प्राप्त कर जिस प्रकार मृत्यु के बाद पुनः जीवन प्राप्त होता है। ऐसा न कर तू तो स्वयं अपनी पहचान खो देगा क्यां◌ेकि जो पहचान व्यक्त अर्थात रेकार्डेड इत्यादि नहीं हो पाता वह तो वैसे ही कुछ समय बाद या तुम्हारी मृत्यु के बाद विलीन हो जाता है। फिर तू किस पहचान की बात करता है?

- लव कुश सिंह "विश्वमानव"

भाग-1
शास्त्र

महर्षि वेदव्यास
लेखकों /शास्त्राकारों के आदि पुरूष प्रतीक व्यास
वेदव्यास शास्त्र लेखन कला
“सम्पूर्ण मानक”का विकास भारतीय आध्यात्म-दर्शन का मूल और अन्तिम लक्ष्य
युगानुसार धर्म, प्रवर्तक और धर्मशास्त्र
व्यष्टि और समष्टि धर्मशास्त्र
शास्त्रार्थ, शास्त्र पर होता है, शास्त्राकार से और पर नहीं

अन्य वक्तव्य

- डा0 सर्वपल्ली राधाकृष्णन
- बाबा साहेब भीम राव अम्बेडकर
- शंकर दयाल शर्मा,
- चन्द्रशेखर (पूर्व प्रधानमन्त्री, भारत)
- श्री यदुनाथ सिंह, पूर्व विधायक, चुनार क्षेत्र
- श्री ए.पी.जे, अब्दुल कलाम, पूर्व राष्ट्पति, भारत
- श्री अटल विहारी वाजपेयी (पूर्व प्रधानमंत्री, भारत)
- श्री लाल कृष्ण आडवाणी, केन्द्रीय गृह मन्त्री, भारत
- श्री वी. एस. नायपाल (साहित्य के नोबेल पुरस्कार से सम्मानित)
- डा0 कर्ण सिंह,
- श्री मुरली मनोहर जोशी,
- श्री हामिद अंसारी
- श्रीमती प्रतिभा पाटिल
- श्री राम नाइक, राज्यपाल, उत्तर प्रदेश, भारत
- दलाईलामा, तिब्बति धर्म गुरू
- श्री प्रणव मुखर्जी, राष्ट्पति, भारत
- श्रीमती शीला दीक्षित
- श्री सैम पित्रोदा, पूर्व अध्यक्ष, राष्ट्रीय नवोन्मेष परिषद्
- श्री विल क्लिन्टन, राष्ट्पति, संयुक्त राज्य अमेरिका
- धार्मिक नेताओं के सहस्त्राब्दि विश्व शान्ति सम्मेलन का परिणाम
- श्री नरेन्द्र मोदी, प्रधानमंत्री, भारत

महर्षि वेदव्यास

श्री विष्णु पुराण (तृतीय अंश, अध्याय-दो) में लिखा है कि-स्थितिकारक भगवान विष्णु चारों युगों में इस प्रकार व्यवस्था करते हैं-समस्त प्राणियों के कल्याण में तत्पर वे सर्वभूतात्मा सत्ययुग में कपिल आदिरूप धारणकर परम ज्ञान का उपदेश करते हैं। त्रेतायुग में वे सर्वसमर्थ प्रभु चक्रवर्ती भूपाल होकर दुष्टों का दमन करके त्रिलोक की रक्षा करते हैं। तदन्तर द्वापरयुग में वे वेदव्यास रूप धारण कर एक वेद के चार विभाग करते हैं और सैकड़ों शाखाओं में बाँटकर बहुत विस्तार कर देते हैं। इस प्रकार द्वापर में वेदों का विस्तार कर कलियुग के अन्त में भगवान कल्किरूप धारणकर दुराचारी लोगों को सन्मार्ग में प्रवृत्त करते हैं। इसी प्रकार, अनन्तात्मा प्रभु निरन्तर इस सम्पूर्ण जगत् के उत्पत्ति, पालन और नाश करते रहते हैं। इस संसार में ऐसी कोई वस्तु नहीं है जो उनसे भिन्न हो।

श्री विष्णु पुराण (तृतीय अंश, अध्याय-तीन) में लिखा है कि-वेद रूप वृक्ष के सहस्त्रों शाखा-भेद हैं, उनका विस्तार से वर्णन करने में तो कोई भी समर्थ नहीं है अत-संक्षेप यह है कि प्रत्येक द्वापरयुग में भगवान विष्णु व्यासरूप से अवतीर्ण होते हैं और संसार के कल्याण के लिए एक वेद के अनेक भेद कर देते हैं। मनुष्यों के बल, वीर्य और तेज को अलग जानकर वे समस्त प्राणियों के हित के लिए वेदों का विभाग करते हैं। जिस शरीर के द्वारा एक वेद के अनेक विभाग करते हैं भगवान मधुसूदन की उस मूर्ति का नाम वेदव्यास है।

इस वैवस्वत मनवन्तर (सातवाँ मनु) के प्रत्येक द्वापरयुग में व्यास महर्षियों ने अब तक पुन-पुन-28 बार वेदों के विभाग किये हैं। पहले द्वापरयुग में ब्रह्मा जी ने वेदों का विभाग किया। दूसरे द्वापरयुग के वेदव्यास प्रजापति हुए। तीसरे द्वापरयुग में शुक्राचार्य जी, चौथे द्वापरयुग में बृहस्पति जी व्यास हुए, पाँचवें में सूर्य और छठें में भगवान मृत्यु व्यास कहलायें। सातवें द्वापरयुग के वेदव्यास इन्द्र, आठवें के वशिष्ठ, नवें के सारस्वत और दसवें के त्रिधामा कहे जाते हैं। ग्यारहवें में त्रिशिख, बारहवें में भरद्वाज, तेरहवें में अन्तरिक्ष और चैदहवें में वर्णी नामक व्यास हुए। पन्द्रहवें में त्रव्यारूण, सोलहवें में धनंजय, सत्रहवे में क्रतुन्जय और अठ्ठारवें में जय नामक व्यास हुए। फिर उन्नीसवें व्यास भरद्वाज हुए, बीसवें गौतम, इक्कीसवें हर्यात्मा, बाइसवें वाजश्रवा मुनि, तेइसवें सोमशुष्पवंशी तृणाबिन्दु, चैबीसवें भृगुवंशी ऋक्ष (वाल्मीकि) पच्चीसवें मेरे (पराशर) पिता शक्ति, छब्बीसवें मैं पराशर, सत्ताइसवें जातुकर्ण और अठ्ठाइसवें कृष्णद्वैपायन। अगामी द्वापरयुग में द्रोणपुत्र अश्वत्थामा वेदव्यास होंगे।

हिन्दू धर्म शास्त्रों के अनुसार महर्षि व्यास त्रिकालज्ञ थें तथा उन्होंने दिव्य-दृष्टि से देख कर जान लिया कि कलियुग में धर्म क्षीण हो जायेगा। धर्म के क्षीण होने के कारण मनुष्य नास्तिक, कर्तव्यहीन और अल्पायु हो जायेंगे। एक विशाल वेद का सांगोपांग अध्ययन उनके सामथ्र्य से बाहर हो जायेगा। इसलिए महर्षि व्यास ने वेद का चार भागों में विभाजन कर दिया जिससे कि कम बुद्धि एवं कम स्मरण शक्ति रखने वाले भी वेदों का अध्ययन कर सके। व्यास जी ने उनका नाम रखा-ऋग्वेद, यजुर्वेद, सामवेद और अथर्ववेद। वेदों का विभाजन करने के कारण ही व्यास जी वेदव्यास नाम से विख्यात हुये। ऋग्वेद, यजुर्वेद, सामवेद और अथर्ववेद को क्रमश-अपने शिष्य पैल, जैमिनि, वैशम्पायन और सुमन्तुमुनि को पढ़ाया। वेद में निहित ज्ञान के अत्यन्त गूढ़ तथा शुष्क होने के कारण वेद व्यास ने पाँचवें वेद के रूप में पुराणों की रचना की जिनमें वेद के ज्ञान को रोचक कथाओं के रूप में बताया गया है। पुराणों को उन्होंने अपने शिष्य रोम हर्षण को पढाया। व्यास जी के शिष्यों ने अपनी अपनी बुद्धि के अनुसार उन वेदों की अनेक शाखाएँ बना दी। व्यास जी ने महाभारत की रचना तीन वर्षो के अथक परिश्रम से की थी। व्यास जी का उद्देश्य महाभारत लिखकर युद्ध का वर्णन करना नहीं, बल्कि इस भौतिक जीवन की निःसारता को दिखाना है। उनका कथन है कि भले ही कोई पुरूष वेदांग तथा उपनिषदों को जाने लें, लेकिन वह कभी विचक्षण नहीं हो सकता क्योंकि यह महाभारत एक ही साथ अर्थशास्त्र, धर्मशास्त्र तथा कामशास्त्र है। महाभारत के सम्बन्ध में स्वयं व्यास जी की ही उक्ति सटिक है-"इस ग्रन्थ में जो कुछ है, वह अन्यत्र हैं परन्तु जो इसमें नहीं, वह अन्यत्र कहीं भी नहीं है।" श्रीमद्भागवतगीता विश्व के सबसे बड़े महाकाव्य "महाभारत" का ही अंश है। व्यासजी ने पुराणों तथा महाभारत की रचना के पश्चात् ब्रह्मसूत्रों की रचना भी यहाँ की थी। वाल्मीकि की ही तरह व्यास भी संस्कृत कवियों के लिए पूज्य हैं। महाभारत में उपाख्यानों का अनुसरण कर अनेक संस्कृत कवियों ने काव्य, नाटक आदि की सृष्टि

की है। संस्कृत साहित्य में वाल्मीकि के बाद व्यास ही श्रेष्ठ कवि हुए हैं। इनके लिए काव्य "आर्य काव्य" के नाम से विख्यात है।

पौराणिक-महाकाव्य युग की महान विभूति महाभारत, 18 पुराण, श्रीमदभागवत, ब्रह्मसूत्र, मीमांसा जैसे अद्वितीय साहित्य दर्शन के प्रणेता वेदव्यास का जन्म आषाढ़ पूर्णिमा को लगभग 3000 ई0पू0 में हुआ था। वेदांत दर्शन-अद्वैतवाद के संस्थापक वेदव्यास ऋषि पराशर के पुत्र थे। पत्नी आरूणी से उत्पन्न इनके पुत्र थे-महान बालयोगी शुकदेव।

वेदव्यास जन्म कथा

पौराणिक कथाओं के अनुसार प्राचीन काल में सुधन्वा नाम के एक राजा थे। वे एक दिन आखेट के लिए वन जाने के बाद ही उनकी पत्नी रजस्वला हो गई। उसने इस समाचार को अपनी शिकारी पक्षी के माध्यम से राजा के पास भिजवाया। समाचार पाकर महाराज सुधन्वा ने एक दोने में अपना वीर्य निकालकर पक्षी को दे दिया। पक्षी उस दोने को राजा की पत्नी के पास पहुँचाने के लिए आकाश में उड़ चला। मार्ग में उस शिकारी पक्षी को एक दूसरी शिकारी पक्षी मिल गया। दोनों पक्षियों में युद्ध होने लगा। युद्ध के दौरान वह दोना पक्षी के पंजे से छूट कर यमुना में जा गिरा। यमुना में ब्रह्मा के शाप से मछली बनी एक अप्सरा रहती थी। मछली रूपी अप्सरा दोने में बहते हुए वीर्य को निगल गयी तथा उसके प्रभाव से वह गर्भवती हो गई। गर्भ पूर्ण होने पर एक निषाद ने उस मछली को अपने जाल में फँसा लिया। निषाद ने जब मछली को चीरा तो उसके पेट से एक बालक तथा एक बालिका निकली। निषाद उन शिशुओं को लेकर महाराज सुधन्वा के पास गया। महाराज सुधन्वा के पुत्र न होने के कारण उन्होंने बालक को अपने पास रख लिया जिसका नाम मत्स्यराज हुआ। बालिका निषाद के पास रह गई और उसका नाम मत्स्यगंधा रखा गया क्योंकि उसके अंगो से मछली की गंध निकलती थी। उस कन्या को सत्यवती के नाम से भी जाना जाता है। बड़ी होने पर वह नाव खेने का कार्य करने लगी। एक बार पराशर मुनि को उसकी नाव पर बैठकर यमुना पार करना पड़ा। पराशर मुनि सत्यवती के रूप-सौन्दर्य पर आसक्त हो गये और बोले,-देवी! मैं तुम्हारे साथ सहवास करना चाहता हूँ।, सत्यवती ने कहा-मुनिवर! आप ब्रह्म ज्ञानी हैं और मैं निषाद कन्या। हमारा सहवास सम्भव नहीं।, तब पराशर मुनि बोले-बालिके! तुम चिन्ता मत करो। प्रसुति होने पर भी तुम कुमारी ही रहोगी। इतना कहकर उन्होंने अपने योगबल से चारों ओर घने कुहरे का जाल रच दिया और सत्यवती के साथ भोग किया। तत्पश्चात् उसे आशीर्वाद देते हुए कहा-तुम्हारे शरीर से जो मछली की गंध निकलती है वह सुगन्ध में परिवर्तित हो जायेगी।

समय आने पर सत्यवती के गर्भ से वेद-वेदांगों में पारंगत एक पुत्र हुआ। जन्म होते ही वह बालक बड़ा हो गया और अपनी माता से बोला,-माता तू जब भी कभी भी विपत्ति में मुझे स्मरण करेगी, मैं उपस्थित हो जाउँगा। इतना कहकर वे तपस्या करने के लिए द्वैपायन द्वीप चले गये। द्वैपायन द्वीप में तपस्या करने तथा उनके शरीर का रंग काला होने के कारण उन्हें कृष्ण द्वैपायन कहा जाने लगा। आगे चलकर वेदों के भाष्य करने के कारण वे वेदव्यास के नाम से विख्यात हुये।

ऋषि वेदव्यास महाभारत ग्रन्थ के रचयिता थे। वेदव्यास महाभारत के रचयिता ही नहीं, बल्कि उन घटनाओं के साक्षी भी रहे हैं, जो क्रमानुसार घटित हुई है। अपने आश्रम से हस्तिनापुर की समस्त गतिविधयों की सूचना उन तक तो पहुँचती थी। वे उन घटनाओं पर अपना परामर्श भी देते थे। जब-जब अन्तद्रवन्द और संकट की स्थिति आती थी, माता सत्यवती उनसे विचार-विमर्श के लिए कभी आश्रम पहुँचती, तो कभी हस्तिनापुर के राजभवन में आमंत्रित करती थी। वे धृतराष्ट्र, पाण्डु तथा विदुर के जन्मदाता ही नहीं, अपितु विपत्ति के समय छाया की तरह पाण्डवों का साथ भी देते थे।

काशी (वाराणसी) के रामनगर किले में और व्यास नगर (रामनगर व मुगलसराय के बीच) में वेदव्यास का मन्दिर है जहाँ माघ में प्रत्येक सोमवार मेला लगता है। गुरू पूर्णिमा (आषाढ़ पूर्णिमा) का प्रसिद्ध पर्व व्यास जी की जयंती के उपलक्ष्य में मनाया जाता है। पुराणों तथा महाभारत के रचयिता महर्षि का मन्दिर व्यासपुरी में विद्यमान है जो काशी से 5 मील की दूरी पर पूर्व स्थित है। महाराज काशी नरेश के रामनगर दुर्ग के पश्चिम भाग में भी व्यासेश्वर

की मूर्ति विराजमान है जिसे साधारण जनता छोटा वेदव्यास के नाम से जानती है। वास्तव में वेदव्यास की यह सबसे प्राचीन मूर्ति है। व्यासजी द्वारा काशी को शाप देने के कारण विश्वेश्वर ने व्यासजी को काशी से निष्कासित कर दिया था। तब व्यासजी लोलार्क मन्दिर के आग्नेय कोण में गंगाजी के पूर्वी तट पर स्थित हुए। इस घटना का उल्लेख काशी खण्ड में इस प्रकार है-

लोलार्कादं अग्निदिग्भागे, स्वर्घुनी पूर्वरोधसि।
स्थितो ह्यद्यापि पश्चेत्स-काशीप्रासाद राजिकाम्।।

-स्कन्दपुराण, काशी खण्ड 96/201

लेखकों/शास्त्राकारों के आदि पुरूष प्रतीक व्यास

किसी संस्था का मुख्य व्यक्ति, व्यक्ति नहीं बल्कि संस्था होता है। उसका पद ही उसका पहचान होता है और उसके द्वारा की गई समस्त कार्यवाही व्यक्ति की नहीं बल्कि संस्था की होती है। व्यक्ति की मृत्यु हो जाती है परन्तु संस्थायें लम्बी अवधि तक चलती रहती है। उदाहरणस्वरूप वर्तमान समय में देश, संस्थायें और पीठ हैं। जैसे विदेशों में जाने पर जब किसी देश का मुख्य व्यक्ति कोई समझौता करता है तब वह देश होता है न कि व्यक्ति। प्राचीन समय में भी इसी प्रकार के अनेक पीठ थे और बनते चले गये जैसे-ब्राह्मण, परशुराम, विश्वामित्र, व्यास, वशिष्ठ, नारद, इन्द्र, गोरक्षपीठ (क्षत्रिय पीठ), शंकराचार्य पीठ (ब्राह्मण पीठ) इत्यादि। जब तक संस्था नहीं रहती तब तक व्यक्ति, व्यक्ति रहता है जब उसके द्वारा संस्था स्थापित हो जाती है तब व्यक्ति, व्यि न रहकर संस्था हो जाता है। उस संस्थापक व्यक्ति के जीवन काल तक उसे साकार रूप में फिर उसके उपरान्त उसके निराकार रूप विचार का साकार रूप संस्था के रूप में समाज याद करता है। ऐसी स्थिति में जब संस्थापक व्यक्ति का नाम ही संस्था का नाम हो तब संस्था द्वारा किये गये समस्त कार्य एक भ्रमात्मक स्थिति को उत्पन्न करते हैं और एक लम्बे समय के उपरान्त यह नहीं समझ में आता कि वह संस्थापक व्यक्ति इतने लम्बे समय तक कैसे जिवित था? सत्य तो यह है कि शरीर मर जाता है लेकिन विचार या विचार पर किये गये कार्य नहीं मरते। इस सत्य के आधार की दृष्टि से यदि हम देखें तो स्थिति स्पष्ट हो जायेगी कि-

01. **वशिष्ठ के सम्बन्ध में-** सर्वप्रथम वशिष्ठ सूर्यवंश के प्रथम पुरूष महाराज इच्छवांकु के सामने प्रकट होते हैं। दूसरी बार वशिष्ठ मैथिली वंश के यज्ञ में ऋत्विक कार्य सम्पन्न कराते हैं। इच्छवांकु से मैथिली वंश में चैथी पीढ़ी का अन्तर है। तीसरी बार वशिष्ठ राजा त्रिशंकु के समय में प्रकट होते हैं। चैथी बार वशिष्ठ राजा दिलीप के समय भी होते हैं। पाँचवीं बार महाराजा दशरथ के समय उपस्थित होते हैं। छठवीं बार महाभारत काल में होते हैं जो आबू पर्वत पर अग्नि पैदा करके अग्नि से क्षत्रिय पैदा करते हैं।

02. **नारद के सम्बन्ध में-**युग कोई भी हो वहाँ नारद की उपस्थिति सदैव रहती है। नारद त्रेता के राम काल में भी हैं तो द्वापर के कृष्ण काल में भी और इनसे प्राचीन ब्रह्मा-विष्णु-महेश काल में भी।

03. **विश्वामित्र के सम्बन्ध में-**विश्वामित्र सूर्यवंश के 32वीं पीढ़ी के राजा हरिश्चन्द्र का राज्य दान में लेते हैं। फिर इसी वंश की 62वीं पीढ़ी में राजा दशरथ से यज्ञ रक्षार्थ उनके पुत्र राम और लक्ष्मण को साथ ले गये थे।

04. **ब्राह्मण के सम्बन्ध में-**यह एक विद्यापीठ था जो उस समय राजर्षि, ब्रह्मर्षि, देवऋषि इत्यादि उपाधियों को प्रदान करता था जैसे वर्तमान समय के शिक्षा संस्थान उपाधियाँ प्रदान कर रहीं हैं। संस्कृत विश्वविद्यालयों से आज भी शास्त्री, आचार्य, शिक्षा शास्त्री इत्यादि उपाधि उनको दी जा रहीं हैं जो इसके योग्य हैं। बिना कोई परीक्षा उत्तीर्ण किये विशेषज्ञता के आधार पर विश्वविद्यालय मानद उपाधि भी प्रदान करती हैं।

05. **परशुराम के सम्बन्ध में-**त्रेता युग में जनकपुरी में सीता स्वयंवर के समय परशुराम उपस्थित होते हैं और द्वापर युग में भीष्म और कर्ण को भी शिक्षा देते हैं। साथ ही भविष्य के एक मात्र शेष अन्तिम अवतार कल्कि के भी वे गुरू होंगे, ऐसा पुराण में है।

06. **दुर्वासा के सम्बन्ध में-**दुर्वासा ऋषि राम काल के थे जो अत्रि-अनुसूईया के पुत्र थे और राम वनवास समय में श्री राम से मिले भी थे। फिर दुर्वासा महाभारत काल में द्वापर के अन्त तक भी उपस्थित रहते हैं।

07. व्यास के सम्बन्ध में-समाज को एकात्म करने के लिए शास्त्र की रचना करना व उसका प्रचार-प्रसार करने के लिए व्यास सदैव हर युग में उपस्थित रहते हैं।

वैदिक काल में ऋषियों का वर्णन आया है। कुछ को छोड़कर सभी ऋषि परिवार वाले थे। वैदिक काल के ऋषि दार्शनिक, विद्वान, योद्धा एवं कृषक तीनों थे। ऋचाओं को लिखने वाले ऋषियों को देवर्षि की संज्ञा प्राप्त थी। प्राचीन ऋषियों में बहुत से ऋषि, राजर्षि से ब्रह्मर्षि हो गये तथा ब्रह्मर्षि से राजर्षि भी हुए लेकिन इनकी संख्या कम है। आरम्भ में ब्राह्मण कोई जाति नहीं थी बल्कि यह विद्यापीठ था। यही कारण है कि अनेक राजर्षि, ब्रह्मर्षि उपाधि प्राप्त किये। यही नहीं प्राचीन वंशावली में भी सूर्य के 12 पुत्रों में बहुत से अग्निहोत्र करने के कारण ब्राह्मण की उपाधि धारण किये। सूर्य के पुत्र वरूण से ही ब्रह्म वंश चला जिसमें भृगु, वशिष्ठ, वाल्मिकि, जमदग्नि, पुलस्त्य थे जबकि ब्रह्म वंशीय भी विशुद्ध सूर्यवंशीय ही है। केवल अग्निहोत्र करने के कारण ही ये ब्राह्मण कहलाये।

जिस प्रकार लोग आत्मा की महत्ता को न समझकर शरीर को ही महत्व देते हैं उसी प्रकार लोग भले ही पढ़कर ही विकास कर रहें हो परन्तु वे शास्त्राकार लेखक की महत्ता को स्वीकार नहीं करते। जबकि वर्तमान समय में चाहे जिस विषय में हो प्रत्येक विकास कर रहे व्यक्ति के पीछे शास्त्राकार, लेखक, आविष्कारक, दार्शनिक की ही शक्ति है जिस प्रकार शरीर के पीछे आत्मा की शक्ति है।

सदैव मानव समाज को एकात्म करने के लिए शास्त्र-साहित्य की रचना करना लेखक का काम रहा है। सामूहिक रूप से ऐसे कार्य करने वाले को व्यास कहते हैं। चाहे वह आध्यात्म दर्शन (अदृश्य विज्ञान) के क्षेत्र में हो या पदार्थ विज्ञान (दृश्य विज्ञान) के क्षेत्र में हो। इस प्रकार सभी लेखकों के आदर्श आदि पुरूष व्यास ही हैं।

वेदव्यास शास्त्र लेखन कला

मानव सभ्यता के विकास के कालक्रम में कर्म कर अनुभव के ज्ञान सूत्र का संकलन ही वेद के रूप में व्यक्त हुआ जिससे आने वाली पीढ़ी मार्गदर्शन को प्राप्त कर सके और अपना समय बचाते हुए कर्म कर सके। अर्थात् प्रत्येक साकार सफल नेतृत्व के साथ उसके अनुभव का निराकार ज्ञान सूत्र के संकलन की समानान्तर प्रक्रिया भी चलती रही। और यह सभी प्रक्रिया मानव जाति के श्रेष्ठतम विकास के लिए ही की जा रही थी। मनुष्य को युगानुसार शास्त्र का अध्ययन करना चाहिए लेकिन समाज पुराने में ही उलझ जाता है इसलिए ही विकास अवरूद्ध होता है। समाज को एकात्म करने के लिए शास्त्र की रचना करना व उसका प्रचार-प्रसार करने वाले व्यास कहलाये। एकात्म करने की यह कला और कुछ नहीं वर्तमान अर्थो में "मानकीकरण" करना है। व्यास द्वारा शास्त्र रचना के युगानुसार निम्न चरण पूरे हुए।

1.सार्वभौम आत्मा के "ज्ञान"द्वारा समाज को एकात्म (मानकीकरण) करने के लिए शास्त्र-वेद

वेदों को मूलत-सार्वभौम ज्ञान का शास्त्र समझना चाहिए। जिनका मूल उद्देश्य यह बताना था कि "एक ही सार्वभौम आत्मा के सभी प्रकाश हैं अर्थात् बहुरूप में प्रकाशित एक ही सत्ता है। इस प्रकार हम सभी एक ही कुटुम्ब के सदस्य है।"

जब वेद लोंगो के समझ में कम आने लगा या समाज उसी में उलझ गया और उससे समाज को एकात्म करना कठिन होने लगा तब उसके व्याख्या का शास्त्र उपनिषद् की रचना की गई।

2.सार्वभौम आत्मा के "नाम" द्वारा समाज को एकात्म (मानकीकरण) करने के लिए शास्त्र-उपनिषद्

उपनिषदों की शिक्षा उस सार्वभौम आत्मा के नाम के अर्थ की व्याख्या के माध्यम से उस सार्वभौम आत्मा को समझाना है।

जब उपनिषद् लोंगो के समझ में कम आने लगा या समाज उसी में उलझ गया और उससे समाज को एकात्म करना कठिन होने लगा तब पौराणिक वंशावली में हुए साकार विष्णु कर्तार, कमल कर्तार, ब्रह्मा कर्तार और रूद्र-शिव के निराकार एवं साकार रूप को प्रक्षेपित कर मानक चरित्र (व्यक्तिगत, सामाजिक और वैश्विक) का शास्त्र पुराण की रचना की गई।

3.सार्वभौम आत्मा के "कृति" कथा द्वारा समाज को एकात्म (मानकीकरण) करने के लिए शास्त्र-पुराण

वेद के ज्ञान सूत्र व उपनिषद् की वार्ता के अलावा मनुष्य को एकात्म करने के लिए दृश्य चित्र या वस्तु की आवश्यकता की विधि का प्रयोग ही पौराणिक देवी-देवता हैं। सार्वभौम आत्मा के कृति कथा द्वारा समाज को एकात्म करने के लिए पुराण शास्त्र ही देवी-देवताओं के उत्पत्ति का कारण है। जिसे उत्पन्न करने का कारण मानव को एक आदर्श मानक पैमाना व लक्ष्य देना था जिससे वे मार्गदर्शन प्राप्त कर सकें। वेद और उपनिषद् शास्त्र में देवी-देवता के स्थान पर मात्र प्रकृति-पुरूष का प्रतीक चिन्ह-शिवलिंग ही व्यक्त था। मनुष्य या कोई भी जीव जब अपने ईश्वर का रूप निर्धारित करेगा तब वह अपनी ही शारीरिक संरचना रूप में ही कल्पना कर सकता है। इस मानवीय रूप के निर्धारण में गुणों को वस्त्र-आभूषण, वाहन इत्यादि के प्रतीक के माध्यम से व्यक्त किया गया। पुराणों में निम्नलिखित विधि से देवी-देवताओं की उत्पत्ति की गयी है-

1. **सार्वभौम आत्मा से ब्रह्माण्ड और उसके परिवार** जैसे सूर्य, चाँद, ग्रह, नक्षत्र, नदी, समुद्र, पर्वत इत्यादि को देवी-देवता के रूप में एक मानवीय रूप द्वारा गुणों के अनुसार निरूपित कर प्रक्षेपित किया गया। जिससे यह ज्ञान प्राप्त हो सके कि उस अदृश्य ईश्वर की कृति यह ब्रह्माण्ड उसका दृश्य रूप है अर्थात् यह

दृश्य ब्रह्माण्ड ही हमारा दृश्य ईश्वर है। अर्थात् जिस प्रकार हम ईश्वर से प्रेम करते हैं उसी प्रकार हमें इस दृश्य ईश्वर-ब्रह्माण्ड से प्रेम करना चाहिए जो हमें प्रत्यक्ष रूप में जीवन संसाधन उपलब्ध कराता है।

2. **सार्वभौम आत्मा से मनुष्य और उसके परिवार** को देवी-देवता के रूप में एक मानवीय रूप द्वारा गुणों के अनुसार निरूपित कर प्रक्षेपित किया गया। जिससे यह ज्ञान प्राप्त हो सके कि उस अदृश्य ईश्वर की कृति यह मनुष्य उसका दृश्य रूप है अर्थात् यह दृश्य मनुष्य ही हमारा दृश्य ईश्वर है। अर्थात् जिस प्रकार हम ईश्वर से प्रेम करते हैं उसी प्रकार हमें इस दृश्य ईश्वर-मानव से प्रेम करना चाहिए जो हमें प्रत्यक्ष रूप में जीवन संसाधन उपलब्ध कराता है।

मनुष्य को उसके कार्य क्षेत्र के अनुसार सर्वोच्च आदर्श मानक चरित्र प्रक्षेपित किये गये जिससे मनुष्य मार्गदर्शन प्राप्त कर सके। कार्य क्षेत्र अनुसार सर्वोच्च आदर्श मानक चरित्र निम्नवत् हैं-

अ. व्यक्तिगत कार्य क्षेत्र स्तर-बह्मा अर्थात् एकात्मज्ञान परिवार
ब. सामाजिक कार्य क्षेत्र स्तर-विष्णु अर्थात् एकात्म ज्ञान सहित एकात्म कर्म परिवार
स. वैश्विक/ब्रह्माण्डीय कार्य क्षेत्र स्तर-शिव-शंकर अर्थात् एकात्म ज्ञान और एकात्म कर्म सहित एकात्म ध्यान परिवार

उपरोक्त के अनुसार यह स्पष्ट है कि शास्त्राकार लेखक द्वारा पौराणिक देवी-देवताओं में ब्रह्मा-विष्णु-शिवशंकर परिवार के कार्य क्षेत्रानुसार मानक के रूप में प्रक्षेपित किये गये थे। मनुष्य की इच्छा "पाने" की अधिक होती है अलावा इसके कि "हो जाने" की। ऐसे व्यक्ति जो "हो जाने" में विश्वास रखते थे वे ही धरती पर मनुष्य रूप में आये और अवतार हो कर चले गये। अवतार का अर्थ ही होता है सर्वोच्च लक्ष्य सिद्धान्त के अनुसार नीचे उतरना जबकि मनुष्य का अर्थ होता है नीचे से ऊपर की ओर बढ़ना। शास्त्राकार लेखक ने मानव जाति को ईश्वर की ओर विकास करने या ईश्वर के रूप में बन जाने के लिए इन देवी-देवताओं का रूप प्रक्षेपित किया था लेकिन ये पूजा और आयोजन में बदल गया और अन्य धर्म-सम्प्रदाय के आ जाने से यह एक विशेष धर्म का ही जाना जाने लगा। जिस प्रकार आम की लकड़ी से कुर्सी, मेज, दरवाजा, खिड़की बनाया गया और आम गायब होकर कुर्सी, मेज, दरवाजा, खिड़की हो गया उसी प्रकार सम्पूर्ण पृथ्वी के मनुष्य के मागदर्शन के लिए व्यक्त मानक देवी-देवताओं का अर्थ गायब होकर मूर्तिपूजा में बदलकर एक धर्म का हो गया।

पुराण लिखने का मुख्य आधार-

जब पुराण लोंगो के समझ में कम आने लगा या समाज उसी में उलझ गया और उससे समाज को एकात्म करना कठिन होने लगा तब मानवीय वंशावली में हुए अनेक विभिन्न प्रकृति-चरित्र के साकार मानव और उनके निराकार एवं साकार रूप को प्रक्षेपित कर प्रकृति-चरित्र (व्यक्तिगत, सामाजिक और वैश्विक) का शास्त्र महाभारत की रचना की गई।

4. **सार्वभौम आत्मा के प्रकृति द्वारा समाज को एकात्म (मानकीकरण) करने के लिए शास्त्र-महाभारत**

महाभारत की शिक्षा अपनी प्रकृति में स्थित रहकर व्यक्तिगत प्रमाणित स्वार्थ (लक्ष्य) को प्राप्त करने के अनुसार सम्बन्धों का आधार बनाने की शिक्षा है। गीता की शिक्षा-गीता की मूल शिक्षा प्रकृति में व्याप्त मूल तीन सत्व, रज और तम गुण के आधार पर व्यक्त विषयों जिसमें मनुष्य भी शामिल है, की पहचान करने की शिक्षा दी गयी है और उससे मुक्त रहकर कर्म करने को निष्काम कर्मयोग तथा उसमें स्थित रहने को स्थितप्रज्ञ और ईश्वर से साक्षात्कार करने का मार्ग समझाया गया।

महाभारत पुराण लिखने का मुख्य आधार-

शरीर- क्षेत्र (10 इन्द्रियाँ, मन, बुद्धि, अहंकार, 5 विकार और 3 गुण) जो प्रकृति के तीन गुणों से परवश होकर कर्म करता है।

दैवी शरीर या धर्मक्षेत्र- हृदय देश में दैवी सम्पत्ति का बाहुल्य शरीर

आसुरी शरीर या कुरूक्षेत्र- हृदय देश में आसुरी सम्पत्ति का बाहुल्य शरीर

धृतराष्ट्र- अज्ञान रूपी

संजय- संयम रूपी

पाण्डव- दैवी सम्पत्ति

भीम- महान ईश में वास दिलाने वाला भाव

अर्जुन- अनुराग रूपी

सात्यकि- सात्विकता रूपी

विराट- सर्वत्र ईश्वरीय प्रवाह

द्रुपद- अचल स्थिति

द्रौपदी- ध्यान रूपी

वात्सल्य- द्रौपदी का पुत्र (ध्यान से उत्पन्न गुण)

लावण्य- द्रौपदी का पुत्र (ध्यान से उत्पन्न गुण)

सहृदयता- द्रौपदी का पुत्र (ध्यान से उत्पन्न गुण)

सौम्यता- द्रौपदी का पुत्र (ध्यान से उत्पन्न गुण)

स्थिरता- द्रौपदी का पुत्र (ध्यान से उत्पन्न गुण)

सुभद्रा- शुभ आधार

धृष्टकेतू- दृढ़ कत्त्तव्य

चेकितान- चित्त को खिंचकर इष्ट में लाना

पुरूजित- स्थूल, सूक्ष्म व कारण शरीर पर विजय पाना

काशिराज- कायारूपी काशी का सम्राज्य

कुन्तिभोज- कत्त्तव्य से भव पर विजय

शैव्य- नरो में श्रेष्ठ

युधामन्यु- युद्ध के अनुरूप मन की धारणा

उत्तमौजा- शुभ की मस्ती

अभिमन्यु- अभय मन। सुभद्रा का पुत्र (शुभ आधार से उत्पन्न गुण)

कौरव- आसुरी सम्पत्ति

दुर्योधन- मोह या दूशित मन

द्रोणाचार्य- द्वैत का आचरण

धृष्टधुम्न- शाश्वत अचल पद में आस्था रखने वाला मन

भीष्म- भ्रम रूपी

कर्ण- कर्म रूपी

कृपाचार्य- साधक द्वारा कृपा का आचरण

अश्वत्थामा- आसक्ति रूपी

विकर्ण- विकल्प रूपी

भूरिश्रवा- भ्रममयी श्वास

शिखण्डी- शिखा-सूत्र का त्याग

जब महाभारत लोंगो के समझ में कम आने लगा या समाज उसी में उलझ गया और उससे समाज को एकात्म करना कठिन होने लगा तब काल, चेतना, कर्मज्ञान एवं सार्वभौम सत्य-सिद्धान्त और मानवी सिद्धान्त के एकीकरण सहित पूर्व के शास्त्र रचना का उद्देश्य का शास्त्र विश्वभारत समाहित विश्वशास्त्र की रचना की गई जिसका मुख्य गुण "सार्वभौम" है और महायोग-महामाया का अन्तिम उदाहरण बनाया गया।

5. सार्वभौम आत्मा के काल, चेतना और कर्मज्ञान द्वारा समाज को एकात्म करने के लिए शास्त्र-विश्वशास्त्र-द नालेज आफ फाइनल नालेज

विश्वशास्त्र की शिक्षा, उपरोक्त सभी को समझाना है और पूर्ण सार्वजनिक प्रमाणित काल, चेतना और ज्ञान-कर्मज्ञान से युक्त होकर कर्म करने की शिक्षा है। जिससे भारतीय शास्त्रों की वैश्विक स्वीकारीता स्थापित हो और देवी-देवताओं के उत्पत्ति के उद्देश्य से भटक गये मनुष्य को शास्त्रों के मूल उद्देश्य की मुख्यधारा में लाया जा सके। विश्वभारत की शिक्षा-विश्वभारत, विश्वशास्त्र के स्थापना की योजना का शास्त्र है, जो विश्वशास्त्र का ही एक भाग है। विश्वभारत, की शिक्षा अपनी प्रकृति में स्थित रहकर सार्वजनिक प्रमाणित स्वार्थ (लक्ष्य) को प्राप्त करने के अनुसार सम्बन्धों का आधार बनाने की शिक्षा है।

श्री विष्णु पुराण (अध्याय-दो) में लिखा है कि-यह सम्पूर्ण विश्व उन परमात्मा की ही शक्ति से व्याप्त है, अत-वे "विष्णु" कहलाते हैं। समस्त देवता, मनु, सप्तर्षि तथा मनुपुत्र और देवताओं के अधिपति इन्द्रगण, ये सब भगवान विष्णु की ही विभूतियाँ हैं।

सूर्य अपनी पत्नी छाया से शनैश्चर, एक और मनु तथा तपती, तीन सन्तानें उत्पन्न कीं। सूर्य-छाया का दूसरा पुत्र आठवाँ मनु, अपने अग्रज मनु का सवर्ण होने से सावर्णि कहलाया। नवें मनु दक्ष सावर्णि होंगे दसवें मनु ब्रह्मसावर्णि होंगे, ग्यारहवाँ मनु धर्म सावर्णि बारहवा मनु रूद्रपुत्र सावर्णि तेरहवा रूचि रूद्रपुत्र सावर्णि चैदहवा मनु भीम सावर्णि।

प्रत्येक चतुर्युग के अन्त में वेदों का लोप हो जाता है, उस समय सप्तर्षिगण ही स्वर्गलोक से पृथ्वी में अवतीर्ण होकर उनका प्रचार करते हैं। प्रत्येक सत्ययुग के आदि में (मनुष्यों की धर्म-मर्यादा स्थापित करने के लिए) स्मृति-शास्त्र के रचयिता मनु का प्रादुर्भाव होता है।

इन चौदह मनवन्तरों के बीत जाने पर एक सहस्त्र युग रहने वाला कल्प समाप्त हुआ कहा जाता है। फिर इतने समय की रात्रि होती है।

स्थितिकारक भगवान विष्णु चारों युगों में इस प्रकार व्यवस्था करते हैं-समस्त प्राणियों के कल्याण में तत्पर वे सर्वभूतात्मा सत्ययुग में कपिल आदिरूप धारणकर परम ज्ञान का उपदेश करते हैं। त्रेतायुग में वे सर्वसमर्थ प्रभु चक्रवर्ती भूपाल होकर दुष्टों का दमन करके त्रिलोक की रक्षा करते हैं। तदन्तर द्वापरयुग में वे वेदव्यास रूप धारण कर एक वेद के चार विभाग करते हैं और सैकड़ों शाखाओं में बाँटकर बहुत विस्तार कर देते हैं। इस प्रकार द्वापर में वेदों का विस्तार कर कलियुग के अन्त में भगवान कल्किरूप धारणकर दुराचारी लोगों को सन्मार्ग में प्रवृत्त करते हैं। इसी प्रकार, अनन्तात्मा प्रभु निरन्तर इस सम्पूर्ण जगत् के उत्पत्ति, पालन और नाश करते रहते हैं। इस संसार में ऐसी कोई वस्तु नहीं है जो उनसे भिन्न हो।

"कल्कि" अवतार के सम्बन्ध में कहा गया है कि उसका कोई गुरू नहीं होगा, वह स्वयं से प्रकाशित स्वयंभू होगा जिसके बारे में अथर्ववेद, काण्ड 20, सूक्त 115, मंत्र 1 में कहा गया है कि "ऋषि-वत्स, देवता इन्द्र, छन्द गायत्री। अहमिद्धि पितुष्परि मेधा मृतस्य जग्रभ। अहं सूर्य इवाजिनि।। "अर्थात् "मैं परम पिता परमात्मा से सत्य ज्ञान की विधि को धारण करता हूँ और मैं तेजस्वी सूर्य के समान प्रकट हुआ हूँ।" जबकि सबसे प्राचीन वंश स्वायंभुव मनु के पुत्र उत्तानपाद शाखा में ब्रह्मा के 10 मानस पुत्रों में से मन से मरीचि व पत्नी कला के पुत्र कश्यप व पत्नी अदिति के पुत्र आदित्य (सूर्य) की चौथी पत्नी छाया से दो पुत्रों में से एक 8वें मनु-सावर्णि मनु होंगे जिनसे ही वर्तमान मनवन्तर 7वें वैवस्वत मनु की समाप्ति होगी। ध्यान रहे कि 8वें मनु-सावर्णि मनु, सूर्य पुत्र हैं। अर्थात् कल्कि अवतार और 8वें मनु-सावर्णि मनु दोनों, दो नहीं बल्कि एक ही हैं और सूर्य पुत्र हैं।

"सार्वभौम" गुण 8वें सावर्णि मनु का गुण है। अवतारी श्रृंखला अन्तिम होकर अब मनु और मनवन्तर श्रृंखला के भी बढ़ने का क्रम है क्योंकि यही क्रम है। वैदिक-सनातन-हिन्दू धर्म के पुराणों में 14 मनुओं का वर्णन किया गया है। इन्हीं के नाम से मन्वन्तर चलते हैं। जो निम्नलिखित हैं-

1.मनुर्भरत वंश की प्रियव्रत शाखा

अ.पौराणिक वंश

वंश	अवतार	काल
01.स्वायंभुव मनु	यज्ञ	भूतकाल
02.स्वारचिष मनु	विभु	भूतकाल
03.उत्तम मनु	सत्यसेना	भूतकाल
04.तामस मनु	हरि	भूतकाल
05.रैवत मनु	वैकुण्ठ	भूतकाल
2.मनुर्भरत वंश की उत्तानपाद शाखा		
06.चाक्षुष मनु	अजित	भूतकाल
ब.ऐतिहासिक वंश		
07.वैवस्वत मनु	वामन	वर्तमान
स.भविष्य के वंश		
08.सावर्णि मनु	सार्वभौम	भविष्य
09.दत्त सावर्णि मनु	रिषभ	भविष्य
10.ब्रह्म सावर्णि मनु	विश्वकसेन	भविष्य
11.धर्म सावर्णि मनु	धर्मसेतू	भविष्य
12, रूद्र सावर्णि मनु	सुदामा	भविष्य
13.दैव सावर्णि मनु	योगेश्वर	भविष्य
14.इन्द्र सावर्णि मनु	वृहद्धानु	भविष्य

पहले मनु-स्वायंभुव मनु से 7वें मनु-वैवस्वत मनु तक शारीरिक प्राथमिकता के मनु का कालक्रम हैं। 8वें मनु-सावर्णि मनु से 14वें और अन्तिम-इन्द्र सावर्णि मनु तक बौद्धिक प्राथमिकता के मनु का कालक्रम है इसलिए ही 9वें मनु से 14वें मनु तक के नाम के साथ में "सावर्णि मनु" उपनाम की भाँति लगा हुआ है। अर्थात् 9वें मनु से 14वें मनु में सार्वभौम गुण विद्यमान रहेगा और बिना "विश्वशास्त्र" के उनका प्रकट होना मुश्किल होगा।

मात्र एक विचार-"ईश्वर ने इच्छा व्यक्त की कि मैं एक हूँ, अनेक हो जाऊँ" और "सभी ईश्वर हैं" , यह प्रारम्भ और अन्तिम लक्ष्य है। मनुष्य की रचना "पावर और प्राफिट (शक्ति और लाभ)" के लिए नहीं बल्कि असीम मस्तिष्क क्षमता के विकास के लिए हुआ है। फलस्वरूप वह स्वयं को ईश्वर रूप में अनुभव कर सके, जहाँ उसे किसी गुरू की आवश्यकता न पड़ें, वह स्वंयभू हो जाये, उसका प्रकाश वह स्वयं हो। एक गुरू का लक्ष्य भी यही होता है कि शिष्य मार्गदर्शन प्राप्त कर गुरू से आगे निकलकर, गुरू तथा स्वयं अपना नाम और कृति इस संसार में फैलाये, ना कि जीवनभर एक ही कक्षा में (गुरू में) पढ़ता रह जाये। एक ही कक्षा में जीवनभर पढ़ने वाले को समाज क्या नाम देता है, समाज अच्छी प्रकार जानता है। "विश्वशास्त्र" से कालक्रम को उसी मुख्यधारा में मोड़ दिया गया है। एक शास्त्राकार, अपने द्वारा व्यक्त किये गये पूर्व के शास्त्र का उद्देश्य और उसकी सीमा तो बता ही सकता है परन्तु व्याख्याकार ऐसा नहीं कर सकता।

स्वयं द्वारा व्यक्त शास्त्र के प्रमाण से ही स्वयं को व्यक्त और प्रमाणित करूँगा

-शास्त्राकार महर्षि व्यास (वर्तमान में लव कुश सिंह "विश्वमानव")

शब्द से सृष्टि की ओर...
सृष्टि से शास्त्र की ओर...
शास्त्र से काशी की ओर...
काशी से सत्यकाशी की ओर...
और सत्यकाशी से अनन्त की ओर...
एक अन्तहीन यात्रा........................

वर्तमान सृष्टि चक्र की स्थिति भी यही हो गयी है कि अब अगले अवतार के मात्र एक विकास के लिए सत्यीकरण से काल, मनवन्तर व मनु, अवतार, व्यास व शास्त्र सभी बदलेगें। इसलिए देश व विश्व के धर्माचार्यें, विद्वानों, ज्योतिषाचार्यों इत्यादि को अपने-अपने शास्त्रों को देखने व समझने की आवश्यकता आ गयी है क्योंकि कहीं श्री लव कुश सिंह "विश्वमानव" और "आध्यात्मिक सत्य" आधारित कार्य "विश्वशास्त्र" वही तो नहीं है? और यदि नहीं तो वह कौन सा कार्य होगा जो इन सबको बदलने वाली घटना को घटित करेगा?

शनिवार, 22 दिसम्बर, 2012 सेप्रारम्भ हो चुका है-

1.काल के प्रथम रूप अदृश्य काल से दूसरे और अन्तिम दृश्य काल का प्रारम्भ।
-इसलिए कि अधिकतम व्यक्ति व समाज का मन दृश्य विषयों पर केन्द्रित है।

2.मनवन्तर के वर्तमान 7वें मनवन्तर वैवस्वत मनु से 8वें मनवन्तर सावर्णि मनु का प्रारम्भ।
-इसलिए कि सावर्णि मनु के "सार्वभौम" गुण का प्रयोग कर श्री लव कुश सिंह "विश्वमानव" व्यक्त हैं।

3.अवतार के नवें बुद्ध से दसवें और अन्तिम अवतार-कल्कि महावतार का प्रारम्भ।
-इसलिए कि आधुनिक युग के लिए एकीकरण व मानकीकरण के सभी प्रणाली व्यष्टि व समष्टि के लिए संयुक्त एवं अन्तिम रूप से कल्कि अवतार द्वारार व्यक्त है।

4.युग के चौथे कलियुग से पाँचवें युग स्वर्ण युग का प्रारम्भ।
-इसलिए कि युग परिवर्तन के लिए कल्कि अवतार का आगमन हो चुका है।

5.व्यास और द्वापर युग में आठवें अवतार श्रीकृष्ण द्वारा प्रारम्भ किया गया कार्य "नवसृजन" के प्रथम भाग "सार्वभौम ज्ञान" के शास्त्र "गीता" से द्वितीय अन्तिम भाग "सार्वभौम कर्मज्ञान", पूर्णज्ञान का पूरक शास्त्र", लोकतन्त्र का "धर्मनिरपेक्ष धर्मशास्त्र" और आम आदमी का "समाजवादी शास्त्र" द्वारा व्यवस्था सत्यीकरण और मन के ब्रह्माण्डीयकरण और नये व्यास का प्रारम्भ।
-इसलिए कि नया और अन्तिम शास्त्र "विश्वशास्त्र" प्रकाशित हो चुका है।

जिस प्रकार लोग आत्मा की महत्ता को न समझकर शरीर को ही महत्व देते हैं उसी प्रकार लोग भले ही पढ़कर ही विकास कर रहें हो परन्तु वे शास्त्राकार लेखक की महत्ता को स्वीकार नहीं करते। जबकि वर्तमान समय में चाहे जिस विषय में हो प्रत्येक विकास कर रहे व्यक्ति के पीछे शास्त्राकार, लेखक, आविष्कारक, दार्शनिक की ही शक्ति है जिस प्रकार शरीर के पीछे आत्मा की शक्ति है।

“सम्पूर्ण मानक”का विकास भारतीय आध्यात्म-दर्शन का मूल और अन्तिम लक्ष्य

अब मानक एवम् मानकीकरण हमारे दैनिक जीवन के अभिन्न अंग बन चुके हैं। अगर हम अपने दैनिक जीवन की गतिविधियों का अवलोकन करते हैं तो यह देखने को मिलता है कि हम जाने-अनजाने में ही कितने ही रूपों में मानकों और मानकीकृत पद्धतियों को अपनायें हुये है। दैनिक जीवन में सर्वत्र स्वीकृत मानक के उदाहरण हैं- करेंसी नोट एवम् सिक्के, माप या तोल के साधन, यातायात के संकेत, देशों के झण्डे, धार्मिक प्रतीक इत्यादि। वैवाहिक एवम् पूजा पद्धति, हमारी परम्परा एवम् आचार व्यवहार आदि हमारी प्राचीन मानकीकृत पद्धतियों के उदाहरण है। अब प्रत्येक मनुष्य के लिए अपना जीवन सुखद बनाने हेतु दूसरों से सेवाएं प्राप्त करना एवम् उन पर निर्भर रहना अनिवार्य हो गया है। व्यक्तियों के बीच आदान-प्रदान सुगम एवम् सुलभ हो इसके लिए सर्वस्वीकृत मानदण्डों की आवश्यकता महसूस की गई।

मानकीकरण का महत्व समाज के उत्थान के लिए है। जैसे संस्कृति मानव समाज में अनुशासन एवम् सही दिशा में प्रगति के लिए मार्गदर्शन देती है। उसी प्रकार उद्योगों को सही दिशा में ले जाने को मानकीकरण महत्वपूर्ण भूमिका अदा करता है। अब दैनिक जीवन में मानकों की महती योगदान को नकारा नहीं जा सकता है। ये उपभोक्ता संरक्षण, ग्रामीण विकास, विश्व व्यापार प्रतिस्पर्धा, औद्योगिक क्रान्ति, शिक्षा एवम् स्वास्थ्य का मूल तन्त्र है। जिनके द्वारा मानकीकरण से मानक के रूप में नवीन वैज्ञानिक तकनीकी व कलात्मक जानकारी से सतत् उन्नति का मार्ग प्रशस्त होता है। जो समाज के सभी वर्गो के लिए प्रत्यक्ष व अप्रत्यक्ष रूप से दैनिक जीवन में काम आते है।

मानकीकरण और मानक के मान्य क्षेत्रानुसार अनेक स्तर हो सकते है। जो व्यक्ति, परिवार, ग्राम, विकास खण्ड, जनपद, राज्य, देश व अन्तर्राष्ट्रीय व सर्वोच्च और अन्तिम रूप से विश्व या ब्रह्माण्डीय स्तर तक हो सकता है। भारत में इसके उदाहरण- राज्यों के मानक तथा देश स्तर पर आई.एस.आई. मार्क (भारतीय मानक ब्यूरो) है। विश्व या अन्तर्राष्ट्रीय स्तर पर उदाहरण आई.एस.ओ. (अन्तर्राष्ट्रीय मानक संगठन) आई.ई.सी0, आई.टी.यू. इत्यादि हैं।

सम्पूर्ण विश्व में सादृश्यता व्यापार सम्बन्धों में एकरूपता और सादृश्यता लाने के उद्देश्य से यह आवश्यक था कि एक ही मात्रक प्रणाली सम्पूर्ण विश्व में लागू की जाए। इस उद्देश्य की पूर्ति के लिए सन् 1870 में एकीकृत मीट्रिक मात्रक का विकास करने के लिए विभिन्न देशों का एक सम्मेलन बुलाया गया। सन् 1875 में पेरिस में मीटर के समझौते पर हस्ताक्षर हुये। इस समझौते के परिणामस्वरूप अन्तर्राष्ट्रीय माप तौल ब्यूरो लागू किया गया। साथ ही समय-समय पर मिलकर आवश्यकतानुसार नये मानकों के निश्चय के लिए माप-तौल का महासम्मेलन भी स्थापित हुआ।

1954 में आयोजित माप-तौल महासम्मेलन ने मीट्रिक प्रणाली को अन्तर्राष्ट्रीय रूप से अपनाया। 1960 में इसे "सिस्टम इण्टरनेशनल डी यूनिट्स " अर्थात् "अन्तर्राष्ट्रीय मात्रक प्रणाली " के नाम से परिभाषित किया गया।

यह प्रणाली समय, तापमान, लम्बाई और भार के चार स्वतन्त्र बुनियादी मात्रकों को आधार बनाकर रखी गई। लम्बाई और भार के मात्रक क्रमशः मीटर और किलोग्राम है। समय का मात्रक सेकेण्ड है जो कि परमाणु घड़ी के रूप में निर्धारित है। तापमान का मात्रक सेल्सियस डिग्री (सेंटीग्रेड) को रखा गया है और इसके द्वारा फारेनहाइट डिग्री का प्रतिस्थापन हो गया है। सम्मेलन ने समय मात्रक, मिनट, घंटा आदि के साथ-साथ डिग्री मिनट, सेकण्ड जैसे कोणीय मापों तथा नाटिकल मील-नाट आदि सुप्रतिष्ठित मात्रकों को भी स्वीकार किया।

इस प्रकार सम्पूर्ण विश्व में ही पद्धति विकसित करने के लिए प्रत्येक विषय क्षेत्रों में जो व्यावहारिक जीवन से विश्व स्तर को प्रभावित करते है, की और विश्व गतिशील है। उपरोक्त क्षेत्रों- लम्बाई, क्षेत्रीय, भार, द्रव, आयतन तथा घन माप के अलावा विभिन्न गणितीय अंक और विज्ञान के क्षेत्रों के मात्रक भी निर्धारित कर दिये गये जिससे विश्व के किसी भी कोने से मात्रक की भाषा में बोलने से विश्व के किसी कोने में बैठा व्यक्ति उसे उसी रूप

में समझ सकने में सक्षम हो गया जबकि लम्बाई में- इंच, फुट, गज, क्षेत्र में- वर्ग इंच, वर्ग फुट, वर्ग गज (भारत में- विस्वा, बीघा), भार में - औंस, पौंड, द्रव आयतन में- पिंट, गैलन, वैरल, का देश स्तर पर प्रचलन था। भारत में भार के लिए- रत्ती, माशा, तोला, कुंचा, छटांक, सेर, पसेरी, मन तथा क्षेत्र के लिए राज्यों के अनुसार भिन्न-भिन्न मात्रक और अर्थ प्रचलित थे।

विश्व व्यापार में पंूजी तथा उपभोक्ता वस्तुओं और सेवाओं का आदान-प्रदान सदियों से होता आ रहा है। यह आदान-प्रदान बहुत सी मुश्किलों को जन्म देता है, विशेषतया औद्योगिक तथा विकासशील देशों में व्यापार करने पर। इस दिशा में द्वितीय विश्व युद्ध के तुरन्त बाद व्यापार को एक जैसा उदार बनाने के उद्देश्य से भौगोलिक दृष्टि से मुक्त व्यापार क्षेत्र बनाए गये। तकनीकी अवरोध, सीमा या अन्य अवरोधों की अपेक्षा अधिक घातक व बाधक सिद्ध हुए। राष्ट्रीय उत्पाद, दूसरे देशों को बाजारों में खरे नहीं उतरे क्योंकि वहाँ तकनीकी भिन्न थे। उदाहरण-बिजली के साकेट को भिन्न-भिन्न देशों में भिन्न-भिन्न पाये गये। इसी प्रकार वोल्टता व फ्रिक्वेंशी इत्यादि। इस पर विचार विमर्श करने वालों ने व्यापार में आने वाले इस तकनीकी अवरोधों से निपटने के लिए बैठकें बुलाई, वार्तालाप किये, परिणामस्वरूप सन् 1995 में संयुक्त राष्ट्र संघ के अधीन विश्व व्यापार संगठन (डब्ल्यु.टी.ओ.) का जन्म हुआ, जिसमें हस्ताक्षर करने वाले देशों को शर्तो के पालन के लिए कड़े दिशा निर्देश दिए गये। विश्व मानकों की महत्ता को स्वीकार करते हुये विश्व व्यापार संगठन ने समझौते में एक परिशिष्ट "मानक निर्धारण, अधिग्रहण और अनुप्रयोग की उपयुक्त रीति संहिता" जोड़ा और इस प्रकार विश्व मानकों पर आधारित उत्पादों का एक देश से दूसरे देश में आदान-प्रदान होने लगा। अन्तर्राष्ट्रीय मानक पूरे विश्व में समान गुणवत्ता की चीजें उपलब्ध कराते है। इनके अपनाने से विश्व बाजार में साख बनती है। अन्तर्राष्ट्रीय व्यापार करना आसान हो जाता है। अतंतः यह विश्वास के साथ कहा जा सकता है कि विश्वमानक ही विश्व व्यापार के आधार हैं।

सभी सम्बन्धित विशेषज्ञों की सहमति से किसी वस्तु पदार्थ अथवा कार्यशैली के सभी तकनीकी एवम् गैर तकनीकी पहलुओं सहित एक ऐसा विस्तार पूर्वक तैयार किया गया विवरण जो सब सम्बन्धित जनों के हित में एवम् वैज्ञानिक गुणता, सुरक्षा एवम् आर्थिक दृष्टि से उत्तम हो, मानकीकरण कहलाता है। मानक वे साधन है जो मानकीकृत गतिविधियों के परिणामों को अधिक परिष्कृत और अभीष्ट बनाते है। इस रूप में इनकी लगातार समीक्षा की जाती है ताकि वे स्वतः पूर्ण सुनिश्चित और स्पष्ट, विरोधाभास तथा असुविधा से मुक्त हों। इन सबसे महत्वपूर्ण यह है कि वे समय से पिछड़े हुये न रहे इसके लिए हमें सतत प्रयत्नशील रहना है।

मानकीकरण एवम् मानक उतने ही प्राचीन हैं जितनी कि मानव सभ्यता। भारत में मानकीकरण का इतिहास बहुत पुराना है। मोहन जोदड़ो एवम् हड़प्पा के उत्खनन से मिली वस्तुओं की जाँच से यह सिद्ध होता है कि भारत 4000 ई0 सदी के पीछे के समय से मानकीकरण पद्धतियों को अपनाये हुये हैं। उत्खनन से मिर्ली इंटों के नाप एक जैसे थे व चैड़ाई व लम्बाई 1: 2 का अनुपात था जो अब भी प्रचलित है। पुरातन युग से ही भारतवासी मानक एवम् मानकीकृत पद्धतियों को अपनाकर विभिन्न कार्यो को पूर्व निर्धारित योजना के अनुरूप नियन्त्रित कर सूक्ष्मता एवम् यथार्थता के साथ करना जानते थे।

जैसे-जैसे मानव सभ्यताओं का मिश्रण होगा वैसे-वैसे मात्रक और मानक के द्वारा एकीकरण की आवश्यकता ही नहीं मनुष्य की विवशता भी होगी। मानक के परिचय और उपयोगिता इस प्रकार स्पष्ट हो जाती है।

भारतीय आध्यात्म-दर्शन-संस्कृति के लिए यह एक नयी और आधुनिक सूक्ष्म दृष्टि ही है कि मानव समाज के एकीकरण के लिए सदैव अपने विचार-सिद्धान्त से मानकीकरण करना ही भारतीय आध्यात्म-दर्शन-संस्कृति का मूल उद्देश्य रहा है जबकि समाज के मानव उसे न अपनाकर मानकीकरण के आविष्कारक और उनके जीवन की ओर बढ़ गये। इतना ही नहीं आविष्कार के आधार पर अनेक आविष्कार भी करते चले गये परिणास्वरूप मानव समाज मानकीकरण के मूल उद्देश्य से इतना दूर आ चुका है कि इस मूल उद्देश्य को स्वीकारना भी उन्हें गलत लगेगा जबकि इस उद्देश्य के बिना उनका पूर्णता की ओर बढ़ना असम्भव भी है और अन्तिम मार्ग भी है।

सृष्टि में साकार और निराकार सृष्टि के दो रूप हैं। साकार सृष्टि यह हमारा दृश्य ब्रह्माण्ड है तो निराकार सृष्टि सार्वभौम सत्य-सिद्धान्त है। इसी प्रकार मानव के सम्बन्ध में भी है निराकार मानव, मानव का अपना विचार है और साकार मानव, मानव का दृश्य शरीर है। भारतीय आध्यात्म-दर्शन इसे मानव सभ्यता के विकास के प्रारम्भ में ही समझ गया था इसलिए वह सदैव मानव समाज के एकीकरण के लिए मानक का विकास करता रहा है। जिसके निम्न विकास क्रम हैं-

अ. व्यक्तिगत प्रमाणित अदृश्य निराकार एवं साकार मानक

01. सार्वभौम मानक - सार्वभौम आत्मा या ईश्वर का आविष्कार।
02. सार्वभौम मानक के पुस्तक - वेद का आविष्कार।
03. सार्वभौम मानक का नाम - ॐ का आविष्कार।
04. सार्वभौम मानक के नाम के व्याख्या का पुस्तक - उपनिषद् का आविष्कार।
05. सार्वभौम व्यक्तिगत व्यक्ति का मानक - ब्रह्मा (सत्व गुण) का आविष्कार।
06. सार्वभौम सामाजिक व्यक्ति का मानक - विष्णु (सत्व-रज गुण) का आविष्कार।
07. सार्वभौम वैश्विक व्यक्ति का मानक - शिव-शंकर (सत्व-रज-तम गुण) का आविष्कार।
08. सार्वभौम व्यक्तिगत व्यक्ति के मानक के कृति का पुस्तक - ब्रह्मा आधारित पुराण का आविष्कार।
09. सार्वभौम सामाजिक व्यक्ति के मानक के कृति का पुस्तक - विष्णु आधारित पुराण का आविष्कार।
10. सार्वभौम वैश्विक व्यक्ति के मानक के कृति का पुस्तक-शिव-शंकर आधारित पुराण का आविष्कार।

ब. सार्वजनिक प्रमाणित दृश्य निराकार एवं साकार मानक

1. शरीर की अवस्था-आश्रम के मानक का निम्न रूप है-
    1. ब्रह्मचर्य आश्रम - 5 से 25 वर्ष उम्र तक - ज्ञान-विज्ञान-तकनीकी शिक्षा तथा व्यवहार।
    2. गृहस्थ आश्रम - 26 से 50 वर्ष उम्र तक - पारिवारिक जीवन में ज्ञान युक्त कत्तव्य और दायित्व।
    3. वानप्रस्थ आश्रम - 51 से 75 वर्ष उम्र तक – माँगे जाने पर अपने अनुभव से परिवार व समाज का मार्गदर्शन।
    4. सन्यास आश्रम - 76 से शरीर त्याग तक - आत्मा में स्थित होकर ब्रह्माण्डीय दायित्व व कर्तव्य।
2. कर्म की अवस्था-वर्ण के मानक का निम्नरूप है-
    1. ब्राह्मण वर्ण- सूक्ष्म बुद्धि व आत्मा में स्थित हो धर्म से कार्य।
    2. क्षत्रिय वर्ण- भाव व मन में स्थित हो बल से कार्य।
    3. वैश्य वर्ण- इन्द्रिय व प्राण में स्थित हो धन से कार्य।
    4. शूद्र वर्ण- शरीर में स्थित हो शरीर से कार्य।
3. मानव का मानक -अवतारवाद-अवतारवाद का मुख्य उद्देश्य मानव समाज में मानव का मानक निर्धारित करना है। जिसका विकास क्रम निम्न प्रकार है-

01. **मत्स्यावतार** - इस अवतार द्वारा धारा के विपरीत दिशा (राधा) में गति करने का मानक विचार-सिद्धान्त स्थापित हुआ।
02. **कच्छप अवतार** - इस अवतार द्वारा सहनशील, शांत, धैर्यवान, लगनशील, दोनों पक्षों के बीच मध्यस्थ की भूमिका वाला गुण (समन्वय का सिद्धान्त) का मानक विचार-सिद्धान्त स्थापित हुआ।
03. **बाराह अवतार** - इस अवतार द्वारा सूझ-बुझ, सम्पन्न, पुरूषार्थी, धीर-गम्भीर, निष्कामी, बलिष्ठ, सक्रिय, अहिंसक और समूह प्रेमी, लोगों का मनोबल बढ़ाना, उत्साहित और सक्रिय करने वाला गुण (प्रेरणा का सिद्धान्त) का मानक विचार-सिद्धान्त स्थापित हुआ।
04. **नरसिंह अवतार** - इस अवतार द्वारा प्रत्यक्ष रूप से एका-एक लक्ष्य को पूर्ण करने वाले (लक्ष्य के लिए त्वरित कार्यवाही का सिद्धान्त) का मानक विचार-सिद्धान्त स्थापित हुआ।

05. **वामन अवतार** - इस अवतार द्वारा भविष्य द्दष्टा, राजा के गुण का प्रयोग करना, थोड़ी सी भूमि पर गणराज्य व्यवस्था की स्थापना व व्यवस्था को जिवित करना, उसके सुख से प्रजा को परिचित कराने वाले गुण (समाज का सिद्धान्त) का मानक विचार-सिद्धान्त स्थापित हुआ।

06. **परशुराम अवतार** - इस अवतार द्वारा गणराज्य व्यवस्था को ब्रह्माण्ड में व्याप्त व्यवस्था सिद्धान्तों को आधार बनाने वाले गुण और व्यवस्था के प्रसार के लिए योग्य व्यक्ति को नियुक्त करने वाले गुण (लोकतन्त्र का सिद्धान्त और उसके प्रसार के लिए योग्य उत्तराधिकारी नियुक्त करने का सिद्धान्त) का मानक विचार-सिद्धान्त स्थापित हुआ।

07. **राम अवतार** - इस अवतार द्वारा आदर्श चरित्र के गुण के साथ प्रसार करने वाला गुण (व्यक्तिगत आदर्श चरित्र के आधार पर विचार प्रसार का सिद्धान्त) का मानक विचार-सिद्धान्त स्थापित हुआ।

08. **कृष्ण अवतार** - इस अवतार द्वारा आदर्श सामाजिक व्यक्ति चरित्र के गुण, समाज मंे व्याप्त अनेक मत-मतान्तर व विचारों के समन्वय और एकीकरण से सत्य-विचार के प्रेरक ज्ञान को निकालने वाले गुण (सामाजिक आदर्श व्यक्ति का सिद्धान्त और व्यक्ति से उठकर विचार आधारित व्यक्ति निर्माण का सिद्धान्त) का मानक विचार-सिद्धान्त स्थापित हुआ।

09. **बुद्ध अवतार** - इस अवतार द्वारा प्रजा को प्रेरित करने के लिए धर्म, संघ और बुद्धि के शरण में जाने का गुण (धर्म, संघ और बुद्धि का सिद्धान्त) का मानक विचार-सिद्धान्त स्थापित हुआ।

10. **कल्कि अवतार**- इस अवतार द्वारा आदर्श मानक सामाजिक व्यक्ति चरित्र समाहित आदर्श मानक वैश्विक व्यक्ति चरित्र अर्थात सार्वजनिक प्रमाणित आदर्श मानक वैश्विक व्यक्ति चरित्र का मानक विचार-सिद्धान्त स्थापित करने का काम वर्तमान है और वो अन्तिम भी है।

उपरोक्त दस अवतार द्वारा स्थापित विचार-सिद्धान्त का संयुक्त रूप ही मानक पूर्ण मानव का रूप है। प्रत्येक पूर्व के अवतार द्वारा स्थापित विचार-सिद्धान्त अगले अवतार में वह संक्रमित अर्थात विद्यमान रहते हुये अवतरण होता है। इस प्रकार अन्तिम अवतार में पूर्व के सभी अवतार के गुण विद्यमान होंगे और अन्तिम अवतार ही मानव समाज के लिए मानक मानव होगा।

युगानुसार धर्म, प्रवर्तक और धर्म–शास्त्र

प्रारम्भ → / ← अन्त	1. सत्व गुण (ब्रह्मा) *एकात्म ज्ञान व वाणी (मानक व्यक्तिगत पौराणिक व्यक्ति चरित्र)*			3. तम गुण (शिव–शंकर/महेश) *एकात्म ज्ञान, वाणी, प्रेम, कर्म, ध्यान व समर्पण (मानक वैश्विक पौराणिक व्यक्ति चरित्र)*	अन्त → / ← प्रारम्भ
काल मुक्त, गुण मुक्त, देवता मुक्त, युग मुक्त, मन मुक्त, धर्म मुक्त, पूर्णज्ञान मुक्त आत्म केन्द्रित स्थिति	**2. रज गुण (विष्णु)** *एकात्म ज्ञान, वाणी, प्रेम व कर्म (मानक सामाजिक पौराणिक व्यक्ति चरित्र)*				काल मुक्त, गुण मुक्त, देवता मुक्त, युग मुक्त, मन मुक्त, धर्म मुक्त, पूर्णज्ञान युक्त आत्म केन्द्रित स्थिति
	अदृश्य काल व अदृश्य विज्ञान		***दृश्य काल व दृश्य विज्ञान***		
वैदिक धर्म/सनातन धर्म – ऋषि–मुनि गण ई0 पूर्व 6000–2500	सत्युग सत्य	त्रेतायुग यज्ञ (अदृश्य कर्म)	द्वापरयुग भक्ति और प्रेम	कलियुग संघ और योजना आधारित यज्ञ (दृश्य कर्म)	सनातन धर्म – लव कुश सिंह "विश्वमानव" –सन् 2012 ई0
ऋषि–मुनि / ईश्वर कृत – चार वेद ऋगवेद, सामवेद, यजुर्वेद व अथर्ववेद संहिता मन का व्यक्तिगत प्रमाणित अदृश्य मानक – आत्मा	ब्राह्मण धर्म– ब्राह्मण कृत – ब्राह्मण (कर्म काण्ड) व आरण्यक (ज्ञान काण्ड), उपनिषद्, वेदांग या सूत्र–साहित्य, शिक्षा, कल्प, व्याकरण, निघण्टु, निरूक्त, छन्द, ज्योतिष, उपांग दर्शन उपवेद, पुराण	परशुराम परम्परा भगवान परशुराम कृत – परशुराम परम्परा – साकार आधारित लोकतंत्र व्यवस्था। महाकाव्य– वाल्मीकि रचित – रामायण – आदर्श मानक व्यक्ति चरित्र का प्रस्तुतीकरण।	वेदान्त अद्वैत धर्म– श्रीकृष्ण– ई0पूर्व 3000 गीता–अद्वैत दर्शन भगवान श्री कृष्ण कृत – साकार आधारित परशुराम परम्परा का नाश, पूर्ववर्ती सभी मतो का समन्वय व एकीकरण करते हुये निराकार आधारित लोकतंत्र व्यवस्था के प्रारम्भ का बीज शास्त्र "गीता/ गीतोपनिषद्" व्यास रचित – महाभारत – आदर्श मानक व्यक्ति चरित्र समाहित आदर्श मानक सामाजिक व्यक्ति चरित्र अर्थात व्यक्तिगत प्रमाणित आदर्श मानक वैश्विक व्यक्ति चरित्र का प्रस्तुतीकरण।	01.बौद्ध–भगवान बुद्ध–ई0पू0 567–487 02.कन्फ्यूसी–कन्फ्यूसियश–ई0पूर्व 551–479 03.टोईज्म–लोओत्से–ई0पूर्व 604–518 04.जैन–भगवान महावीर–ई0पूर्व 539–467 05.पारसी–जरथुस्ट–ई0पूर्व 6 जेन्दाअवेस्ता 06.ईसाई–ईसामसीह–सन् 33ई0 बाईबल 07.इस्लाम–मु0पैगम्बर–सन् 670ई0 कुरआन 08.सिक्ख–गुरुनानक–1510ई0 गुरुग्रन्थसाहिब 09.विश्व धर्म/ वेदान्त धर्म/ अद्वैत धर्म/ सत्य धर्म /एकता धर्म/लोकतन्त्र धर्म/ समष्टि धर्म/दृश्य धर्म /प्राकृतिक धर्म/ संयुक्तमन धर्म/ ईश्वर धर्म/हिन्दू धर्म/ सार्वजनिक धर्म/मानवधर्म/धर्मनिरपेक्ष धर्म –सन् 2012 ई0 लव कुश सिंह "विश्वमानव" कृत –विश्वभारत – आदर्श मानक सामाजिक व्यक्ति चरित्र समाहित आदर्श मानक वैश्विक व्यक्ति चरित्र अर्थात सार्वजनिक प्रमाणित आदर्श मानक वैश्विक व्यक्ति चरित्र का प्रस्तुतीकरण।	लव कुश सिंह "विश्वमानव" कृत– विश्वशास्त्र – पूर्ववर्ती सभी धर्मों व मतों का समन्वय व एकीकरण करते हुये निराकार आधारित लोकतंत्र व्यवस्था का वृक्ष शास्त्र विश्व– नागरिक धर्म का धर्मयुक्त धर्मशास्त्र – कर्मवेद : प्रथम, अन्तिम तथा पंचम वेदीय श्रृंखला विश्व–राज्यधर्म का धर्मनिरपेक्ष धर्मशास्त्र – विश्वमानक शून्य–मन की गुणवत्ता का विश्वमानक श्रृंखला मन का सार्वजनिक प्रमाणित दृश्य मानक–तन्त्र/प्रणाली

व्यष्टि और समष्टि धर्मशास्त्र

व्यष्टि - समष्टि

"स ईशोऽनिर्वचनीयप्रेमस्वरुपः"- ईश्वर अनिर्वचनीय प्रेम स्वरुप है। नारद द्वारा वर्णन किया हुआ ईश्वर का यह लक्षण स्पष्ट है और सब लोगों को स्वीकार है। यह मेरे जीवन का दृढ़ विश्वास है। बहुत से व्यक्तियों के समूह कांे समष्टि कहते हैं और प्रत्येक व्यक्ति, व्यष्टि कहलाता है आप और मैं दोनों व्यष्टि हैं, समाज समष्टि है आप और मैं- पशु, पक्षी, कीड़ा, कीड़े से भी तुक्ष प्राणी, वृक्ष, लता, पृथ्वी, नक्षत्र और तारे यह प्रत्येक व्यष्टि है और यह विश्व समष्टि है जो कि वेदान्त में विराट, हिरण गर्भ या ईश्वर कहलाता है। और पुराणों में ब्रह्मा, विष्णु, देवी इत्यादि। व्यष्टि को व्यक्तिशः स्वतन्त्रता होती है या नहीं, और यदि होती है तो उसका नाम क्या होना चाहिए। व्यष्टि को समष्टि के लिए अपनी इच्छा और सुख का सम्पूर्ण त्याग करना चाहिए या नहीं, वे प्रत्येक समाज के लिए चिरन्तन समस्याएँ हैं सब स्थानों में समाज इन समस्याओं के समाधान में संलग्न रहता है ये बड़ी-बड़ी तरंगों के समान आधुनिक पश्चिमी समाज में हलचल मचा रही हैं जो समाज के अधिपत्य के लिए व्यक्तिगत स्वतन्त्रता का त्याग चाहता है वह सिद्धान्त समाजवाद कहलाता है और जो व्यक्ति के पक्ष का समर्थन करता है वह व्यक्तिवाद कहलाता है। सबका स्वामी (परमात्मा) कोई व्यक्ति विशेष नहीं हो सकता, वह तो सबकी समष्टि स्वरुप ही होगा। वैराग्यवान मनुष्य आत्मा शब्द का अर्थ व्यक्तिगत "मैं" न समझकर, उस सर्वव्यापी ईश्वर को समझता है जो अन्तर्यामी होकर सबमें वास कर रहा हो। वे समष्टि के रुप में सब को प्रतीत हो सकते हैं ऐसा होते हुए जब जीव और ईश्वर स्वरुपतः अभिन्न हैं, तब जीवों की सेवा और ईश्वर से प्रेम करने का अर्थ एक ही है। यहाँ एक विशेषता है। जब जीव को जीव समझकर सेवा की जाती है तब वह दया है, किन्तु प्रेम नहीं। परन्तु जब उसे आत्मा समझकर सेवा करो तब वह प्रेम कहलाता है। आत्मा ही एक मात्र प्रेम का पात्र है, यह श्रुति, स्मृति और अपरोक्षानुभूति से जाना जा सकता है। सर्वेश्वर कभी भी विशेष व्यक्ति नहीं बन सकते। जीव है व्यष्टि; और समस्त जीवों की समष्टि है, ईश्वर। जीव में अविद्या प्रबल है; ईश्वर विद्या और अविद्या की समष्टि रूपी माया को वशीभूत करके विराजमान है और स्वाधीन भाव से उस स्थावर-जंगमात्मक जगत को अपने भीतर से बाहर निकाल रहा है। परन्तु ब्रह्म उस व्यष्टि-समष्टि से अथवा जीव-ईश्वर से परे है। ब्रह्म का अशंाश भाग नहीं होता। समष्टि से प्रेम किये बिना हम व्यष्टि से प्रेम कैसे कर सकते हैं? ईश्वर ही वह समष्टि है। सारे विश्व का यदि एक अखण्ड रूप से चिन्तन किया जाय, तो वही ईश्वर है, और उसे पृथक-पृथक रूप से देखने पर वही यह दृश्यमान संसार है- व्यष्टि है। समष्टि वह इकाई है, जिसमें लाखों छोटी-छोटी इकाईयों का मेल है। इस समष्टि के माध्यम से ही सारे विश्व को प्रेम करना सम्भव है।"

- स्वामी विवेकानन्द

"मेरा", व्यष्टि है। "तुम्हारा", व्यष्टि है। "हमारा", समष्टि है। ये "मेरा", "तुम्हारा", व्यष्टि "मैं" है। "हमारा", समष्टि "मैं" है। "व्यष्टि" व्यक्तिगत होता है जबकि "समष्टि" सार्वजनिक, न्यूनतम एवं अधिकतम साझा जिसे अंग्रेजी में कामन (Common) कहते हैं, होता है।

साकार आधारित तन्त्र (राजतन्त्र) अर्थात बिना लिखित संविधान वाले तन्त्र में जब तक व्यक्ति प्रजा (व्यक्तिगत पद) होता है वह "व्यष्टि" होता है जैसे ही वह राजा (सार्वजनिक पद) पर बैठेगा, वह "समष्टि" हो जायेगा। राजा (सार्वजनिक पद) पर बैठने के बाद भी वह अपने व्यक्तिगत विचारों का संचालन कर सकता था क्योंकि वहाँ कोई लिखित संविधान नहीं होता है। इसी कारण जो राजा व्यक्तिगत हित के विचारों का संचालन करने लगते थे, उन्हें व्यक्तिवादी या असुर की श्रेणी में तथा जो राजा सार्वजनिक हित के विचारों का संचालन करते थे उन्हें समाजवादी या सुर या देवता के श्रेणी में रखे जाते थे।

वर्तमान में हम सभी निराकार आधारित तन्त्र (लोकतन्त्र) अर्थात लिखित संविधान वाले लोकतन्त्र में रहते हैं और उसी से शासित हैं। और इस तन्त्र के अनुसार जितने भी सार्वजनिक पद हैं वे सब समष्टि पद हैं। उस पद को संचालित करने के लिए एक लिखित मार्गदर्शन हैं जिसे हम सब संविधान-कानून कहते हैं। वह पद, उससे बाहर

नहीं जा सकता। उससे बाहर जाने पर पीठासीन व्यक्ति विवाद-विरोध का शिकार हो जायेगा। संविधान-कानून, एक मानवीय समष्टि शास्त्र है अर्थात एक मानव समूह को संचालित करने के लिए, उस समूह का समष्टि विचार है।

यह अच्छी प्रकार जान लेना चाहिए कि अवतारी श्रृंखला, संत श्रृंखला, दार्शनिक श्रृंखला, सिद्ध श्रृंखला, शास्त्र श्रृंखला से आये अवतार, संत, दार्शनिक, सिद्ध, शास्त्र सब समष्टि हैं, ये मानव जाति के लिए कार्य करते हैं न कि किसी विशेष मानव समूह के लिए। सरल शब्दों में जो विचार अधिकतम मानव समूह पर सरलता से लागू-प्रभावी किया जा सके वह उच्चतर समष्टि विचार है तथा जो जितना उच्चतर शक्ति से लागू-प्रभावी किया जा सके वह उतना ही उच्चतर व्यष्टि विचार है।

धर्मशास्त्र

व्यष्टि विचार हो या समष्टि विचार, दोनों व्यक्ति से ही व्यक्त होते हैं। इसलिए यहाँ भ्रम कि स्थिति उत्पन्न होती है और कोई व्यक्ति बड़े ही सरल भाव से कह देता हैं कि - ये आपके अपने व्यक्तिगत विचार हैं। महाभारत में धर्म के लिए कहा गया है कि वह वस्तु जो सम्पूर्ण विश्व को धारण कर रही है या करती है अर्थात जो समस्त वस्तुओं का मूल आधार है एवं समाज की एकता को मूर्तिमंत करती है वही धर्म है। अवतारों द्वारा व्यक्त कार्य समष्टि धर्म के विकास का ही कार्य होता है।

इस प्रकार जिस सम्प्रदाय का सिद्धान्त, विश्व में व्याप्त सिद्धान्त के अनुरूप है वह सर्वोच्च समष्टि धर्म है तथा आधारित धर्म शास्त्र समष्टि धर्मशास्त्र है अन्यथा वह व्यष्टि या व्यष्टि समूह का धर्म तथा आधारित धर्म शास्त्र, व्यष्टि धर्मशास्त्र है।

मानवीय रूप से "विश्वशास्त्र" व्यक्तिगत विचार का शास्त्र नहीं बल्कि सार्वजनिक विचार का शास्त्र है। और ईश्वरीय रूप में सार्वभौम सत्य-सिद्धान्त का समष्टि सत्य शास्त्र है अर्थात विश्व के मानव समूह को संचालित करने के लिए, ईश्वरीय समष्टि सार्वभौम सत्य-सिद्धान्त है। सत्य है, शिव है, सुन्दर है। शिव ज्योति है, प्रकाश है, गुरू है।

शास्त्रार्थ, शास्त्र पर होता है, शास्त्राकार से और पर नहीं

व्यष्टि को व्यक्तिशः स्वतन्त्रता होती है या नहीं, और यदि होती है तो उसका नाम क्या होना चाहिए। व्यष्टि को समष्टि के लिए अपनी इच्छा और सुख का सम्पूर्ण त्याग करना चाहिए या नहीं, वे प्रत्येक समाज के लिए चिरन्तन समस्याएँ हैं। सब स्थानों में समाज इन समस्याओं के समाधान में संलग्न रहता है ये बड़ी-बड़ी तरंगों के समान आधुनिक पश्चिमी समाज में हलचल मचा रही हैं जो समाज के अधिपत्य के लिए व्यक्तिगत स्वतन्त्रता का त्याग चाहता है वह सिद्धान्त समाजवाद कहलाता है और जो व्यक्ति के पक्ष का समर्थन करता है वह व्यक्तिवाद कहलाता है।

- स्वामी विवेकानन्द

भविष्यवाणीयों के अनुसार ही आज विश्व में घटनाएँ घट रही हैं। युग परिवर्तन प्रकृति का अटल सिद्धान्त है। वैदिक दर्शन के अनुसार चार युगों- सतयुग, त्रेतायुग, द्वापरयुग और कलियुग की व्यवस्था है। जब पृथ्वी पर पापियों का एक छत्र साम्राज्य हो जाता है, तब भगवान पृथ्वी पर मानव रूप में प्रकट होते हैं। मानवता के इस पूर्ण विकास का कार्य अनादि काल से भारत ही करता आया है। इसी पुण्य भूमि पर अवतारों का अवतरण अनादि काल से होता रहा है। लेकिन कैसी बिडम्बना है कि ऋषि-मुनियों, महापुरूषों व अवतारों के जीवन काल में उनके अधिकतम उपयोग के लिए उस समय के शासन व्यवस्था व जनता ने उनके दिव्य बातों व आदर्शो पर ध्यान नहीं दिया और उनके अन्र्तध्यान होने पर दुगने उत्साह से उनकी पूजा शुरू कर पूजने लग गये। यह भी एक बिडम्बना ही है कि हम जीवन व समय रहते उनकी नहीं मानते अपितु उनका विरोध व अपमान ही करते रहते हैं। कुल मिलाकर "कारवाँ गुजर गया, गुबार पूजते रह गये" वाली स्थिति मनुष्यों की रहती है।

जिस प्रकार पुनर्जन्म केवल मानसिक आधार पर ही सिद्ध हो पाता है उसी प्रकार अवतार भी केवल मानसिक आधार पर ही पहचाने जाते हैं। वे अपने से पिछले अवतार के गुण से युक्त तो होते हैं परन्तु पिछले अवतार की धर्मस्थापना की कला से अलग एक नई कला का प्रयोग करते हैं और वह प्रयोग कर देने के उपरान्त ही मानव समाज को ज्ञात होता है अर्थात प्रत्येक अवतार का शरीर अलग-अलग व समाज के सत्यीकरण की कला अलग-अलग होती है। इस सम्बन्ध में आचार्य रजनीश "ओशो" का कहना है कि -"एक तरह का सिद्ध एक ही बार होता है, दोबारा नहीं होता। क्यांेकि जो सिद्ध हो गया, फिर नहीं लौटता। गया फिर वापस नहीं आता। एक ही बार तुम उसकी झलक पाते हो- बुद्ध की, महावीर की, क्राइस्ट ही, मुहम्मद की, एक ही बार झलक पाते हो, फिर गये सो गये। फिर विराट में लीन हो गये। फिर दोबारा उनके जैसा आदमी नहीं होगा, नहीं हो सकता। मगर बहुत लोग नकलची होंगे। उनको तुम साधु कहते हो। उन नकलीची का बड़ा सम्मान है। क्योंकि वे तुम्हारे शास्त्र के अनुसार मालूम पड़ते हैं। जब भी सिद्ध आयेगा सब अस्त व्यस्त कर देगा सिद्ध आता ही है क्रान्ति की तरह! प्रत्येक सिद्ध बगावत लेकर आता है, एक क्रान्ति का संदेश लेकर आता है एक आग की तरह आता है- एक तुफान रोशनी का! लेकिन जो अँधेरे में पड़े है। उनकी आँखे अगर एकदम से उतनी रोशनी न झेल सके और नाराज हो जाय तो कुछ आश्चर्य नहीं। जो एक गुरू बोल रहा है, वह अनन्त सिद्धों की वाणी है। अभिव्यक्ति में भेद होगा, शब्द अलग होंगे, प्रतीक अलग होंगे मगर जो एक सिद्ध बोलता है, वह सभी सिद्धों की वाणी है। इनसे अन्यथा नहीं हो सकता है। इसलिए जिसने एक सिद्ध को पा लिया, उसने सारे सिद्धों की परम्परा को पा लिया। क्योंकि उनका सूत्र एक ही है। कुंजी तो एक ही है, जिसमें ताला खुलता है अस्तित्व का।"

जिस प्रकार सुबह में कोई व्यक्ति यह कहे कि रात होगी तो वह कोई नई बात नहीं कह रहा। रात तो होनी है चाहे वह कहे या ना कहे और रात आ गई तो उस रात को लाने वाला भी वह व्यक्ति नहीं होता क्योंकि वह प्रकृति का नियम है। इसी प्रकार कोई यह कहे कि "सतयुग आयेगा, सतयुग आयेगा" तो वह उसको लाने वाला नहीं होता। वह नहीं भी बोलेगा तो भी सतयुग आयेगा क्योंकि वह अवतारों का नियम है। सुबह से रात लाने का माध्यम प्रकृति है। युग बदलने का माध्यम अवतार होते हैं। जिस प्रकार त्रेतायुग से द्वापरयुग में परिवर्तन के लिए वाल्मिकि रचित

"रामायण" आया, जिस प्रकार द्वापरयुग से कलियुग में परिवर्तन के लिए महर्षि व्यास रचित "महाभारत" आया। उसी प्रकार प्रथम अदृश्य काल से द्वितीय और अन्तिम दृश्य काल व चैथे युग-कलियुग से पाँचवें युग-स्वर्णयुग में परिवर्तन के लिए शेष समष्टि कार्य का शास्त्र "विश्वशास्त्र" सत्यकाशी क्षेत्र जो वाराणसी-विन्ध्याचल-शिवद्वार-सोनभद्र के बीच का क्षेत्र है, से भारत और विश्व को अन्तिम महावतार श्री लव कुश सिंह "विश्वमानव" द्वारा मानवों के अनन्त काल तक के विकास के लिए व्यक्त किया गया है।

प्राचीन समय में शास्त्रार्थ होते थे। जो आमने-सामने बैठकर वाणी द्वारा की जाती थी। इस शास्त्रार्थ में शास्त्र के अर्थ से अलग कुछ और गुण भी प्रदर्शित होते थे। जैसे - वाणी द्वारा व्यक्त करने की कला, त्वरित उत्तर देने की कला, शरीर सामने रहने से व्यक्तित्व का प्रभाव, समर्थन करने वाले अन्य व्यक्ति इत्यादि। ये कुछ अन्य गुण जो बताये गये ये गौण अर्थात महत्वहीन विषय हैं। कोई व्यक्ति गूँगा हो तो उसके लिए वाणी और त्वरित उत्तर देना सम्भव नहीं। कोई व्यक्ति यदि कुरूप या दिव्यांग-विकलांग हो तो वह व्यक्तित्व से भी प्रभाव नहीं डाल सकता। कोई समर्थक भी साथ न हो तो क्या हो सकता है जबकि उसके द्वारा व्यक्त ज्ञान का लिखित शास्त्र "आध्यात्मिक सत्य" पर आधारित हो। ऐसी स्थिति में उस लिखित शास्त्र पर ही शास्त्रार्थ करना होगा। और यही शास्त्रार्थ का सत्य अर्थ है। शास्त्रार्थ, शास्त्र पर होता है, न कि शास्त्राकार से और उस पर। उपयोगी क्या है?, इस पर विचार करना उपयोगी होता है। शास्त्रार्थ, शास्त्राकार के जीवित रहने तक ही सम्भव होता है अन्त में शास्त्र पर ही शास्त्रार्थ करने का मार्ग शेष बचता है।

स्वामी स्वरूपानन्द

परिचय

स्वामी स्वरूपानन्द सरस्वती, आद्य शंकराचार्य द्वारा स्थापित चार मठों पर पीठासीन शंकराचार्यों में से हैं। स्वामी स्वरूपानन्द सरस्वती जी का जन्म ग्राम दीघोरी, जिला सिवनी, मध्य प्रदेश में सन् 1924 में हुआ था। 9 वर्ष की उम्र में वे घर छोड़ कर भारत के पवित्र स्थानों में भ्रमण करने के उपरान्त वे वाराणसी में स्वामी करपात्री (स्वामी हरिहरानन्द), गुरूदेव स्वामी ब्रह्मानन्द सरस्वती के शिष्य के साथ अध्ययन कियें। भारतीय स्वतन्त्रता आन्दोलन 1942 में वे 19 वर्ष की उम्र में स्वतन्त्रता सेनाना बनें। क्रान्तिकारी साधु के रूप में दो बार 9 महीने और 6 महीने के लिए जेल गये। 1950 में गुरूदेव ने उन्हें एक दण्डी स्वामी बनाया। गुरूदेव के 1953 में ब्रह्मलीन होने के बाद स्वामी स्वरूपानन्द, एक नये गुरू कृष्णबोधाश्रम जी महाराज के साथ हो लिये। स्वामी करपात्री जी द्वारा स्थापित "रामराज्य परिषद्" के अध्यक्ष के रूप में स्वामी स्वरूपानन्द जी नियुक्त हुए। श्री कृष्णबोधाश्रम जी के निधन पर ज्योतिर्मठ के शकराचार्य के पद पर स्वामी स्वरूपानन्द जी को स्थापित किया गया। 1982 में स्वामी स्वरूपानन्द को द्वारिका के शंकराचार्य का पद विरासत में मिला।

"हिन्दू धर्म की जो पकड़ थी, वह इस समय कमजोर पड़ गयी है क्योंकि भारतीय स्वतंत्रता आन्दोलन के समय से राजनेताओं का वर्चस्व बढ़ा और उन्होंने धर्म रक्षकों को दबा दिया, जिसके परिणामस्वरूप 163 साल तक शंकराचार्य की पदवी खाली रही। इसलिए आवश्यक है कि शिक्षा के क्षेत्र में धर्म की स्थापना हो। स्वस्थ एवं श्रेष्ठ साहित्य का सृजन हो। महापुरूषों को घूम-घूम कर सनातन धर्म का प्रचार-प्रसार करना चाहिए जिससे लोगों के हृदय में भारतीय धर्म-शास्त्र के प्रति आस्था-विश्वास बढ़े।"

- स्वामी स्वरूपानन्द (द्वारिका पीठाधीश्वर जगद्गुरू शंकराचार्य)
साभार - आज, वाराणसी, दि0 10-5-97

"सांई को भगवान कहना शास्त्र और वेद सम्मत नहीं है। इसलिए उनको भगवान, संत और गुरू नहीं माना जा सकता। सनातन धर्म ने देश को एक बनाया है। गंगा ने पूरे देश में एकता का पाठ सिखाया। लोग सांई को अवतार मान रहे हैं, जबकि अवतार उसे माना जाता है जो अपनी इच्छा से शरीर का धारण करते हैं।" (कबीरधाम, कवर्धा, छत्तीसगढ़, में आयोजित धर्म संसद का निर्णय)

- स्वामी स्वरूपानन्द (द्वारिका पीठाधीश्वर जगद्गुरू शंकराचार्य एवं संरक्षक, काशी विद्वत परिषद्)

लव कुश सिंह "विश्वमानव" द्वारा स्पष्टीकरण

ईश्वर के मानवीयकरण व मानव के ईश्वरीयकरण के लिए आपके भौतिक शरीर से व्यक्त विश्वात्मा की इच्छा को "विश्वशास्त्र" के रूप में पूर्ण किया जा चुका है। धर्म क्षेत्र से नाम कर्मवेद: प्रथम, अन्तिम तथा पंचम वेद है। जिसमें पुराणों का धर्मनिरपेक्ष और सर्वधर्मसमभाव रूप भी सम्पूर्ण मानव जाति को स्पष्ट दृष्टिगत होगा। परिणामस्वरूप भारतीय धर्म शास्त्रों के प्रति विश्वव्यापी आस्था बढ़ना स्वाभाविक है। साथ ही अनेक सत्य-साहित्यों की रचना के लिए भी मार्ग प्रशस्त कर दिये गये हैं। परिणामस्वरूप सत्य-साहित्यों की रचना की वातावरण भी बनेगा। परन्तु समर्पण वही करायेगा जो अन्तिम सार्वभौम और मूल सत्य-साहित्य होगा। स्वामी जी मेरी दृष्टि में स्वस्थ व श्रेष्ठ शास्त्र-साहित्य का नाम 01.कर्मवेद 02.शब्दवेद 03.सत्यवेद 04.सूक्ष्मवेद 05.दृश्यवेद 06. पूर्णवेद 07.अघोरवेद 08.विश्ववेद 09.ऋृषिवेद 10.मूलवेद 11.शिववेद 12.आत्मवेद 13.अन्तवेद 14.जनवेद 15.स्ववेद 16.लोकवेद 17. कल्किवेद 18.धर्मवेद 19.व्यासवेद 20.सार्वभौमवेद 21.ईशवेद 22.ध्यानवेद 23.प्रेमवेद 24.योगवेद 25.स्वरवेद 26.वाणीवेद 27.ज्ञानवेद 28.युगवेद 29.स्वर्णयुगवेद 30.समर्पणवेद 31.उपासनावेद 32. शववेद 33.मैंवेद 34.अहंवेद 35.तमवेद 36.सत्वेद 37.रजवेद 38.कालवेद 39.कालावेद 40.कालीवेद 41.शक्तिवेद 42.शून्यवेद 43.यथार्थवेद 44.कृष्णवेद सभी प्रथम, अन्तिम तथा पंचम वेद इत्यादि भी गुणों के नाम से अच्छे नाम है।

सत्य से सार्वभौम सत्य-सिद्धान्त तक का मार्ग अवतारों का मार्ग है। सार्वभौम सत्य-सिद्धान्त की अनुभूति ही अवतरण है। इसके अंश अनुभूति को अंश अवतार तथा पूर्ण अनुभूति को पूर्ण अवतार कहते है। ग्रन्थों में अवतारों की कई कोटि बतायी गई है जैसे अंशाशावतार, अंशावतार, आवेशावतार, कलावतार, नित्यावतार, युगावतार इत्यादि, जो भी सार्वभौम सत्य-सिद्धान्त को व्यक्त करता है वे सभी अवतार कहलाते हैं। व्यक्ति से लेकर समाज के सर्वोच्च स्तर तक सार्वभौम सत्य-सिद्धान्त को व्यक्त करने के क्रम में ही विभिन्न कोटि के अवतार स्तरबद्ध होते हैं। अवतार मानव मात्र के लिए ही कर्म करते हैं न कि किसी विशेष मानव समूह या सम्प्रदाय के लिए। अवतार, धर्म, धर्मनिरपेक्ष व सर्वधर्मसमभाव से युक्त अर्थात एकात्म से युक्त होते है। इस प्रकार अवतार से उत्पन्न शास्त्र मानव के लिए होते हैं, न कि किसी विशेष मानव समूह के लिए। उत्प्रेरक, शासक और मार्गदर्शक आत्मा सर्वव्यापी है। इसलिए एकात्म का अर्थ संयुक्त आत्मा या सार्वजनिक आत्मा है। अवतारों के प्रत्यक्ष और प्रेरक दो कार्य विधि हैं। प्रत्यक्ष अवतार वे होते हैं जो स्वयं अपनी शक्ति का प्रत्यक्ष प्रयोग कर समाज का सत्यीकरण करते हैं। यह कार्य विधि समाज में उस समय प्रयोग होता है जब अधर्म का नेतृत्व एक या कुछ मानवों पर केन्द्रित होता है। प्रेरक अवतार वे होते हैं जो स्वयं अपनी शक्ति का अप्रत्यक्ष प्रयोग कर समाज का सत्यीकरण जनता एवं नेतृत्वकर्ता के माध्यम से करते हैं। यह कार्य विधि समाज में उस समय प्रयोग होता है जब समाज में अधर्म का नेतृत्व अनेक मानवों और नेतृत्वकर्ताओं पर केन्द्रित होता है।

इन विधियों में से कुल दस अवतारों में से प्रथम सात (मत्स्य, कूर्म, वाराह, नृसिंह, वामन, परशुराम, राम) अवतारों ने समाज का सत्यीकरण प्रत्यक्ष विधि के प्रयोग द्वारा किया था। आठवें अवतार (श्रीकृष्ण) ने दोनों विधियों प्रत्यक्ष ओर प्रेरक का प्रयोग किया था। नवें (भगवान बुद्ध) और अन्तिम दसवें अवतार की कार्य विधि प्रेरक ही है।

महाविष्णु के 24 अवतारों (1. सनकादि ऋषि (ब्रह्मा के चार पुत्र), 2. नारद, 3. वाराह, 4. मत्स्य, 5. यज्ञ (विष्णु कुछ काल के लिये इंद्र रूप में), 6.नर-नारायण, 7. कपिल, 8. दत्तात्रेय, 9. हयग्रीव, 10. हंस पुराण, 11. पृष्णिगर्भ, 12. ऋषभदेव, 13. पृथु, 14. नृसिंह, 15. कूर्म, 16. धनवंतरी, 17. मोहिनी, 18. वामन, 19. परशुराम, 20. राम, 21. व्यास, 22. कृष्ण, बलराम, 23. गौतम बुद्ध (कई लोग बुद्ध के स्थान पर बलराम को कहते हैं, अन्यथा बलराम शेषनाग के अवतार कहलाते हैं), 24. कल्कि) में एक मात्र शेष 24वाँ तथा प्रमुख 10 अवतारों (1.मत्स्य, 2.कूर्म, 3.वाराह, 4.नृसिंह, 5.वामन, 6.परशुराम, 7.राम, 8.श्रीकृष्ण, 9.बुद्ध और 10.कल्कि) में एक मात्र शेष दसवाँ और अन्तिम कल्कि अवतार, महाअवतार क्यों कहलायेगें इसे समझना आवश्यक है।

सभी अवतार अपने शारीरिक-आर्थिक-मानसिक कर्म द्वारा ही पहचाने जाते हैं। किसी मनुष्य या सिद्ध पुरूष-गुरू के अन्दर इतनी दृष्टि क्षमता किसी भी युग में नहीं रही कि वे देखते ही पहचान लें। प्रत्येक अवतार ने अपना परिचय शारीरिक-आर्थिक-मानसिक कर्म द्वारा स्वंय दिया है।

वह अवतार जो युग के आवश्यकतानुसार युग परिवर्तन के लिए सत्य-सिद्धान्त व्यक्त करता है उसे अंश युगावतार तथा जो काल सहित युग परिवर्तन के लिए अन्तिम सार्वभौम सत्य-सिद्धान्त व्यक्त करता है वह दृश्य पूर्ण महाअवतार कहलाता है।

सनातन अद्वैत दर्शन के अनुसार यह जगत ही ईश्वर का दृश्य रूप है। ऐसे में सभी ईश्वर हैं। सभी ईश्वर के बहुरूप हैं और सभी में प्रकाशित वही ईश्वरीय सत्ता है। सार्वभौम एकात्म की ओर ले जाने वाले सभी प्रक्षेपित मानक चरित्र सनातन हैं जैसे ब्रह्मा परिवार, विष्णु परिवार और महेश परिवार। इस सार्वभौम एकात्म की ओर विचार व्यक्त करने वाला अर्थात उसी का प्रचार-प्रसार व स्थापना करने वाला युगावतार तो नहीं हो सकता लेकिन वह अवतार अवश्य होता है क्योंकि उसने भी उस सार्वभौम सत्य-सिद्धान्त का साक्षात्कार किया है।

आपने कहा कि-"अवतार उसे माना जाता है जो अपनी इच्छा से शरीर का धारण करते हैं" यह मान भी लिया जाये तो कैसे सिद्ध होगा कि अपनी इच्छा से कोई शरीर धारण किया है कि नहीं। इसे सिद्ध करने के लिए स्वामी विवेकानन्द जी के इस वाणी से शायद कुछ सहायता प्राप्त हो सकती है-

"फलानुमेयाः प्रारम्भाः संस्कराः प्राक्तना इव" फल को देखकर ही कार्य का विचार सम्भव है। जैसे कि फल को देखकर पूर्व संस्कार का अनुमान किया जाता है।

- स्वामी विवेकानन्द

"एक विशेष प्रवृत्ति वाला जीवात्मा 'योग्य योग्येन युज्यते' इस नियमानुसार उसी शरीर में जन्म ग्रहण करता है जो उस प्रवृत्ति के प्रकट करने के लिए सबसे उपयुक्त आधार हो। यह पूर्णतया विज्ञान संगत है, क्योंकि विज्ञान कहता है कि प्रवृत्ति या स्वभाव अभ्यास से बनता है और अभ्यास बारम्बार अनुष्ठान का फल है। इस प्रकार एक नवजात बालक की स्वाभाविक प्रवृत्तियों का कारण बताने के लिए पुनः पुनः अनुष्ठित पूर्व कर्मों को मानना आवश्यक हो जाता है और चूंकि वर्तमान जीवन में इस स्वमाव की प्राप्ति नहीं की गयी, इसलिए वह पूर्व जीवन से ही उसे प्राप्त हुआ है।"

- स्वामी विवेकानन्द

"शास्त्र कहते है कि कोई साधक यदि एक जीवन में सफलता प्राप्त करने में असफल होता है तो वह पुनः जन्म लेता है और अपने कार्यों को अधिक सफलता से आगे बढ़ाता है।"

- स्वामी विवेकानन्द

सार्वभौम सत्य-सिद्धान्त का कोई शरीर नहीं होता, वह अपनी इच्छा से जिस शरीर में अवतरित होता है उसे ही अवतार कहते हैं। और इसको ही स्वयं अपनी इच्छा से शरीर धारण करना कहते हैं। उसका स्थिति के अनुसार रूपान्तरण ही उसे अंशाशावतार, अंशावतार, आवेशावतार, कलावतार, नित्यावतार, युगावतार इत्यादि के रूप में व्यक्त करता है।

साई बाबा ने अपने जीवन काल में कुछ ही व्यक्ति के बीच अपने विचार "सबका मालिक एक है" का मंत्र दिया। कुछ व्यक्तियों के लिए व्यक्तिगत प्रमाणित चमत्कृत घटनायें भी हुई होगी। लेकिन इन सबसे उन्हें युगावतार तो नहीं माना जा सकता। संत माना जा सकता है। गुरू भी माना जा सकता है क्योंकि -

भक्त वही, जो भगवान को बेच सके,
चेला वही, जो गुरू से कुछ ले सके,
संत वही, जो समाज को कुछ दे सके,
और
अवतार वही, जो पृथ्वी की आवाज सुन सके।

वर्तमान में सांई बाबा को लोग बेच रहे हैं इसलिए भक्त बहुत हैं क्योंकि सांई बाबा को विभिन्न प्रकार से बेचने पर उन्हें लाभ हो रहा है। उनके चेले हैं क्योंकि वे बाराबर सांई बाबा से प्राप्त कर रहे हैं। सांई बाबा ने समाज को "सबका मालिक एक है" का मंत्र दिया है-ये सभी को जानना, समझना चाहिए। वे युगावतार नहीं हैं इसलिए कि अगर होते तो अवतारों का कार्य ही समाप्त हो गया होता।

स्वामी जी सांई बाबा ने अपने जीवन काल में कोई समाज, सम्प्रदाय, मत नहीं चलाया जिससे समाज बँट रहा हो। समाज को बाँटने वाले जो अलग-अलग रंग के वस्त्र, भोजन विधि, मंत्र, मत बनाकर जातिवाद से भी घातक समाज बना डाले हैं और अपना खेती-बारी अपने भक्तों से करवा रहें है। उनके बारे में सोचें जो आपका धर्म-कर्तव्य है। मेरा तो स्वरूप ही अलग है -

सम्पूर्ण ब्रह्माण्ड देख चुका हूँ,
अक्षय-अनन्त है मेरी हाला।
कण-कण में हूँ-"मैं ही मैं",
क्षयी-ससीम है तेरी प्याला ।
जिस भी पथ-पंथ-ग्रन्थ से गुजरेगा तू,
हो जायेगा, बद्ध -मस्त और मत वाला।
"जय ज्ञान-जय कर्मज्ञान" की आवाज,
सुनाती, मेरी यह अक्षय-अनन्त मधुशाला।

और अब स्थिति तो ये है कि अपने-अपने धर्म शास्त्र-उपनिषद्-पुराण इत्यादि का अध्ययन करें कहीं ऐसा तो नहीं कि-

1. **नये मनवन्तर - 8वें सावर्णि के प्रारम्भ के लिए** "सार्वभौम" गुण से युक्त होकर मनु का आगमन हो चुका है।
2. **नये काल - दृश्य काल के प्रारम्भ के लिए** "सार्वभौम" गुण से युक्त होकर काल का आगमन हो चुका है।
3. **नये युग-स्वर्ण युग के प्रारम्भ के लिए** "सार्वभौम" गुण से युक्त होकर कल्कि अवतार का आगमन हो चुका है।
4. **नये धर्म - विश्वधर्म के प्रारम्भ के लिए** "सार्वभौम" गुण से युक्त होकर धर्म स्थापक का आगमन हो चुका है।
5. **नये शास्त्र - विश्वशास्त्र के प्रारम्भ के लिए** "सार्वभौम" गुण से युक्त होकर व्यास का आगमन हो चुका है।

यदि ऐसा नहीं तो –

1. **तुम्हारे शास्त्रों में दिये वचन और शास्त्र झूठे हो जायेंगे।**
2. **तुम्हारे भविष्यवक्ताओं की भविष्यवाणीयाँ झूठी हो जायेंगी।**
3. **तुम्हारे युग और काल गणना झूठे हो जायेंगे।**
4. **तुम्हारे अवतार-ईशदूत-ईशपुत्र-पुनर्जन्म सिद्धान्त झूठे हो जायेंगे।**
5. **तुम्हारे ईश्वर सम्बन्धी अवधारणा झूठे हो जायेंगे।**

अन्य वक्तव्य

"हमारे युग की दो प्रमुख विशेषताएँ विज्ञान और लोकतंत्र है। ये दोनों टिकाऊ हैं। हम शिक्षित लोगों को यह नहीं कह सकते कि वे तार्किक प्रमाण के बिना धर्म की मान्यताओं को स्वीकार कर लें। जो कुछ भी हमें मानने के लिए कहा जाए, उसे उचित और तर्क के बल से पुष्ट होना चाहिए। अन्यथा हमारे धार्मिक विश्वास इच्छापूरक विचार मात्र रह जाएंगे। आधुनिक मानव को ऐसे धर्म के अनुसार जीवन बिताने की शिक्षा देनी चाहिए, जो उसकी विवेक-बुद्धि को जँचे, विज्ञान की परम्परा के अनुकूल हो। इसके अतिरिक्त धर्म को लोकतन्त्र का पोषक होना चाहिए, जो कि वर्ण, मान्यता, सम्प्रदाय या जाति का विचार न करते हुए प्रत्येक मनुष्य के बौद्धिक और आध्यात्मिक विकास पर जोर देता हो। कोई भी ऐसा धर्म, जो मनुष्य-मनुष्य में भेद करता है अथवा विशेषाधिकार, शोषण या युद्ध का समर्थन करता है, आज के मानव को रूच नहीं सकता। स्वामी विवेकानन्द ने यह सिद्ध किया कि हिन्दू धर्म विज्ञान सम्मत भी है और लोकतन्त्र का समर्थक भी। वह हिन्दू धर्म नहीं, जो दोषों से भरपूर है, बल्कि वह हिन्दू धर्म, जो हमारे महान प्रचारकों का अभिप्रेत था।"

- डा0 सर्वपल्ली राधाकृष्णन

"सामाजिक क्रान्ति साकार बनाने के लिए किसी महान विभूति की आवश्यकता है या नहीं यह प्रश्न यदि एक तरफ रख दिया जाय, तो भी सामाजिक क्रान्ति की जिम्मेदारी मूलतः समाज के बुद्धिमान वर्ग पर ही रहती है, इसे वास्तव में कोई भी अस्वीकार नहीं कर सकता। भविष्य काल की ओर दृष्टि रखकर वर्तमान समय में समाज को योग्य मार्ग दिखलाना यह बुद्धिमान वर्ग का पवित्र कर्तव्य है। यह कर्तव्य निभाने की कुशलता जिस समाज के बुद्धिमान लोग दिखलाते हैं। वहीं जीवन कलह में टिक सकता है।"

"सही राष्ट्रवाद है, जाति भावना का परित्याग। सामाजिक तथा आर्थिक पुनर्निर्माण के आमूल परिवर्तनवादी कार्यक्रम के बिना अस्पृश्य कभी भी अपनी दशा में सुधार नहीं कर सकते। राष्ट्रवाद तभी औचित्य ग्रहण कर सकता है जब लोगों के बीच जाति, नस्ल या रंग का अन्तर भुलाकर उसमें सामाजिक समरसता व मातत्व को सर्वोच्च स्थान दिया जाय। राष्ट्र का सन्दर्भ में राष्ट्रीयता का अर्थ होना चाहिए- सामाजिक एकता की दृढ़ भावना, अन्तर्राष्ट्रीय सन्दर्भ में इसका अर्थ है - भाईचारा। शिक्षा प्रत्येक व्यक्ति का जन्मसिद्ध अधिकार है अतः शिक्षा के दरवाजे प्रत्येक भारतीय नागरिक के लिए खुले होने चाहिए। एक व्यक्ति के शिक्षित होने का अर्थ है- एक व्यक्ति का शिक्षित होना लेकिन एक स्त्री के शिक्षित होने का अर्थ है कि एक परिवार का शिक्षित होना।"

- बाबा साहेब भीम राव अम्बेडकर

"आम आदमी से दूर हटकर साहित्य तो रचा जा सकता है, लेकिन वह निश्चित तौर पर भारतीय जन जीवन का साहित्य नहीं हो सकता। आम आदमी से जुड़ा साहित्य ही समाज के लिए कल्याकाणकारी हो सकता हैं।''

-श्री शंकर दयाल शर्मा,
साभार - दैनिक जागरण, वाराणसी, दि0-25-9-97

"लोकनायक जयप्रकाश के सम्पूर्ण क्रान्ति का नारा साकार नहीं हुआ, वे लोक साहित्य को जिवित रखने का प्रयास कर रहे थे।" (लोकनायक जयप्रकाश नारायण जन्म शताब्दी समारोह, जय प्रकाश नगर, बलिया (उ0 प्र0), 11 अक्टूबर'2001)

-चन्द्रशेखर (पूर्व प्रधानमन्त्री, भारत)

“वर्तमान समय में देश स्तर पर व्यवस्था परिवर्तन की चर्चा बहुत अधिक हो रही है। इसमें मेरे विचार से सर्वप्रथम आरक्षण के मापदण्ड पर पुनः विचार करने का समय आ गया है। देश के स्वतन्त्रता के समय जातिगत आरक्षण की आवश्यकता थी और वह सीमित समय के लिए ही लागू किया गया था परन्तु राजनीतिक लाभ के कारणों से वह वर्तमान तक लागू है। हम समाज से मनुवादी व्यवस्था को समाप्त करने की बात करते हैं परन्तु एक तरफ आज समाज इससे धीरे-धीरे मुक्त हो रहा है और दूसरी तरफ संविधान ही इसका समर्थक बनता जा रहा है। ऐसी स्थिति में आरक्षण व्यवस्था का मापदण्ड जाति आधारित से शारीरिक, आर्थिक और मानसिक आधारित कर देनी चाहिए जो धर्मनिरपेक्ष और सर्वधर्मसमभाव भी है और लोकतन्त्र का धर्म भी धर्मनिरपेक्ष और सर्वधर्मसमभाव है।

मेरे विचार में व्यवस्था परिवर्तन का दूसरा आधार युवाओं को अधिकतम अधिकार से युक्त करने पर विचार करने का समय आ गया है। देश में 18 वर्ष के उम्र पर वोट देने का अधिकार तथा विवाह का उम्र लड़कों के लिए 21 वर्ष तथा लड़कियों के लिए 18 वर्ष तो कर दिया गया है परन्तु उन्हें पैतृक सम्पत्ति सम्बन्धी अधिकार अभी तक नहीं दिया गया है। इसलिए उत्तराधिकार सम्बन्धी अधिनियम की भी आवश्यकता आ गयी है। जिसमें यह प्राविधान हो कि 25 वर्ष की अवस्था में उसे पैतृक सम्पत्ति अर्थात दादा की सम्पत्ति जिसमें पिता की अर्जित सम्पत्ति शामिल न रहें, उसके अधिकार में हो जाये।

किसी भी विचार पर किया गया आदान-प्रदान ही व्यापार होता है और यह जितनी गति से होता है उतनी ही गति से व्यापार, विकास और विनाश होता है। देश के विकास के लिए धन के आदान-प्रदान को तेज करना पड़ेगा और ऐसे सभी बिन्दुओं का पहचान करना होगा जो धन के आदान-प्रदान में बाधा डालती है। इसलिए कालेधन का मुद्दा अहम मुद्दा है। ऐसे प्राविधान की आवश्यकता है कि जिससे यह धन देश के विकास में लगे।

विभिन्न प्रकार के अनेकों साहित्यों से भरे इस संसार में यह भी एक समस्या है कि हम किस साहित्य को पढ़े जिससे हमें ज्ञान की दृष्टि शीघ्रता से प्राप्त हो जाये। विश्वशास्त्र इस समस्या को हल करते हुए एक ही संगठित पुस्तक के रूप में उपलब्ध हो चुका है। यह इस सत्यकाशी क्षेत्र की एक महान और ऐतिहासिक उपलब्धि है जिसके कारण यह क्षेत्र सदैव याद किया जायेगा।”

- यदुनाथ सिंह, पूर्व विधायक, चुनार क्षेत्र

“अच्छी शिक्षा व्यवस्था ही प्रबुद्ध नागरिक पैदा करती है, बच्चों को नैतिक शिक्षा प्रदान की जाय और रोजगार के नये अवसर पैदा किये जायें, राष्ट्रीय शान्ति व सार्वभौमिक सद्भाव के लिए सभी धर्म आध्यात्मिक आन्दोलन में शामिल हो जायें”

-श्री ए.पी.जे, अब्दुल कलाम, पूर्व राष्ट्रपति, भारत
साभार - दैनिक जागरण, सम्पादकीय, वाराणसी, दि0 8 दिसम्बर 2002

“कुछ लोग कहते हैं कि हमारी सरकार भूमण्डलीकरण के खिलाफ है, लेकिन मैं आपको विश्वास दिलाना चाहता हूँ कि मैं गीता के संन्देश को सारे भूमण्डल में प्रसारित करने का हिमायती हूँ।” (दिल्ली के एक सार्वजनिक सभा में)

- श्री अटल विहारी वाजपेयी (पूर्व प्रधानमंत्री, भारत)
साभार - आज, वाराणसी, दि0-11-4-98

“अकेले राजशक्ति के सहारे समाजिक बदलाव सम्भव नहीं”

- श्री अटल विहारी वाजपेयी (पूर्व प्रधानमंत्री, भारत)
(30 जून, 1999 को लखनऊ में राष्ट्रीय पुर्ननिर्माण वाहिनी के शुभारम्भ में)

"शिक्षा का स्वदेशी माडल चाहिए" (गुरूकुल कांगड़ी विश्वविद्यालय के दीक्षांत समारोह में)

- लाल कृष्ण आडवाणी, केन्द्रीय गृह मन्त्री, भारत
साभार - दैनिक जागरण, वाराणसी, दि0 8-06-2008

"भारत बौद्धिक विस्फोट के मुहाने पर खड़ा है। हर क्षेत्र में भारतीयों का दखल हो रहा है। वह दिन समय नहीं, जब भारत भी पूरी दुनिया में अपना लोहा मनवाएगा। हालांकि इसका लाभ उठाने के लिए भारत को अतीत की पहेलीयों को सुलझाना होगा।"

-वी. एस. नायपाल (साहित्य के नोबेल पुरस्कार से सम्मानित)
साभार - अमर उजाला, वाराणसी, दि0 31 अक्टूबर 2000

"विश्व एक परिवार है न कि बाजार। भारतीय मानकों में गुरू-शिष्य परम्परा की अवधारणा को मजबूती देने की जरूरत है। शैक्षणिक संस्थानों में नई चेतना, विचारधारा निकालनी होगी जिससे सामाजिक व राष्ट्रीय उत्थान को बल मिले। शान्ति, मूल्यों की शिक्षा ही आज की आवश्यकता है।

महामना की सोच मानवीय मूल्य के समावेश वाले युवाओं के मस्तिष्क का विकास था, चाहे वह इंजिनियर हो, विज्ञान या शिक्षाविद्। यहाँ के छात्र दुनिया में मानवीय मूल्य के राजदूत बनें ताकि देश में नम्बर एक बना बी.एच.यू. अब दुनिया के लिए आदर्श बने। इस विश्वविद्यालय सरीखा दूसरा कोई उत्कृष्ट संस्थान ही नहीं जहाँ संयुक्त राष्ट्र संघ द्वारा यूनेस्को चेयर फार पीस एंड इंटरकल्चर अंडरस्टैण्डिंग की स्थापना हुई। विश्वविद्यालय का दक्षिणी परिसर मुख्य परिसर की सिर्फ कापी भर नहीं है, बल्कि यह तो भविष्य में" नये विश्वविद्यालय का रूप लेगा"

-डा0 कर्ण सिंह,
साभार - दैनिक जागरण, वाराणसी, दि0 26 दिसम्बर, 2010

"काल का बोध न रखने वाले राष्ट्र का आत्मबोध व दिशाबोध भी समाप्त हो जाता है।"

- श्री मुरली मनोहर जोशी,
साभार - दैनिक जागरण, वाराणसी, दि0 10-7-98

"मैं आवाहन करता हूँ-देश की युवा पीढ़ी का, जो इस महान गौरवशाली देश का नेतृत्व करें और संकीर्णता, भय, आसमानता, असहिष्णुता से ऊपर उठकर राष्ट्र को ज्ञान-विज्ञान के ऐसे धरातल पर स्थापित करे कि लोग कहें यही तो भारत महान है।" (विज्ञापन द्वारा प्रकाशित अपील)

- श्री मुरली मनोहर जोशी
साभार - दैनिक जागरण, वाराणसी, दि0 11-8-98

"प्रधानमंत्री ने भी भारत के कायाकल्प के लिए अंतरनिहित सिद्धांतों को स्पष्ट किया है। उन्होंने हजारों वर्षों से चली आ रही भारतीय परंपराओं से अनुभव हासिल करने वाले विशेषज्ञों, जनता के सुझावों और विपरीत विचारों को ध्यानपूर्वक सुनने का सुझाव दिया है। यदि हमने ऐसा कर दिया तो हम नीतियों और योजनाओं को न सिर्फ विफल होने से बचा लेंगे, बल्कि भविष्य के जोखिमों से भी इन्हें सुरक्षित कर देंगे। इन सबका अर्थ है भविष्य की योजनाओं और विकास के लिए जरूरी बुनियादी बातों को फिर से परिभाषित करना और उन्हें नए रूप में रचना। इसके लिए सोच के एक नए स्तर की जरूरत होती है। यह किस तरह होगा, यह बहुत कुछ आयोग की टीम की रूपरेखा और दृष्टिकोण पर निर्भर करेगा। प्रधानमंत्री ने नीति आयोग की टीम के लिए महत्वपूर्ण दिशानिर्देश तय किए हैं। अब नीति आयोग पर निर्भर करता है कि वह आशाओं के अनुरूप आचरण करे और परिणाम दे। ("अगली सदी की तैयारी" शीर्षक से दैनिक जागरण में प्रकाशित लेख)

- डॉ. मुरली मनोहर जोशी, भाजपा के पूर्व अध्यक्ष और पूर्व केंद्रीय मंत्री

"पिछली सदी में राष्ट्रवाद की अवधारणा काफी प्रबल रही। यह अलग बात है कि सदी के बीच में ही परस्पर अंतर निर्भरता ने विश्वग्राम की चेतना को जन्म दिया। इस चेतना ने राष्ट्रवाद की अवधारणा को काफी हद तक बदल दिया है। आज निरपेक्ष व सम्पूर्ण संप्रभुता का युग समाप्त हो गया है। राजनीतिक प्रभुता को भी विश्व के साथ जोड़ दिया है। आज मामले अन्तर्राष्ट्रीय न्यायालय को सौंपे जा रहे हैं। मानवाधिकारों के नये मानक लागू हो रहे हैं। इन सबसे ऐसा लगता है जैसे राज्यों का विराष्ट्रीकरण हो रहा है। आज समस्याएं राष्ट्रीय सीमाओं के बाहर चली गई है। महामारी, जलवायु परिवर्तन, आर्थिक संकट आदि पूरे विश्व को प्रभावी कर रहा है। इनका हल वैश्विक स्तर पर बातचीत व सहयोग से ही संभव है। इसको देखते हुए हमें राष्ट्रवाद व अन्तर्राष्ट्रीयतावाद के विषय में गंभीरता से विचार करने की जरूरत है। इन स्थितियों को देखते हुए नई सदी में विज्ञान, प्रौद्योगिकी व नवप्रवर्तन राष्ट्र की सम्पन्नता के लिए खासे महत्वपूर्ण साबित होंगे। छात्रों से इस दिशा में प्रयास करने व लीक से हटकर नया सोचने का आह्वान करता हूँ। " (बी.एच.यू के 93वें दीक्षांत समारोह व कृष्णमूर्ति फाउण्डेशन, वाराणसी में बोलते हुए)

- श्री हामिद अंसारी

साभार - दैनिक जागरण, वाराणसी, दि0 13 मार्च, 2011

"भारत पूरी दुनिया को शान्ति की राह दिखाने में सक्षम है। शस्त्र विध्वंशकारी होता है तो शास्त्र पशुता से मानवतावाद की ओर ले जाता है। आज आवश्यकता केवल शिक्षित होने की नहीं बल्कि सुशिक्षित हाने की है। केवल भौतिक विकास को सर्वांगिण विकास नहीं कहा जा सकता। भारत की प्रकृति व यहाँ के ज्ञान के खजाने को ढूढ़ने में पूरी दुनिया लगी है। हमसे दुनियाँ ने बहुत कुछ सिखा है। आज भी उसे शान्ति का रास्ता भारत ही दिखा सकता है।"

- श्रीमती प्रतिभा पाटिल

साभार - दैनिक जागरण, वाराणसी, दि0 2 मार्च, 2015

"सोचवीर नहीं, कृतिवीर बनें। जब रामसेतू बन रहा था तब एक गिलहरी भी श्रमदान कर रही थी। क्योंकि वह किनारे बैठकर सोचने की बजाए पूरी ताकत से कृति में जुट गई थी। देशवासीयों को भी इस कथा से प्रेरणा लेनी चाहिए।" (महमूरगंज, वाराणसी के एक अभिनन्दन समारोह में)

- श्री राम नाइक, राज्यपाल, उत्तर प्रदेश, भारत

"भारत में आध्यात्मिकता का बोलबाला हजारों सालों से है इसके बावजूद भी यहाँ किसी भी धर्म को छुये बिना नैतिक मूल्यों की शिक्षा धर्मनिरपेक्ष रूप से विकसित हुई है। यह आधुनिक युग में विश्व को भारत की सबसे बड़ी देन है। आज विश्व को ऐसे ही धर्मनिरपेक्ष नैतिक मूल्यों की शिक्षा की सख्त जरूरत है। बीसवीं सदी रक्तपात की सदी थी। 21वीं सदी संवाद की सदी होनी चाहिए। इससे कई समस्यायें अपने आप समाप्त हो जाती है। दुनिया में ऐसे लोगों की संख्या बहुत अधिक है जो किसी धर्म में विश्वास नहीं करते हैं इसलिए यह जरूरी है कि सेक्यूलर इथिक्स (धर्मनिरपेक्ष नैतिकता) को प्रमोट (बढ़ाना) करें जो वास्तविक और प्रैक्टिकल एप्रोच (व्यावहारिक) पर आधारित हो। धार्मिक कर्मकाण्डों के प्रति दिखावे का कोई मतलब नहीं है। आधुनिक शिक्षा व्यवस्था में मानव मूल्यों का अभाव है। यह सिर्फ मस्तिष्क के विकास पर जोर देती है। हृदय की विशालता पर नहीं। करूणा तभी आयेगी जब दिल बड़ा होगा। दुनिया के कई देशों ने इस पर ध्यान दिया है। कई विश्वविद्यालयों में इस पर प्रोजेक्ट चल रहा है।" *(सम्पूर्णानन्द संस्कृत विश्वविद्यालय, वाराणसी में "21वीं सदी में शिक्षा" विषय पर बोलते हुये। इस कार्यक्रम में केंन्द्रीय तिब्बती अध्ययन विश्वविद्यालय, सारनाथ, वाराणसी के कुलपति पद्मश्री गेशे नवांग समतेन, पद्मश्री प्रो.रामशंकर त्रिपाठी, महात्मा गाँधी काशी विद्यापीठ, वाराणसी के कुलपति प्रो. अवधराम, दीन दयाल उपाध्याय विश्वविद्यालय, गोरखपुर के पूर्व कुलपति प्रो. वेणी माधव शुक्ल, सम्पूर्णानन्द संस्कृत विश्वविद्यालय,*

वाराणसी के पूर्व कुलपति प्रो. अभिराज राजेन्द्र मिश्र और वर्तमान कुलपति प्रो. वी.कुटुम्ब शास्त्री, प्रति कुलपति प्रो.नरेन्द्र देव पाण्डेय, प्रो. रमेश कुमार द्विवेदी, प्रो. यदुनाथ दूबे इत्यादि उपस्थित थे।)

- दलाईलामा, तिब्बति धर्म गुरू
साभार - दैनिक जागरण व हिन्दुस्तान, वाराणसी, दि0 18-01-2011

"भारतवासियों के रूप में हमें भूतकाल से सीखना होगा, परन्तु हमारा ध्यान भविष्य पर केन्द्रित होना चाहिए। मेरी राय में शिक्षा वह मंत्र है जो कि भारत में अगला स्वर्ग युग ला सकता है। हमारे प्राचीनतम ग्रन्थों ने समाज के ढांचे को ज्ञान के स्तम्भों पर खड़ा किया गया है। हमारी चुनौती है, ज्ञान को देश के हर एक कोने में पहुँचाकर, इसे एक लोकतांत्रिक ताकत में बदलना। हमारा ध्येय वाक्य स्पष्ट है- ज्ञान के लिए सब और ज्ञान सबके लिए।

मैं एक ऐसे भारत की कल्पना करता हूँ जहाँ उद्देश्य की समानता से सबका कल्याण संचालित हो, जहाँ केन्द्र और राज्य केवल सुशासन की परिकल्पना से संचालित हों, जहाँ लोकतन्त्र का अर्थ केवल पाँच वर्ष में एक बार मत देने का अधिकार न हो, बल्कि जहाँ सदैव नागरिकों के हित में बोलने का अधिकार हो, जहाँ ज्ञान विवेक में बदल जाये, जहाँ युवा अपनी असाधारण ऊर्जा तथा प्रतिभा को सामूहिक लक्ष्य के लिए प्रयोग करे। अब पूरे विश्व में निरंकुशता समाप्ति पर है, अब उन क्षेत्रों में लोकतन्त्र फिर से पनप रहा है जिन क्षेत्रों को पहले इसके लिए अनुपयुक्त माना जाता था, ऐसे समय में भारत आधुनिकता का माडल बनकर उभरा है।

जैसा कि स्वामी विवेकानन्द ने अपने सुप्रसिद्ध रूपक में कहा था कि- भारत का उदय होगा, शरीर की ताकत से नहीं, बल्कि मन की ताकत से, विध्वंस के ध्वज से नहीं, बल्कि शांति और प्रेम के ध्वज से। अच्छाई की सारी शक्तियों को इकट्ठा करें। यह न सोचें कि मेरा रंग क्या है- हरा, नीला अथवा लाल, बल्कि सभी रंगों को मिला लें और सफेद रंग की उस प्रखर चमक को पैदा करें, जो प्यार का रंग है।" **(प्रथम भाषण का संक्षिप्त अंश)**

- श्री प्रणव मुखर्जी, राष्ट्रपति, भारत
साभार - दैनिक जागरण, 26 जुलाई, 2012

"क्या आर्थिक विकास ही विकास है? आज विकास का जो स्वरूप दिख रहा है, इसका वीभत्स परिणाम भी ग्लोबल वार्मिंग, ग्लेशियर का पिघलना, मौसम मे बदलाव आदि के रूप में सामने दिख रहा है। हमें यह देखना होगा कि विकास की इस राह में हमने क्या खोया और क्या पाया। समाज शास्त्री विमर्श कर यह राह सुझायें जिससे विकास, विविधता व लोकतंन्त्र और मजबूत बनें। विकास वह है जो समाज के अन्तिम व्यक्ति को भी लाभान्वित करे। भारत में एकता का भाव, व्यक्ति का मान होना चाहिए क्योंकि इसमें ही देश का सम्मान निहित है। समाज के लोग आगे आयें और सरकारों पर दबाव बनायें। विविधता भारत की संस्कृति की थाती है। भारत की यह संस्कृति 5000 वर्ष से अधिक पुरानी व जीवन्त है। काशी ज्योति का शहर है क्योंकि यहाँ बाबा का ज्योतिर्लिंग है। यह ज्ञान व एकता की ज्योति है। इसके प्रकाश से यह शहर ही नहीं, बल्कि पूरा देश आलोकित हो रहा है। यह शहर ज्ञान की असीम पूँजी लिए देश को अपनी ओर बुला रहा है।" ***(महात्मा गाँधी काशी विद्यापीठ, वाराणसी में भारतीय समाजशास्त्रीय सोसायटी के 40वें अधिवेशन के उद्घाटन में)***

- श्री प्रणव मुखर्जी, राष्ट्रपति, भारत
साभार - दैनिक जागरण, 30 नवम्बर, 2014

"तैयार करें मूल्यों और उम्मीदों पर आधारित ब्लूप्रिन्ट" **(विडिओ कान्फ्रेसिंग से छात्रों और शिक्षकों को सन्देश - राष्ट्र निर्माण का आह्वानं)**

- श्री प्रणव मुखर्जी, राष्ट्रपति, भारत
साभार - दैनिक जागरण, 20 जनवरी, 2016

"विश्व का कोई भी धर्म तभी आगे बढ़ता है जब वह अपने आप में नवीनता लाता है। सनातन धर्म नया बातों को अपने आप में पचाने की क्षमता रखता है"

-श्रीमती शीला दीक्षित
साभार - सन्मार्ग, वाराणसी, दि0 11 अगस्त 2002

"शिक्षा का नया माडल विकसित करना होगा। पिछले 25 वर्षों से हम अमीर लोगों की समस्या सुलझा रहे हैं। अब हमें गरीबों की समस्या सुलझानें का नैतिक दायित्व निभाना चाहिए। देश में 25 वर्ष से कम उम्र के 55 करोड़ लोग हैं। हमें सोचना होगा कि हम उन्हें नौकरी और प्रशिक्षण कैसे देंगे। भौतिकी, रसायन, गणित जैसे पारम्परिक विषयों को पढ़ने का युग समाप्त हो गया। अब तो हमें रचनात्मकता, समन्वय, लीडरशिप, ग्लोबल तथा प्रोफेशनल विषयों को पढ़ने तथा सूचना तकनीक के जरिए पढ़ाई पर ध्यान केन्द्रित करने की जरूरत है। हमारे देश में जो अध्यापक हैं, वे शोध नहीं करते और जो शोध करते हैं वे पढ़ाते नहीं। हमें पूरी सोच को बदलनी है।"

- सैम पित्रोदा, अध्यक्ष, राष्ट्रीय नवोन्मेष परिषद्
27 नवम्बर, 2011, हिन्दुस्तान, वाराणसी संस्करण

"विश्व को लोकतन्त्र, भारत का उपहार; ज्ञान और सूचना आधारित सहयोग; भारत और अमेरिका मिलकर विश्व को नई दिशा दे सकता है; भारत यदि शून्य और दशमलव न दिया होता तो कम्प्यूटर चिप्स बनाना असम्भव होता; प्रत्येक देश कहता है हम महान हैं परन्तु कैसे? यह सिद्ध करना एक चुनौती है। इत्यादि।"(भारत यात्रा पर दि0 20-24 मार्च' 2000 के समय वक्तव्य)

-श्री विल क्लिन्टन, राष्ट्रपति, संयुक्त राज्य अमेरिका

"विश्व में एक धर्म, एक भाषा, एक वेश भूषा, एक खान पान, एक रहन-सहन पद्धति, एक शिक्षा पद्धति, एक कोर्ट, एक न्याय व्यवस्था, एक अर्थ व्यवस्था लागू की जाय"

-धार्मिक नेताओं के सहस्त्राब्दि विश्व शान्ति सम्मेलन का परिणाम

"काशी के राष्ट्र गुरू बने बिना भारत जगत गुरू नहीं बन सकता। देश अतीत की तरह आध्यात्मिक ऊँचाई पर पहुँचेगा तो स्वतः आर्थिक वैभव प्राप्त हो जायेगा। इसी खासियत की वजह से इतिहास में कभी भारत सोने की चिड़िया थी।"

- श्री नरेन्द्र मोदी, प्रधानमंत्री, भारत
साभार - दैनिक जागरण, वाराणसी संस्करण, दि0 18.05.2014

"अच्छी शिक्षा, शिक्षकों से जुड़ी है। शिक्षक को हर परम्पराओं का ज्ञान होना चाहिए। हम विश्व को अच्छे शिक्षक दे सकते हैं। विगत छह महीने से पूरा विश्व हमारी ओर देख रहा है। ऋषि-मुनियों की शिक्षा पर हमें गर्व है। 21वीं सदी में विश्व को उपयोगी योगदान देने की माँग है। पूर्णत्व के लक्ष्य को प्राप्त करना विज्ञान हो या तकनीकी, इसके पीछे परिपूर्ण मानव मन की ही विश्व को आवश्यकता है। रोबोट तो पाँच विज्ञानी मिलकर भी पैदा कर देंगे। मनुष्य का पूर्णत्व, तकनीकी में समाहित नहीं हो सकता। पूर्णता मतलब जनहित। कला-साहित्य से ही होगा नवजागरण।" (बी.एच.यू, वाराणसी में)

- श्री नरेन्द्र मोदी, प्रधानमंत्री, भारत
साभार - काशी वार्ता, वाराणसी संस्करण, दि0 26 दिसम्बर, 2014

"युवाओं विश्व को एक करो" ("मन की बात" रेडियो कार्यक्रम द्वारा श्री बराक ओबामा के साथ)

- श्री नरेन्द्र मोदी, प्रधानमंत्री, भारत
साभार - दैनिक जागरण व काशी वार्ता, वाराणसी संस्करण, दि0 28 जनवरी, 2015

भाग-2

सत्य शास्त्र

हरिवंश राय बच्चन – "मधुशाला"

स्वामी अड़गड़ानन्द – "यथार्थ गीता"

मनु शर्मा – "कृष्ण की आत्मकथा"

बिल गेट्स – "बिजनेस @ द स्पीड आफ था◌ॅट"

स्टीफेन हाकिंग – "समय का संक्षिप्त इतिहास"

डा0 हरिवंश राय बच्चन - "मधुशाला"

परिचय

27 नवम्बर 1907 को श्री हरिवंश राय बच्चन जी का जन्म कायस्थ परिवार में इलाहाबाद (उ0प्र0) में हुआ था। बाल्यकाल में इन्हें बच्चन नाम से पुकारा जाता था जिसका शाब्दिक अर्थ "बच्चा" या "सन्तान" होता है। कालान्तर में वे इसी नाम से प्रसिद्ध हुए और वह एक "सरनेम" के रूप में पहचान बन गई। आपने पहले उर्दू की शिक्षा उसके उपरान्त प्रयाग विश्वविद्यालय से अंग्रेजी में स्नातकोत्तर (एम.ए.) तथा कैम्ब्रिज विश्वविद्यालय से पीएच.डी. की डिग्री प्राप्त की। सन् 1926 में 19 वर्ष की अवस्था में आपका विवाह 14 वर्षीया श्यामा बच्चन से हुआ जिनकी मृत्यु टी.बी. बीमारी से सन् 1936 में हो गई। 5 वर्ष बाद सन् 1941 में आपने पंजाबी तेजी सूरी से विवाह किया जो रंगमंच व गायन से जुड़ी थी। आपके इस परिवार में दो पुत्र अमिताभ व अजिताभ जन्म लिए। श्री अमिताभ बच्चन आगे चलकर हिन्दी सिनेमा के एक प्रसिद्ध अभिनेता के रूप में स्थापित हुए।

श्री हरिवंश राय बच्चन, अंग्रेजी में शिक्षा प्राप्त करने के बावजूद हिन्दी के सार्वाधिक लोकप्रिय कवियों में से एक हैं। अपने जीवन में इन्होंने इलाहाबाद विश्वविद्यालय में अध्यापन का कार्य, आल इण्डिया रेडियो, भारत सरकार के विदेश मंत्रालय में हिन्दी विशेषज्ञ तथा राज्य सभा के मानोनित सदस्य भी रहे। अपनी कृतियों के लिए उन्हें साहित्य अकादमी पुरस्कार, सोवियत लैण्ड नेहरू पुरस्कार, एफ्रो एशियाई सम्मेलन के कमल पुरस्कार, बिड़ला फाउण्डेशन के सरस्वती पुरस्कार, सन् 1976 में भारत सरकार द्वारा साहित्य व शिक्षा के क्षेत्र में पद्म भूषण से सम्मानित किया जा चुका है। भारत सरकार ने उन पर डाक टिकट भी जारी किया है। राजभाषा समिति के अध्यक्ष पद पर रहने के दौरान उन्होंने भारत सरकार के सौराष्ट्र मंत्रालय को गृह मंत्रालय और परराष्ट्र मंत्रालय को विदेश मंत्रालय का नाम देने में उनका योगदान रहा है। श्री हरिवंश राय बच्चन जी का देहांत 18 जनवरी 2003 को मुम्बई में हो गया था। बच्चन जी ने काव्य, आत्मकथा, रचनावली व अन्य क्षेत्रों में 50 से अधिक पुस्तकें लिखीं।
बच्चन और उनके कृतित्व पर साहित्यकारों व अन्य की राय –

"बच्चन मुख्यतः मानव भावना, अनुभूति, प्राणों की ज्वाला तथा जीवन संघर्ष के आत्म निष्ठ कवि हैं। मैंने कभी उसके लिए ठीक ही लिखा था-

अमृत हृदय में, गरल कंठ में, मधु अधरों में,

आस तुम वीणा धर कर में जन-मन-मादन!"

- सुमित्रानन्दन पंत

"ऐसी अभिव्यक्तियां नई पीढ़ी के लिए पाथेय बन सकेंगी, इसी में उनकी सार्थकता भी है।"

- डा0 शिवमंगल सिंह "सुमन"

"...(बच्चन की रचनाओं में) समूचा काल और क्षेत्र भी अधिक गहरे रंगो में उभरा है।"

- डा0 हजारी प्रसाद द्विवेदी

"मैं सिर्फ कविता लिखती थी। डा0 धर्मवीर भारती के कहने पर जब मैंने गद्य लिखना शुरू किया तब पुष्पा भारती ने कहा था - पद्मा गद्य लिखने से पहले बच्चन जी का गद्य पढ़ो, वैसा लिखने की कोशिश करो। जब कवि गद्य लिखता है तब कविता संग-संग चलनी चाहिए। उनका गद्य अद्‌भुत है।"

- पद्मा सचदेवा

"बाबूजी हम पर लदते नहीं थे। न तो व्यक्तिगत रूप से और न ही सामाजिक या और किसी रूप से। उनकी इस प्रकृति का अहसास मुझे बचपन से ही हो गया था। इससे जुड़ी मैं आपको दो घटनाएँ बताता हूँ। एक मेरे स्कूल-टाइम की है और दूसरी सन् 1985 की है। जब मैं नैनीताल में पढ़ रहा था तो बीमारी की वजह से मैं 'श्रेष्ठ अभिनेता' प्रतियोगिता में भाग नहीं ले पाया। इस कारण से मैं काफी उदास था। ऐसे में मुझे बाबूजी का सन्देश मिला - गर तुम्हारे मन हो तो अच्छा, गर न हो तो और भी अच्छा।

हालांकि उस समय मैं इसका अर्थ समझ नहीं पाया था। दूसरी घटना राजनीति में प्रवेश के दौरान की है। जब बाबूजी को मैंने अपना यह फैसला सुनाया, तो वे परेशान हो उठे, लेकिन उन्होंने कहा- गर तुम्हें लगता है कि तुम जो कर रहे हो वह उचित है तो मैं तुम्हें नहीं रोकूंगा। और मुझे जल्दी ही महसूस हो गया कि मेरा यह फैसला गलत है। बावजूद इसके उन्होंने मेरा पूरा-पूरा साथ दिया।

मुझे मधुशाला जीवन की शाला लगती है। उन्होंने साहित्य की एक नई धारा का प्रवर्तन किया। इस हालावाद में उन्होंने सिर्फ मदिरा का बखान नहीं किया है बल्कि मधुशाला के माध्यम से जीवन को समझाया है, जीवन के मूल सिद्धान्त पर रोशनी डाली है। मधुशाला ही नहीं उनकी हर पुस्तक में एक गहरी दृष्टि है, एक विशेष दृष्टिकोण मिलता है।"

- अमिताभ बच्चन (फिल्म जगत के महानायक)

"बच्चन हिन्दी काव्य के प्रेमियों के सबसे अधिक प्रिय कवि हैं, और उनकी मधुशाला लगभग छः दशक से लोकप्रियता के सर्वोच्च शिखर पर विराजमान है। सर्वप्रथम 1935 में प्रकाशित होने के बाद अब तक इसके अनेक संस्करणों की कई लाख प्रतियाँ पाठकों तक पहुँच चुकी है। महाकवि पन्त के शब्दों में - 'मधुशाला की मादकता अक्षय है'। मधुशाला, बच्चन की एक ऐसी कृति है जिसने लोगों को दिवाना बना दिया। लोकनायक जय प्रकाश नारायण जैसे जमीन से जुड़े नेता अपने आन्दोलन की अलख बच्चन जी की कविताओं से जलाते थे, वहीं गाँधी जी मधुशाला की रूबाईयाँ सुनकर प्रसन्न हो गये थे। मधुशाला में हाला, प्याला, मधुबाला और मधुशाला के चार प्रतीकों के माध्यम से कवि ने अनेक क्रान्तिकारी, मर्मस्पर्शी, रागात्मक एवं रहस्यपूर्ण भावों को वाणी दी है। अगर बच्चन की कृतियां अनूदित होकर विश्व के अन्य देशों में पहुँचती, तो हाला, प्याला और मधुबाला के रसिक काव्य पर वहाँ के लोग भी झूमते और उसकी मस्ती नोबेल पुरस्कार वालों तक पहुँचती। हालांकि जो सम्मान और आदर बच्चन को भारतीय लोगों ने दिया, वह नोबेल से कई-कई गुणा ज्यादा है।"

- "मधुशाला" के सम्पादक (हिन्द पाकेट बुक्स की ओर से)

"मधुशाला के बहुत से पाठक और श्रोता एक समय समझा करते थे, कुछ शायद अब भी समझते हों, कि इसका लेखक दिन-रात मदिरा के नशे में चूर रहता है। वास्तविकता यह है कि 'मदिरा' नामधारी द्रव से मेरा परिचय अक्षरशः बरायनाम है। नशे से इनकार नहीं करूँगा। जिन्दगी ही एक नशा है। कविता भी एक नशा है। और भी बहुत से नशे हैं।"

- हरिवंश राय बच्चन

प्रस्तुत है "मधुशाला" की कुछ रूबाईयां-

17. धर्म-ग्रंथ सब जला चुकी है जिसके अन्तर की ज्वाला,
मन्दिर, मस्जिद, गिरजे-सबको तोड़ चुका जो मतवाला,
पंडित, मोमिन, पादरियों के फंदों को जो काट चुका,
कर सकती है आज उसी का स्वागत मेरी मधुशाला।

19. बने पुजारी प्रेमी साकी, गंगाजल पावन, हाला,
रहे फेरता अविरत गति से, मधु के प्यालों की माला,
"और लिये जा, और पिये जा"-इसी मंत्र का जाप करे,
मैं शिव की प्रतिमा बन बैठूँ, मन्दिर हो यह मधुशाला।

40. साकी बनकर मुरली आई, साथ लिए कर में प्याला,
जिनमें वह छलकाती लाई, अधर-सुध-रस की हाला,
योगिराज कर संगत उसकी, नटवर नागर कहलाए,
देखो कैसों-कैसों को है, नाच नचाती मधुशाला।

46. दुतकारा मस्जिद ने मुझको, कहकर है पीने वाला,
ठुकराया ठाकुरद्वारे ने, देख हथेली पर प्याला,
कहाँ ठिकाना मिलता जग में, भला अभागे काफिर को?
शरणस्थली बनकर न मुझे यदि, अपना लेती मधुशाला।

47. पथिक बना मैं घूम रहा हूँ, सभी जगह मिलता हाला,
सभी जगह मिल जाता साकी, सभी जगह मिलता प्याला,
मुझे ठहरने का, हे मित्रों, कष्ट नहीं कुछ भी होता,
मिले न मन्दिर, मिले न मस्जिद, मिल जाती है मधुशाला।

48. सजें न मस्जिद और नमाजी, कहता है अल्लाताला,
सज-धज कर, पर साकी आता, बन-ठन कर, पीने वाला,
शेख, कहाँ तुलना हो सकती, मस्जिद की मदिरालय से,
चिर विधवा है मस्जिद तेरी, सदा-सुहागिन मधुशाला।

49. बजी नफीरी और नमाजी, भूल गया अल्लाताला,
गाज गिरी, पर ध्यान-सुरा में, मग्न रहा पीनेवाला,

शेख, बुरा मत मानो इसको, साफ कहूँ तो, मस्जिद को,
अभी युगों तक सिखलाएगी, ध्यान लगाना मधुशाला।

50. मुसलमान औ' हिन्दू हैं दो, एक, मगर, उनका प्याला,
एक मगर, उनका मदिरालय, एक, मगर, उनकी हाला,
दोनों रहते एक न जब तक, मस्जिद-मन्दिर में जाते,
बैर बढ़ाते मस्जिद-मन्दिर, मेल कराती मधुशाला।

51. कोई भी हो शेख नमाजी, या पण्डित जपता माला,
बैर भाव चाहे जितना हो, मदिरा से रखने वाला,
एक बार बस मधुशाला के, आगे से होकर निकले,
देखूँ कैसे थाम न लेती, दामन उसका मधुशाला।

53. आज करे परहेज जगत, पर, कल पीनी होगी हाला,
आज करे इनकार जगत, पर, कल पीना होगा प्याला,
होने दो पैदा मद का महमूद, जगत में कोई, फिर,
जहाँ अभी है मन्दिर-मस्जिद, वहाँ बनेगी मधुशाला।

57. कभी नहीं सुन पड़ता, 'इसने, हा, छू दी मेरी हाला,
कभी न कोइ कहता, 'उसने, जूठा कर डाला प्याला,
सभी जाति के लोग यहाँ पर, साथ बैठकर पीते हैं,
सौ सुधारकों का करती है, काम अकेली मधुशाला।

58. श्रम, संकट, संताप सभी तुम, भला करते पी हाला,
सबक बड़ा तुम सीख चुके यदि, सीखा रहना मतवाला,
व्यर्थ बने जाते हो हरिजन, तुम तो मधुजन ही अच्छे,
ठुकराते हरि-मन्दिर वाले, पलक बिछाती मधुशाला।

62. आज मिला अवसर, तब फिर क्यों, मैं न छकूँ जी भर हाला,
आज मिला मौका, तब फिर क्यों, ढाल न लूँ जी भर प्याला,
छेड़-छाड़ अपने साकी से, आज न क्यों जी भर कर लूँ,
एक बार ही तो मिलनी है, जीवन की यह मधुशाला।

104. नहीं चाहता, आगे बढ़कर, छीनूँ ओरों का प्याला,
नहीं चाहता, धक्के देकर, छीनूँ औरों का प्याला,
साकी, मेरी ओर न देखो, मुझको तनिक मलाल नहीं,
इतना ही क्या कम आँखों से, देख रहा हूँ मधुशाला।

124. कहाँ गया वह स्वर्गिक साकी, कहाँ गई सुरभित हाला,
कहाँ गया स्वप्निल मदिरालय, कहाँ गया स्वर्णिम प्याला,

पीने वालों ने मदिरा का, मूल्य, हाय, कब पहचाना?
फूट चुका जब मधु का प्याला, टूट चुकी जब मधुशाला।

125. अपने युग में सबको अनुपम, ज्ञात हुई अपनी हाला,
अपने युग में सबको अद्‌भुत, ज्ञात हुआ अपना प्याला,
फिर भी वृद्धों से जब पूछा, एक यही उत्तर पाया-
अब न रहे वे पीनेवाले, अब न रही वह मधुशाला।

126. "मैं" को करके शुद्ध दिया, अब नाम गया उसको "हाला",
"मीना" को "मधुपात्र" दिया, "सागर" को नाम गया "प्याला",
क्यों न मौलवी चौंकें, बिचकें, तिलक-त्रिपुंडी पंडित जी,
"मैं-महफिल" अब अपना ली है, मैंने करके "मधुशाला"।

128. जितनी दिल की गहराई हो, उतना गहरा है प्याला,
जितनी दिल की मादकता हो, उतनी मादक है हाला,
जितनी उर की भावुकता हो, उतना सुन्दर साकी है,
जितना ही जो रसिक, उसे है, उतनी रसमय मधुशाला।

134. विश्व तुम्हारे विषमय जीवन, में ला पायेगी हाला,
यदि थोड़ी सी भी यह मेरी, मदमाती साकी बाला,
शून्य तुम्हारी घड़ीयाँ कुछ भी, यदि यह गुंजित कर पाई,
जन्म सफल समझेगी अपना, जग में मेरी मधुशाला।

नई रूबाई (1985)
देश दुश्मनों ने जब हम में, जहर फूट का था डाला,
भूल गये जो तब टूटी थी, लाखों प्यालों की माला?
सीख सबक उस कटु अनुभव से, अब हमने है क़स्द लिया,
फिर न बटेंगे पीने वाले, फिर न बँटेगी मधुशाला।

लव कुश सिंह "विश्वमानव" द्वारा स्पष्टीकरण

पूर्ण ब्रह्म परमात्मा, अपने पूर्ण रूप में व्यक्त होने के पूर्व अपने सभी विचारों को अंश-अंश में विभक्त कर भिन्न-भिन्न माध्यमों से व्यक्त कर देता है। जो पुस्तक सार्वभौम सत्य-सिद्धान्त का अनुभव कराता है वह शास्त्र कहलाता है। सार्वभौम सत्य के ज्ञान को बहुमत विचार से जोड़ने पर ही बहुमत को ज्ञान की ओर ले जाया जाता है। आपका मदिरा माध्यम से बहुमत को ज्ञान की ओर ले जाने की कला, कुछ और नहीं धर्म स्थापना की ही एक कला थी। जिसे मैं आधुनिक युग की कबीर वाणी कहना चाहता हूँ। बस अन्तर यह है कि कबीर वाणी, सात्विक व्यक्तियों को अधिक अच्छी लगती है जबकि मधुशाला, देश में बढ़ते तामसिक मदिरा प्रयोगकर्ताओं को अच्छी लगी और लगती रहेगी। नोबेल पुरस्कार चुनने वालों की यह एक महान त्रुटि ही कही जायेगी, जो "मधुशाला" नामक शास्त्र उनके द्दष्टि में नहीं आ पायी। जबकि धरती पर समय के साथ इस शास्त्र की लोकप्रियता सदैव वढ़ती ही रहेगी।

मेरा वश चले तो संसार के सभी मधुशाला को सदैव के लिए बन्द कर दूँ और यदि न हो सके तो सभी मधुशालाओं में आपकी जीवन्त चित्र के साथ आपके मधुशाला की रूबाईयों को उसमें लगवा दूँ ताकि एक तरफ प्याला होठों से लगे तो आँखों के सामने लिखी आपकी रूबाईयाँ धीरे-धीरे हाला के साथ दिल में उतरने लगे।

आप मदिरा नामक वस्तु से अपरिचित नहीं हैं परन्तु मैं भँलि-भाँति परिचित हूँ। मदिरा चाहे जो कुछ हो लेकिन वह चरित्र को संचालित करने में बड़ी सहायक है। आजकल यदि सत्य रूप में समाज में रहते हुए एकान्तवास करना हो तो बाजार में मदिरा का प्रयोग कर, निवास पर आसानी से एकान्तवास हो सकता है क्योंकि तब तक समाज में चरित्र इतना बिगड़ चुका होगा कि कोई आपको पूछेगा ही नहीं और आप आसानी से चिन्तन, मनन, लेखन कर सकते हैं। इस सम्बन्ध में ट्रकों के पीछे लिखा अज्ञात व्यक्ति द्वारा व्यक्त निम्नलिखित दो पँक्ति मुझे याद आ रहा है-

राम जन्म में दूध मिला, कृष्ण जन्म में घी।
कलयुग में शराब मिला, संभल-संभल के पी।

अन्य लोगों के लिए मदिरा चाहे जो रही हो परन्तु मेरे लिये तो इस कार्य को सम्पन्न करने में बड़ी सहायक सिद्ध हुई, वर्ना जिस क्षीर सागर की तलहटी (संसार का सबसे निम्न विचारों वाला स्तर) में मैं रहता था वहाँ बैठकर इस "विश्वशास्त्र" को रूप देना सम्भव ही नहीं होता।

परमात्मा के अंशावतार को अर्थात आपको, आपकी ही रूबाईयों की शैली में श्रद्धाजंलि स्वरूप यह रूबाई अर्पित करते हुए हमें आपार शान्ति का अनुभव होता है-

सम्पूर्ण ब्रह्माण्ड देख चुका हूँ,
अक्षय-अनन्त है मेरी हाला।
कण-कण में हूँ-"मैं ही मैं",
क्षयी-ससीम है तेरी प्याला ।
जिस भी पथ-पंथ-ग्रन्थ से गुजरेगा तू,
हो जायेगा, बद्ध-मस्त और मत वाला।
"जय ज्ञान-जय कर्मज्ञान" की आवाज,
सुनाती, मेरी यह अक्षय-अनन्त मधुशाला।

स्वामी अड़गड़ानन्द - "यथार्थ गीता"

परिचय

स्वामी अड़गड़ानन्द महाराज, श्री परमानन्द परमहंस महाराज के शिष्य हैं। श्री परमानन्द परमहंस महाराज उत्तर प्रदेश के देवरिया जिले के रामकोला गांव के एक साधारण परिवार में सम्वत् विक्रम 1969 (सन् 1911 ई0) में जन्म लिये थे। इनकी माँ का नाम श्रीमती फुलमनी देवी तथा पिता का नाम श्री जगरूप शर्मा था। जब एक प्रख्यात ज्योतिषि ने उनको बाल्यकाल में देखा तो उनकी माँ से कहा कि- जिसे बच्चे को तुमने जन्म दिया है वह या तो एक राजा या एक निपुण गुरू के रूप में जाना जायेगा। यह सुनकर उनकी माँ ने बच्चे को बुरी नजर से बचाने के लिए सिर पर मिर्च और नमक द्वारा क्रिया की। 5 वर्ष की उम्र में जब स्कूल में भेजा गया तब उन्हें एक दिन शिक्षक द्वारा हल्का दण्ड मिलने पर, बच्चा स्कूल से बाहर आकर रोया। तब माँ ने कहा- स्कूल के साथ नरक, मेरा बेटा अब से अध्ययन नहीं करेगा। यह उनकी शिक्षा का आकस्मिक अन्त ही था। श्री श्री 1008 श्री स्वामी परमानन्द परमहंस जी महाराज दिनांक 23 मई, 1969 (ज्येष्ठ शुक्ल सप्तमी, वि0सं0 2026) को महाप्रयाण हो गये।

श्री परमानन्द परमहंस महाराज का परमहंस आश्रम अनुसूईया, चित्रकूट, सतना (मध्य प्रदेश) में स्थित है। यह आश्रम जंगली जानवरों और जंगलों से घिरे हुए स्थान में स्थित था। इस आश्रम की स्थिति ही व्यक्त करता था कि यहाँ कोई महान ऋषि रहते होंगे। स्वामी अड़गड़ानन्द जी 23 वर्ष की उम्र में नवम्बर, 1955 में सत्य की खोज में यहाँ आये। अपने गुरू के प्रति अनन्त भक्ति और सत्य की खोज की तीव्रता ने श्री अड़गड़ानन्द जी को सत्य के साक्षात्कार की उपलब्धि करायी। श्री अड़गड़ानन्द महाराज जी की लेखन में कोई रूचि नहीं थी। वे केवल धार्मिक उपदेश व सामाजिक कल्याण के हल का ही उपदेश देते थे। इस पर उनका पहला प्रकाशन "जीवनादर्श और आत्मानुभूति" जो अपने गुरू के आध्यात्मिक खोज पर आधारित है, प्रकाशित हुई। यह उनके जीवन के अनुभव और अनेक आश्चर्यजनक घटनाओं का एक संग्रह है। लोगों में से अनेक आज भी हैं जिन्होंने ऐसे अद्वितीय व्यक्तित्व को देखा है और इसके लिए महाराज जी खुद को बहुत भाग्यशाली मानते हैं। महाराज जी अपने गुरू के निकटता और गहरे ध्यान में 15 वर्ष व्यतीत किये। महाराज जी के नाम से "श्री परमहंस स्वामी अड़गड़ानन्दजी आश्रम ट्रस्ट" पंजीकृत है जिसका कार्यालय चौपाटी, मुम्बई में स्थित है। "यथार्थ गीता" का प्रकाशक यही ट्रस्ट है। महाराज जी का आश्रम चुनार क्षेत्र, मीरजापुर जिला, उत्तर प्रदेश (सत्यकाशी क्षेत्र) के सक्तेशगढ़ के पास जौगढ़ नामक स्थान पर स्थित एक पुराने किले का नवीनीकरण कर बनाया गया है।

गीता मानव मात्र का धर्म शास्त्र है- वेदव्यास

श्रीकृष्णकालीन महर्षि वेदव्यास से पूर्व कोई भी शास्त्र पुस्तक के रूप में उपलब्ध नहीं था। श्रुतज्ञान की इस परम्परा को तोड़ते हुए उन्होंने चार वेद, ब्रह्मसूत्र, महाभारत, भागवत एवं गीता जैसे ग्रन्थों में पूर्वसंचित भौतिक एवं आध्यात्मिक ज्ञानराशि को संकलित कर अन्त में स्वयं कहा कि-

गीता सुगीता कर्तव्या किमन्यैः शास्त्रविस्तरैः।
या स्वयं पद्‌म्नाभस्य मुखपद्‌माद्विनिःसुता।।

(महाभारत, भीष्म पर्व, 43.1)

गीता भली प्रकार मनन करके हृदय में धारण करने योग्य है, जो पद्‌म्नाभ भगवान के श्रीमुख से निःसृत वाणी है। फिर अन्य शास्त्रों के संग्रह की क्या आवश्यकता? मानव सृष्टि के आदि में भगवान् श्रीकृष्ण के श्रीमुख से निःसृत अविनाशी योग अर्थात् श्रीमद्भगवदगीता, जिसकी विस्तृत व्याख्या वेद और उपनिषद् हैं, विस्मृति आ जाने पर उसी आदिशास्त्र को भगवान श्रीकृष्ण ने अर्जुन के प्रति पुनः प्रकाशित किया, जिसकी यथावत् व्याख्या "यथार्थ गीता" है।

गीता का सारांश "गीता माहात्म्य" के इस श्लोक से प्रकट होता है-

एकं शास्त्रं देवकीपुत्र गीतम्, एको देवो देवकीपुत्र एव।
एको मंत्रस्तस्य नामानि यानि, कर्माप्येकं तस्य देवस्य सेवा।।

अर्थात एक ही शास्त्र है जो देवकीपुत्र भगवान ने श्रीमुख से गायन किया-"गीता"। एक ही प्राप्त करने योग्य देव है। उस गायन में जो सत्य बताया- "आत्मा"। सिवाय आत्मा के कुछ भी शाश्वत नहीं है। उस गायन में उन महायोगेश्वर ने क्या जपने के लिए कहा?- "ओम्"। अर्जुन अक्षय परमात्मा का नाम है, उसका जप कर और ध्यान मेरा धर। एक ही कर्म है- "गीता में वर्णित परमदेव एक परमात्मा की सेवा"। उन्हें श्रद्धा से अपने हृदय में धारण करें। अस्तु, आरम्भ से ही गीता आपका शास्त्र रहा है। भगवान श्रीकृष्ण के हजारों वर्ष पश्चात् परवर्ती जिन महापुरूषों ने एक ईश्वर को सत्य बताया, गीता के ही सन्देश वाहक हैं। ईश्वर से ही लौकिक एवं परलौकिक सुखों की कामना, ईश्वर से डरना, अन्य किसी को ईश्वर न मानना- यहाँ तक तो सभी महापुरूषों ने बताया, किन्तु ईश्वरीय साधना, ईश्वर तक की दूरी तय करना- यह केवल गीता में ही सांगोपांग क्रमबद्ध सुरक्षित है। गीता से सुख-शान्ति तो मिलती ही है, यह अक्षय अनामय पद भी देती है। देखिये श्रीमद्भगवदगीता की टीका - "यथार्थ गीता"।

यद्यपि विश्व में सर्वत्र गीता का समादर है फिर भी यह किसी मजहब या सम्प्रदाय का सहित्य नहीं बन सकी, क्योंकि सम्प्रदाय किसी न किसी रूढ़ि से जकड़े हैं। भारत में प्रकट हुई गीता विश्व-मनीषा की धरोहर है, अतः इसे राष्ट्रीय शास्त्र का मान देकर ऊँच-नीच, भेदभाव तथा कलह-परम्परा से पीड़ित विश्व की सम्पूर्ण जनता को शान्ति देने का प्रयास करें।

पुस्तक - "यथार्थ गीता" से साभार

"श्रीकृष्ण जिस स्तर की बात करते हैं, क्रमशः चलकर उसी स्तर पर खड़ा होने वाला कोई महापुरूष ही अक्षरशः बता सकेगा कि श्रीकृष्ण ने जिस समय गीता का उपदेश दिया था, उस समय उनके मनोगत भाव क्या थे? मनोगत समस्त भाव कहने में नहीं आते। कुछ तो कहने में आ पाते हैं, कुछ भाव-भंगिमा से व्यक्त होते हैं और शेष पर्याप्त क्रियात्मक हैं-जिन्हें कोई पथिक चलकर ही जान सकता है। जिस स्तर पर श्रीकृष्ण थे, क्रमशः चलकर उसी अवस्था को प्राप्त महापुरूष ही जानता है कि गीता क्या कहती है। वह गीता की पंक्तियाँ ही नहीं दुहराता, बल्कि उनके भावों को भी दर्शा देता है क्योंकि जो दृश्य श्रीकृष्ण के सामने था, वही उस वर्तमान पुरूष के समक्ष भी है। इसलिए वह देखता है, दिखा देगा, आपमें जागृत भी कर देगा, उस पथ पर चला भी देगा। पूज्य श्री परमहंस जी महाराज भी उसी स्तर के महापुरूष थे। उनकी वाणी तथा अन्तः प्रेरणा से मुझे गीता का जो अर्थ मिला, उसी का संकलन यथार्थ गीता है।"

- अड़गड़ानन्द महाराज

"गीता राष्ट्रीय साहित्य घोषित हो"

-स्वामी अड़गड़ानन्द, परमहंस आश्रम, सक्तेशगढ़, चुनार क्षेत्र
(विभिन्न प्रवचनों में बोले गये और अनेकों समाचार पत्र में प्रकाशित शब्द)

लव कुश सिंह "विश्वमानव" द्वारा स्पष्टीकरण

यद्यपि कि गीता की व्याख्या अनेकों बार हुई है परन्तु श्री अड़गड़ानन्द महाराज जी द्वारा प्रस्तुत "यथार्थ गीता" इस संसार में उपलब्ध गीता के अनेक व्याख्याओं में से सर्वोच्च, अन्तिम, यथार्थ और प्रथम व्याख्या है।

निश्चित ही गीता शास्त्र है परन्तु पूर्ण शास्त्र नहीं। गीता में सत्य-ज्ञान है परन्तु सत्य-कर्मज्ञान नहीं। गीता में सार्वभौम सत्य है परन्तु सार्वभौम सत्य-सिद्धान्त नहीं। गीता में प्रकृति की व्याख्या है परन्तु काल और ब्रह्माण्ड की व्याख्या नहीं। गीता व्यक्ति (व्यक्तिगत मन) की पूर्णता का शास्त्र है परन्तु समष्टि (संयुक्त मन) की पूर्णता का शास्त्र नहीं। गीता में ज्ञान की परिभाषा है परन्तु ध्यान की परिभाषा नहीं। गीता व्यक्तिगत प्रमाणित शास्त्र है परन्तु सार्वजनिक प्रमाणित शास्त्र नहीं। गीता व्यक्ति को कैसे चलना चाहिए यह आंशिक रुप से बताती है परन्तु व्यक्ति सहित सम्पूर्ण राष्ट्र को पूर्ण रुप से कैसे चलना चाहिए यह नहीं बताती। गीता ज्ञान व सिद्धान्त का बीज शास्त्र है न कि वृक्ष शास्त्र। गीता में योग है परन्तु ध्यान व चेतना नहीं। गीता में दर्शन है परन्तु विकास दर्शन नहीं। गीता में ईश्वर की व्याख्या है परन्तु अवतार की व्याख्या नहीं। गीता चेला बनाने में उपयोगी है परन्तु गुरू बनाने में नहीं। गीता अर्जुन बनाने में उपयोगी है परन्तु कृष्ण बनाने में नहीं।

महात्मन, आदि शंकराचार्य के समय में न तो आज की तरह मोटर वाहन, रेलगाड़ी व हवाई जहाज था न ही मुद्रण व प्रसारण की आधुनिक तकनीकी। फिर भी वे भारत में गीता ज्ञान द्वारा अद्वैत की ज्योति जलाए थे। परन्तु आज सभी कुछ है साथ ही अनेकों गीता के प्रवचन कर्ता व मानस मर्मज्ञ। फिर भी प्रत्येक व्यक्ति अलगाववाद की भाषा तथा पशु की भाँति स्वयं के दायरे से उपर नहीं उठ पा रहा है व्यक्ति की स्थिति की भाँति प्रवचनकर्ता तथाकथित स्वघोषित गुरुओं की भी है। वे शास्त्रों के प्रमाण स्वरुप अवतार को भी नहीं पहचानते जिनके विषय में प्रवचन कर अपनी रोजी-रोटी चला रहे हैं। इसका क्या कारण है? कारण है तो सिर्फ यह कि ज्ञान नाम की वस्तु को व्यवहारिकता से नहीं जोड़ा गया। जिससे व्यक्ति को यह विषय निरर्थक और सिर्फ मान लेने में विश्वास है न कि जान लेने में। ध्यान रहे आस्था के विकास से बुद्धि का विकास नहीं होता और बिना बुद्धि के विकास के कर्मज्ञान समझ में आना तो असम्भव ही है।

व्यक्तिगत प्रमाणित अदृश्य बिजली और हवा पर हम प्रवचन कितना भी करते रहें वह व्यक्ति को तब तक अनुभव में नहीं आ सकती जब तक की बिजली से प्रकाश और हवा से हिलने और स्पर्श की क्रिया सम्भव न हो। इसी प्रकार आत्मा पर प्रवचन कितना भी क्यों न हो वह तब तक अनुभव में नहीं आ सकती जब तक की व्यक्ति से एकात्म ज्ञान, वाणी, मन, कर्म, प्रेम, ध्यान व समर्पण संयुक्त रुप से व्यक्त न हो। आत्मा के सार्वजनिक प्रमाणित व्यक्त होने के क्रम में ही श्री विष्णु (एकात्म ज्ञान, वाणी, प्रेम व कर्म) के पूर्णावतार श्रीकृष्ण हो चुके हैं। इस प्रकार अब श्री विष्णु समाहित शिवशंकर (एकात्म ध्यान व समर्पण) की आवश्यकता है। तभी पूर्ण शिवत्व की झलक सहित उनके दिव्यरुप पंचमुखी अर्थात् पंचमवेद का रुप व्यक्त होगा। अन्यथा अन्तिम अवतार की उपयोगिता क्या होगी। जबकि आप लोग अवतार को मानते हैं और अन्तिम अवतार आप लोगों की दृष्टि में शेष भी है।

राष्ट्रीय साहित्य के रुप में स्थापित होने के लिए शास्त्र में गुण का होना आवश्यक है और यह गुण है- व्यक्ति स्तर से ब्रह्माण्ड स्तर को मार्गदर्शन देने की क्षमता। और यह मात्र वही है- जो शिवशंकर के पूर्णावतार से व्यक्त है अर्थात्- यह मात्र "गीता" समाहित "विश्वशास्त्र" है जिसमें व्यक्ति का धर्मयुक्त धर्मशास्त्र कर्मवेदः प्रथम, अन्तिम तथा पंचमवेद और राष्ट्र का धर्मनिरपेक्ष धर्मशास्त्र विश्वमानक-शून्य श्रृंखला है, न कि उपनिषद् समाहित गीता। आप के शब्दों की क्या गलती? प्रायः व्यक्ति उन्हीं में से सर्वोच्चता का निर्धारण करता है जितनी उसके जानकारी में होती है। परन्तु कमी या तो तब पता चलता है जब तत्व की जानकारी हो।

व्यक्तिगत प्रमाणित विश्वशास्त्र "गीता" राष्ट्रीय शास्त्र-साहित्य कभी नहीं हो सकती, एक मात्र धर्म नाम से "कर्मवेद: प्रथम, अन्तिम तथा पंचमवेद" अर्थात सर्वधर्मसमभाव या धर्मनिरपेक्ष नाम से मन की गुणवत्ता का विश्व/अन्तर्राष्ट्रीय मानक समाहित सार्वजनिक प्रमाणित "विश्वशास्त्र" शास्त्र-साहित्य ही राष्ट्रीय शास्त्र-साहित्य के योग्य है।

"गीता" और "विश्वशास्त्र" दोनों एक ही शास्त्राकार से व्यक्त हुए शास्त्र आपस में टकरायेंगे तो अपने आप दोनों राष्ट्रीय शास्त्र के रूप में स्थापित हो जायेंगे। बस एक व्यक्तिगत प्रमाणित रूप में होगा दूसरा सार्वजनिक प्रमाणि रूप में। बस राम पक्ष और लव-कुश युद्ध की तरह, स्थापित तो दोनों ही हो गये। श्रीराम कथा पहले ही पूर्ण हो चुकी है लव-कुश की अब शुरू हो चुकी है।

"राम सेतू (राम से तू)" का समाज से सम्बन्ध मात्र आस्था व भावनात्मक है इस रुप में उसकी रक्षा होनी ही चाहिए क्योंकि वह हमारे मूल व अस्तित्व का प्रमाण है। परन्तु वह आम जनता के शारीरिक, आर्थिक व मानसिक विकास के लिए कालानुसार उपयोगी नहीं है। आम जनता के शारीरिक, आर्थिक व मानसिक विकास के लिए कालानुसार उपयोगी "लव कुश सेतू (लव कुश से तू)" अर्थात सार्वजनिक प्रमाणित "विश्वशास्त्र" शास्त्र-साहित्य की स्थापना है। हे भारत यदि तुम वास्तव में अपना विकास चाहता है तो यही एक मात्र मार्ग है। चाहे तो अन्य मार्ग के लिए प्रयत्न करके देख लो, परन्तु अभी तक तो तुम प्रयत्न ही तो कर रहे थे। हम कोई और नहीं व्यष्टि मन (व्यक्तिगत मन) का समष्टि मन (संयुक्त/विश्व मन) से योग कराने के लिए ही व्यक्त हुए हैं।

महर्षि वेदव्यास का शास्त्र लेखन कला (संक्षिप्त, विस्तार "विश्वशास्त्र" अध्याय-तीन में है)

मानव सभ्यता के विकास के कालक्रम में कर्म कर अनुभव के ज्ञान सूत्र का संकलन ही वेद के रूप में व्यक्त हुआ जिससे आने वाली पीढ़ी मार्गदर्शन को प्राप्त कर सके और अपना समय बचाते हुए कर्म कर सके। अर्थात प्रत्येक साकार सफल नेतृत्व के साथ उसके अनुभव का निराकार ज्ञान सूत्र के संकलन की समानान्तर प्रक्रिया भी चलती रही। और यह सभी प्रक्रिया मानव जाति के श्रेष्ठतम विकास के लिए ही की जा रही थी। मनुष्य को युगानुसार शास्त्र का अध्ययन करना चाहिए लेकिन समाज पुराने में ही उलझ जाता है इसलिए ही विकास अवरूद्ध होता है। समाज को एकात्म करने के लिए शास्त्र की रचना करना व उसका प्रचार-प्रसार करने वाले व्यास कहलाये। जिनके द्वारा शास्त्र रचना के युगानुसार निम्न चरण पूरे हुए।

1. सार्वभौम आत्मा के ज्ञान द्वारा समाज को एकात्म करने के लिए शास्त्र - वेद

वेदों को मूलतः सार्वभौम ज्ञान का शास्त्र समझना चाहिए। जिनका मूल उद्देश्य यह बताना था कि "एक ही सार्वभौम आत्मा के सभी प्रकाश हैं अर्थात बहुरूप में प्रकाशित एक ही सत्ता है। इस प्रकार हम सभी एक ही कुटुम्ब के सदस्य है।"

जब वेद लोंगो के समझ में कम आने लगा या समाज उसी में उलझ गया और उससे समाज को एकात्म करना कठिन होने लगा तब उसके व्याख्या का शास्त्र उपनिषद् की रचना की गई।

2. सार्वभौम आत्मा के नाम द्वारा समाज को एकात्म करने के लिए शास्त्र - उपनिषद्

उपनिषदों की शिक्षा उस सार्वभौम आत्मा के नाम के अर्थ की व्याख्या के माध्यम से उस सार्वभौम आत्मा को समझाना है।

जब उपनिषद् लोंगो के समझ में कम आने लगा या समाज उसी में उलझ गया और उससे समाज को एकात्म करना कठिन होने लगा तब पौराणिक वंशावली में हुए साकार विष्णु कर्तार, कमल कर्तार, ब्रह्मा कर्तार और रूद्र-शिव के निराकार एवं साकार रूप को प्रक्षेपित कर मानक चरित्र (व्यक्तिगत, सामाजिक और वैश्विक) का शास्त्र पुराण की रचना की गई।

3. सार्वभौम आत्मा के कृति कथा द्वारा समाज को एकात्म करने के लिए शास्त्र - पुराण

पुराण लिखने का मुख्य आधार -

जब उस सार्वभौम आत्मा का ही सब प्रकाश है, तब यह ब्रह्माण्ड ही ईश्वर का दृश्य रूप है। इसलिए पुराण की रचना कई चरणों में हुयी और प्रत्येक चरण की अलग-अलग शिक्षा है।

प्रथम चरण - इस चरण में पुराण की शिक्षा मूलतः उस सार्वभौम एक आत्मा से ब्रह्माण्ड के विकास को कथा के माध्यम से समझाया गया है।

द्वितीय चरण - इस चरण में पुराण की शिक्षा मूलतः उस सार्वभौम एक आत्मा से सौर मण्डल के विकास को कथा के माध्यम से समझाया गया है।

तृतीय चरण - इस चरण में पुराण की शिक्षा मूलतः उस सार्वभौम एक आत्मा से प्रकृति के विकास को कथा के माध्यम से समझाया गया है।

चतुर्थ चरण - इस चरण में पुराण की शिक्षा मूलतः उस सार्वभौम एक आत्मा से जीवों के विकास को कथा के माध्यम से समझाया गया है।

पंचम चरण - इस चरण में पुराण की शिक्षा मूलतः उस सार्वभौम एक आत्मा से मनुष्य के विकास को कथा के माध्यम से साथ ही मनुष्य को व्यक्तिगत, सामाजिक और वैश्विक मनुष्य तक उठने के उन गुणों को समझाया गया है। जो इस प्रकार हैं-

1. वैश्विक/ब्रह्माण्डिय (मानक वैश्विक चरित्र) मनुष्य के लिए - एकात्म ज्ञान, एकात्म वाणी, एकात्म कर्म, एकात्म प्रेम, एकात्म सर्मपण और एकात्म ध्यान से युक्त जीवन और वस्त्राभूषण का प्रक्षेपण शिव-शंकर परिवार।

2. सामाजिक (मानक सामाजिक चरित्र) मनुष्य के लिए - एकात्म ज्ञान, एकात्म वाणी, एकात्म कर्म, एकात्म प्रेम से युक्त जीवन और वस्त्राभूषण का प्रक्षेपण विष्णु परिवार।

3. व्यि गत (मानक व्यक्ति चरित्र) मनुष्य के लिए - एकात्म ज्ञान, एकात्म वाणी से युक्त जीवन और वस्त्राभूषण का प्रक्षेपण ब्रह्मा परिवार।

जब पुराण लोंगो के समझ में कम आने लगा या समाज उसी में उलझ गया और उससे समाज को एकात्म करना कठिन होने लगा तब मानवीय वंशावली में हुए अनेक विभिन्न प्रकृति-चरित्र के साकार मानव और उनके निराकार एवं साकार रूप को प्रक्षेपित कर प्रकृति-चरित्र (व्यक्तिगत, सामाजिक और वैश्विक) का शास्त्र महाभारत की रचना की गई।

4. सार्वभौम आत्मा के प्रकृति द्वारा समाज को एकात्म करने के लिए शास्त्र - महाभारत

महाभारत की शिक्षा अपनी प्रकृति में स्थित रहकर व्यक्तिगत प्रमाणित स्वार्थ (लक्ष्य) को प्राप्त करने के अनुसार सम्बन्धों का आधार बनाने की शिक्षा है। गीता की शिक्षा - गीता की मूल शिक्षा प्रकृति में व्याप्त मूल तीन सत्व, रज और तम गुण के आधार पर व्यक्त विषयों जिसमें मनुष्य भी शामिल है, की पहचान करने की शिक्षा दी गयी है और उससे मुक्त रहकर कर्म करने को निष्काम कर्मयोग तथा उसमें स्थित रहने को स्थितप्रज्ञ और ईश्वर से साक्षात्कार करने का मार्ग समझाया गया।

जब महाभारत लोंगो के समझ में कम आने लगा या समाज उसी में उलझ गया और उससे समाज को एकात्म करना कठिन होने लगा तब काल, चेतना, कर्मज्ञान एवं सार्वभौम सत्य-सिद्धान्त और मानवी सिद्धान्त के एकीकरण सहित पूर्व के शास्त्र रचना का उद्देश्य का शास्त्र "कर्मवेद: प्रथम, अन्तिम तथा पंचमवेद" और "विश्वभारत" समाहित "विश्वशास्त्र" की रचना की गई जिसका मुख्य गुण "सार्वभौम" है और महायोग-महामाया का अन्तिम उदाहरण बनाया गया।

5. सार्वभौम आत्मा के काल, चेतना और कर्मज्ञान द्वारा समाज को एकात्म करने के लिए शास्त्र - विश्वशास्त्र: द नालेज आफ फाइनल नालेज

विश्वशास्त्र की शिक्षा, उपरोक्त सभी को समझाना है और पूर्ण सार्वजनिक प्रमाणित काल, चेतना और ज्ञान-कर्मज्ञान से युक्त होकर कर्म करने की शिक्षा है। जिससे भारतीय शास्त्रों की वैश्विक स्वीकारीता स्थापित हो और देवी-देवताओं के उत्पत्ति के उद्देश्य से भटक गये मनुष्य को शास्त्रों के मूल उद्देश्य की मुख्यधारा में लाया जा सके। विश्वभारत की शिक्षा - विश्वभारत, विश्वशास्त्र के स्थापना की योजना का शास्त्र है, जो विश्वशास्त्र का ही एक भाग है। विश्वभारत, की शिक्षा अपनी प्रकृति में स्थित रहकर सार्वजनिक प्रमाणित स्वार्थ (लक्ष्य) को प्राप्त करने के अनुसार सम्बन्धों का आधार बनाने की शिक्षा है।

"कल्कि" अवतार के सम्बन्ध में कहा गया है कि उसका कोई गुरू नहीं होगा, वह स्वयं से प्रकाशित स्वयंभू होगा जिसके बारे में अथर्ववेद, काण्ड 20, सूक्त 115, मंत्र 1 में कहा गया है कि "ऋषि-वत्स, देवता इन्द्र, छन्द गायत्री। अहमिद्धि पितुष्परि मेधा मृतस्य जग्रभ। अहं सूर्य इवाजिनि।।" अर्थात "मैं परम पिता परमात्मा से सत्य ज्ञान की विधि को धारण करता हूँ और मैं तेजस्वी सूर्य के समान प्रकट हुआ हूँ।" जबकि सबसे प्राचीन वंश स्वायंभुव मनु के पुत्र उत्तानपाद शाखा में ब्रह्मा के 10 मानस पुत्रों में से मन से मरीचि व पत्नी कला के पुत्र कश्यप व पत्नी अदिति के पुत्र आदित्य (सूर्य) की चौथी पत्नी छाया से दो पुत्रों में से एक 8वें मनु - सावर्णि मनु होंगे जिनसे ही वर्तमान मनवन्तर 7वें वैवस्वत मनु की समाप्ति होगी। ध्यान रहे कि 8वें मनु - सावर्णि मनु, सूर्य पुत्र हैं। अर्थात कल्कि अवतार और 8वें मनु - सावर्णि मनु दोनों, दो नहीं बल्कि एक ही हैं और सूर्य पुत्र हैं।

"सार्वभौम" गुण 8वें सावर्णि मनु का गुण है। अवतारी श्रृंखला अन्तिम होकर अब मनु और मनवन्तर श्रृंखला के भी बढ़ने का क्रम है क्योंकि यही क्रम है। वैदिक-सनातन-हिन्दू धर्म के पुराणों में 14 मनुओं का वर्णन किया गया है। इन्हीं के नाम से मन्वन्तर चलते हैं। जो निम्नलिखित हैं-

1. मनुर्भरत वंश की प्रियव्रत शाखा

अ. पौराणिक वंश

वंश	अवतार	काल
01. स्वायंभुव मनु	यज्ञ	भूतकाल
02. स्वारचिष मनु	विभु	भूतकाल
03. उत्तम मनु	सत्यसेना	भूतकाल
04. तामस मनु	हरि	भूतकाल
05. रैवत मनु	वैकुण्ठ	भूतकाल

2. मनुर्भरत वंश की उत्तानपाद शाखा

06. चाक्षुष मनु	अजित	भूतकाल

ब. ऐतिहासिक वंश

07. वैवस्वत मनु	वामन	वर्तमान

स. भविष्य के वंश

08. सावर्णि मनु	सार्वभौम	भविष्य
09. दत्त सावर्णि मनु	रिषभ	भविष्य
10. ब्रह्म सावर्णि मनु	विश्वकसेन	भविष्य
11. धर्म सावर्णि मनु	धर्मसेतू	भविष्य
12, रूद्र सावर्णि मनु	सुदामा	भविष्य
13. दैव सावर्णि मनु	योगेश्वर	भविष्य
14. इन्द्र सावर्णि मनु	वृहद्भानु	भविष्य

पहले मनु - स्वायंभुव मनु से 7वें मनु - वैवस्वत मनु तक शारीरिक प्राथमिकता के मनु का कालक्रम है। 8वें मनु - सावर्णि मनु से 14वें और अन्तिम - इन्द्र सावर्णि मनु तक बौद्धिक प्राथमिकता के मनु का कालक्रम है

इसलिए ही 9वें मनु से 14वें मनु तक के नाम के साथ में "सावर्णि मनु" उपनाम की भाँति लगा हुआ है। अर्थात 9वें मनु से 14वें मनु में "सार्वभौम गुण" विद्यमान रहेगा और बिना "विश्वशास्त्र" के उनका प्रकट होना मुश्किल होगा।

मात्र एक विचार- "ईश्वर ने इच्छा व्यक्त की कि मैं एक हूँ, अनेक हो जाऊँ" और "सभी ईश्वर हैं", यह प्रारम्भ और अन्तिम लक्ष्य है। मनुष्य की रचना "पावर और प्राफिट (शक्ति और लाभ)" के लिए नहीं बल्कि असीम मस्तिष्क क्षमता के विकास के लिए हुआ है। फलस्वरूप वह स्वयं को ईश्वर रूप में अनुभव कर सके, जहाँ उसे किसी गुरू की आवश्यकता न पड़ें, वह स्वंयभू हो जाये, उसका प्रकाश वह स्वयं हो। एक गुरू का लक्ष्य भी यही होता है कि शिष्य मार्गदर्शन प्राप्त कर गुरू से आगे निकलकर, गुरू तथा स्वयं अपना नाम और कृति इस संसार में फैलाये, ना कि जीवनभर एक ही कक्षा में (गुरू में) पढ़ता रह जाये। एक ही कक्षा में जीवनभर पढ़ने वाले को समाज क्या नाम देता है, समाज अच्छी प्रकार जानता है। "विश्वशास्त्र" से कालक्रम को उसी मुख्यधारा में मोड़ दिया गया है। एक शास्त्राकार, अपने द्वारा व्यक्त किये गये पूर्व के शास्त्र का उद्देश्य और उसकी सीमा तो बता ही सकता है परन्तु व्याख्याकार ऐसा नहीं कर सकता। स्वयं द्वारा व्यक्त शास्त्र के प्रमाण से ही स्वयं को व्यक्त और प्रमाणित करूँगा- शास्त्राकार महर्षि व्यास (वर्तमान में लव कुश सिंह "विश्वमानव")

शब्द से सृष्टि की ओर...
सृष्टि से शास्त्र की ओर...
शास्त्र से काशी की ओर...
काशी से सत्यकाशी की ओर...
और सत्यकाशी से अनन्त की ओर...
एक अन्तहीन यात्रा..............................

वर्तमान सृष्टि चक्र की स्थिति भी यही हो गयी है कि अब अगले अवतार के मात्र एक विकास के लिए सत्यीकरण से काल, मनवन्तर व मनु, अवतार, व्यास व शास्त्र सभी बदलेंगे। इसलिए देश व विश्व के धर्माचार्यों, विद्वानों, ज्योतिषाचार्यों इत्यादि को अपने-अपने शास्त्रों को देखने व समझने की आवश्यकता आ गयी है क्योंकि कहीं लव कुश सिंह "विश्वमानव" और "आध्यात्मिक सत्य" आधारित कार्य "विश्वशास्त्र" वही तो नहीं है? और यदि नहीं तो वह कौन सा कार्य होगा जो इन सबको बदलने वाली घटना को घटित करेगा?

शनिवार, 22 दिसम्बर, 2012 से प्रारम्भ हो चुका है-

1. काल के प्रथम रूप अदृश्य काल से दूसरे और अन्तिम दृश्य काल का प्रारम्भ।
2. मनवन्तर के वर्तमान 7वें मनवन्तर वैवस्वत मनु से 8वें मनवन्तर सावर्णि मनु का प्रारम्भ।
3. अवतार के नवें बुद्ध से दसवें और अन्तिम अवतार-कल्कि महावतार का प्रारम्भ।
4. युग के चौथे कलियुग से पाँचवें युग स्वर्ण युग का प्रारम्भ।
5. व्यास और द्वापर युग में आठवें अवतार श्रीकृष्ण द्वारा प्रारम्भ किया गया कार्य "नवसृजन" के प्रथम भाग "सार्वभौम ज्ञान" के शास्त्र "गीता" से द्वितीय अन्तिम भाग "सार्वभौम कर्मज्ञान", "पूर्णज्ञान का पूरक शास्त्र", लोकतन्त्र का "धर्मनिरपेक्ष धर्मशास्त्र" और आम आदमी का "समाजवादी शास्त्र" द्वारा व्यवस्था सत्यीकरण और मन के ब्रह्माण्डीयकरण और नये व्यास का प्रारम्भ।

सन् 1997 में जब आपके सक्तेशगढ आश्रम का निर्माण कार्य चल रहा था तब मेरे दो मामा (श्री बैजनाथ सिंह एवं श्री महंगी सिंह, निवासी-बकियाबाद, दोनों चचेरे भाई) ने कहा कि चलों आपके (सक्तेशगढ़ आश्रम) यहाँ चलते हैं। उनके बहुत कहने पर मैं तैयार हुआ शर्त यह थी कि आप लोग "एक गुरू" के साथ (अर्थात मैं) जा रहें हैं इसलिए आश्रम के किसी भी नियम का पालन नहीं करना है क्योंकि नियम का पालन तो अधीनस्थ करते हैं, यह ध्यान रखेंगे। हम लोग पहुँचे, उस समय आप विश्राम में थे। 4 बजे दोपहर आप बाहर आये, हल्के मुस्कराहट के साथ प्रणाम हुआ। आपके आश्रम के मुख्य आँगन से मुख्य द्वार के बाहर फव्वारे तक आपके साथ हमलोग चलकर आये। शेष मिलने वाले तो जमीन पर लम्बे धूल में ही लेट जा रहे थे। फव्वारे के पास आपको उस

समय उपलब्ध मेरे द्वारा अंग्रेजी में लिखा कुछ सारांश कागजात दिये थे और निवेदन किया कि समय मिले तो देख लिजियेगा। तब आपने कहा था कि "सब धर्म अंग्रेजी हो गया है।" फिर हम लोग श्री बलवन्त सिंह (अब स्वर्गवासी, जो मेरे मामा श्री बैजनाथ सिंह से परिचित थे) जो पहले से शायद दोपहर में आपके साथ थे, उनके जीप मोटरगाड़ी से वापस लौट आये।

स्वामी जी, एक आश्चर्य ये है कि नरायनपुर-जमुई-अहरौरा के त्रिकोण के बीच कभी आपके श्री मुख से प्रवचन का कार्यक्रम होते नहीं देखा, और ना सुना। यहाँ के लोग आपको बुलाते नहीं या आप आना नहीं चाहते? अभी 2 साल पहले आपने बाबतपुर एयरपोर्ट पर कहे थे कि लव कुश से कोई नहीं जीत सकता और हवाई जहाज से निकल गये। यह समाचार, समाचार पत्र में पढ़ा था, उस समय मैं वाराणसी में ही था।

कहने का कुल तात्पर्य यह है कि किसी भी युग में अवतार, महापुरूष, संत या किसी भी व्यक्ति के गुण को सीधे देखकर पहचानने की क्षमता किसी भी व्यक्ति के अन्दर नहीं रही है। उस व्यक्ति को, स्वयं के अपने गुणों को ज्ञान, कर्म, जीवन के माध्यम द्वारा व्यक्त करना होता है। उसके बाद ही कुछ लोग उन्हें पहचानते हैं और उनके साथ एक-दूसरे के सदुपयोग के लिए साथ आते रहे हैं। प्राचीन समय में यह कार्य बहुत कठिन होता था इसके लिए वे अनेक प्रकार के आयोजन करते थे। आज जिसे अंग्रेजी में BIO-DATA या RESUME कहा जाता है।

स्वामी जी, "आकाश शब्द मंय" अर्थात आकाश शब्द रूप में है। विचार ही आविष्कार का जन्मदाता है। फिर वही व्यापार का मूल होता है। आध्यात्म जगत हो या भौतिक जगत विचार द्वारा ही आविष्कार और व्यापार चल रहे हैं। आविष्कारकों के साथ निम्न विचार अवश्य जुड़ जाते हैं। उनके सत्य अर्थ को जानना आवश्यक है-

1. "बहुत पहुँचे हुये हैं" - इसका अर्थ होता है- पहला अन्तर्जगत के सम्बन्ध में - आध्यात्मिक सार्वभौम सत्य-सिद्धान्तों का अनुभव, दूसरा बाह्य जगत के सम्बन्ध में - उच्च पीठासीन राजनेता और धर्माचार्य से सम्बन्ध। जिससे कल्याण व स्वार्थ का कार्य सम्पन्न कर सकें। तीसरा कोई अर्थ नहीं होता।

2. "दर्शन" - इसका अर्थ होता है- पहला अन्तर्जगत के सम्बन्ध में - उनके सम्पूर्ण रूप जीवन, ज्ञान व कर्म को देखना, दूसरा बाह्य जगत के सम्बन्ध में - केवल शरीर, संसाधन और महिमामण्डन को देखना। तीसरा कोई अर्थ नहीं होता। दूसरे प्रकार के दर्शन से दर्शन करने वाले को कोई लाभ नहीं होता।

3. "आशीर्वाद" - इसका अर्थ होता है- पहला अन्तर्जगत के सम्बन्ध में - उनसे अपने कल्याणार्थ शब्द सुनना।, दूसरा बाह्य जगत के सम्बन्ध में - उनसे अपने कल्याण के लिए कार्य लेना या उनके ज्ञान को अपने कल्याण के लिए जीवन में उपयोग करना। तीसरा कोई अर्थ नहीं होता। पहले प्रकार के आशीर्वाद से आशीर्वाद लेने वाले को कोई लाभ नहीं होता।

स्वामी जी, अब दृश्य ईश्वर नाम अंग्रेजी में ही उपलब्ध है जो उस सारांश कागजात में भी लिखा था। फिर मैं कभी आपके आश्रम नहीं गया।

स्वामी जी, भगवान बुद्ध के ज्ञान प्राप्ति वाले प्रदेश बिहार के जिले बेगूसराय में कूर्म क्षत्रिय जाति में जन्म लिया। श्रीराम, श्रीकृष्ण और शिव की नगरी काशी (वाराणसी) वाले प्रदेश उत्तर प्रदेश के मीरजापुर जिला, विन्ध्य क्षेत्र के भगवान विष्णु के 5वें वामन अवतार के कर्मक्षेत्र चुनार क्षेत्र के ग्राम नियामतपुर कलाँ (काशी चौरासी कोस यात्रा और सत्यकाशी के उभय क्षेत्र में स्थित) का निवासी हूँ। जो काशी (वाराणसी)-सोनभद्र-शिवद्वार-विन्ध्याचल से घिरा है जिसे मैं सत्यकाशी क्षेत्र कहता हूँ क्योंकि इसी क्षेत्र में इस जीवनदायिनी "विश्वशास्त्र" की अधिकतम रचना हुई। कितना विचित्र संयोग है कि विन्ध्य क्षेत्र से ही भारत का मानक समय निर्धारित होता है और इसी क्षेत्र से ही काल, मनवन्तर, युग, अवतार और शास्त्र परिवर्तन की घोषणा हो रही है। यह भी विचित्रता ही है कि व्यासजी द्वारा काशी को शाप देने के कारण विश्वेश्वर ने व्यासजी को काशी से निष्कासित कर दिया था और वे गंगा

पार आ गये और गंगा पार से ही उनके बाद "विश्वशास्त्र" रचना हुई है। इस घटना का उल्लेख काशी खण्ड में इस प्रकार है-

लोलार्कादं अग्निदिग्भागे, स्वर्घुनी पूर्वरोधसि।
स्थितो ह्यद्यापि पश्चेत्सः काशीप्रासाद राजिकाम्।।

स्कन्दपुराण, काशी खण्ड 96/201

महर्षि व्यास द्वारा रचित और श्रीकृष्ण के मुख से व्यक्त गीता के उसी मनस्तर पर स्थित होकर उसकी व्याख्या "यथार्थ गीता" से व्यक्त करने वाले आप का सक्तेशगढ़ आश्रम जरगो नदी के उद्गम स्थल पर स्थित है तो द्वापर युग में आठवें अवतार श्रीकृष्ण द्वारा प्रारम्भ किया गया कार्य "नवसृजन" के प्रथम भाग "सार्वभौम ज्ञान" के शास्त्र "गीता" के बाद कलियुग में शनिवार, 22 दिसम्बर, 2012 से काल व युग परिवर्तन कर दृश्य काल व पाँचवें युग का प्रारम्भ, व्यवस्था सत्यीकरण और मन के ब्रह्माण्डीयकरण के लिए दसवें और अन्तिम अवतार-कल्कि महावतार श्री लव कुश सिंह "विश्वमानव" द्वारा व्यक्त द्वितीय और अन्तिम भाग "सार्वभौम कर्मज्ञान" और "पूर्णज्ञान का पूरक शास्त्र", "विश्वशास्त्र: द नालेज आफ फाइनल नालेज" के व्यक्त करने वाले का निवास ग्राम नियामतपुर कलाँ गंगा-जरगो संगम के पास स्थित है। संत श्री स्वामी अड़गड़ानन्द जी प्रारम्भ हैं तो श्री लव कुश सिंह "विश्वमानव" अन्त हैं। "गीता" बीज है तो "विश्वशास्त्र" वृक्ष है।

स्वामी जी, आप, आपका आश्रम और मैं और मेरे शास्त्र और हमारे जीवन का सम्बन्ध सत्यकाशी क्षेत्र जो काशी (वाराणसी)-सोनभद्र-शिवद्वार-विन्ध्याचल से घिरा है, से है। इस क्षेत्र में "सत्यकाशी पीठ" पाँचवें शंकराचार्य पीठ की स्थापना होनी चाहिए। क्योंकि यह क्षेत्र अदृश्य काल के पाँचवें और अन्तिम तथा दृश्य काल के प्रथम और अन्तिम युग स्वर्णयुग का तीर्थ है। आपका आश्रम पाँचवें शंकराचार्य पीठ के पूर्णतः योग्य है।

कहिए
"ऊँ परमात्मने नमः"

मनु शर्मा - "कृष्ण की आत्मकथा"

परिचय

सन् 1928 की शरत् पूर्णिमा को अकबरपुर (अब अम्बेडकर नगर), फैजाबाद (उ0प्र0) में जन्में श्री हनुमान प्रसाद शर्मा जो लेखन जगत् में "मनु शर्मा" के नाम से विख्यात है। लगभग डेढ़ दर्जन उपन्यास, दो सौ कहानियों और कविताओं के प्रणेता श्री मनु शर्मा की साहित्य साधना हिन्दी की किसी खेमेबंदी से दूर, अपनी ही बनाई पगडंडी पर इस विश्वास के साथ चलती रही है कि "आज नहीं तो कल, कल नहीं तो परसों, परसों नहीं तो बरसों बाद मैं डाइनासोर के जिवाश्म की तरह पढ़ा जाऊँगा।"

गोरखपुर विश्वविद्यालय द्वारा डी.लिट. की मानद उपाधि और उत्तर प्रदेश हिन्दी समिति द्वारा "साहित्य भूषण" सहित अनेक सम्मानों और पुरस्कारों से विभूषित श्री मनु शर्मा ने साहित्य की लगभग सभी विधाओं में लिखा है, पर कथा आपकी मुख्य विधा है। "तीन प्रश्न", "मरीचिका", "के बोले माँ तुमि अबले", "विवशिता" एवं " लक्ष्मण रेखा" आपके प्रसिद्ध उपन्यास हैं। "पोस्टर उखड़ गया" सामाजिक कहानियों का संग्रह है। "मुंशी नवनीत लाल" और अन्य कहानियों में सामाजिक विकृतियों तथा विसंगतियों पर कटाक्ष करनेवाले तीखे व्यंग हैं। "द्रोपदी की आत्मकथा", "अभिशप्त कथा", "कृष्ण की आत्म कथा" (आठ भागों में), "द्रोण की आत्मकथा", "कर्ण की आत्मकथा" और "गान्धारी की आत्मकथा" आपकी आश्चर्यजनक यथार्थ रोचक कृति है जहाँ चमत्कारी कम यथार्थ के धरातल पर सबकुछ घटित होता हुआ दिखता है।

यहाँ प्रस्तुत है आपके "कृष्ण की आत्मकथा" का परिचय एवं प्रत्येक खण्ड के कुछ अंश।

परिचय - कृष्ण के अनगिनत आयाम (डायमेन्सन) हैं। दूसरे उपन्यासों में कृष्ण के किसी विशिष्ट आयाम को लिया गया है। किन्तु आठ खण्डों में विभक्त इस औपन्यासिक श्रृंखला में कृष्ण को उनकी सम्पूर्णता और समग्रता में उकेरने का सफल प्रयास किया गया है। किसी भी भाषा में कृष्णचरित को लेकर इतने विशाल और प्रशस्त कैनवस का प्रयोग नहीं किया गया है। यथार्थ कहा जाये तो "कृष्ण की आत्मकथा" एक उपनिषदीय ग्रन्थ है। श्रृंखला के आठ खण्ड इस प्रकार है। 1. नारद की भविष्यवाणी 2. दुरभिसंधि 3. द्वारका की स्थापना 4. लाक्षागृह 5. खांडव दाह 6. राजसूय यज्ञ 7. संघर्ष 8. प्रलय।

1. "नारद की भविष्यवाणी" के कुछ अंश

"युद्धस्थल में मोहग्रस्त एवं भ्रमित अर्जुन से ही मैंने नहीं कहा था कि तुम निमित्त मात्र हो वरन् इस पुस्तक के लेखक से भी कहा हूँ कि तुम निमित्त मात्र हो, कर्ता तो मैं हूँ।... अन्यथा तुम आज की आँखों से उस अतीत को कैसे देख सकोगे, जिसे मैंने भोगा है? उस संत्रास का कैसे अनुभव करोगे, जिसे मेरे युग ने झेला है? उस मथुरा को कैसे समझ सकोगे, जो मेरे अस्तित्व की रक्षा के लिए नट की डोर की तनाव पर केवल एक पैर से चली है?.... और दुःखी ब्रज के उस प्रेमोन्माद का तुम्हें क्या आभास लगेगा, जो मेरे वियोग में आकाश के जलते चंद्र को आँचल में छिपाकर करील के कुंजो में विरहाग्नि बिखेर रहा था?"

2. "दुरभिसंधि" के कुछ अंश

"मेरी अस्मिता दौड़ती रही। नियति की अँगुली पकड़कर आगे बढ़ती गई-उस क्षितिज की ओर, जहाँ धरती और आकाश मिलते हैं। नियति भी मुझे उसी ओर संकेत करती रही, पर मुझे आजतक वह स्थान नहीं मिला और शायद नहीं मिलेगा। फिर भी मैं दौड़ता ही रहूँगा, क्योंकि यही मेरा कर्म है। मैंने युद्ध में मोहग्रस्त अर्जुन से यह नहीं कहा था, अपितु जीवन में बारम्बार स्वयं से भी कहता रहा हूँ-"कर्मण्येवाधिकारस्ते"।

वस्तुतः क्षितिज मेरा गन्तव्य नहीं, मेरे गन्तव्य का आदर्श है। आदर्श कभी पाया नहीं जाता। यदि पा लिया जाता तो वह आदर्श नहीं। इसलिए न पाने की निश्चिन्तता के साथ भी कर्म में अटल आस्था ही मुझे दौड़ाये लिये जा रही है। यही मेरे जीवन की कला है। इसे लोग 'लीला' भी कह सकते हैं, क्योंकि वे मुझे भगवान मानते हैं।.... और भगवान का कर्म ही तो लीला है।"

3. "द्वारका की स्थापना" के कुछ अंश

"मैंने जीवन भर कभी तर्क में विश्वास नहीं किया, क्योंकि तर्क अपने विरूद्ध स्वयं खड़ा हो जाता है। वह मानव बुद्धि का परम चतुर किंतु आदर्शहीन शिशु है। उसका जन्म भी उस समय हुआ था जब सत्य और झूठ की पहली लड़ाई हुई थी। तब से वह झूठ का ही प्रवक्ता रहा है। कभी-कभी वह सत्य के पक्ष में भी खड़ा हो जाता है। केवल इसलिए कि वह सत्य से प्रतिष्ठा पाता है और झूठ से जीवन रस।

वस्तुतः सत्य को उसकी आवश्यकता भी नहीं है। सत्य तो स्वयं भासित है, स्वयं प्रमाण है। कभी-कभी वह बादलों के घेरे में आ जाता है, तब हम उसे छिपता हुआ देखते हैं। वास्तव में वह हमारा बुद्धि भ्रम है। बादलों के छँटते ही उसकी ज्योति अपने स्थान पर स्वतः चमकती दिखाई देने लगती है।"

4. "लाक्षागृह" के कुछ अंश

"मैं नियति के तेज वाहन पर सवार था। सब कुछ मुझसे पीछे छुटता जा रहा था। वृन्दावन और मथुरा, राधा और कुब्जा- सब कुछ मार्ग के वृक्ष के तरह छूट गये थे। केवल उनकी स्मृतियाँ मेरे मन से लिपटी रह गई थी। कभी-कभी वर्तमान की धूल उन्हें ऐसा घेर लेती हैं कि वे उनसे निकल नहीं पाती थी। मैं अतीत से कटा हुआ केवल वर्तमान का भोक्ता रह जाता।

माना कि भविष्य कुछ भी नहीं; वह वर्तमान की कल्पना है, मेरी आकांक्षाओं का चित्र है- और यह वह है, जिसे मैंने अभी तक पाया नहीं है, इसलिए उसे मैं एक आदर्श मानता हूँ। आदर्श कभी पाया नहीं जाता। जब तक मैं उसके निकट पहुँचता हूँ, हाथ मारता हूँ तब तक हाथ में आने के पहले झटककर और आगे चला जाता है। एक लुभावनी मरीचिका के पीछे दौड़ना भर रह जाता है।"

5. " खांडव दाह" के कुछ अंश

"जीवन को मैंने उसकी समग्रता में जीया है। न लोभ को छोड़ा; न मोह को; न काम को; न क्रोध को; न मद को; न मत्सर को। शास्त्रों में जिसके लिए वर्जना थी, वे भी मेरे लिए वर्जित नहीं रहे। सब वंशी की तरह मेरे साथ लगे रहे। यदि इन्हें भी छोड़ देता तो जीवन एकांगी हो जाता। तब मैं यह नहीं कह पाता कि करील की कुंजों में रास रचाने वाला मैं ही हूँ और व्रज के जंगलों में गायें चराने वाला मैं ही हूँ। चाणूर आदि का वधक मैं ही हूँ और कलिय नाग का नाथक भी मैं ही हूँ। मेरी एक मुठ्ठी में योग है और दूसरी में भोग। मैं रथी भी हूँ और सारथि भी। अर्जुन के मोह में मैं ही था और उसकी मोह मुक्ति में भी मैं ही था।

जब मेघ दहाड़ते रहे, यमुना हाहाकार करती रही ओर तांडव करती प्रकृति की विभिषिका किसी को कँपा देने के लिए काफी थी, तब भी मैं अपने पूज्य पिता की गोद में किलकारी भरता रहा। तब से नियति न मुझ पर सदय रही, न पूरी तरह निर्दय। मेरे निकट आया हर वर्ष एक संघर्ष के साथ था।"

6. "राजसूय यज्ञ" के कुछ अंश

"मेरी मनुजात की वास्तविकता पर जब चमत्कारों का कुहासा छा जाता था तब लोग मुझमें ईश्वरत्व का अनुभव करने लगते हैं। मैं भी अपने में ईश्वरत्व की तलाश में लग जाता हूँ। शिशुपाल के वध के समय भी मेरी मानसिकता कुछ ऐसे ही भ्रम में पड़ गई थी; पर जब उसके रक्त के प्रवाह में मुझे अपना ही रक्त दिखाई पड़ा तब

मेरी मानसिकता धुल चुकी थी। उसका अहं अदृश्य हो चुका था। मेरा वह साहस छूट चुका था कि मैं यह कहूँ कि मैंने इसे मारा है। मारने वाला तो कोई और ही था। वस्तुतः उसके कर्मों ने ही उसे मारा। वह अपने शापों से मारा गया।

संसार में सारे पापों से मुक्त होने का कोई न कोई प्रायश्चित है; पर जब अपने कर्म ही शापित करते हैं तब उसका कोई प्रायश्चित नहीं। आखिर वह मेरा भाई था। मैं उसे शाप मुक्त भी नहीं करा पाया। मेरा ईश्वरत्व उस समय कितना सारहीन, अस्तित्वहीन, निरूपाय और असमर्थ लगा।"

7. "संघर्ष के कुछ अंश"

"नियति ने मुझ पर हमेशा युद्ध थोपा- जन्म से लेकर जीवन के अन्त तक। यद्यपि मेरी मानसिकता सदा युद्ध विरोधी रही; फिर भी मैंने उन युद्धों का स्वागत किया। उनसे घृणा करते हुये भी मैंने उन्हें गले लगाया। मूलतः मैं युद्धवादी नहीं था। जब से मनुष्य पैदा हुआ तब से युद्ध पैदा हुआ- और शान्ति की ललक भी। यह ललक ही उसके जीवन का सहारा बनी। इस शान्ति की ललक की हरियाली के गर्भ में सोये हुये ज्वालामुखी की तरह युद्ध सुलगता रहा और बीच-बीच में भड़कता रहा।

लोगों ने मेरे युद्धवादी होने का प्रचार भी किया; पर मैंने कोई परवाह नहीं की, क्योंकि मेरी धारणा थी- और है कि मानव का एक वर्ग वह, जो वैमनस्य और ईष्र्या-द्वेष के वशीभूत होकर घृणा और हिंसा का जाल बुनता रहा - युद्धक है वह, युद्धवादी है वह। पर जो उस जाल को छिन्न-भिन्न करने के लिए तलवार उठाता रहा, वह कदापि युद्धवादी नहीं है।...... और यही जीवन भर मैं करता रहा।"

8. "प्रलय" के कुछ अंश

"मुझे देखना हो तो तूफानी सिंधु की उत्ताल तरंगों में देखो। हिमालय के उत्तुंग शिखर पर मेरी शीतलता अनुभव करो। सहस्त्रों सूर्यों का समवेत ताप ही मेरा ताप है। एक साथ सहस्त्रों ज्वालामुखियों का विस्फोट मेरा ही विस्फोट है। शंकर के तृतीय नेत्र की प्रलयकंर ज्वाला मेरी ही ज्वाला है। शिव का तांडव मैं ही हूँ; प्रलय में मैं हूँ; लय में मैं हूँ; विलय में मैं हूँ। प्रलय के वात्याचक्र का नर्तन मेरा ही नर्तन है। जीवन और मृत्यु मेरा ही विवर्तन है। ब्रह्माण्ड में मैं हूँ, ब्रह्माण्ड मुझमें है। संसार की सारी क्रियमाण शक्ति मेरी भुजाओं में है। मेरे पगों की गति धरती की गति है। आप किसे शापित करेंगे, मेरे शरीर को? यह तो शापित है ही- बहुतों द्वारा शापित है; और जिस दिन मैंने यह शरीर धारण किया था उसी दिन यह मृत्यु से शापित हो गया था"

"प्रलय" खण्ड के अन्त में निम्नलिखित अंतिका

आखिरकार इस आत्मकथा का अन्त हो ही गया। जिसका आदि होता है उसका अंत भी होता है; पर जो अनन्त है उसका आदि-अन्त क्या! उस अनन्त को इस आदि अन्त की आत्मकथा में बाँधने का प्रयास वैसा ही है जैसा सिन्धु को एक बड़े पात्र में समेटने का या हिमगिरि को पगों से नापने का अथवा समय को भूत और भविष्य से अलग कर केवल वर्तमान में ही रखने का।

फिर क्या मेरी यह चेष्टा व्यर्थ है? शायद नहीं। सागर भले ही पात्र में न समाए; पर पात्र में जो कुछ होगा, वह सागर का जल ही होगा। हिमगिरि भले ही पगों से न नापा जा सके; पर जो यात्रा होगी, वह हिमगिरि की ही होगी। समय भले ही भूत-भविष्य से अलग न हो सके; पर वर्तमान तो रहेगा ही और वर्तमान को जीने का आनन्द भी।

इस आत्मकथा के पहले भी कथा थी और बाद में भी कथा चलती रहेगी - "हरि अनन्त हरि कथा अनन्ता"।

यह उपन्यास है, शास्त्र नहीं। फिर भी यदि आपकी मानसिकता इसे या इसके किसी अंश को शास्त्र समझ बैठती है तो भी मुझे प्रसन्नता ही होगी; क्योंकि इसमें जो कुछ है, वह शास्त्र सम्मत ही है। कथा की बनावट, बुनावट तथा रूपांकन मेरा है; पर सही तो यह है कि मेरे द्वारा किया गया है, कर्ता तो कोई और है।

कृष्ण के साथ छाया की तरह लगा छंदक काल्पनिक चरित्र है; जैसे सुदामा और राधा। सुदामा का जिक्र तो "श्रीमद्भागवत" मे थोड़ा सा आता है- और कहीं नहीं है; पर राधा तो कहीं दिखाई ही नहीं देती। फिर भी

कृष्ण के साथ कैसे आ गई, उनपर इतनी कैसे छा गई- आज भी शोध का विषय है; यद्यपि इस पर शोध हुए हैं और हो रहे हैं।

कृष्ण कथा के अनेक अंश अनेक ग्रन्थों में अनेक तरह से है। किसी विशेष ग्रन्थ में उसकी तलाश करना उचित न होगा। कथाएँ आपस में इतनी उलझी हैं कि उन्हें सुलझाकर एक सूत्र में लाना कठिन है। स्वयं महाभारत में अनेक बातें अनेक स्थलों पर अनेक तरह से कहीं गयी हैं। उदाहराणार्थ केवल धृतराष्ट्रपुत्रों के नामों की तीन सूचियाँ बनती हैं, जिनमें काफी भिन्नता है।

शायद इन्हीं कारणों से कृष्ण पर अब तक जितनी पुस्तकें आई हैं, उनके रचयिताओं ने कृष्ण की समग्रता को नहीं छुआ है। कोई बाल कृष्ण पर मुग्ध है तो कोई रासबिहारी कृष्ण पर, तो कोई महाभारत के कृष्ण पर। किसी ने कुरूक्षेत्र पर स्वयं को सीमित रखा है तो किसी का मन वृन्दावन में रमा है, तो कोई यशोदा के आँगन में रस लेता रह गया है।

क्या यह छोटे मुँह बड़ी बात होगी, यदि मैं यह कहूँ कि आठ खण्डों की इस आत्मकथा में मैंने समग्र कृष्ण को अपने दृष्टि-पथ में रखा है?

लव कुश सिंह "विश्वमानव" द्वारा स्पष्टीकरण

आपकी आठ भागों की कृति "कृष्ण की आत्मकथा" सत्य रूप में कथा के माध्यम से शास्त्र ही है। भाग्यवादी और चमत्कार प्रेमियों के मस्तिष्क में भरे कूड़े की सफाई में यह सदैव एसिड (कूड़ों और गन्दगी को जलाने वाला एक रासायनिक द्रव पदार्थ) का काम करता रहेगा। प्रत्येक अवतार-महापुरूष या जीवन में सफल या सफलता प्राप्त कर रहे व्यक्ति का एक ही सूत्र होता है -"कर्मण्येवाधिकारस्ते"। परन्तु निकम्मे भाग्यवादी उनके जीवन से शिक्षा प्राप्त न करके एक पंक्ति में "किस्मत की बात है, ये सब चमत्कार है" कहकर स्वयं तो निकम्मे बने ही रहते हैं और अन्य को भी शिक्षा दे डालते हैं।

चमत्कार और भाग्यवादी बाहुल्य भारतीय नागरिक कृष्ण के जीवन में इतने चमत्कार डाल दिये कि उनका सत्य व्यक्तित्व ही खो गया। भारत में "चमत्कार" आसानी से बिकता है। इसी प्रकार "आशीर्वाद" भी बिकता है। फटाफट मुझे सब मिल जाये, उसका सरल रास्ता है ये – "चमत्कार और आशीर्वाद"।

कृष्ण के जीवन की कथा आपके माध्यम से जो व्यक्त (लिखा) हुआ है वह जीवनभर संघर्षरत एक व्यक्ति की कथा है। उनके जीवन में जिसे लोग चमत्मकार समझते हैं वह कैसे योजनाबद्ध तरीके से घटीत हुआ, वह बेमिसाल सत्य तरीके से आप द्वारा व्यक्त है। जब व्यक्ति इसे पढ़ता है तो निश्चित ही उसे ऐसा लगता है कि यह मेरी अपनी कथा है। जब तक मानव सृष्टि रहेगी, तब तक यदि मनुष्य स्वयं को समझना चाहेगा तो आपकी आठ भागों की कृति "कृष्ण की आत्मकथा" ही उसका मार्गदर्शन करने में पूर्णतया: सक्षम है। और यह सदैव पढ़ा जायेगा क्योंकि जहाँ तक "विश्वशास्त्र" पहुँचेगा, वहाँ तक आप भी पहुँचेंगे। आखिर "विश्वशास्त्र" के व्यक्तकर्ता का ही जीवन है आपकी कृति। परमात्मा को समझने का और उसे मनुष्य शरीर से व्यक्त होने के लिए परमात्मा ने अनेकों मनुष्य जीवन से कृति व्यक्त करवाया है जिनमें से उच्चस्तरीय रूप में आप भी है।

आपने लिखा कि - "कृष्ण के साथ छाया की तरह लगा छंदक काल्पनिक चरित्र है; जैसे सुदामा और राधा। सुदामा का जिक्र तो "श्रीमद्भागवत" में थोड़ा सा आता है- और कहीं नहीं है; पर राधा तो कहीं दिखाई ही नहीं देती। फिर भी कृष्ण के साथ कैसे आ गई, उन पर इतनी कैसे छा गई- आज भी शोध का विषय है; यद्यपि इस पर शोध हुए हैं और हो रहे हैं।"

यहाँ मैं यह व्यक्त करना चाहता हूँ कि - राधा एक विचार है। जिस प्रकार "गायत्री मंत्र" एक विचार है। "भारत माता" एक विचार है। इन विचारों को ही आकार देकर साकार मूर्ति में व्यक्त किया गया है। जिस प्रकार "गायत्री मंत्र" के विचार को पं0 श्री राम शर्मा ने आकार देकर साकार गायत्री की मूर्ति प्रकट किये, जिस प्रकार

"भारत माता" के विचार से स्वामी सत्यमित्रानन्द जी के भारत माता मन्दिर में भारत माता की मूर्ति स्थापित है। उसी प्रकार राधा की मूर्ति भी प्रकट की गई है।

कृष्ण के जीवन में राधा, उम्र में बड़ी, विवाहित और उनकी प्रेमिका के रूप में दिखाया गया है। अर्थात राधा का जन्म कृष्ण से पहले, वह किसी और की लेकिन कृष्ण को प्रिय दिखाया गया है।

जिस प्रकार प्रत्येक व्यक्ति, पुनर्जन्म अवस्था में ही होता है उसी प्रकार अवतारी श्रृंखला भी अपने पूर्व के अवतार के पुनर्जन्म की अवस्था का ही होता है। विचारों का पुनर्जन्म, पुनर्जन्म तथा सार्वभौम सत्य-सिद्धान्त का पुनर्जन्म, अवतरण कहलाता है। एक ही विचार के दो पुनर्जन्म एक साथ हो सकते हैं उसी प्रकार सार्वभौम सत्य-सिद्धान्त के भी दो पुनर्जन्म (अवतरण) एक साथ हो सकते हैं

ईश्वर (सार्वभौम सत्य-सिद्धान्त) के प्रथम अवतरण - मत्स्यावतार में धारा के उलट (धा रा - रा धा) चलने से ही मानव सभ्यता का संरक्षण हुआ था। इस प्रकार राधा विचार का जन्म तो प्रथम अवतार के समय ही हो गया था। और श्रीकृष्ण आठवें अवतार थे। अर्थात राधा, श्रीकृष्ण से बड़ी थीं। राधा, मत्स्यावतार से व्यक्त हुईं थी इसलिए उनकी थीं। और धारा से उलट चलने पर ही सृष्टि होती है जो कृष्ण को प्रिय थी। इस सम्बन्ध गांव-देहात में एक कहावत है-

लीक-लीक गाड़ी चले, लीक ही चले सपूत।
लीक छोड़ तीन ही चले, शायर, सिंह कपूत।

अर्थात गाड़ी (बैल गाड़ी, रथ, मोटर वाहन) और जिन्हें सपूत (पिता का कार्य सम्भालने वाला) कहा जाता है वे परम्परा वाले रास्ते (धारा) पर चलते हैं अर्थात इन्हें धारा प्रिय होती है। लेकिन शायर (ऋषि, कवि, आविष्कारक, स्थापक), सिंह (शेर) और कपूत (कु-पुत्र) परम्परा के उलट (राधा) में चलते हैं, वे अपना रास्ता स्वयं बनाते हैं। अर्थात इन्हें राधा प्रिय होती है।

कृष्ण, एक स्थापक थे, इसलिए उन्हें राधा प्रिय थी, उससे ही वे प्रेम करते थे। और जिससे प्रेम किया जाता है उसे जीवन में उतारा नहीं जाता बल्कि वो जीवन की कला के रूप में प्रयोग किया जाता है। जीवन में उतारने से तो मिलन हो जाता है। फिर प्रेम की सर्वोच्च अवस्था वह नहीं रह जाती। प्रेम की सर्वोच्च अवस्था के सम्बन्ध में स्वामी विवेकानन्द जी की प्रेम योग में व्याख्या है- "दैवी प्रेम के- (1) शान्त (2) दास्य (3) सख्य (4) वात्सल्य (5) मधुर (6) अवैध (परकीय) छः रूप है। प्रेमान्माद की यही (मधुर प्रेम) चरम अवस्था है। पर सच्चा भगवत्प्रेमी यहां पर भी नहीं रूकता; उसके लिए तो पति और पत्नी की प्रेमोन्मत्तता भी यथेष्ट नहीं। अतएव ऐसे भक्त ''अवैध (परकीय)'' प्रेम का भाव ग्रहण करते हैं, क्योंकि वह अत्यन्त प्रबल होता है। फिर देखो, उसकी अवैधता उनका लक्ष्य नहीं है। इस प्रेम का स्वभाव ही ऐसा है कि उसे जितनी बाधा मिलती है, वह उतना ही उग्र रूप धारण करता है। पति-पत्नी का प्रेम अबाध रहता है-उसमें किसी प्रकार की विघ्नबाधा नहीं आती। इसलिए भक्त कल्पना करता है, मानो कोई स्त्री परपुरुष में आसक्त है और उसके माता, पिता या स्वामी उसके इस प्रेम का विरोध करते हैं।"

श्रीकृष्ण के जीवन में प्रेम के सभी रूप व्यक्त हुए हैं। और प्रेम की सर्वोच्च अवस्था अवैध (परकीय) प्रेम का विचार "राधा" की मूर्ति द्वारा वह उनके जीवन में छा गईं। अब वह विचार व्यापारिक रूप लेकर गहराई से व्याप्त हो चुका है। आवश्यकता इसके सही अर्थ को समझना व जीवन में उतारना है। जब कोई विचार-नाम व्यापारिक रूप में परिवर्तित हो जाता है तब उसे लोग समझने में कम, उससे धन लाभ के कारण प्रयोग करते रहते हैं। कृष्ण के बिना मथुरा, वृन्दावन, द्वारिका इत्यादि का क्या अस्तित्व? वैष्णों देवी के बिना कटरा का क्या अस्तित्व? साईं बाबा के बिना शिरडी का क्या अस्तित्व? लव कुश सिंह "विश्वमानव" के बिना "सत्यकाशी" का क्या अस्तित्व? भगवान श्रीकृष्ण के मथुरा-वृन्दावन को भी लोग उनके जाने के 4000 वर्ष बाद ही जाने जब चैतन्य महाप्रभु का आगमन हुआ और वह "महाभारत" शास्त्र साहित्य में लिखा था।

बिल गेट्स - "बिजनेस @ द स्पीड आफ थाट

परिचय

विलियम हेनरी गेट्स-।।। का जन्म 28 अक्टुबर, 1955 ई0 को सिएटल, वाशिग्टन में विलियम एच. के यहाँ हुआ था। उनका परिवार धनी था। उनके पिता एक प्रमुख वकील थे, उनकी माँ प्रथम इन्टरस्टेट बैंक सिस्टम और यूनाइटेड वे के निदेशक मण्डल में सेवारत थीं, और उनकी पिता जे. डब्ल्यू मैक्सवेल एक राष्ट्रीय बैंक के अध्यक्ष थे। गेट्स की एक बड़ी बहन, क्रिस्टी और एक छोटी बहन लिब्बी हैं, वे अपने परिवार में सम नाम के चौथे व्यक्ति थे, लेकिन विलियम गेट्स-।।। या "ट्रे" के नाम से जाने जाते थे क्योंकि उनके पिता ने अपने नामांत में ।।। जोड़ना छोड़ दिया था। उनके जीवन के प्रारम्भिक काल में उनके माता - पिता के मन में उनके लिए कानून का कैरियर था। वह 13 वर्ष की उम्र में लेकसाइड स्कूल नामक विद्यालय में भर्ती हुए। जब वे आठवीं कक्षा में थे, विद्यालय के मदर क्लब ने लेकसाइड स्कूल के रद्दी सामानों से प्राप्ति का उपयोग विद्यालय के छात्रों के लिए एक ए.एस.आर.-33 टेलिटाइप टर्मिनल तथा जनरल इलेक्ट्रिक कम्प्यूटर पर एक कम्प्यूटर खरीदने के लिए किया। गेट्स ने इस कम्प्यूटर पर बेसिक में सिस्टम प्रोग्रामिंग में रूचि दिखाई और उनकी इस रूचि के लिए गणित की कक्षाओं से छूट दी गई। उन्होंने अपना पहला कम्प्यूटर प्रोग्राम इस मशीन पर लिखा जो था टिक-टैक-टो का कार्यान्वयन और उपयोगकर्ता को कम्प्यूटर से खेल खेलने का अवसर प्रदान करता था।

गेट्स की शादी फ्रांसीसी मेलिंडा के साथ डलास, टेक्सास में जून 1, 1994 को हुआ। उनके तीन बच्चे हैं - जेनिफर कैथेराइन गेट्स (1996), रोरी जाँन गेट्स (1999) एवं फोएबे अदेले गेट्स (2002)। बिल गेट्स का घर लेक वाशिंगटन की ओर झाँकती हुई एक पहाड़ी के पास है। किंग काउंटी के अनुसार वर्ष 2006 में इस सम्पत्ति का सार्वजनिक मूल्यांकन 1250 लाख डालर और वार्षिक सम्पत्ति कर 991 हजार डालर है। इसके आलावा गेट्स के नीजी संग्रह में लियोनार्दो दा विन्ची द्वारा लिखित कोडेक्स लेस्टर, जो गेट्स ने वर्ष 1994 की एक निलामी में 308 लाख डालर में खरीदी थी। गेट्स एक गहरे अध्ययनकारी के रूप में भी जाने जाते हैं। उनके घर में एक विशाल पुस्तकालय भी है।

गेट्स "फोब्र्स 400" सूची में 1993 से लगातार 2007 तक और फोब्र्स के "विश्व के सबसे अमीर लोग" की सूची में 1995 से 2007 तक नम्बर एक पर रहे। संक्षेप में वर्ष 1999 में गेट्स की सम्पत्ति 101 अरब डालर पार कर गया, जिससे खबरों में उनका नाम "सेंटीबिलेनायर" में आ गया। सन् 2000 से, डाट काम बुलबुले के फटने से माइक्रोसाफ्ट के शेयर की कीमत में गिरावट के बाद तथा कई अरब डालर अपने दातव्य संस्थानों में दान करने से उनके माइक्रोसाफ्ट होल्डिंग्स के अंकित मूल्य में कमी आयी है। मई 2006 के एक साक्षात्कार में गेट्स ने टिप्पणी की कि उनकी यह कामना नहीं रही कि वे विश्व में सबसे धनी व्यक्ति बनें क्योंकि इस प्रकार नजरों पर चढ़ना उन्हें

नापसंद है। गेट्स का माइक्रोसाफ्ट से बाहर कई निवेश हैं जिससे उन्हें वर्ष 2006 में वेतन के मद में 6,16,667 डालर और बोनस के मद में 3,50,000 डालर, कुल 9,66,667 डालर का भुगतान मिला। उन्होंने 1989 में एक डिजीटल इमेजिंग कम्पनी कोर्बिस की स्थापना की। 2004 में वे उनके पुराने मित्र वारेन बुफे के नेतृत्व वाले एक निवेशक कम्पनी बर्कशायर हैथवे में निदेशक बनें। वे कास्केड इन्वेस्टमेन्ट समूह, जो एक विविध होल्डिंग वाला धन प्रबन्धन फर्म है, के ग्राहक हैं।

विलियम हेनरी गेट्स-।।। , जिन्होंने पाल एलेन के साथ साफ्टवेयर कम्पनी माइक्रोसाफ्ट की स्थापना की, के अध्यक्ष, एक परोपकारी एवं प्रभावशाली व्यवसायी तथा विश्व में तीसरा धनवान व्यक्ति (सन् 2008 के अनुसार) हैं। गेट्स अपने कैरियर के दौरान माइक्रोसाफ्ट में सी.ई.ओ. एवं मुख्य साफ्टवेयर वास्तुकार पदों पर रहे तथा उसकी साधारण पूंजी के 9 प्रतिशत से अधिक की हिस्सेदारी लेकर सबसे बड़े व्यक्तिगत शेयरधारक हैं। वे कई पुस्तकों के लेखक या सह-लेखक भी रहे। गेट्स निजि कम्प्यूटर क्रान्ति के सबसे बड़े प्रसिद्ध उद्यमियों में से रहे, यद्यपि बहुतों ने उनकी प्रशंसा की, बड़ी संख्या में उद्योग जगत के अंदरूनी व्यक्तियों ने उनके व्यवसाय रणनीति, जो उनके नजरों में प्रतिस्पर्धी विरोधी हैं और कुछ मामलों में अदालतों द्वारा भी वैध ठहराये गये हैं, की आलोचना की। अपने कैरियर के बाद के चरणों में, गेट्स के सन् 2000 में स्थापित बिल और मेलिंडा गेट्स संस्थान के माध्यम से, विभिन्न दातव्य संगठनों और वैज्ञानिक अनुसंधान कार्यक्रमों में बड़ी मात्रा में दान करने के कई लोकोपकारी प्रयास रहे हैं। बिल गेट्स ने जनवरी 2000 में माइक्रोसाफ्ट के मुख्य कार्यकारी अधिकारी का पद छोड़ दिया। वे अध्यक्ष एवं मुख्य साफ्टवेयर वास्तुकार के पद पर बने रहे। जून 2006 में गेट्स ने घोषणा की कि वह माइक्रोसाफ्ट में पूर्णकालिक कार्यावधि में परिवर्तन कर, माइक्रोसाफ्ट में अंशकालिक कार्य और बिल एंड मेलिंडा गेट्स फाउण्डेशन में पूर्णकालिक कार्य करेंगे। वे अपने कर्तव्यों को क्रमशः रे ओज्जी (मुख्य वास्तुकार) और क्रेग मुडी (मुख्य अनुसंधान सह योजना अधिकारी) के बीच तबादला कर करते गये। 27 जून, 2009 गेट्स के लिए माइक्रोसाफ्ट में अन्तिम पूर्ण दिवस था। वे माइक्रोसाफ्ट में अंशकालिक अकार्यकारी अध्यक्ष के रूप में रहते हैं।

जनता की यह अभिमत तीव्रतर होने पर कि वे अपने धन में से और अधिक दान कर सकते थे, गेट्स महसूस करने लगे कि अन्य लोगों की उनसे क्या अपेक्षाएँ थी, गेट्स ने ऐंड्रू कार्नेगी और जान डी. राकफेलर के कार्यों पर अध्ययन किया। राकफेलर और अपनी माइक्रोसाफ्ट के कुछ शेयरों को 1994 में विलियम एच. गेट्स फाउण्डेशन बनाने के लिए बेच डाला। वर्ष 2000 में गेट्स और उनकी पत्नी ने तीन पारिवारिक संस्थानों को संयुक्त कर बिल एवं मेलिंडा गेट्स फाउण्डेशन के नाम से एक दातव्य संस्थान (चेरिटेबल फाउण्डेशन) बनाया, जो कि विश्व में सबसे बड़ी पारदर्शी तरीके से संचालित दातव्य संस्थान है। अन्य प्रमुख दातव्य संस्थानों जैसे वेलकम ट्रस्ट से भिन्न, स्थापित संस्थान अपने पृष्ठपोशकों को यह जानकारी प्राप्त करने की अनुमति देती है कि मुद्रा किस प्रकार खर्च किया जा रहा है। यह डेविड राकफेलर की उदारता और परोपकारधर्मिता का एक विशेष प्रभाव माना गया। गेट्स और उनके पिता, राकफेलर के साथ कई बार मिले और अपने विभिन्न दान कार्यों को राकफेलर परिवार के परोपकारिता आधारित कार्यों के ढांचे पर, जैसे कि विश्व के उन समस्याओं पर जिन्हें सरकारों और अन्य संस्थाओं द्वारा नजरअंदाज किया जाता है, संगठित किया। और कृषि कार्य, कम प्रतिनिधित्व वाले अल्पसंख्यक समुदायों के लिए कालेज छात्रवृत्तियाँ, ऐड्स निवारण, तीसरी दुनिया के देशों में फैले रोग और अन्य कारण जैसे मदों में कोष प्रदान किये गये।

वर्ष 2000 में, गेट्स फाउण्डेशन ने कैम्ब्रिज विश्वविद्यालय को 210 मिलियन डालर गेट्स कैम्ब्रिज स्कालरशिप प्रदान करने के लिए समर्पित किया। फाउण्डेशन ने 1 बिलियन डालर संयुक्त निग्रो कालेज कोष सहित 7 बिलियन डालर से ज्यादा की राशि विभिन्न उद्देश्यों के लिए देने का संकल्प लिया। वर्ष 2004 में फोब्र्स पत्रिका में प्रकाशित एक लेख के अनुसार वर्ष 2000 से अबतक गेट्स ने 29 बिलियन डालर से अधिक राशि दातव्य कार्यों के लिए प्रदान कर चुका है। ये दानराशियाँ अक्सर अधिक अमीरों के नजरिया में उद्दीपक तथा पर्याप्त परोपकारी बदलाव के तौर पर उधृत की जाती है जिससे परोपकार कार्य आधार बनते नजर आते हैं।

वारेन बुफे, जो कि दुनिया के समृद्ध व्यक्तियों में दूसरे थे, ने 25 जून, 2006 को घोषणा की कि उन्होंने फाउण्डेशन को कई वर्षों में 10 मिलियन डालर देने का संकल्प किया है। गेट्स ने 15 जून, 2006 को घोषणा की कि माइक्रोसाफ्ट में उनकी अंशकालिक भूमिका रहेगी, और जुलाई 2008 से दैनिक परिचालन प्रबन्धन कार्य छोड़कर, परन्तु अध्यक्ष एवं सलाहकार के रूप में बने रहने के साथ, परोपकार में पूर्ण कालिक भूमिका निभायेंगे। गेट्स ने उनके दातव्य उद्देश्यों में योगदान के लिए लिये गये निर्णयों को प्रभावित करने का श्रेय वारेन बुफे को दिया। कुछ दिनों बाद वारेन बुफे ने घोषणा की कि वे गेट्स फाउण्डेशन में गेट्स के बराबर 1.5 बिलियन डालर तक प्रति वर्ष शेयर के माध्यम से योगदान प्रारम्भ करेंगे।

टाइम पत्रिका ने गेट्स का उल्लेख उन 100 लोगों में, जिन्होंने 20वीं सदी को सबसे अधिक प्रभावित किया तथा साथ ही साथ उन 100 लोगों में जो 2004, 2005 एवं 2006 में सबसे अधिक प्रभावशाली व्यक्ति रहे, में किया। टाइम सामूहिक रूप से भी गेट्स उनकी पत्नी मेलिंडा और वैकल्पिक राक बैंड यू-2 के प्रमुख गायक बोनो को 2005 में उनके मानवीय प्रयासों के लिए, वर्ष के चर्चित व्यक्तियों में किया। वर्ष 2006 में हीरोज आफ आवर टाइम की सूची में उनका आंकलन 8वें नम्बर पर किया गया। टाइम ने 1998 में टाप 50 साइबर एलिट में एक नम्बर का दर्जा दिया इत्यादि। अनेक पुरस्कार व पदक से गेट्स सम्मानित किये जा चुके हैं। गेट्स 2 पुस्तकों के लेखक रहें- 1. आगे की योजना (The Road Ahead-1975) और 2. बिजनेस @ द स्पीड आफ थाट (Business @ the speed of thought-1999)

लव कुश सिंह "विश्वमानव" द्वारा स्पष्टीकरण

मनुष्य शरीर, प्रकृति के अदृश्य एकीकृत सार्वभौम सत्य-सिद्धान्त को प्रकृति के दृश्य एकीकृत सार्वभौम सत्य-सिद्धान्त में परिवर्तित करने का माध्यम मात्र है। मनुष्य एक स्वतंत्र इकाई नहीं बल्कि एक स्वायत्तशासी शरीर (अन्तः चक्र) है जो प्रकृति (बाह्य अन्तिम चक्र) के लिए समर्पित है क्योंकि अन्ततः उसका शरीर व विचार, प्राकृतिक बल व सिद्धान्त द्वारा आसानी से हार जाता है।

मनुष्य का शरीर इसी प्रकृति के पदार्थो से निर्मित है इसलिए प्रकृति के प्रत्येक वस्तु से वह प्रभावित होता है और उसके रोग ग्रस्त होने पर सभी उपाय इसी प्रकृति के वस्तुओं में ही उपलब्ध है। प्रत्येक वस्तु में औषधि है इसलिए औषधि के आविष्कार को मैं अधिक महत्व नहीं देता। क्योंकि मैं जानता हूँ कि स्त्री हो या पुरूष सभी को सार्वभौम आत्मा से जुड़कर हृदय और बुद्धि के तल पर ही जीना चाहिए। शरीर और आवश्यकता के तल पर जीने से भोग ही होता है, समभोग नहीं। सार्वभौम आत्मा से जुड़कर हृदय और बुद्धि के तल पर जीने से शरीर की स्वस्थता और दीर्घायु भी प्राप्त होती है। प्रकृति से जितना दूर भागेंगे, उतना ही औषधि की जरूरत आयेगी। प्राकृतिक रहें -स्वस्थ रहें। हिन्दू धर्म शास्त्रों में सृष्टि के प्रारम्भ के सम्बन्ध में कहा गया है कि- "ईश्वर ने इच्छा व्यक्त की कि मैं एक हूँ, अनेक हो जाऊँ"। इस प्रकार जब वही ईश्वर सभी में है तब निश्चित रूप से जब तक सभी मानव ईश्वर नहीं हो जाते तब तक दुनिया के अन्त होने का कोई प्रश्न ही नहीं उठता और विकास क्रम चलता रहेगा। मानव, ईश्वर निर्मित उसका प्रतिरूप है। इसलिए मनुष्य का लक्ष्य "पावर और प्राफिट (शक्ति और धन लाभ)" नहीं, बल्कि मस्तिष्क का सर्वोच्च विकास है।

मेरी दृष्टि में विज्ञान ने मनुष्य जीवन में सबसे बड़ा आविष्कार "माइक्रोप्रोसेसर" का किया है। क्योंकि वह मनुष्य के मस्तिष्क का प्रतिरूप है। इस मस्तिष्क रूपी "माइक्रोप्रोसेसर" में अंग जोड़े जाते हैं जिससे वह कम्प्यूटर या रोबोट (मशीनी मनुष्य) बनता है। कम्प्यूटर भी जब रोग ग्रस्त होता है तो वह भी उन्हीं वस्तु से औषधि पाता है जिससे वह बना है। मनुष्य भी एक प्रणाली है और कम्प्यूटर भी एक प्रणाली है। जिस प्रकार मनुष्य के शरीर में अंग जोड़ देने से वह काम करना शुरू नहीं करता उसी प्रकार कम्प्यूटर में मानीटर, प्रिंटर, स्कैनर इत्यादि जोड़ देने से वह काम नहीं करता। मनुष्य शरीर में यह तन्त्रिका तन्त्र (Nurvous System) है तो कम्प्यूटर में यह चालक साफ्टवेयर (Driver Software) हैं जिसे आपने अपनी पुस्तक बिजनेस @ द स्पीड आफ थाट (Business @ the speed of thought-1999) में (Digital Nurvous System) नाम दिया है। मनुष्य जिससे चलता है वह भी

साफ्टवेयर (Software) ही है जिसे विचार-सिद्धान्त कहते हैं। साफ्टवेयर भी नहीं दिखता और विचार-सिद्धान्त भी नहीं दिखते।

मनुष्य निर्मित हार्डवेयर "माइक्रोप्रोसेसर" युक्त कम्प्यूटर को आपरेटिंग मोड में लाने के लिए उसमें दो प्रकार के मेमोरी हैं, एक रीड ओनली मेमोरी (Read Only Memory-ROM) जिसकी उपयोगिता है केवल पढ़ने के लिए। ये "माइक्रोप्रोसेसर" निर्माता द्वारा पहले से ही "माइक्रोप्रोसेसर" में ही होता है। दूसरा रैण्डम एक्सेस मेमोरी (Random Access Memory-RAM) जिसकी उपयोगिता है कहीं से पढ़ने और लिखने के लिए। ये आपरेटिंग सिस्टम (Operating System) अर्थात परिचालन प्रणाली, साफ्टवेयर निर्माता द्वारा दिया जाता है। कम्प्यूटर जब आन किया जाता है तब पहले RAM के साफ्टवेयर के अनुसार स्वयं को तैयार करता है फिर ROM से आपरेटिंग सिस्टम (Operating System) अर्थात परिचालन प्रणाली के अनुसार स्वयं को तैयार कर वह काम करने के लिए तैयार हो जाता है। ये आपरेटिंग सिस्टम (Operating System) कई प्रकार के हैं जिसमें अधिक प्रयोग किया जाने वाला एक आपका (Micro Soft) आपरेटिंग सिस्टम (Operating System) है जो पहले डिस्क आपरेटिंग सिस्टम (Disk Operating System) के रूप में आया फिर Windows के रूप में सामने है। इन आपरेटिंग सिस्टम (Operating System) के कई संस्करण (Version) आपकी ओर से आये। प्रत्येक बार अधिक सुविधाओं और अधिक कम्प्यूटर अंगों के जोड़ने के लिए डिजिटल तन्त्रिका तन्त्र (Digital Nurvous System) सहित कार्य को आसान बनाने की सुविधा के साथ। आपरेटिंग सिस्टम (Operating System) कई आये लेकिन जो अधिक सुविधाजनक, व्यावहारिक और अधिक कम्प्यूटरों तक पहुँच बना सकी, उसमें से एक Windows Operating System, जिसका Windows-10 संस्करण (Version) अभी तक का वर्तमान है।

ईश्वर निर्मित हार्डवेयर "मस्तिष्क" युक्त मनुष्य को आपरेटिंग मोड में लाने के लिए उसमें भी दो प्रकार के मेमोरी हैं, एक रीड ओनली मेमोरी (Read Only Memory-ROM) जिसकी उपयोगिता है केवल पढ़ने के लिए। ये "मस्तिष्क" निर्माता द्वारा पहले से ही "मस्तिष्क" में ही होता है। दूसरा रैण्डम एक्सेस मेमोरी (Random Access Memory-RAM) जिसकी उपयोगिता है कहीं से पढ़ने और लिखने के लिए। ये आपरेटिंग सिस्टम (Operating System) अर्थात परिचालन प्रणाली, विचार-सिद्धान्त निर्माता (अवतार, संत, गुरू, माता-पिता, मित्र, सहयोगी, दल, संगठन इत्यादि) द्वारा दिया जाता है। मनुष्य जब सोये से जागता है तब पहले RAM के साफ्टवेयर के अनुसार स्वयं को तैयार करता है फिर ROM से आपरेटिंग सिस्टम (Operating System) अर्थात परिचालन प्रणाली जैसा उसके मस्तिष्क में डाला गया है, के अनुसार स्वयं को तैयार कर वह काम करने के लिए तैयार हो जाता है। ये आपरेटिंग सिस्टम (Operating System) कई प्रकार के हैं जिसमें अधिक प्रयोग किया जाने वाला "पावर और प्राफिट (शक्ति और धन लाभ)" वाला विचार-सिद्धान्त है।

जिस प्रकार डिजिटल तन्त्रिका तन्त्र (Digital Nurvous System) से सभी कम्प्यूटर प्रणाली कार्यशील हैं और इन्टरनेट से कम्प्यूटर-मोबाइल जुड़े हुये हैं उसी प्रकार विचार-सिद्धान्त से सभी मनुष्य जुड़े हुए हैं। दानों ही प्रकार में बहुत से लोग इस ज्ञान से युक्त होकर संचालन कर रहें हैं या संचालित हैं और बहुत से लोग बिना ज्ञान के केवल संचालन कर रहें हैं या संचालित हैं।

जिस प्रकार कम्प्यूटर के संचालन के लिए आपरेटिंग सिस्टम के कई संस्करण (Version) आये, उसी प्रकार मनुष्य के संचालन के लिए आपरेटिंग सिस्टम के कई संस्करण (Version) आये। जिस प्रकार कम्प्यूटर के संचालन के लिए आपरेटिंग सिस्टम के कई संस्करण (Version) आने का कारण उसे अधिक पूर्ण बनाना था उसी प्रकार मनुष्य के संचालन के लिए आपरेटिंग सिस्टम के कई संस्करण (Version) आने का कारण उसे अधिक पूर्ण बनाना था। बस दोनों में अन्तर यह है कि कम्प्यूटर के संचालन के लिए नया आपरेटिंग सिस्टम संस्करण (Version) आने पर लोग अपने कम्प्यूटर को आधुनिक/अनुकूल (Advance/Adapt) करने में कोई संकोच नहीं करते वहीं मनुष्य के संचालन के लिए नया आपरेटिंग सिस्टम संस्करण (Version) आने पर लोग अपने मस्तिष्क को आधुनिक/अनुकूल (Advance/Adapt) नहीं बनाते बल्कि जो जिस आपरेटिंग सिस्टम में उसके निर्माता द्वारा

फँसाया गया है वो वहीं पड़ा है और वो वहीं हैं इस उम्मीद में कि वह पूरी तरह, पूरी सुविधाओं के साथ काम करेगा और उसके अनुसार परिणाम देगा।

मनुष्य को अधिक पूर्ण बनाने और संचालन के लिए अवतार द्वारा आये मुख्य आपरेटिंग सिस्टम (Avatar's Operating System- AOS) संस्करण (Version) इस प्रकार हैं-

मानव-1 (AOS: Human-1)

मुख्य-गुण सिद्धान्त - इसमें धारा के विपरीत दिशा (राधा) में गति करने का विचार-सिद्धान्त मानव मस्तिष्क में डाला गया।

मानव-2 (AOS: Human-2)

मुख्य-गुण सिद्धान्त - इसमें सहनशील, शांत, धैर्यवान, लगनशील, दोनों पक्षों के बीच मध्यस्थ की भूमिका वाला गुण (समन्वय का सिद्धान्त) का विचार-सिद्धान्त मानव मस्तिष्क में डाला गया।

मानव-3 (AOS: Human-3)

मुख्य-गुण सिद्धान्त - इसमें सूझ-बुझ, सम्पन्न, पुरूषार्थी, धीर-गम्भीर, निष्कामी, बलिष्ठ, सक्रिय, शाकाहारी, अहिंसक और समूह प्रेमी, लोगों का मनोबल बढ़ाना, उत्साहित और सक्रिय करने वाला गुण (प्रेरणा का सिद्धान्त) का विचार-सिद्धान्त मानव मस्तिष्क में डाला गया।

मानव-4 (AOS: Human-4)

मुख्य-गुण सिद्धान्त - प्रत्यक्ष रूप से एका-एक लक्ष्य को पूर्ण करने वाले (लक्ष्य के लिए त्वरित कार्यवाही का सिद्धान्त) का विचार-सिद्धान्त मानव मस्तिष्क में डाला गया।

मानव-5 (AOS: Human-5)

मुख्य-गुण सिद्धान्त - भविष्य द्दष्टा, राजा के गुण का प्रयोग करना, थोड़ी सी भूमि पर गणराज्य व्यवस्था की स्थापना व व्यवस्था को जिवित करना, उसके सुख से प्रजा को परिचित कराने वाले गुण (समाज का सिद्धान्त) का विचार-सिद्धान्त मानव मस्तिष्क में डाला गया।

मानव-6 (AOS: Human-6)

मुख्य-गुण सिद्धान्त - गणराज्य व्यवस्था को ब्रह्माण्ड में व्याप्त व्यवस्था सिद्धान्तों को आधार बनाने वाले गुण और व्यवस्था के प्रसार के लिए योग्य व्यक्ति को नियुक्त करने वाले गुण (लोकतन्त्र का सिद्धान्त और उसके प्रसार के लिए योग्य उत्तराधिकारी नियुक्त करने का सिद्धान्त) का विचार-सिद्धान्त मानव मस्तिष्क में डाला गया।

मानव-7 (AOS: Human-7)

मुख्य-गुण सिद्धान्त - आदर्श चरित्र के गुण के साथ प्रसार करने वाला गुण (व्यक्तिगत आदर्श चरित्र के आधार पर विचार प्रसार का सिद्धान्त) का विचार-सिद्धान्त मानव मस्तिष्क में डाला गया।

मानव-8 (AOS: Human-8)

मुख्य-गुण सिद्धान्त - आदर्श सामाजिक व्यक्ति चरित्र के गुण, समाज में व्याप्त अनेक मत-मतान्तर व विचारों के समन्वय और एकीकरण से सत्य-विचार के प्रेरक ज्ञान को निकालने वाले गुण (सामाजिक आदर्श व्यक्ति का सिद्धान्त और व्यक्ति से उठकर विचार आधारित व्यक्ति निर्माण का सिद्धान्त) का विचार-सिद्धान्त मानव मस्तिष्क में डाला गया।

मानव-9 (AOS: Human-9)

मुख्य-गुण सिद्धान्त - प्रजा को प्रेरित करने के लिए धर्म, संघ और बुद्धि के शरण में जाने का गुण (धर्म, संघ और बुद्धि का सिद्धान्त) का विचार-सिद्धान्त मानव मस्तिष्क में डाला गया।

मानव-10 (AOS: Human-10)

मुख्य-गुण सिद्धान्त - आदर्श मानक सामाजिक व्यक्ति चरित्र समाहित आदर्श मानक वैश्विक व्यक्ति चरित्र अर्थात सार्वजनिक प्रमाणित आदर्श मानक वैश्विक व्यक्ति चरित्र का विचार-सिद्धान्त मानव मस्तिष्क में

डालने का मानव-10 (AOS: Human-10) संस्करण (Version) अभी तक का वर्तमान है और वो अन्तिम संस्करण भी है।

उपरोक्त मुख्य मूल संस्करण के उपरान्त अनेक अन्य मनुष्यों (संत, गुरू, माता-पिता, मित्र, सहयोगी, दल, संगठन इत्यादि) द्वारा मनुष्य के संचालन के लिए नया आपरेटिंग सिस्टम संस्करण आते गये और मनुष्य उससे संचालित होते गये। परन्तु उन्हें पता ही नहीं चल पा रहा कि कौन सा संस्करण उनके लिए उपयोगी है।

जैसे आपके आपरेटिंग सिस्टम (Operating System) में अनके सुविधाएँ हैं उसी प्रकार मानव-10 (AOS: Human-10) संस्करण में भी अनेक सुविधाएँ जैसे - काटना (Cut), चिपकाना (Paste), नकल बनाना (Copy), रद्द करना (Delete), सुधारना (Edit), नाम बदलना (Rename), रचना करना (Create), भेजना (Send), पढ़ना (Read), लिखना (Write), वाइरस (Virus), एण्टी-वाइरस (Anti-Virus) इत्यादि हैं।

जिस प्रकार एक रोबोट, वैसे ही रोबोट का निर्माण कर सकता है जैसा कि उसमें साफ्टवेयर डाला गया है उसी प्रकार एक मनुष्य, मनुष्य, वैसे ही मनुष्य का निर्माण कर सकता है जैसा कि उसमें साफ्टवेयर (विचार-सिद्धान्त) डाला गया है।

कुछ भी हो साफ्टवेयर में जितनी अधिक सुविधा, उतना ही वह परिणाम देने में सक्षम। सब कुछ "माइक्रोप्रोसेसर/मस्तिष्क" के साफ्टवेयर पर ही निर्भर होता है। और साफ्टवेयर उतना ही उच्च स्तर का बन सकता है जितना विचार का विस्तार होता है। जितना विचार का विस्तार होता है वह उतना ही व्यापारिक लाभ दे सकता है। जिसके जीवन्त उदाहरण आप हैं।

मनुष्य के संचालन के लिए नया आपरेटिंग सिस्टम मानव-10 (AOS: Human-10) संस्करण ही "विश्वशास्त्र" है। आपके आपरेटिंग सिस्टम साफ्टवेयर से कम्प्यूटर चलता है। मेरे आपरेटिंग सिस्टम मानव-10 (AOS: Human-10) संस्करण से मनुष्य और उसके संगठन चलेंगे। यही योजना है।

मानव-10 (AOS: Human-10) आपरेटिंग सिस्टम निम्नलिखित से युक्त है जो विश्व शान्ति का अन्तिम मार्ग भी है-

1- वैश्विक मानव निर्माण तकनीकी- WCM-TLM-SHYAM.C प्रणाली
   S - SATYA (सत्य)
   H- HEART (हृदय)
   Y- YOG (योग)
   A - ASHRAM (आश्रम)
   M - MEDITATION (ध्यान)
   . - DOT (बिन्दु या डाट या दशमलव या पूर्णविराम)
   C - CONCIOUSNESS (चेतना)
2- आदर्श वैश्विक मानव/जन/गण/लोक/स्व/मैं/आत्मा/तन्त्र का सत्य रूप
3- विश्व मानक-शून्य (WS-0): मन की गुणवत्ता का विश्व मानक श्रृखंला
   1. डब्ल्यू.एस. (WS)-0 : विचार एवम् साहित्य का विश्वमानक
   2. डब्ल्यू.एस. (WS)-00: विषय एवम् विशेषज्ञों की परिभाषा का विश्वमानक
   3. डब्ल्यू.एस. (WS)-00: ब्रह्माण्ड (सूक्ष्म एवम् स्थूल) के प्रबन्ध और क्रियाकलाप का विश्वमानक
   4. डब्ल्यू.एस. (WS)-0000: मानव (सूक्ष्म तथा स्थूल) के प्रबन्ध और क्रियाकलाप का विश्वमानक
   5. डब्ल्यू.एस. (WS)-00000: उपासना और उपासना स्थल का विश्वमानक

स्टीफेन हाकिंग - "समय का संक्षिप्त इतिहास"

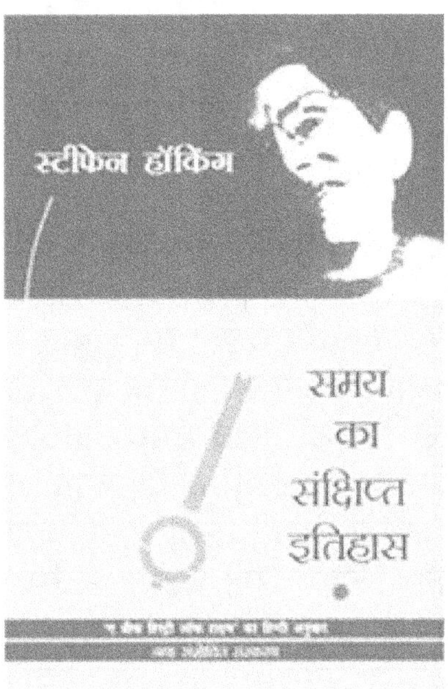

परिचय

वे चल-फिर नहीं पाते लेकिन स्टीफन हाकिंग्स (जिन्हें दूसरा आइन्स्टाइन कहा जाता है) की निगाह रहती है-आकाश गंगा की चाल पर। वे बोल नहीं पाते लेकिन उनकी बातों को जमाना खामोश होकर सुनता है। जी हाँ, ये हैं महान वैज्ञानिक गैलीलियो गैलिली की मौत 8 जनवरी, 1642 के ठीक 300 वर्ष बाद जन्में इस महान वैज्ञानिक को न तो पूरी तरह लकवाग्रस्त शरीर रोक पाता है और न ही खामोश जुबान।

8 जनवरी 1942 को आक्सफोर्ड (इग्लैण्ड) में जन्में हाकिंग्स में बचपन से ही भौतिकी और गणित के कठिन प्रश्नों को असानी से हल करने की क्षमता थी। यही प्रतिभा उन्हें विज्ञान के क्षेत्र में ले गई। आज ब्रह्माण्ड, भौतिकी और गणित में उनका योगदान अतुलनीय है। हाकिंग के जन्म के समय उनके माता-पिता लंदन वासी थे। स्टीफेन हाकिंग के पितामह यार्कशायर के एक धनी किसान थे, मगर बाद में उनकी हालत काफी खस्ता हो गई थी। फिर भी अपने बेटे को अर्थात हाकिंग के पिता फ्रैन्क हाकिंग को चिकित्सा के अध्ययन के लिए आॅक्सफोर्ड भेजा। स्टीफेन की माँ इसोबेल हाकिंग भी सामान्य परिवार से आयीं थीं, मगर उसने भी आॅक्सफोर्ड में शिक्षा पायीं थी। हाॅकिंग के माता-पिता पहले लंदन के उस हाइगेट इलाके में रहते थे जो वैज्ञानिकों और विद्वानों के आवास के लिए प्रसिद्ध था।

17 वर्ष की उम्र में स्टीफेन ने छात्रवृत्ति की परीक्षा पास करके आॅक्सफोर्ड विश्वविद्यालय में प्रवेश लिया। यहाँ उन्होंने 3 वर्ष तक अध्ययन करके अन्तिम परीक्षा प्रथम श्रेणी में पास की और उसके बाद विश्वोत्पत्ति विज्ञान में शोध कार्य करने के लिए कैम्ब्रिज में दाखिल हुए। आॅक्सफोर्ड के अन्तिम वर्ष में ही स्टीफेन अपने शरीर के विकार को महसूस करना शुरू कर दिया था। हाकिंग्स की जिजीविषा का असली सफर तब शुरू हुआ, जब वह अपने शरीर पर नियंत्रण खो चुके थे। 21 वर्ष की उम्र में ही इम्युट्रोफिक लेटर्नल सीलेरोसिस नामक असाध्य बीमारी ने उन्हें व्हील चेयर पर ला दिया। शरीर ने भले ही उनका साथ छोड़ दिया, लेकिन इच्छाशक्ति बनी रही। हाकिंग्स ने पढ़ाई जारी रखी। 1965 में उन्होंने जेन वाइल्ड से विवाह कर ली और उनके तीन बच्चे हुये। सन् 1974 तक वे खुद अपना भोजन करने और बिस्तर पर लेटने में समर्थ थे। 1980 से 1985 तक उन्हें सुबह-शाम नर्सो की सेवा लेनी पड़ गयी।

कैम्ब्रिज से पीएच.डी प्राप्त करने के बाद यहाँ उन्होंने कई पदों पर काम किया। सन् 1977 में यहाँ उन्हें गुरूत्वीय भौतिकी का प्राध्यापक बनाया गया और 1979 में गणित का ल्यूकाशियन प्राध्यापक। यह वही प्रख्यात पद है जिसे हाकिंग के पहले आइजेक न्यूटन और पाॅल डिराक जैसे वैज्ञानिकों ने सुशोभित किया था। इस पद पर नियुक्ति के 5 वर्ष पूर्व ही हाकिंग 32 वर्ष की उम्र में लंदन की राॅयल सोसायटी के फैलो चुने गये थे। सन् 1980 में स्टीफेन का अपनी पहली पत्नी जेन से विवाह विच्छेद हो गया। उसके बाद उन्होंने अपनी एक नर्स एलईन से विवाह कर लिया।

हाकिंग्स की ज्यादातर खोजें ब्रह्माण्ड से जुड़े रहस्यों पर आधारित रहीं। ब्रह्माण्ड की उत्पत्ति और ब्लैक होल जैसे विषयों पर उन्होंने कई प्रयोग किये व सिद्धान्त प्रस्तुत किये। हाकिंग्स की शारीरिक स्थिति जैसे-जैसे खराब होती गई, उनकी बुद्धिजीविता का प्रदर्शन और उपलब्धियों का क्रम बढ़ता गया। बोलने की क्षमता खोने के बाद इलेक्ट्रानिक वाॅइस सेंथेसाइजर की सहायता से उन्होंने ब्रह्माण्ड के रहस्य दुनिया को बताए। हाथ में कलाम उठाये बिना और बिना मुख एक शब्द भी बोले उन्होंने पाँच किताबें लिख दी। लम्बे समय तक हाकिंग की माली हालत भले ही बहुत अच्छी न रही हो मगर अब वे एक सम्पन्न व्यक्ति है। 1998 में आयी उनकी किताब "ए हिस्ट्री आॅफ टाइम: फ्राम द बिग बैंग टू ब्लैक होल्स" वर्ष की सबसे ज्यादा बिकने वाली नाॅनफिक्शन किताबों की सूची में शामिल हुई। इसकी 10 लाख से भी ज्यादा प्रतियां बिकीं। जिससे उन्हें बहुत धन मिला। वे अपने व्याख्यान व टेलिविजन शो के लिए 50 हजार से 1 लाख पाउण्ड तक की माँग करते हैं। लेकिन उनके खर्चे भी बहुत अधिक हैं।

वर्ष 2009 में उन्हें "प्रेसिडेंसियल मैडल आॅफ फ्रीडम" से सम्मानित किया गया, जो अमेरिका का सर्वोच्च नागरिक सम्मान है।

"ब्लैक होल (सर्वोच्च गुरूत्वाकर्षण की ब्रह्माण्डीय अति सघन वस्तु) के पी-ब्रेन्स माॅडल में पी-ब्रेन स्थान के तीन आयामों और अन्य सात आयामों में चलती है जिनके बारे में हमें कुछ पता नहीं चलता। यदि हम सभी बलों के एकीकरण का एक सार्वभौम समीकरण विकसित करें तो हम ईश्वर के मस्तिष्क को जान जायेगें क्योंकि हम भविष्य के कार्य का निर्धारण कर सकेगें, और यह मनुष्य के मस्तिष्क के द्वारा सर्वोच्च अविष्कार होगी।", "एक प्रभावपरक सिद्धान्त को बहुत ज्यादा इसके शाब्दिक अर्थ में ग्रहण करने से बचा जाना चाहिए", "दर्शन शास्त्र के महान परम्परा का अन्त" (बीसवीं शताब्दी के सबसे बड़े दार्शनिक विटगेंस्टीन के कहे शब्द- दर्शनशास्त्र के लिए एक मात्र शेष कार्य - भाषा का विश्लेषण करना ही बचा है पर वक्तव्य)

-प्रो0 स्टीफेन हाकिंग

"भारत यात्रा पर राष्ट्रीय सहारा, हस्तक्षेप, 27 जनवरी '2001

लव कुश सिंह "विश्वमानव" द्वारा स्पष्टीकरण

भौतिक विज्ञान के वर्तमान ब्रह्माण्ड व्याख्या के अनुसार ब्लैक होल एक तन्त्र या ब्रह्माण्ड के अन्त का प्रतीक है अर्थात् वह एक तन्त्र या ब्रह्माण्ड के प्रारम्भ का भी प्रतीक होगा। इस प्रकार बाह्य अनुभूति से हम पाते है कि एक सिंगुलारिटी (एकलता) है तथा तीन और सात आयाम है।

उपरोक्त दोनों में एकीकरण करते हुये दर्शन शास्त्र के सार्वजनिक प्रमाणित विकास/विनाश दर्शन के अनुसार-सृष्टि में, सृष्टि का कारण मानक अर्थात् आत्मा अर्थात् ब्लैक होल से सत्व गुण युक्त मार्गदर्शक दर्शन (Guider Philosophy) से प्रारम्भ होकर स्थिति में रज गुण युक्त क्रियान्वयन दर्शन (Operating Philosophy) से होते हुये प्रलय में तम गुण युक्त विकास/विनाश दर्शन (Destroyer / Development Philosophy) को व्यक्त करता है। जिससे आदान-प्रदान (Transaction) ग्रामीण (Rural) आधुनिकता/अनुकलनता (Advancement / Adaptability) विकास (Development), शिक्षा (Education) प्राकृतिक सत्य (Natural Truth) व धर्म (Religion) या एकत्व या केन्द्र व्यक्त होता है।

एक सिंगुलारिटी (एकलता) आत्मा है तथा तीन आयाम सत्व, रज और तम है। सात आयाम आदान-प्रदान (Transaction), ग्रामीण (Rural), आधुनिकता/अनुकलनता (Advancement / Adaptability), विकास (Development),, शिक्षा (Education), प्राकृतिक सत्य (Natural Truth) व धर्म (Religion) है।

कोई भी विकास दर्शन अपने अन्दर पुराने सभी दर्शनों को समाहित कर लेता है अर्थात् उसका विनाश कर देता है और स्वयं मार्गदर्शक दर्शन का स्थान ले लेता है। अर्थात् सृष्टि-स्थिति-प्रलय फिर सृष्टि। चक्रीय रूप में ऐसा सोचने वाला ही नये परिभाषा में आस्तिक और सिर्फ सीधी रेखा में सृष्टि-स्थिति-प्रलय सोचने वाला नास्तिक कहलाता है।

दोनों अनुभूति (दर्शन और भौतिक विज्ञान) के द्वारा चक्रीय क्रिया बीज से वृक्ष के क्रम विकास तथा वृक्ष से बीज के क्रम संकुचन के रूप में हैं। दूसरें शब्दों में बीज से बीज या वृक्ष से वृक्ष चक्र है। यदि ब्लैक होल का माडल बाह्य अनुभूति का सत्य है तो निश्चित रूप से यह अभ्यान्तर अनुभूति का भी प्रमाण होना चाहिए, और यह इसलिए आश्चर्यजनक है क्योंकि यह वास्तव में एक समान है। अर्थात् आभ्यान्तर तथा बाह्य दोनों अनुभूतियों में सृष्टि और प्रलय का मूल तीन और सात आयामों के रूप में है। दोनों अनुभूतियों ब्रह्माण्ड की व्याख्या तथा उसके भविष्य को निश्चित करने मे भी सक्षम हैं अर्थात् दैनिक जीवन में उसकी कोई उपयोगिता नहीं है। लेकिन यह स्पष्ट है कि ईश्वर (आत्मा या एकलता) की उपस्थिति को जानने के लिए एक ही आयाम काफी है परन्तु उसके क्रियाकलाप या ईश्वर के मस्तिष्क को जानने के लिए अधिकतम आयामों को एक साथ जानना आवश्यक है न कि केवल एक आयाम को। इस प्रकार निश्चितता (फिक्सींग) का सार्वभौम सिद्धान्त यह है कि-"अधिकतम आयामों के ज्ञान से भविष्य का निर्धारण या अधिकतम आयामों के परिणाम के अनुसार कार्य करना"। अधिकतम आयामों को आविष्कृत करना वैज्ञानिक (भौतिक या दर्शन) का कार्य है तथा अधिकतम आयामों के परिणाम के अनुसार स्वयं के विकास के लिए कार्य करना मनुष्यों का कार्य है।

सांख्य दर्शन के अनूसार-

"एक मनुष्य अथवा कोई भी प्राणी जिस नियम से गठित है, समग्र विश्व ब्रह्माण्ड भी ठीक उसी नियम से विरचित है इसलिए हमारा जैसे एक मन है, उसी प्रकार एक विश्वमन भी है।"

(धर्म विज्ञान, पृष्ठ-25)

दोनों सत्य समूह (आभ्यन्तर और बाह्य) यदि एक समान है तब यह निश्चित है कि दैनिक जीवन के लिए उपयोगी सम्पूर्ण सत्य, मानवीय सत्य के अनुभूति के साथ समन्वय में होगा क्योंकि जिस प्रकार एक मन है उसी प्रकार एक विश्वमन है। यही सम्पूर्ण सत्य ब्रह्माण्ड तथा मनुष्य जीवन के प्रत्येक वस्तु की व्याख्या करने में सक्षम होगा क्योंकि बीज सभी शाखाओं, पत्तों, फूलों, फलों और अन्त में बीज को विकसित करने में सक्षम होता है। यदि सृष्टि और प्रलय के माडल (भौतिक विज्ञान और दर्शन) में तीन और सात आयाम हैं तब ये निश्चित है कि सम्पूर्ण सत्य के मूल माडल में भी तीन और सात आयाम होंगे। और यह आश्चर्यजनक इसलिए है कि यह ऐसा ही है। इस प्रकार यह निश्चित होता है। कि ईश्वर का मस्तिष्क तीन और सात आयामों में कार्य करता है। अर्थात् इन आयामों को एक साथ देखने पर ही ईश्वर के मस्तिष्क को वास्तविक दृष्टि अर्थात् दिव्य दृष्टि द्वारा देखा जा सकता है। और ये आयाम

मनुष्य के विभिन्न रूपों सहित विश्वस्तरीय भविष्य, विश्वस्तरीय क्रियाकलाप, विश्वस्तरीय परिभाषा, विश्वस्तरीय निर्माण, विश्वस्तरीय प्रबन्ध, विश्वस्तरीय विकास, विश्वस्तरीय शिक्षा, विश्वस्तरीय मानव संसाधन इत्यादि को निश्चित (फिक्स) करने में सक्षम होगा। और यही अन्तिम सम्पूर्ण क्रान्ति तथा मानव मस्तिष्क के द्वारा मानव के लिए सर्वोच्च तथा अन्तिम आविष्कार होगा।

हिन्दी व्याकरण शब्द विन्यास के अनुसार ब्रह्माण्ड शब्द ब्रह्म + अण्ड से मिलकर बना है। ब्रह्म, ब्रह्मा से सम्बन्धित है। और एकात्म ज्ञान से सम्बन्धित हैं। इसी प्रकार विष्णु, एकात्म कर्म से और शंकर, एकात्म ध्यान से सम्बन्धित हैं। इसी क्रम में उनका अस्त्र ब्रह्मास्त्र, सु-दर्शन और पशुपास्त्र है अर्थात क्रमशः ज्ञान का अस्त्र, अच्छे विचार का अस्त्र और सार्वभौम सत्य-सिद्धान्त का अस्त्र है। इस प्रकार ब्रह्माण्ड का अर्थ ज्ञान के अण्डे से है। ब्रह्म के साथ अण्ड जोड़ने के पीछे ये रहस्य था कि ज्ञान का प्रारम्भ और अन्त एक चक्र है जैसे क्रिया-कारण, जन्म-मृत्यु-जन्म। अर्थात एक चक्र या गोला। ब्रह्माण्ड के सभी ग्रह-तारे सब गोल रूप में हैं। यह ब्रह्माण्ड, ईश्वर की दृश्य कृति हैं जो उससे निकला है और इसमें वह स्वयं है। जिस प्रकार यह "विश्वशास्त्र" श्री लव कुश सिंह "विश्वमानव" से निकला है और इसमें वे स्वयं है। यह ब्रह्माण्ड, ज्ञान का अण्डा हैं, अनन्त है, इसका कोई निश्चित आकार और सीमा नहीं हैं, यह एक बड़े वट वृक्ष के समान है। बस, कुछ नहीं।

यह ब्रह्माण्ड, ईश्वर का दृश्य रूप है। इसमें क्रियाशील सार्वभौम सत्य-सिद्धान्त उसके मस्तिष्क का कर्मज्ञान और प्रबन्ध प्रणाली है। मन का विश्वमानक शून्य श्रृंखला उसी का मानवीय व्यवस्था द्वारा व्यावहारिकरण के लिए रूपान्तरण है। ये एक प्रभावपरक सिद्धान्त है। मानवीय समाज में अधिकतर लोग "शब्दार्थ" को नहीं बल्कि "शब्द" को पकड़ बैठे हैं। ईश्वर के सम्बन्ध में वैदिक साहित्य ने "ब्रह्म" या "आत्मा", गीता ने "मैं", पुराण ने "शिव", कपिल मुनि ने "कारण", संतों ने "एक", हिन्दुओं ने "ईश्वर", सिखों ने "वाहे गुरू", इस्लाम ने "अल्ला", ईसाई ने "यीशु" इत्यादि कहा। इसे ही पूर्ण, धर्म, ज्ञान, सम, सार्वभौम, चैतन्य, केन्द्र, GOD, सत्य, अद्वैत, सर्वव्यापी, अनश्वर, अजन्मा, शाश्वत, सनातन इत्यादि भी कहा गया है। इन शब्दों के यथार्थ सत्य के वर्तमान प्रचलित शब्द में CENTRE कहा जा रहा है जो एक समष्टि शब्द है। जो शब्द किसी मानव समूह से सम्बन्धित हो जाये, उसे व्यष्टि शब्द कहते हैं। इसी प्रकार यह ब्रह्माण्ड एक अनन्त व्यापार केन्द्र या क्षेत्र (TRADE CENTRE or TRADE AREA) के रूप में है जहाँ प्रत्येक क्षण व्यापार या आदान-प्रदान (TRADE or TRANSACTION) चल रहा है और यह स्थिर नहीं है। इस प्रकार ब्रह्माण्ड के लिए समष्टि शब्द के रूप में TRADE CENTRE शब्द उपयोग किया जा सकता है।

मानव के विकास क्रम की दिशा से देखने पर भी हम पाते है कि मनुष्य पहले कर्म करना प्रारम्भ किया और कर्म करते करते अन्तः-जगत की ओर से एकत्व ज्ञान का आविष्कार किया। यही एकत्व ज्ञान सत्य का बीज अर्थात् आत्मा या पुरूष या सिंगुलरिटी (एकलता) है। फिर बाह्य जगत से कर्म करते करते सिद्धान्तों का आविष्कार करते हुये वर्तमान में सार्वभौम सिद्धान्त अर्थात् सिद्धान्त के बीज की ओर बढ़ रहा है। और अन्ततः-उसे सार्वभौम सिद्धान्त विवशतावश चाहिए ही क्योंकि यही मनुष्य की पूर्णता अर्थात् वैश्विक मानव निर्माण का समीकरण होगा।

अभ्यान्तर अनुभूति बाह्य अनुभूति तथा मानव के विकास क्रम की दिशा के अलावा भारतीय समाज में एक ऐसा क्षेत्र और है जिसपर सर्वाधिक चिंतन व्यक्त किया जाता है। वह है-निर्गुण या निराकार तथा सगुण या साकार ब्रह्म। इस सम्बन्ध में स्वामी विवेकाननद जी कहते हैं-

"हमारे शास्त्रों मे परमात्मा के दो रूप कहे गये है।-सगुण और निगुण। सगुण ईश्वर के अर्थ में सर्वव्यापी-संसार की सृष्टि स्थिति और प्रलय के कर्ता हैं संसार के अनादि जनक तथा जननी हैं। उनके साथ हमारा नित्यभेद है। मुक्ति का अर्थ-उनके समीप और सालोक्य की प्राप्ति है। सगुण ब्रह्म के ये सब विशेषण निर्गुण ब्रह्म के सम्बन्ध में अनावश्यक और अयौक्तिक है इसलिए त्याज्य कर दिये गये। वह निर्गुण और सर्वव्यापी पुरूष ज्ञानवान् नहीं कहा जा सकता क्योंकि ज्ञान मन का धर्म है। इस निगुर्ण पुरूष के साथ हमारा क्या सम्बन्ध है? सम्बन्ध यह है कि हम उससे अभिन्न हैं-वह और हम एक हैं। हर एक मनुष्य उसी निर्गुण पुरूष का-जो सब प्राणियों का मूल कारण है, अलग अलग प्रकाश है। जब हम इस अनन्त और निर्गुण पुरूष से अपने को पृथक सोचते हैं तभी हमारे दुःख की उत्पत्ति होती है और इस अनिर्वचनीय निर्गुण सत्ता के साथ अभेद ज्ञान ही मुक्ति है। संक्षेपतः-हम अपने

शास्त्रों में ईश्वर के इन्हीं दोनों "भावों" का उल्लेख देखते है। यहाँ यह कहना आवश्यक है कि निर्गुण बह्मवाद ही सब प्रकार के नीति-विज्ञानों की नींव है।" (हिन्दु धर्म, पृष्ठ-40-41)

"जैसा कि यह स्थूल शरीर स्थूल शक्तियों का आधार है, वैसे ही सूक्ष्म शरीर सूक्ष्म शक्तियों का आधार है जिन्हें हम-विचार कहते है। यह विचार शक्ति विभिन्न रूपों में प्रकाशित होती रहती है इनमें कोई भेद नहीं है, केवल इतना ही है कि एक उसी वस्तु का स्थूल और दूसरा सूक्ष्म रूप है। इस सूक्ष्म शरीर और स्थूल शरीर में भी कोई पार्थक्य नहीं है। सूक्ष्म शरीर भी भौतिक है, केवल इतना ही कि वह अत्यन्त सूक्ष्म जड़ वस्तु है।"

(हिन्दु धर्म, पृष्ठ-107)

स्वामी विवेकानन्द जी के उपरोक्त व्याख्या से यह स्पष्ट है कि प्रत्येक मनुष्य शरीर का एक निराकार या निर्गुण रूप है जिन्हें विचार कहते है। मनुष्य का यही निराकार या निर्गुण रूप जब सत्य-सिद्धान्त होता है तब वह अवतार तथा अवतरण कहलाता है। और उसे ईश्वर के साकार या सगुण रूप में जाना जाता है। अर्थात् मनुष्य, मनुष्य जनित विचारों का साकार रूप है तो अवतार, सर्वव्यापी अजन्मा नित्य-सार्वभौम सत्य-सिद्धान्त का साकार रूप हैं। मनुष्य और अवतार के शरीर तो मानव के ही होते है परन्तु मानव, विचार के अनुसार तथा अवतार, सार्वभौम सत्य-सिद्धान्त के अनुसार कार्य करते हैं केवल यही अन्तर है। चूँकि जगत की सब गति तरंगाकार अर्थात् उत्थान और पतन के रूप में होती है इसलिए जब जगत पतन अर्थात् विचारों की अधिकता के अधीन हो जाता है तब उसे उत्थान अर्थात् सार्वभौम सत्य-सिद्धान्त की अधिकता के अधीन करते के लिए ही युगावतार का अवतरण होता है। व्यक्तिगत प्रमाणित पूर्णावतार श्री कृष्ण और उनका निराकार निर्गुण रूप-गीतोपनिषद् इसका उदाहरण है। जो सत्य का पूर्ण व्यक्त व्यक्तिगत प्रमाणित रूप है। जबकि सार्वजनिक प्रमाणित पूर्णावतार और उसका निराकार रूप सार्वभौम सत्य-सिद्धान्त का पूर्ण व्यक्त सार्वजनिक प्रताणित रूप का व्यक्त होना अगला चरण है।

इस प्रकार प्रत्येक दिशाओं-आभ्यन्तर (दर्शन), बाह्य (भौतिक विज्ञान), मानव विकास क्रम, सगुण ब्रह्म (अवतार) तथा निर्गुण बह्म (सार्वभौम सत्य-सिद्धान्त) की ओर से हम यही पाते है कि ईश्वर का मस्तिष्क सार्वभौम सिद्धान्त से युक्त तीन और सात आयामों में ही क्रियाशील है। जो अगला और अन्तिम चरण है।

स्वामी विवेकानन्द जी इसी सम्पूर्ण वास्तविक सार्वभौम सत्य-सिद्धान्त की ओर केन्द्रीत करते हुये कहे है-

"अन्त में देश-काल बद्ध ज्ञान का महामिलन उस ज्ञान से होगा जो इन दोनों से परे है, जो मन तथा इन्द्रियों के पहुँच से परे है, जो निरपेक्ष है, अद्वितीय है।" (विज्ञान और आध्यमिकता, रामकृष्ण मिशन, पृष्ठ-36)

इस प्रकार हम यह भी पाते हैं कि किसी एक महापुरूष या अंशअवतार के विचार या सत्य से समाज या देश या विश्व का कल्याण असम्भव है इसके लिए सभी के समन्वयक सिद्धान्त और पूर्वावतार की आवश्यकता होगी, जिसमें सभी हो और सब में सार्वभौम सत्य-सिद्धान्त का अंश हो।

अब कल्पना करें ऐसे साकार मानव शरीर की जो सार्वभौम सत्य-सिद्धान्त सहित सभी आयामों का अविष्कारकर्ता और उससे युक्त हो, तो उसकी शक्ति क्या होगी? उसकी शक्ति प्रत्येक विषय पर विश्वस्तरीय व्याख्या, विश्वस्तरीय साहित्य, विश्वस्तरीय योजना और उसकी स्थापना के लिए विश्वस्तरीय नीति सहित सभी आयामों एवम् उसकी अनन्त शाखाओं द्वारा एक साथ समानान्तर कार्य होगी। उसके व्यक्त करने की शैली मूल जड़ (बीज) से शाखाओं की ओर होगी तथा उसका सन्देश होगा-"तुम अपने रूप को उसमें देखों, तुम उस जड़ (बीज) अर्थात् सार्वभौम सत्य-सिद्धान्त को समझो फिर तुम्हें कुछ भी समझने की जरूरत न रहेगी, फिर तुम स्वयं समस्त शाखाओं के व्याख्याता, साहित्यकार, योजनाकार इत्यादि बन जाओगे।" वह अपने आपको किसी विशेष क्षेत्र में बद्ध नहीं करेगा क्योंकि उसके पास असीम कार्यक्षेत्र और व्यक्त होने के लिए असीम विश्वस्तरीय विषय क्षेत्र होंगे जिस पर वह सामानान्तर कार्य करेगा। उस असीम मनुष्य का विजय तो उसी दिन हो गया होगा जिस दिन वह साहित्यों व योजनाओं में व्यक्त हो गया होगा, जो मानव समाज के विभिन्न क्षेत्रों से मनुष्यों को प्राथमिकता से लाभ उठाने के लिए स्वतन्त्र होगा, जो कल्याण के सत्य अर्थ का मार्ग होगा। फलस्वरूप इन्हें आत्मसात् करने के उपरान्त ही मनुष्य अपने सत्य स्वरूप में स्थापित हो कह सकेगा-"सर्वव्यापी हम इतने असीम है कि यह समग्र ब्रह्माण्ड भी मेरा अंश

मात्र है।" तब प्रत्येक मनुष्य ब्रह्माण्ड के प्रत्येक वस्तु को अपने शरीर का अंग समझ उसके प्रभावों से स्वत-स्फूर्त चेतना से युक्त रहेगा। और जब तक ऐसा नहीं होता तब तक सभी जागरण, सभी वादे, सभी आन्दोलन, स्व प्रेरणा से युक्त न हो सकेंगे और न ही कल्याण या व्यवस्था परिवर्तन या क्रान्ति या आर्थिक स्वतन्त्रता का दावा स्थापित हो सत्यार्थ हो सकेगा।

स्वामी विवेकानन्द जी ने कहा है-

"सुधारको से मैं कहूँगा कि मैं स्वयं उनसे कहीं बढ़कर सुधारक हूँ। वे लोग ईधर-उधर थोड़ा सुधार करना चाहते है-और मैं चाहता हूँ आमूल सुधार। हम लोगों का मतभेद है केवल सुधार प्रणाली में उनकी प्रणाली विनाशात्मक है और मेरी संघटनात्मक। मैं सुधार में विश्वास नहीं करता मैं विश्वास करता हूँ स्वाभाविक उन्नति में।"

(मेरी समर नीति, पृष्ठ-13)

सामान्य मानव अपने विषय क्षेत्र से मूल जड़ (बीज) की ओर देखते हैं अर्थात् वे एक आयाम (दिशा) की दृष्टि रखते हैं इसलिए उस असीम मानव को अपनी दिशा से सीमित कर देखेंगे और अपनी दिशा से साहित्यकार, दार्शनिक, राजनीतिज्ञ, धार्मिक इत्यादि विशेषण निर्धारित कर देंगे जो सत्य तो होगा परन्तु उस असीम मानव के लिए अंश मात्र होगा। ऐसे में वे अपने विषय क्षेत्र से अपूर्ण दृष्टि रखते हुये उस असीम मानव को अपने पद के लिए खतरे का अनुभव करेंगे फलस्वरूप उसी दृष्टि के कारण संघर्ष करेंगे जिसे वे अपने लिए खतरा या अनुपयोगी समझेंगे। जबकि शारीरिक स्वतन्त्रता के लिए आर्थिक, आर्थिक स्वतन्त्रता के लिए आध्यात्मिक स्वतन्त्रता का विकासोन्मुख औषधि युक्त चक्र व्यक्ति तथा देश के लिए हमेशा प्रभावी होता है।

समाज को यह सोचना होगा कि उस असीम मनुष्य को वह क्या नाम देगा? जो सार्वभौम सत्य-सिद्धान्त सहित सभी आयामों से युक्त व्याख्याता और उसका स्थापक होगा ज्ञानीयों व बुद्धिजीवियों को "कालजयी साहित्य" व "जीवन साहित्य" में अन्तर, "प्रासंगिक विचार" व "सत्य विचार" में अन्तर, "मानक जीवन" व "दर्पण जीवन" में अन्तर इत्यादि पर सोचना होगा। और वे समाचार पत्रों के संपादकगण जो यह समझते है कि उन्हें जो समझ में आये सिर्फ वही समाचार है। क्या नाम देंगे? उन्हें यह स्वीकार करना चाहिए कि वे ज्ञानी हैं परन्तु ध्यानी अर्थात् सर्वज्ञ नहीं। उन्हें यह समझना चाहिए कि आत्मज्ञ पुरूषों की दृष्टि सार्वदेशीय तथा अनात्मज्ञ पुरूषों की दृष्टि एकदेशीय होती है। दैनिक जीवन में ईश्वर के मस्तिष्क की सार्वजनिक प्रमाणित खोज का सबसे बड़ा लाभ यही होगा कि मनुष्य में सत्य दृष्टि का प्रकाश होगा अर्थात् "उपयोगिता को देखना मूल दृष्टि, एक आयाम से देखना सांसारिक दृष्टि, अनेक आयामों को एक साथ देखना दिव्य दृष्टि तथा सिर्फ विद्वता को देखना दृष्टि दोष है" में स्थापित मनुष्य होंगे तब मनुष्य अपने कल्याण के मार्ग को पहचानने में चेतना से युक्त हो सकेगा। क्योंकि अधिकतम व्यक्ति इस सार्वभौम सिद्धान्त से अनभिज्ञ है कि-"विभिन्न प्रकार के केन्द्रीयकृत कार्य के संयोग से एक परिणाम उत्पन्न होता है न कि एक कार्य से।"

मेरा सम्पूर्ण कार्य उसी असीम मानव का कार्य है तथा व्यक्त साहित्य और योजना सत्य-सिद्धान्त सहित सभी आयामों पर निश्चित है। जो मनुष्य को विश्वस्तरीय रूप में व्यक्त करने के लिए निश्चित है।

प्रो0 हाकिंग के अनुसार-"सूचना कभी भी मुफ्त में नहीं ढोई जाती, इसका एहसास हर किसी को उस वक्त होता है जब उसके घर टेलीफोन बिल आता है।"

अर्थात् किसी कार्य के प्रारम्भ में जुड़ने वाले व्यक्ति सूचना व योजना का लाभ जितना सम्मानित व सरलता से पाते हैं, ठीक उतना ही कठिनता से कार्य पूर्ण होने के बाद प्राप्त होता है क्योंकि प्रारम्भ में निःस्वार्थ बाद में स्वार्थ का स्पष्ट रूप होता है। "फिक्सींग" अर्थात् "निश्चितता" का आध्यात्मिक अर्थ सत्य चेतना अर्थात् "भूतकाल का अनुभव और भविष्य की आवश्यकता के अनुसार वर्तमान में कार्य करना है" और मेरा कार्य सार्वभौम सिद्धान्त पर आधारित "फिक्स" है। इसलिए मेरी चुनौतिपूर्ण घोषणा है-"बढ़ो समाज के कल्याण करने वालो बढ़ोगे तो हमें ही पाओंगे, न बढ़ोगे तो जनता से तुम्हारा विश्वास उठेगा और मेरा बढ़ेगा। मैं चक्रान्त हूँ किसी भी और से आओगे मैं ही मिलूगाँ।"

भाग-3

विश्वशास्त्र

लव कुश सिंह "विश्वमानव"

विश्वशास्त्र की स्थापना

रचना क्यों?

आविष्कार किस प्रकार हुआ?

उपयोगिता क्या है?

बाद का मनुष्य, समाज और शासन

कितना छोटा और कितना बड़ा?

एक ही शास्त्र-साहित्य के विभिन्न नाम

विश्वव्यापी स्थापना का स्पष्ट मार्ग

सम्बन्धित स्थान?

नयी प्रणाली और व्यापार का आधार

कल्कि महाअवतार से उत्पन्न नयी प्रणाली और व्यापार

अ. ज्ञान से जुड़ा व्यापार - नयी प्रणाली और व्यापार

01. भारतीय आध्यात्म एवं दर्शन आधारित स्वदेशी विपणन प्रणाली: 3-एफ (3-F: Fuel-Fire-Fuel)

02. कार्पोरेट विश्वमानक मानव संसाधन विकास प्रशिक्षण
(Corporate World Standard Human Resources Development Training)

03. विश्व राजनीति पार्टी संघ (World Political Party Organisation - WPPO)

04. नयी पीढ़ी के लिए नया विषय - ईश्वर शास्त्र, मानक विज्ञान, एकात्म विज्ञान
05- विश्वशास्त्र पर आधारित आडियो-विडियो
06. मनोरंजन - नयी प्रणाली और व्यापार
01. फिल्म
02. टी0 वी सिरियल –
03. गीत

ब. जीवन से जुड़ा व्यापार - रियल स्टेट - नयी प्रणाली और व्यापार
01. "सत्यकाशी महायोजना" (वाराणसी-विन्ध्याचल-शिवद्वार-सोनभद्र के बीच का क्षेत्र)
02. डिजिटल प्रापर्टी और एजेन्ट नेटवर्क (Digital Property & Agent Network)

स. कर्म से जुड़ा व्यापार - नयी प्रणाली और व्यापार
01. उत्पाद ब्राण्ड
02. कैलेण्डर
03. शिक्षा ब्राण्ड - सत्य मानक शिक्षा (परियोजना पुनर्निर्माण- PROJECT RENEW)
04. राष्ट् निर्माण के पुस्तक

विश्व सरकार के लिए पुनः भारत द्वारा शून्य आधारित अन्तिम आविष्कार

श्रीमदभवद्गीता की शक्ति सीमा तथा कर्मवेदः पंचमवेद समाहित विश्वशास्त्र के प्रारम्भ का आधार

कालभैरव कथाः यथार्थ दृष्टि

एक ही मानव शरीर के जीवन, ज्ञान और कर्म के विभिन्न विषय क्षेत्र से मुख्य नाम

लव कुश सिंह “विश्वमानव”

आविष्कारकर्ता-मन (मानव संसाधन) का विश्व मानक एवं पूर्ण मानव निर्माण की तकनीकी
अगला दावेदार-भारत सरकार का सर्वोच्च नागरिक सम्मान-“भारत रत्न”

परिचय

अपने विशेष कला के साथ जन्म लेने वाले व्यक्तियों के जन्म माह अक्टुबर के सोमवार, 16 अक्टुबर 1967 (आश्विन, शुक्ल पक्ष-त्रयोदशी, रेवती नक्षत्र) समय 02.15 ए.एम. बजे को रिफाइनरी टाउनशिप अस्पताल (सरकारी अस्पताल), बेगूसराय (बिहार) में श्री लव कुश सिंह का जन्म हुआ और टाउनशिप के E1-53, E2-53, D2F-76, D2F-45 और साइट कालोनी के D-58, C-45 में रहें। इनकी माता का नाम श्रीमती चमेली देवी तथा पिता का नाम श्री धीरज नारायण सिंह जो इण्डियन आयल कापरिशन लि0 (आई.ओ.सी.लि.) के बरौनी रिफाइनरी में कार्यरत थे और उत्पादन अभियंता के पद से सन् 1995 में स्वैच्छिक सेवानिवृत हो चुके हैं। जो कि ग्राम-नियामतपुर कलाँ, पुरूषोत्तमपुर, मीरजापुर (उ0प्र0) पिन-231305 के निवासी हैं। दादा का नाम स्व.राजाराम व दादी का नाम श्रीमती दौलती देवी था। जन्म के समय दादा स्वर्गवासी हो चुके थे जो कभी कश्मीर के राजघराने में कुछ समय के लिए सेवारत भी थे। मार्च सन् 1991 में इनका विवाह चुनार क्षेत्र के धनैता (मझरा) ग्राम में शिव कुमारी देवी से हुआ और जनवरी सन् 1994 में पुत्र का जन्म हुआ। मई सन् 1994 में शिव कुमारी देवी की मृत्यु होने के उपरान्त वे लगभग घर की जिम्मेदारीयों से मुक्त रह कर भारत देश में भ्रमण करते हुये चिंतन व विश्वशास्त्र के संकलन कार्य में लग गये। किसी भी व्यक्ति का नाम उसके अबोध अवस्था में ही रखा जाता है अर्थात् व्यक्ति का प्रथम नाम प्रकृति प्रदत्त ही होता है। लव कुश सिंह नाम उनकी दादी स्व0 श्रीमती दौलती देवी के द्वारा उन्हें प्राप्त हुआ।

भारत देश के ग्रामीण क्षेत्र से एक सामान्य नागरिक के रूप में सामान्य से दिखने वाले श्री लव कुश सिंह एक अद्भुत नाम-रूप-गुण-कर्म के महासंगम हैं जिसकी पुनरावृत्ति असम्भव है। इनकी शिक्षा न्यू प्राइमरी स्कूल (प्राथमिक), रिफाइनरी टाउनशिप, बेगूसराय (बिहार), माधव विद्या मन्दिर इण्टरमीडिएट कालेज, पुरूषोत्तमपुर, मीरजापुर, उ0प्र0 (दसवीं-1981, 13 वर्ष 6 माह में), प्रभु नारायण राजकीय इण्टर कालेज, रामनगर, वाराणसी, उ0प्र0 (बारहवीं-1983, 15 वर्ष 6 माह में) और बी.एससी.(जीव विज्ञान) में 17 वर्ष 6 माह के उम्र में सन् 1985 ई0 में तत्कालिन गोरखपुर विश्वविद्यालय से सम्बद्ध श्री हरिश्चन्द्र स्नातकोत्तर महाविद्यालय, वाराणसी से पूर्ण हुई। तकनीकी शिक्षा में कम्प्यूटर प्रोग्रामिंग एण्ड सिस्टम एनालिसिस में स्नातकोत्तर डिप्लोमा इण्डिया एजुकेशन सेन्टर, एम-92, कनाट प्लेस, नई दिल्ली से सन् 1988 में पूर्ण हुई। परन्तु जिसका कोई प्रमाण पत्र नहीं है वह ज्ञान अद्भुत है। अपने तीन भाई-बहनों व एक पुत्र में वे सबसे बड़े व सबसे कम प्रमाणित शिक्षा प्राप्त हैं। एक अजीब पारिवारिक स्थिति यह है कि प्रारम्भ निरक्षर माँ से होकर अन्त “विश्वशास्त्र” को व्यक्त करने वाले श्री लव कुश सिंह तक एक ही परिवार में हैं।

सभी धर्मशास्त्रों और भविष्यवक्ताओं के अनुसार और सभी को सत्य रूप में वर्तमान करने के लिए "विश्वशास्त्र" को व्यक्त करने वाले श्री लव कुश सिंह समय रूप से संसार के सर्वप्रथम वर्तमान में रहने वाले व्यक्ति हैं क्यूँकि वर्तमान की परिभाषा है-पूर्ण ज्ञान से युक्त होना और कार्यशैली की परिभाषा है-भूतकाल का अनुभव, भविष्य की आवश्यकतानुसार पूर्णज्ञान और परिणाम ज्ञान से युक्त होकर वर्तमान समय में कार्य करना। स्वयं को आत्म ज्ञान होने पर प्रकृति प्रदत्त नाम के अलावा व्यक्ति अपने मन स्तर का निर्धारण कर एक नाम स्वयं रख लेता है। जिस प्रकार "कृष्ण" नाम है "योगेश्वर" मन की अवस्था है, "गदाधर" नाम है "रामकृष्ण परमहंस" मन की अवस्था है, "सिद्धार्थ" नाम है "बुद्ध" मन की अवस्था है, "नरेन्द्र नाथ दत्त" नाम है "स्वामी विवेकानन्द" मन की अवस्था है, "रजनीश" नाम है "ओशो" मन की अवस्था है। उसी प्रकार लव कुश सिंह ने अपने नाम के साथ "विश्वमानव" लागाकर मन की अवस्था को व्यक्त किया है और उसे सिद्ध भी किया है। व्यक्तियों के नाम, नाम है "भोगेश्वर विश्वमानव" उसकी चरम विकसित, सर्वोच्च और अन्तिम अवस्था है जहाँ समय की धारा में चलते-चलते मनुष्य वहाँ विवशतावश पहुँचेगा ऐसा उनका मानना है। जिस प्रकार श्रीकृष्ण के जन्म से पहले ही ईश्वरत्व उन पर झोंक दिया गया था अर्थात् जन्म लेने वाला देवकी का आठवाँ पुत्र ईश्वर ही होगा, यह श्रीकृष्ण को ज्ञात होने पर जीवनभर वे जनभावना को उस ईश्वरत्व के प्रति विश्वास बनाये रखने के लिए संघर्ष करते रहे, उसी प्रकार इस "लव-कुश" का नाम उन्हें ज्ञात होने पर वे भी इसे सिद्ध करने के लिए जीवनभर संघर्ष करते रहे जिसका परिणाम आपके समक्ष है।

श्री लव कुश सिंह "विश्वमानव"ने कभी किसी पद पर सरकारी नौकरी नहीं की इस सम्बन्ध में उनका कहना था कि-"नौकरी करता तो यह नहीं कर पाता। पद पर रहता तो केवल पद से सम्बन्धित ही विशेषज्ञता आ पाती। वैसे भी पत्र-व्यवहार या पुस्तक का सम्बन्ध ज्ञान और विचार से होता हैं उसमें व्यक्ति के शरीर से क्या मतलब? क्या कोई लंगड़ा या अंधा होगा तो उसका ज्ञान-विचार भी लंगड़ा या अंधा होगा? क्या कोई किसी पद पर न हो तो उसकी सत्य बात गलत मानी जायेगी? विचारणीय विषय है। परन्तु इतना तो जानता हूँ कि यह आविष्कार यदि सीधे-सीधे प्रस्तुत कर दिया जाता तो सभी लोग यही कहते कि इसकी प्रमाणिकता क्या है? फिर मेरे लिए मुश्किल हो जाता क्योंकि मैं न तो बहुत ही अधिक शिक्षा ग्रहण किया था, न ही किसी विश्वविद्यालय का उच्चस्तर का शोधकत्र्ता था। परिणामस्वरूप मैंने ऐसे पद "कल्कि अवतार" को चुना जो समाज ने पहले से ही निर्धारित कर रखा था और पद तथा आविष्कार के लिए व्यापक आधार दिया जिसे समाज और राज्य पहले से मानता और जानता है।"

भारत अपने शारीरिक स्वतन्त्रता व संविधान के लागू होने के उपरान्त वर्तमान समय में जिस कर्तव्य और दायित्व का बोध कर रहा है। भारतीय संसद अर्थात् विश्वमन संसद जिस सार्वभौम सत्य या सार्वजनिक सत्य की खोज करने के लिए लोकतन्त्र के रूप में व्यक्त हुआ है। जिससे स्वस्थ लोकतंत्र, समाज स्वस्थ, उद्योग और पूर्ण मानव की प्राप्ति हो सकती है, उस ज्ञान से युक्त विश्वात्मा श्री लव कुश सिंह "विश्वमानव" वैश्विक व राष्ट्रीय बौद्धिक क्षमता के सर्वोच्च और अन्तिम प्रतीक के रूप में व्यक्त हैं।

निःशब्द, आश्चर्य, चमत्कार, अविश्वसनीय, प्रकाशमय इत्यादि ऐसे ही शब्द उनके और उनके शास्त्र के लिए व्यक्त हो सकते हैं। विश्व के हजारों विश्वविद्यालय जिस पूर्ण सकारात्मक एवं एकीकरण के विश्वस्तरीय शोध को न कर पाये, वह एक ही व्यक्ति ने पूर्ण कर दिखाया हो उसे कैसे-कैसे शब्दों से व्यक्त किया जाये, यह सोच पाना और उसे व्यक्त कर पाना निःशब्द होने के सिवाय कुछ नहीं है।

"विश्वशास्त्र" के शास्त्राकार श्री लव कुश सिंह "विश्वमानव" अपने परिचितों से केवल सदैव इतना ही कहते रहे कि-"कुछ अच्छा किया जा रहा है" के अलावा बहुत अधिक व्याख्या उन्होंने कभी नहीं की। और अन्त में कभी भी बिना इस शास्त्र की एक भी झलक दिखाये एकाएक यह शास्त्र प्रस्तुत कर दिया जाये तो इससे बड़ा आश्चर्य क्या हो सकता है। जो इस स्तर पर है कि-"विश्व बुद्धि बनाम एकल बुद्धि। और उसका परिणाम ये है कि भारत को वर्तमान काल में विश्वगुरू और संयुक्त राष्ट्र संघ तक के लिए सार्वभौम सत्य-सैद्धान्तिक स्थापना योग्य मार्गदर्शन अभी ही उपलब्ध हो चुका है जिससे भारत जब चाहे तब उसका उपयोग कर सके।

जो व्यक्ति कभी किसी वर्तमान गुरू के शरणागत होने की आवश्यकता न समझा, जिसका कोई शरीरधारी प्रेरणा स्रोत न हो, किसी धार्मिक व राजनीतिक समूह का सदस्य न हो, इस कार्य से सम्बन्धित कभी

सार्वजनिक रूप से समाज में व्यक्त न हुआ हो, जिस विषय का आविष्कार किया गया, वह उसके जीवन का शैक्षणिक विषय न रहा हो, 50 वर्ष के अपने वर्तमान अवस्था तक एक साथ कभी भी 50 लोगों से भी न मिला हो, यहाँ तक कि उनको इस रूप में 50 आदमी भी न जानते हों, यदि जानते भी हो तो पहचानते न हों और जो पहचानते हों वे इस रूप को जानते न हों, वह अचानक इस शास्त्र को प्रस्तुत कर दें तो इससे बडा चमत्कार क्या हो सकता है।

जिस व्यक्ति का जीवन, शैक्षणिक योग्यता और कर्मरूप शास्त्र तीनों का कोई सम्बन्ध न हो अर्थात् तीनों तीन व्यक्तित्व का प्रतिनिधित्व करते हों, इससे बड़ी अविश्वसनीय स्थिति क्या हो सकती है।

मूल पाशुपत शैव दर्शन सहित अनेक मतों का सफल एकीकरण के स्वरूप श्री लव कुश सिह “विश्वमानव” के जीवन, कर्म और ज्ञान के अनेक दिशाओं से देखने पर अनेक दार्शनिक, संस्थापक, संत, ऋषि, अवतार, मनु, व्यास, व्यापारी, रचनाकर्ता, नेता, समाज निर्माता, शिक्षाविद्, दूरदर्शिता इत्यादि अनेक रूप दिखते हैं।

विश्वशास्त्र की स्थापना

विश्वशास्त्र के माध्यम से निम्नलिखित अन्तिम सत्य ज्ञान को प्रसारित व स्थापित करने की कोशिश की गई है-

1. विश्व आत्मा या विश्व मन या एकात्म या सार्वभौम आत्मा जिसे ईश्वर या शिव या ब्रह्म भी कहते हैं, सर्वत्र विद्यमान है। इसे ही वर्तमान में सर्वमान्य रूप से सार्वभौम सत्य-सिद्धान्त कहा जा रहा है और इसे समझाने या अनुभूति कराने वाले शास्त्र को "विश्वशास्त्र"।
2. सार्वभौम-सत्य से सार्वभौम-सिद्धान्त तक की यात्रा का मार्ग ईश्वरीय मार्ग है। जिसे समय-समय पर मानवीय शरीर के माध्यम से व्यक्त कर समाज में स्थापित करने वाले शरीर को अवतार कहते हैं और अवतार द्वारा दी गयी व्यवस्था को व्यक्ति में स्थापित करने वाले को गुरू कहते हैं।
3. ईश्वर या अवतार सम्पूर्ण मानव जाति सहित ब्रह्माण्डीय कल्याण के लिए कर्म करने के लिए व्यक्त होते हैं न कि किसी कथित वर्तमान किसी विशेष धर्म की सर्वोच्चता के लिए।
4. कथित वर्तमान विशेष-विशेष धर्म उसी ईश्वर को अपने-अपने संस्कृति की दृष्टि से देखते व निरूपित करते हैं।
5. कोई भी अवतार अपने जीवन काल में कोई नई व अलग सामाजिक व्यवस्था या संस्कृति की स्थापना नहीं करता बल्कि वह अपने पूर्व के अवतार के कार्यों को ही आगे बढ़ाता है। इस प्रकार प्रत्येक अवतार अपने पूर्व के अवतार का पुनर्जन्म ही होता है और उसका अन्तिम लक्ष्य सार्वभौम सत्य-सिद्धान्त को पूर्ण प्रकाशित कर उसके द्वारा ईश्वरीय समाज का निर्माण करना होता है।
6. अवतार. सार्वभौम आत्मा या सार्वभौम मन का रूप होता है। इसलिए उसका "मैं" का सम्बोधन संयुक्त या समन्वय या सार्वभौम को सम्बोधित होता है और इस ओर गति करने वाला प्रत्येक मानव महापुरूष या ईश्वर के अवतार के रूप में स्थापित होता रहता है।
7. अन्तः सूक्ष्म अदृश्य विषयों पर केन्द्रित मन अदृश्य काल में स्थित मानव की स्थिति है तथा बाह्य स्थूल दृश्य विषयों पर केन्द्रित मन दृश्य काल में स्थित मानव की स्थिति है
8. अन्तः सूक्ष्म अदृश्य विषय द्वारा ईश्वर या आत्मतत्व की अनुभूति कराने वाले शास्त्र को "व्यक्तिगत प्रमाणित विश्वशास्त्र" तथा बाह्य स्थूल दृश्य विषय द्वारा ईश्वर या आत्मतत्व की अनुभूति कराने वाले शास्त्र को "सार्वजनिक प्रमाणित विश्वशास्त्र" कहते हैं। इस प्रकार श्री कृष्ण द्वारा व्यक्त व व्यास रचित "गीता या गीतोपनिषद्" व्यक्तिगत प्रमाणित विश्वशास्त्र है तथा यह शास्त्र सार्वजनिक प्रमाणित "गीता या गीतोपनिषद्" या "विश्वशास्त्र" है।
9. काल और युग का निर्धारण किसी पूर्व निर्धारित समय सीमा या तिथि द्वारा नहीं बल्कि अधिकतम मानव के मन के केन्द्रित स्थिति द्वारा निर्धारित होती है।
10. ईश्वर नाम उस शब्द को कहते हैं जिसके माध्यम से उस ईश्वर या आत्मतत्व को जाना जाता है। अदृश्य काल में यह अदृश्य ईश्वर नाम तथा दृश्य काल में यह दृश्य ईश्वर नाम के रूप में व्यक्त होता है।
11. परिवर्तन या आदान-प्रदान या Transaction या Trade या व्यापार ही एक मात्र सार्वजनिक प्रमाणित दृश्य सत्य है और यह सम्पूर्ण ब्रह्माण्ड क्षेत्र् में व्याप्त है। इस कारण यह सम्पूर्ण ब्रह्माण्ड सर्वोच्च और अन्तिम व्यापार क्षेत्र या व्यापार केन्द्र (TRADE CENTRE) है।
12. कोई किसी अन्य के लिए कर्म नहीं करता। सभी अपनी शान्ति, स्थिरता, एकता व विकास के लिए कर्म करते हैं चाहे वह मानव हो या ईश्वर हो या अवतार हो या कोई अन्य।
13. जिसका न आदि है, न अन्त है अर्थात जो शाश्वत, हमेशा और सर्वत्र है। उस आत्म तत्व का जानना ही एक मात्र धर्म को जानना है और उस धर्म का नाम सनातन धर्म है। अवतारगण बार-बार समाज के बहुमत मन और प्रचलित भाषा की दिशा से उस आत्मतत्व की ओर योग कराने के लिए ही आते रहे हैं।

14. उस आत्मतत्व को जानने के लिए ज्ञान सूत्रों के माध्यम से वेदों में, ईश्वर नाम (ओउम्) के माध्यम से उपनिषद् में, उस आत्मतत्व के गुणों व ब्रह्माण्डीय वस्तुओं (सूर्य, चाँद, ग्रह, नक्षत्र, तत्व इत्यादि) के गुणों के साकार निरूपण (मूर्ति) के माध्यम से पुराणों में, प्रकृति (सत्व, रज, तम, आसुरी, दैवी व उसके अन्य अंश गुणों) के माध्यम से गीता/गीतोपनिषद् में व्यक्त किया गया है। इन सभी माध्यमों सहित वर्तमान पदार्थ विज्ञान, समाज विज्ञान, राजनीति विज्ञान, शासन प्रणाली इत्यादि के माध्यम से "सार्वजनिक प्रमाणित गीता (समष्टि गीता)" अर्थात "विश्वशास्त्र" में व्यक्त किया गया है।
15. पौराणिक साकार चरित्रों के निरूपण से ही समाज में जो पहचान बनी वह धर्म- हिन्दू धर्म कहलाया जबकि अवतारगण (सनातन समर्थक) का इनसे कोई सम्बन्ध नहीं रहा और न ही वे इनकी पूजा करते हुये दर्शाये गये। अवतारगण मात्र शिव (आत्मा) और उसके प्रतीक रूप शिवलिंग तक ही सीमित रहे। क्योंकि वे जानते थे कि ये सब मात्र माध्यम हैं न कि लक्ष्य।
16. पिछले कुछ सौ वर्षों में जो दो सार्वाधिक महत्वपूर्ण परिवर्तन इस मानव समाज में हुए हैं वे हैं- पदार्थ (भौतिक) विज्ञान व निराकार आधारित लोकतान्त्रिक शासन का विकास व इनके प्रभुत्व की ओर सदैव बढ़ता हुआ विकास। व्यक्ति का स्वयं को संचालन व्यष्टि मन से होता है परन्तु जब वह राजा के पद पर बैठता है तब वह व्यक्ति होते हुये भी संयुक्त मन-समष्टि मन से संचालित होता है। भगवान परशुराम ने साकार आधारित लोकतंत्र व्यवस्था दी थी जिसे "परशुराम परम्परा" के नाम से जानते हैं। वाल्मीकि रचित रामायण से आदर्श मानक व्यक्ति चरित्र का प्रस्तुतीकरण व्यक्ति संचालन का आदर्श रूप प्रस्तुत हुआ। भगवान श्रीकृष्ण ने साकार आधारित परशुराम परम्परा का नाश किया (क्योंकि उस समय राजा भी व्यष्टि मन से शासन करने लगे थे) और पूर्ववर्ती सभी मतों का समन्वय व एकीकरण करते हुये निराकार आधारित लोकतंत्र व्यवस्था के प्रारम्भ का बीज शास्त्र "गीता/गीतोपनिषद्" प्रस्तुत किये। उसके उपरान्त भगवान बुद्ध ने भगवान श्रीकृष्ण के क्रम को आगे बढ़ाते हुए बुद्धि, संघ व धर्म के शरण में जाने की शिक्षा दी। वर्तमान में पूर्ववर्ती सभी धर्मों व मतों का समन्वय व एकीकरण करते हुये निराकार आधारित लोकतंत्र व्यवस्था का वृक्ष शास्त्र विश्व नागरिक धर्म का धर्मयुक्त धर्मशास्त्र-कर्मवेद: प्रथम, अन्तिम तथा पंचम वेदीय श्रृंखला, विश्व-राज्यधर्म का धर्मनिपेक्ष धर्मशास्त्र-विश्वमानक शून्य-मन की गुणवत्ता का विश्वमानक श्रृंखला, आदर्श मानक सामाजिक व्यक्ति चरित्र समाहित आदर्श मानक वैश्विक व्यक्ति चरित्र अर्थात सार्वजनिक प्रमाणित आदर्श मानक वैश्विक व्यक्ति चरित्र का प्रस्तुतीकरण लव कुश सिंह "विश्वमानव" ने इस "विश्वशास्त्र" से किया है। आत्मतत्व की ओर जो व्यक्ति को जोड़ता है वह व्यष्टि गुरू तथा जो राज्य सहित व्यक्ति को आत्मतत्व की ओर मोड़ता व जोड़ता है वह राजगुरू या राष्ट्रगुरू कहलाता है। वर्तमान समय में राष्ट्र (राज्य) को मार्गदर्शन देने वाले शास्त्र का अभाव था जिसके लिए नये धर्मशास्त्र की आवश्यकता थी जो पूर्ण हुई। यदि आवश्यकता न रहती तो अन्तिम महावतार कल्कि की क्या आवश्यकता रहती और किस कार्य के लिए रहती? विचारणीय विषय है।
17. शास्त्र में दिये गये स्थानों के नाम, वे वर्तमान में हैं, इसलिए प्रयोग किये गये हैं जबकि शास्त्र उसकी ऐतिहासिक प्रमाणिकता को सिद्ध नहीं करता है।
18. शास्त्र में व्यक्त सार्वभौम सत्य-सिद्धान्त अन्तिम है जो सत्य है, न कि परिवर्तनशील विचार। जिसे मानव विचारों के उत्तरोत्तर बढ़ते स्तर से अन्त में यही प्राप्त करेगा। विचारों का अन्त ही सत्य है।

"विश्वशास्त्र" की रचना क्यों?

"विश्वशास्त्र" की रचना मात्र निम्न कारणो से की गई है और अगर प्रस्तुत शास्त्र, "विश्वशास्त्र" नहीं है तो ऐसे शास्त्र की रचना मानव बुद्धि शक्ति समाज द्वारा निम्न कारणों के लिए की जानी चाहिए।

1. प्रकृति के तीन गुण- सत्व, रज, तम से मुक्त होकर ईश्वर से साक्षात्कार करने के "ज्ञान" का शास्त्र "श्रीमदभगवद्गीता या गीता या गीतोपनिषद्" उपल्ब्ध हो चुका था परन्तु साक्षात्कार के उपरान्त कर्म करने के ज्ञान अर्थात ईश्वर के मस्तिष्क का "कर्मज्ञान" का शास्त्र उपलब्ध नहीं हुआ था अर्थात ईश्वर के साक्षात्कार का शास्त्र तो उपलब्ध था परन्तु ईश्वर के कर्म करने की विधि का शास्त्र उपलब्ध नहीं था। मानव को ईश्वर से ज्यादा उसके मस्तिष्क की आवश्यकता है।
2. प्रकृति की व्याख्या का ज्ञान का शास्त्र "श्रीमदभगवद्गीता या गीता या गीतोपनिषद्" तो उपलब्ध था परन्तु काल और ब्रह्माण्ड की व्याख्या का तन्त्र शास्त्र उपलब्ध नहीं था।
3. समाज में व्यष्टि (व्यक्तिगत प्रमाणित) धर्म शास्त्र (वेद, उपनिषद्, गीता, बाइबिल, कुरान इत्यादि) तो उपलब्ध था परन्तु समष्टि (सार्वजनिक प्रमाणित) धर्म शास्त्र उपलब्ध नहीं था जिससे मानव अपने-अपने धर्मों में रहते और दूसरे धर्म का सम्मान करते हुए विश्व-राष्ट्र धर्म को भी समझ सके तथा उसके प्रति अपने कर्तव्य को जान सके।
4. शास्त्र-साहित्य से भरे इस संसार में कोई भी एक ऐसा मानक शास्त्र उपलब्ध नहीं था जिससे पूर्ण ज्ञान - कर्मज्ञान की उपलब्धि हो सके साथ ही मानव और उसके शासन प्रणाली के सत्यीकरण के लिए अनन्त काल तक के लिए मार्गदर्शन प्राप्त हो सके अर्थात भोजन के अलावा जिस प्रकार पूरक दवा ली जाती है उसी प्रकार ज्ञान - कर्मज्ञान के लिए पूरक शास्त्र उपलब्ध नहीं था जिससे व्यक्ति की आजिविका तो उसके संसाधन के अनुसार रहे परन्तु उसका ज्ञान - कर्मज्ञान अन्य के बराबर हो जाये।
5. ईश्वर को समझने के अनेक भिन्न-भिन्न प्रकार के शास्त्र उपलब्ध थे परन्तु अवतार को समझने का शास्त्र उपलब्ध नहीं था।

विश्वशास्त्र का आविष्कार किस प्रकार हुआ?

जिस प्रकार नदी में जल का सतत प्रवाह होता रहता है उसका उपयोग सिंचाईं में हो सकता है। परन्तु बाँध बनाकर जल का उपयोग करने से बिजली भी बनायी जा सकती है। उसी प्रकार मानव समाज में आकड़ों (डाटा) का सदैव प्रवाह हो रहा है उसे अपने मस्तिष्क में रोककर इकट्ठा करने से ही उसका विश्लेषण हो सकता है। जितने अधिक आकड़ों से विश्लेषण होगा परिणाम उतना ही सटीक होगा। यही बुद्धि है। कम्प्यूटर में भी यदि आकड़ें कम होगें तो विश्लेषण भी कम ही प्राप्त किये जा सकते हैं। जितने बड़े क्षेत्र के लिए कार्य करना हो उतने बड़े क्षेत्र से सम्बन्धित आकड़ें जुटाये जाते हैं। यही बुद्धि है। कोई भी कार्य सिर्फ एक कारण से नहीं होता। अधिक से अधिक कारणों को जानना, कर्म की सटीक व्याख्या है।

इसी को दूसरे रूप में ऐसे समझा जा सकता है कि कोई भी व्यक्ति जब मकान बनाने की तैयारी करता है तो सभी सामग्रीयों के आकड़ें उसके सामने होते हैं, तब वह निर्माण कार्य प्रारम्भ करता है। अन्यथा उसका कार्य कभी भी रूक सकता है। सभी अवतार यदि आप सूक्ष्म रूप में देखें तो पायेंगे वे आकड़ों की शक्ति से ही धर्म स्थापना का कार्य किये।

समाज के ऐसे व्यक्ति जो यह जानना चाहते हैं कि यह आविष्कार किस प्रकार हुआ तो उनके लिए वर्तमान तक के सभी मत, विचार, महापुरूषों के जीवनवृत्त, विज्ञान, धर्म, व्यापार, समाज, राज्य, विश्व इत्यादि के सम्बन्ध में विश्व, भारत, अन्तर्राष्ट्रीय, समाज, परिवार व व्यक्ति स्तर पर बहुमुखी न्यूनतम मूल ज्ञान का आकड़ा होना

अति आवश्यक होगा। यह "विश्वशास्त्र" सभी प्रश्नों का आध्यात्मिक, सामाजिक, राजनैतिक और प्रबन्धकीय आधार सहित व्याख्या करता है जो विश्व शान्ति, एकता, स्थिरता, विकास, सुरक्षा, प्रबन्ध इत्यादि का अन्तिम, विवशता व मानवतापूर्ण मार्ग है।

"विश्वशास्त्र" की उपयोगिता क्या है?

वर्तमान समय के भारत तथा विश्व की इच्छा शान्ति का बहुआयामी विचार-अन्तरिक्ष, पाताल, पृथ्वी और सारे चराचर जगत में एकात्म भाव उत्पन्न कर अभय का साम्राज्य पैदा करना और समस्याओं के हल में इसकी मूल उपयोगिता है। साथ ही विश्व में एक धर्म विश्वधर्म-सार्वभौम धर्म, एक शिक्षा-विश्व शिक्षा, एक न्याय व्यवस्था, एक अर्थव्यवस्था, एक संविधान, एक शास्त्र स्थापित करने में है। भारत के लिए यह अधिक लाभकारी है क्योंकि यहाँ सांस्कृतिक विविधता है। जिससे सभी धर्म-संस्कृति को सम्मान देते हुए एक सूत्र में बाँधने के लिए सर्वमान्य धर्म उपलब्ध हो जायेगा। साथ ही संविधान, शिक्षा व शिक्षा प्रणाली व विषय आधारित विवाद को उसके सत्य-सैद्धान्तिक स्वरूप से हमेशा के लिए समाप्त किया जा सकता है। साथ ही पूर्ण मानव निर्माण की तकनीकी से संकीर्ण मानसिकता से व्यक्ति को उठाकर व्यापक मानसिकता युक्त व्यक्ति में स्थापित किये जाने में आविष्कार की उपयोगिता है। जिससे विध्वंसक मानव का उत्पादन दर कम हो सके। ऐसा न होने पर नकारात्मक मानसिकता के मानवों का विकास तेजी से बढ़ता जायेगा और मनुष्यता की शक्ति उन्हीं को रोकने में खर्च हो जायेगी। यह आविष्कार सार्वभौम लोक या गण या या जन या स्व का निराकार रूप है इसलिए इसकी उपयोगिता स्वस्थ समाज, स्वस्थ लोकतन्त्र, स्वस्थ उद्योग तथा व्यवस्था के सत्यीकरण और स्वराज की प्राप्ति में है अर्थात मानव संसाधन की गुणवत्ता का विश्वमानक की प्राप्ति और ब्रह्माण्ड की सटीक व्याख्या में है। मनुष्य किसी भी पेशे में हो लेकिन उसके मन का भूमण्डलीयकरण, एकीकरण, सत्यीकरण, ब्रह्माण्डीयकरण करने में इसकी उपयोगिता है जिससे मानव शक्ति सहित संस्थागत और शासन शक्ति को एक कर्मज्ञान से युक्त कर ब्रह्माण्डीय विकास में एकमुखी किया जा सके।

विश्वशास्त्र के बाद का मनुष्य, समाज और शासन

प्रकृति की व्याख्या द्वारा ज्ञान के अन्त के शास्त्र "श्रीमदभगवद्गीता या गीता या गीतोपनिषद्" के बाद ब्रह्माण्ड की व्याख्या द्वारा कर्मज्ञान के अन्त का मानक व तन्त्र शास्त्र - विश्वशास्त्र उपलब्ध होने के बाद मनुष्य, समाज और शासन का निर्माण किस दिशा की ओर होगी यह विचारणीय विषय है। जिसकी संक्षिप्त रूपरेखा निम्न प्रकार है-

1. शिक्षा में शिक्षा पाठ्यक्रम को बदले बिना एक पूरक शास्त्र मनुष्य को उपलब्ध हो जायेगा जिससे वह अपने कर्मों के विश्लेषण व तुलना से जान सकेगा कि वह पूर्ण ईश्वरीय कार्य के अंश जीवन यात्रा में कितनी यात्रा तय कर चुका है और वह यात्रा इस जीवन में पूर्ण करना चाहता है या यात्रा जारी रखना चाहता है।
2. पृथ्वी के मानसिक विवादों को समाप्त कर मनुष्य, समाज व शासन को एक संतुलित कर्मज्ञान का मानक प्राप्त होगा जिससे एकात्मकर्मवाद का जन्म होगा। इस कारण सम्पूर्ण कर्म और मनुष्यता की सम्पूर्ण शक्ति एक दिशा की ओर होगी जिससे ब्रह्माण्डीय विकास होगा।
3. व्यक्ति आधारित समाज व शासन से उठकर मानक आधारित समाज व शासन का निर्माण होगा। अर्थात जिस प्रकार हम सभी व्यक्ति आधारित राजतन्त्र में राजा से उठकर व्यक्ति आधारित लोकतन्त्र में आये, फिर संविधान आधारित लोकतन्त्र में आ गये उसी प्रकार पूर्ण लोकतन्त्र के लिए मानक व संविधान आधारित लोकतन्त्र में हम सभी को पहुँचना है।

4. सभी का ज्ञान-कर्मज्ञान समान हो जाने से हम सभी वर्तमान में जीवन जीते हुये अपनी शक्ति का अधिकतम उपयोग करने में सक्षम हो जायेंगे।
5. अन्ततः सार्वजनिक प्रमाणित दृश्य जगत व विज्ञान में अधिकतम मन केन्द्रित होने से प्रत्यक्ष पर ही विश्वास होगा और डा0 संदीप बीजे बाग, संस्थापक एवं अध्यक्ष, "विश्व सेवा तीर्थ", 106, ओस्तवाल शापिंग सेन्टर, प्रथम तल, भयन्दर (पूर्व), थाणे (महाराष्ट्र)-401105 के निम्न पाँच विचार सत्य सिद्ध होंगे।

ईश्वर के नाम पर युद्ध समाप्त करने के लिए एक प्रभु - सूर्य
देश के नाम पर युद्ध समाप्त करने के लिए एक देश - विश्व
धर्म के नाम पर युद्ध समाप्त करने के लिए एक धर्म - प्रेम
कर्म के नाम पर युद्ध समाप्त करने के लिए एक कर्म - सेवा
जाति के नाम पर युद्ध समाप्त करने के लिए एक जाति - मानव

निर्णय आपके हाथ,
एकता का प्रयास या अनेकता का विकास

विश्वशास्त्र - कितना छोटा और कितना बड़ा?

भारत में अनेक अपराधिक और घोटाले की फाइल में "विश्वशास्त्र" से अधिक पृष्ठ होते हैं या यूँ कहे कि "विश्वशास्त्र" में निम्नलिखित के अनुसार ही पृष्ठ हैं-

01. कक्षा 8 तक की शिक्षा प्राप्त करने तक सभी विषयों को मिलाकर जिनते पृष्ठ पढ़ा जाता है, विश्वशास्त्र उससे छोटा है।
02. उच्च शिक्षा के किसी भी एक विषय के पाठ्य पुस्तक से विश्वशास्त्र छोटा है।
03. विश्वविद्यालय में किसी विषय पर किये गये 5 शोध-पत्रों से विश्वशास्त्र छोटा है।
04. किसी भी प्रतियोगी परीक्षा के लिए पढ़े गये पुस्तकों से विश्वशास्त्र छोटा है।
05. 5 उपन्यासों के कुल पृष्ठ से विश्वशास्त्र छोटा है।
06. किसी सबसे अधिक पढ़े जाने वाले हिन्दी समाचार पत्र के मात्र 15 दिनों के समाचार पत्र से विश्वशास्त्र छोटा है।
07. एक क्रिकेट टेस्ट मैच के दौरान क्रिकेट के सम्बन्ध में दूरदर्शन के चैनल पर किये गये कमेन्ट्री व वार्ता से निकले वाक्यों से विश्वशास्त्र छोटा है।
08. 10 फिल्मों के पटकथा से विश्वशास्त्र छोटा है।
09. किसी एक घोटाले के जाँच पर तैयार किये गये रिपोर्ट से विश्वशास्त्र छोटा है।
10. 4 औरतों को बिना किसी मुद्दे पर चर्चा के बात करने के लिए 1 सप्ताह एक साथ रखने पर निकले वार्ता से विश्वशास्त्र छोटा है।
11. एक सास-बहू या किसी दूरदर्शन धारावाहिक को देखने में जितना समय लगेगा, उससे कम समय में विश्वशास्त्र पढ़ा जा सकता है।
12. एक लड़की जिसका एक लड़का मित्र (ब्वाय फ्रेण्ड) हो, मोबाइल पर बात करने के लिए स्वतन्त्र कर दिया जाय तो वह 5 दिन में जितना बात करेगी, उसके मूल्य और निकले साहित्य से विश्वशास्त्र छोटा है।

और "विश्वशास्त्र" की सारांश में उपयोग

01. निरक्षर के लिए इस शास्त्र का मूल्य शून्य है, साक्षर के लिए यह उपयोगी है, पशु-प्रवृत्तियों के लिए यह विश्वशास्त्र गोवर्धन पर्वत है, योगियों के लिए यह अँगुली पर उठाने योग्य है, धनिकों के लिए यह व्यर्थ है, नई पीढ़ीयों के लिए यह भविष्य निर्माता है, नेतृत्वकर्ताओं के लिए यह नेतृत्व की कला है, ज्ञान पिपासुओं के लिए यह मार्गदर्शक और उपलब्धि है।

02. काशी क्षेत्र का विश्वशास्त्र सत्य रूप है, उसकी संस्कृति है, उसका प्रतिनिधि शास्त्र है और उसका गौरव है।

03. भारत के लिए विश्वशास्त्र भारतीयता है तथा मानवता का चरम विकसित बिन्दु है। राष्ट्र के लिए राष्ट्रीयता है।

04. युग के लिए यह युग-परिवर्तक है, व्यवस्था के लिए यह व्यवस्था-सत्यीकरण है।

05. लोकतन्त्र के लिए यह पुष्टिकारक है, संविधान के लिए यह मार्गदर्शक है, विभिन्न शास्त्रों के बीच विश्वशास्त्र ही गुरू है और आत्मतत्व का दृश्य रूप है।

और हमारे इस ग्रह पृथ्वी के देश भारत में हजारों विश्वविद्यालय, लाखों विद्यालय-महाविद्यालय, लाखों प्रोफेसर-लेक्चरर इत्यादि शिक्षा क्षेत्र से हैं। भारत के "पुनर्निर्माण व आध्यात्मिक एवं दार्शनिक विरासत के आधार एक भारत-श्रेष्ठ भारत का निर्माण" के लिए प्रस्तुत प्रथम और अन्तिम प्रारूप "विश्वशास्त्र" के 1700 पृष्ठों पर निर्णय कितने दिनों में आयेगा, इससे ही निर्धारित होगा भारत की बौद्धिकता का कालानुसार योग्यता कि वो भूतकाल में हैं या वर्तमान में या भविष्य के लिए तुरन्त कार्यवाही करने को तैयार है।

निर्णय आपके हाथ
ज्ञान-कर्मज्ञान का आस या समय का पास

एक ही विश्वशास्त्र साहित्य के विभिन्न नाम

धर्म क्षेत्र से नाम

01.कर्मवेद 02.शब्दवेद 03.सत्यवेद 04.सूक्ष्मवेद 05.दृश्यवेद 06. पूर्णवेद 07.अघोरवेद 08.विश्ववेद 09.ऋषिवेद 10.मूलवेद 11.शिववेद 12.आत्मवेद 13.अन्तवेद 14.जनवेद 15.स्ववेद 16.लोकवेद 17. कल्किवेद 18.धर्मवेद 19.व्यासवेद 20.सार्वभौमवेद 21.ईशवेद 22.ध्यानवेद 23.प्रेमवेद 24.योगवेद 25.स्वरवेद 26.वाणीवेद 27.ज्ञानवेद 28.युगवेद 29.स्वर्णयुगवेद 30.समर्पणवेद 31.उपासनावेद 32. शववेद 33.मैंवेद 34.अहंवेद 35.तमवेद 36.सत्वेद 37.रजवेद 38.कालवेद 39.कालावेद 40.कालीवेद 41.शक्तिवेद 42.शून्यवेद 43.यथार्थवेद 44.कृष्णवेद सभी प्रथम, अन्तिम तथा पंचम वेद 45. कर्मोपनिषद् - अन्तिम उपनिषद् 46.कर्म वेदान्त 47.धर्मयुक्त धर्म शास्त्र 48.ईश्वर 49.ईश्वर का संक्षिप्त इतिहास 50.ईश्वरशास्त्र 51. पुनर्जन्म 52.श्री लव कुश: पूर्ण प्रेरक अन्तिम कल्कि अवतार 53. भोगेश्वर: योगेश्वर समाहित 54.पूर्णदृश्य-मैं 55.बहुरूप में एक 56. ईश्वर का मस्तिष्क 57.सत्य-शिव-सुन्दर 58.विश्वभारत: सार्वजनिक प्रमाणित महाभारत 59.विश्व-पुराण 60.विश्व-धर्म: सर्वधर्म समाहित 61.विश्व-कला: कृष्ण-कला समाहित 62.विश्व-गुरू 63.विश्व भक्ति 64.सत्य-पुराण 65.सत्य-धर्म 66.सत्य-कला: कृष्ण-कला समाहित 67.सत्य-गुरू 68.सत्य भक्ति 69.सत्यकाशी: पंचम, सप्तम और अन्तिम काशी 70.द्वारिका: स्वर्णयुग का प्रवेश द्वार 71.कृष्ण निर्माण योजना 72. बुड्ढा कृष्ण: कृष्ण का भाग दो और अन्तिम 73.धारा और राधा 74.शिवद्वार: शिवयुग का प्रवेश द्वार 75. जीव का शिव में निर्माण 76.सत्व-रज-तम: राम-कृष्ण-लवकुश 77. लवकुश: सेतू या से तू 78.भोग माया: योग माया समाहित 79.मैं हूँ तैतीस करोड़ 80.अर्धनारीश्वर 81. काल-काली-काला 82. सृष्टि-स्थिति-प्रलय और सृष्टि 83.पशुपास्त्र: ब्रह्मास्त्र व नारायणास्त्र समाहित 84.पुराण पुरूष: सर्वोच्च व अन्तिम 85.पुराण: सर्वोच्च व अन्तिम 86.धर्म: सर्वोच्च व अन्तिम 87.आत्मा: सर्वोच्च व अन्तिम 88.गुरू: सर्वोच्च व अन्तिम 89.महायज्ञ: सर्वोच्च व अन्तिम 90.तीसरा नेत्र

धर्मनिरपेक्ष व सर्वधर्मसमभाव क्षेत्र से नाम

1.मार्ग 2.बुद्धि 3.अहंकार 4.व्यापार 5.महत्वाकांक्षा 6.युग पुरूष 7.शंखनाद 8.उपासना 9.योग 10.मानक 11.एजेण्डा 12.कला 13.ध्यान 14.समर्पण 15.लीला 16.समन्वयाचार्य 17.दर्पण 18.मन 19.शिक्षा 20.रूप 21.विश्वमानव 22.बुद्धि 23.चेतना 24.प्रकाश 25.दृष्टि 26.मार्ग 27.राजनीति 28.एकता 29.शान्ति 30.सेवा 31.भक्ति 32.बन्धुत्व 33.जातिवाद 34.अहंकार 35.दर्शन, सभी सर्वोच्च व अन्तिम 36.विकास-दर्शन 37.विनाश-दर्शन 38.एकात्मकर्मवाद 39.मस्तिष्क परावर्तक (ब्रेन टर्मिनेटर) 40.धर्मनिरपेक्ष धर्म शास्त्र 41.लोकतंत्र धर्म शास्त्र 42. लोक-शास्त्र 43.जन-शास्त्र 44.स्व-शास्त्र 45.लोक नायक शास्त्र 46. यथार्थ-प्रकाश 47.लोक/जन/स्व तंत्र 48.एकात्म विज्ञान 49.मानक विज्ञान 50.पूर्ण ज्ञान 51.कर्म ज्ञान 52.जय ज्ञान-जय कर्म ज्ञान 53. विश्व-उपासना 54.विश्व-योग 55.विश्व-मानक 56. विश्व-राष्ट्र-जन एजेण्डा 57.विश्व-ध्यान 58.विश्व-समर्पण 59. विश्व-लीला 60.विश्व-आत्मा 61.विश्व-समन्वयाचार्य 62. विश्व-दर्पण 63.विश्व-मन 64.विश्व-शिक्षा 65.विश्व-रूप 66. विश्वमानव - विश्वमन से युक्त 67.विश्व-बुद्धि 68.विश्व-चेतना 69. विश्व-प्रकाश 70.विश्व-दृष्टि 71.विश्व-मार्ग 72. विश्व-राजनीति 73. विश्व एकता 74.विश्व शान्ति 75.विश्व सेवा 76.विश्व महायज्ञ: सार्वजनिक प्रमाणित दृश्य 77.विश्व-बन्धुत्व 78.विश्व जातिवाद 79. विश्व अहंकार 80.सत्य-भारत 81.सत्य-उपासना 82.सत्य-योग 83.सत्य-ध्यान 84.सत्य-मानक 85.सत्य-राष्ट्र-जन एजेण्डा 86. सत्य-ध्यान 87.सत्य-समर्पण 88.सत्य-लीला 89.सत्य-आत्मा 90. सत्य-समन्वयाचार्य 91.सत्य-दर्पण 92.सत्य-मन 93.सत्य-शिक्षा 94. सत्य-रूप 95.सत्य-मानव: सत्य-मन से युक्त 96. सत्य-बुद्धि 97. सत्य-चेतना 98.सत्य-प्रकाश 99.सत्य-दृष्टि 100.सत्य-मार्ग 101. सत्य-राजनीति 102.सत्य एकता 103.सत्य शान्ति 104.सत्य सेवा 105.सत्य महायज्ञ: सार्वजनिक प्रमाणित दृश्य 106.सत्य-बन्धुत्व 107. सत्य जातिवाद 108.सत्य अहंकार 109.स्वर्णयुग का प्रथम मानव 110. मात्र यही हूँ-मानो या ना मानो 111.पाँचवा और अन्तिम सूर्य 112. चक्रान्त - चक्र का अन्त 113.दिव्य-दृष्टि 114.दिव्य-रूप 115. दृश्य-योग 116.दृश्य-ध्यान 117.ज्ञान बम 118.आध्यात्मिक न्यूट्रान बम 119. सार्वभौम सत्य-सिद्धान्त 120.मानक एवं मन का विश्व मानक और पूर्ण वैश्विक मानव निर्माण की तकनीकी 121.मन का ब्रह्माण्डीयकरण 122. सार्वभौम दर्पण-व्यक्ति से ब्रह्माण्ड तक 123.सम्पूर्ण क्रान्ति-प्रथम, अन्तिम और सर्वोच्च क्रान्ति 124. सामाजिक अभियंत्रण (सोशल इंजिनीयरींग) 125.सन् 2012: पाँचवें और अन्तिम स्वर्ण युग का आरम्भ वर्ष 126.आध्यात्मिक ब्लैक होल 127.तख्तापलट 128.एक आवाज, मधुशाला से 129.आकड़ा (डाटा) 130.मंथन रत्न 131.काला किताब 132.पूर्ण सकारात्मक विचार 133.विश्व संविधान का आधार 134. एक अलग यात्रा 135.समभोग: एकात्म भाव से भोग 136.सर्वजन हिताय - सर्वजन सुखाय 137.वसुधैव कुटुम्बकम् 138.सर्वेभवन्तु सुखिनः 139.अगीतांजलि 140.सत्य शास्त्र 141. व्यवस्था परिवर्तन का प्रथम प्रारूप

उपरोक्त नाम क्यों हैं, इसकी व्याख्या "विश्वशास्त्र" के परिशिष्ट में दी गयी है।

विश्वव्यापी स्थापना का स्पष्ट मार्ग

मन (मानव संसाधन) के विश्व मानक (WS)-0 श्रृंखला के विश्वव्यापी स्थापना के निम्नलिखित शासनिक प्रक्रिया द्वारा स्पष्ट मार्ग है।

01. **जनता व जन संगठन द्वारा-** जनता व जन संगठन द्वारा जनहित के लिए सर्वोच्च न्यायालय में यह याचिका दायर की जा सकती है कि सभी प्रकार के संगठन जैसे-राजनीतिक दल, औद्योगिक समूह, शिक्षण समूह जनता को यह बतायें कि वह किस प्रकार के मन का निर्माण कर रहा है तथा उसका मानक क्या है?

02. **भारत सरकार द्वारा-** भारत सरकार इस श्रृंखला को स्थापित करने के लिए संसद में प्रस्ताव प्रस्तुत कर अपने संस्थान भारतीय मानक ब्यूरो (BIS) के माध्यम से समकक्ष श्रृंखला स्थापित कर विश्वव्यापी स्थापना के लिए अन्तर्राष्ट्रीय मानकीकरण संगठन (ISO) के समक्ष प्रस्तुत कर सकता है। साथ ही संयुक्त राष्ट्र संघ (UNO) में भी प्रस्तुत कर संयुक्त राष्ट्र संघ (UNO) के पुर्नगठन व पूर्ण लोकतंत्र की प्राप्ति के लिए मार्ग दिखा सकता है। संयुक्त राष्ट्र संघ (UNO) के सन् 2046 ई0 में 100 वर्ष पूरे होने पर विश्व सरकार के गठन व विश्व संविधान के निर्माण का यही WS-0 श्रृंखला आधार सिद्धान्त है जो भारत अभी ही खोजा जा चुका है।

03. **राजनीतिक दल द्वारा-** भारत का कोई एक राष्ट्रीय राजनीतिक दल जिसकी राजनैतिक इच्छाशक्ति हो, वह विश्व राजनीतिक पार्टी संघ (WPPO) का गठन कर प्रत्येक देश से एक राजनीतिक दल को संघ में साथ लेते हुये संयुक्त राष्ट्र संघ पर स्थापना के लिए दबाव बना सकता है।

04. **सयुंक्त राष्ट्र संघ (UNO) द्वारा-** संयुक्त राष्ट्र संघ सीधे इस मानक श्रृंखला को स्थापना के लिए अपने सदस्य देशों के महासभा के समक्ष प्रस्तुत कर अन्तर्राष्ट्रीय मानकीकरण संगठन (ISO) व विश्व व्यापार संगठन के माध्यम से सभी देशों में स्थापित करने के लिए उसी प्रकार बाध्य कर सकता है, जिस प्रकार ISO-9000 व ISO-14000 श्रृंखला का विश्वव्यापी स्थापना हो रहा है। विश्व व्यापार संगठन के ऊपर मन (मानव संसाधन) के विश्व मानक WS-0 श्रृंखला की स्थापना से भारत दबाव बना सकता है।

05. **अन्तर्राष्ट्रीय मानकीकरण संगठन (ISO) द्वारा-** अन्तर्राष्ट्रीय मानकीकरण संगठन सीधे इस श्रृंखला को स्थापित कर सभी देशों के लिए संयुक्त राष्ट्र संघ व विश्व व्यापार संगठन के माध्यम से सभी देशों में स्थापित करने के लिए उसी प्रकार बाध्य कर सकता है, जिस प्रकार ISO-9000 व ISO-14000 श्रृंखला का विश्वव्यापी स्थापना हो रहा है।

मानव एवम् संयुक्त मानव (संगठन, संस्था, ससंद, सरकार इत्यादि) द्वारा उत्पादित उत्पादों को धीरे-धीरे वैश्विक स्तर पर मानकीकरण हो रहा है। ऐसे में संयुक्त राष्ट्र संघ को प्रबन्ध और क्रियाकलाप का वैश्विक स्तर पर मानकीकरण करना चाहिए। जिस प्रकार औद्योगिक क्षेत्र अन्तर्राष्ट्रीय मानकीकरण संगठन (International Standardization Organisation-ISO) द्वारा संयुक्त मन (उद्योग, संस्थान, उत्पाद इत्यादि) को उत्पाद, संस्था, पर्यावरण की गुणवत्ता के लिए ISO जैसे- ISO-9000, ISO-14000 श्रृंखला इत्यादि प्रदान किये जाते हैं उसी प्रकार संयुक्त राष्ट्र संघ को नये अभिकरण विश्व मानकीकरण संगठन (World Standardization Organisation-WSO) बनाकर या अन्तर्राष्ट्रीय मानकीकरण संगठन को अपने अधीन लेकर ISO-0/WSO-0 का प्रमाण पत्र योग्य व्यक्ति और संस्था को देना चाहिए जो गुणवत्ता मानक के अनुरूप हों। भारत को यही कार्य भारतीय मानक ब्यूरो (Bureau of Indiand Standard-BIS) के द्वारा ISO-0 श्रृंखला द्वारा करना चाहिए। भारत को यह कार्य राष्ट्रीय शिक्षा प्रणाली (National Education System-NES) व विश्व को यह कार्य विश्व शिक्षा प्रणाली (World Education System-WES) द्वारा करना चाहिए।

विश्वशास्त्र व शास्त्राकार से सम्बन्धित स्थान

1. रिफाइनरी टाउनशिप अस्पताल, बेगूसराय (बिहार) का जन्मस्थान सोमवार, 16 अक्टुबर 1967 (आश्विन, शुक्ल पक्ष-त्रयोदशी-विजया दशमी से तीसरा दिन, रेवतीनक्षत्र) में हुआ और टाउनशिप के E1-53, E2-53, D2F-76, D2F-45 और साइट कालोनी के D-58, C-45 में रहें।
2. नईबस्ती बघेड़ा, संतरविदास मन्दिर (मीरजापुर, उ0प्र0) के दक्षिण पैतृक भूमि का स्थान जहाँ दृश्यकाल के "शब्दब्रह्म" की प्राप्ति 1992 में हुई।
3. C-45, साइट कालोनी, रिफाइनरी, बेगूसराय (बिहार) और चित्रगुप्त नगर, खगड़िया (बिहार), का स्थान जहाँ शास्त्र का आरेख प्रारूप सन् 1994 से 1996 में तैयार किया गया।
4. श्री सियाराम सिंह पुत्र स्व0 राममन्दिल सिंह "नारदजी" का मकान "सर्वजीत साधना भवन" मुर्धवा, रेनुकूट (सोनभद्र, उ0प्र0) स्थित जहाँ शास्त्र के मूल सूत्र सन् 1998 से 2001 में लिखे गये।
5. निवास स्थान नियामतपुर कलाँ, मीरजापुर, उ0प्र0 (काशी हिन्दू विश्वविद्यालय-बी.एच.यू. वाराणसी के दक्षिण गंगा उस पार), जहाँ शास्त्र को सन् 2010 से अन्तिम रूप देने का कार्य हुआ और मथुरा में पूर्ण किया गया। बीच-बीच में चित्रकूट, वैष्णों देवी, धर्मशाला (हि.प्र), वाराणसी इत्यादि स्थानों पर शास्त्र रचना का कार्य हुआ।
6. शास्त्राकार के कारण सत्यकाशी क्षेत्र अन्तर्गत चुनार क्षेत्र के शेरपुर, बकियाबाद, धनैता मझरा, पचेवरा, फिरोजपुर, केशवपुर, भगीरथपुर, कोलना, घासीपुर बसाढ़ी, जौगढ़, रामरायपुर, जलालपुर माफी, गांगपुर, रामजीपुर, बघेड़ा, जमुहार इत्यादि गाँव भी जाने जायेंगे।
7. माधव विद्या मन्दिर इण्टरमीडिएट कालेज, पुरूषोत्तमपुर, मीरजापुर, उ0प्र0 (दसवीं -1981, 13 वर्ष 6 माह में), प्रभु नारायण राजकीय इण्टर कालेज, रामनगर, वाराणसी, उ0प्र0 (बारहवीं-1983, 15 वर्ष 6 माह में) और हरिश्चन्द्र महाविद्यालय, वाराणसी, उ0प्र0 (बी.एससी.,सन्-1985, 17 वर्ष 6 माह में) के कालेज।
8. इण्डिया एजूकेशन सेन्टर, एम-92, कनाट प्लेस, नई दिल्ली, जहाँ से 1988 (19 वर्ष 6 माह में) में कम्प्यूटर प्रोग्रामिंग और सिस्टम एनालिसिस में पोस्ट ग्रेजूएट डिप्लोमा का कोर्स पूर्ण किये।

नयी प्रणाली और व्यापार का आधार

"आकाश शब्द मंय" अर्थात आकाश शब्द रूप में है। विचार ही आविष्कार का जन्मदाता है। फिर वही व्यापार का मूल होता है। आध्यात्म जगत हो या भौतिक जगत विचार द्वारा ही आविष्कार और व्यापार चल रहे हैं। आविष्कारकों के साथ निम्न विचार अवश्य जुड़ जाते हैं। उनके सत्य अर्थ को जानना आवश्यक है-

1. **"बहुत पहुँचे हुये हैं"** - इसका अर्थ होता है- पहला अन्तर्जगत के सम्बन्ध में - आध्यात्मिक सार्वभौम सत्य-सिद्धान्तों का अनुभव, दूसरा बाह्य जगत के सम्बन्ध में - उच्च पीठासीन राजनेता और धर्माचार्य से सम्बन्ध। जिससे कल्याण व स्वार्थ का कार्य सम्पन्न कर सकें। तीसरा कोई अर्थ नहीं होता।
2. **"दर्शन"** - इसका अर्थ होता है- पहला अन्तर्जगत के सम्बन्ध में - उनके सम्पूर्ण रूप जीवन, ज्ञान व कर्म को देखना, दूसरा बाह्य जगत के सम्बन्ध में - केवल शरीर, संसाधन और महिमामण्डन को देखना। तीसरा कोई अर्थ नहीं होता। दूसरे प्रकार के दर्शन से दर्शन करने वाले को कोई लाभ नहीं होता।
3. **"आशीर्वाद"** - इसका अर्थ होता है- पहला अन्तर्जगत के सम्बन्ध में - उनसे अपने कल्याणार्थ शब्द सुनना।, दूसरा बाह्य जगत के सम्बन्ध में - उनसे अपने कल्याण के लिए कार्य लेना या उनके ज्ञान को अपने कल्याण के लिए जीवन में उपयोग करना। तीसरा कोई अर्थ नहीं होता। पहले प्रकार के आशीर्वाद से आशीर्वाद लेने वाले को कोई लाभ नहीं होता।

अ. भौतिक जगत द्वारा आविष्कार और व्यापार

भौतिक जगत में जैसे ही कोई आविष्कार होता है वह व्यापार बन जाता है परन्तु आविष्कारक का जीवन व्यापार नहीं बन पाता है। केवल आविष्कारक का ज्ञान और उत्पाद ही व्यापार में परिवर्तित होता है। पुनः आविष्कारक के ज्ञान और उत्पाद पर आधारित अन्य आविष्कार भी होने लगते हैं जैसे- बिजली का आविष्कार हुआ तो बिजली का आविष्कार जिस सिद्धान्त से हुआ वह और उस पर आधारित अनेक आविष्कार जैसे बल्ब, मोटर, जेनरेटर, बैटरी इत्यादि अनेक आविष्कार हो गये और उस पर आधारित अनकों प्रकार के व्यापार विकसित हो गये। लेकिन आविष्कारक का जीवन व्यापार नहीं बन पाया। वर्तमान समय में भौतिक जगत ने इतने अधिक आविष्कार दिये हैं कि मनुष्य के जन्म के पूर्व से ही वह भौतिक आविष्कारों का उपभोक्ता बन चुका है। और यह क्रम जारी भी है। भौतिक आविष्कारों से मनुष्य को संसाधन प्राप्त होता है।

ब. आध्यात्म जगत द्वारा आविष्कार और व्यापार

आध्यात्म जगत में जैसे ही कोई आविष्कार होता है वह व्यापार बन जाता है जो आविष्कारक के जीवन, ज्ञान और कर्म से जुड़ा होता है। पुनः आविष्कारक के जीवन, ज्ञान और कर्म पर आधारित अन्य आविष्कार भी होने लगते हैं। जैसे - श्रीराम, श्रीकृष्ण, शिव-शंकर, बुद्ध, माँ वैष्णों देवी, सांई बाबा, विश्व के तमाम धर्म संस्थापकों के जीवन, ज्ञान व कर्म पर अनेकों व्यापार विकसित हो गये हैं। भारतीय आध्यात्म और दर्शन जगत ऐसे उदाहरणों से भरा हुआ है। वर्तमान समय में आध्यात्म जगत ने इतने अधिक आविष्कार दिये हैं कि मनुष्य के जन्म के पूर्व से ही वह आध्यात्मिक आविष्कारों द्वारा ही संचालित है। और यह क्रम जारी भी है। आध्यात्मिक आविष्कारों से मनुष्य को सुख व ईश्वरत्व की ओर विकास प्राप्त होता है।

श्री विष्णु पुराण (तृतीय अंश, अध्याय-दो) में लिखा है कि -स्थितिकारक भगवान विष्णु चारों युगों में इस प्रकार व्यवस्था करते हैं- समस्त प्राणियों के कल्याण में तत्पर वे सर्वभूतात्मा सत्ययुग में कपिल आदिरूप धारणकर परम ज्ञान का उपदेश करते हैं। त्रेतायुग में वे सर्वसमर्थ प्रभु चक्रवर्ती भूपाल होकर दुष्टों का दमन करके त्रिलोक की रक्षा करते हैं। तदन्तर द्वापरयुग में वे वेदव्यास रूप धारण कर एक वेद के चार विभाग करते हैं और सैकड़ों शाखाओं में बाँटकर बहुत विस्तार कर देते हैं। इस प्रकार द्वापर में वेदों का विस्तार कर कलियुग के अन्त में

भगवान कल्किरूप धारणकर दुराचारी लोगों को सन्मार्ग में प्रवृत्त करते हैं। इसी प्रकार, अनन्तात्मा प्रभु निरन्तर इस सम्पूर्ण जगत् के उत्पत्ति, पालन और नाश करते रहते हैं। इस संसार में ऐसी कोई वस्तु नहीं है जो उनसे भिन्न हो।

श्री विष्णु पुराण (तृतीय अंश, अध्याय-तीन) में लिखा है कि - वेद रूप वृक्ष के सहस्त्रों शाखा-भेद हैं, उनका विस्तार से वर्णन करने में तो कोई भी समर्थ नहीं है अतः संक्षेप यह है कि प्रत्येक द्वापरयुग में भगवान विष्णु व्यासरूप से अवतीर्ण होते हैं और संसार के कल्याण के लिए एक वेद के अनेक भेद कर देते हैं। मनुष्यों के बल, वीर्य और तेज को अलग जानकर वे समस्त प्राणियों के हित के लिए वेदों का विभाग करते हैं। जिस शरीर के द्वारा एक वेद के अनेक विभाग करते हैं भगवान मधुसूदन की उस मूर्ति का नाम वेदव्यास है।

इस वैवस्वत मनवन्तर (सातवाँ मनु) के प्रत्येक द्वापरयुग में व्यास महर्षियों ने अब तक पुनः-पुनः 28 बार वेदों के विभाग किये हैं। पहले द्वापरयुग में ब्रह्मा जी ने वेदों का विभाग किया। दूसरे द्वापरयुग के वेदव्यास प्रजापति हुए। तीसरे द्वापरयुग में शुक्राचार्य जी, चौथे द्वापरयुग में बृहस्पति जी व्यास हुए, पाँचवें में सूर्य और छठें में भगवान मृत्यु व्यास कहलायें। सातवें द्वापरयुग के वेदव्यास इन्द्र, आठवें के वसिष्ठ, नवें के सारस्वत और दसवें के त्रिधामा कहे जाते हैं। ग्यारहवें में त्रिशिख, बारहवें में भरद्वाज, तेरहवें में अन्तरिक्ष और चौदहवें में वर्णी नामक व्यास हुए। पन्द्रहवें में त्रव्यारूण, सोलहवें में धनंजय, सत्रहवें में क्रतुन्जय और अठ्ठारवें में जय नामक व्यास हुए। फिर उन्नीसवें व्यास भरद्वाज हुए, बीसवें गौतम, इक्कीसवें हर्यात्मा, बाइसवें वाजश्रवा मुनि, तेइसवें सोमशुष्पवंशी तृणाबिन्दु, चौबीसवें भृगुवंशी ऋक्ष (वाल्मीकि) पच्चीसवें मेरे (पराशर) पिता शक्ति, छब्बीसवें मैं पराशर, सत्ताइसवें जातुकर्ण और अठ्ठाइसवें कृष्णद्वैपायन। अगामी द्वापरयुग में द्रोणपुत्र अश्वत्थामा वेदव्यास होंगे।

"कल्कि" अवतार के सम्बन्ध में कहा गया है कि उसका कोई गुरू नहीं होगा, वह स्वयं से प्रकाशित स्वयंभू होगा जिसके बारे में अथर्ववेद, काण्ड 20, सूक्त 115, मंत्र 1 में कहा गया है कि "ऋषि-वत्स, देवता इन्द्र, छन्द गायत्री। अहमिद्धि पितुष्परि मेधा मृतस्य जग्रभ। अहं सूर्य इवाजिनि।। "अर्थात "मैं परम पिता परमात्मा से सत्य ज्ञान की विधि को धारण करता हूँ और मैं तेजस्वी सूर्य के समान प्रकट हुआ हूँ।" जबकि सबसे प्राचीन वंश स्वायंभुव मनु के पुत्र उत्तानपाद शाखा में ब्रह्मा के 10 मानस पुत्रों में से मन से मरीचि व पत्नी कला के पुत्र कश्यप व पत्नी अदिति के पुत्र आदित्य (सूर्य) की चैथी पत्नी छाया से दो पुत्रों में से एक 8वें मनु - सावर्णि मनु होंगे जिनसे ही वर्तमान मनवन्तर 7वें वैवस्वत मनु की समाप्ति होगी। ध्यान रहे कि 8वें मनु - सावर्णि मनु, सूर्य पुत्र हैं। अर्थात कल्कि अवतार और 8वें मनु - सावर्णि मनु दोनों, दो नहीं बल्कि एक ही हैं और सूर्य पुत्र हैं।

"सार्वभौम" गुण 8वें सावर्णि मनु का गुण है। अवतारी श्रृंखला अन्तिम होकर अब मनु और मनवन्तर श्रृंखला के भी बढ़ने का क्रम है क्योंकि यही क्रम है। वैदिक-सनातन-हिन्दू धर्म के पुराणों में 14 मनुओं का वर्णन किया गया है। इन्हीं के नाम से मन्वन्तर चलते हैं। जो निम्नलिखित हैं-

1. मनुर्भरत वंश की प्रियव्रत शाखा

अ. पौराणिक वंश

वंश	अवतार	काल
01. स्वायंभुव मनु	यज्ञ	भूतकाल
02. स्वारचिष मनु	विभु	भूतकाल
03. उत्तम मनु	सत्यसेना	भूतकाल
04. तामस मनु	हरि	भूतकाल
05. रैवत मनु	वैकुण्ठ	भूतकाल

2. मनुर्भरत वंश की उत्तानपाद शाखा

06. चाक्षुष मनु	अजित	भूतकाल

ब. ऐतिहासिक वंश

07. वैवस्वत मनु	वामन	वर्तमान

स. भविष्य के वंश

08. सावर्णि मनु	सार्वभौम	भविष्य
09. दत्त सावर्णि मनु	रिषभ	भविष्य
10. ब्रह्म सावर्णि मनु	विश्वकसेन	भविष्य
11. धर्म सावर्णि मनु	धर्मसेतू	भविष्य
12, रूद्र सावर्णि मनु	सुदामा	भविष्य
13. दैव सावर्णि मनु	योगेश्वर	भविष्य
14. इन्द्र सावर्णि मनु	वृहद्भानु	भविष्य

पहले मनु - स्वायंभुव मनु से 7वें मनु - वैवस्वत मनु तक शारीरिक प्राथमिकता के मनु का कालक्रम हैं। 8वें मनु - सावर्णि मनु से 14वें और अन्तिम - इन्द्र सावर्णि मनु तक बौद्धिक प्राथमिकता के मनु का कालक्रम है इसलिए ही 9वें मनु से 14वें मनु तक के नाम के साथ में "सावर्णि मनु" उपनाम की भाँति लगा हुआ है। अर्थात 9वें मनु से 14वें मनु में सार्वभौम गुण विद्यमान रहेगा और बिना "विश्वशास्त्र" के उनका प्रकट होना मुश्किल होगा।

मनुष्य की रचना "पावर और प्राफिट (शक्ति और लाभ)" के लिए नहीं बल्कि असीम मस्तिष्क क्षमता के विकास के लिए हुआ है। फलस्वरूप वह स्वयं को ईश्वर रूप में अनुभव कर सके, जहाँ उसे किसी गुरू की आवश्यकता न पड़ें, वह स्वंयभू हो जाये, उसका प्रकाश वह स्वयं हो। एक गुरू का लक्ष्य भी यही होता है कि शिष्य मार्गदर्शन प्राप्त कर गुरू से आगे निकलकर, गुरू तथा स्वयं अपना नाम और कृति इस संसार में फैलाये, ना कि जीवनभर एक ही कक्षा में (गुरू में) पढ़ता रह जाये। एक ही कक्षा में जीवनभर पढ़ने वाले को समाज क्या नाम देता है, समाज अच्छी प्रकार जानता है। "विश्वशास्त्र" से कालक्रम को उसी मुख्यधारा में मोड़ दिया गया है। एक शास्त्राकार, अपने द्वारा व्यक्त किये गये पूर्व के शास्त्र का उद्देश्य और उसकी सीमा तो बता ही सकता है परन्तु व्याख्याकार ऐसा नहीं कर सकता। स्वयं द्वारा व्यक्त शास्त्र के प्रमाण से ही स्वयं को व्यक्त और प्रमाणित करूँगा- शास्त्राकार महर्षि व्यास (वर्तमान में लव कुश सिंह "विश्वमानव")

शब्द से सृष्टि की ओर...
सृष्टि से शास्त्र की ओर...
शास्त्र से काशी की ओर...
काशी से सत्यकाशी की ओर...
और सत्यकाशी से अनन्त की ओर...
एक अन्तहीन यात्रा..............................

वर्तमान सृष्टि चक्र की स्थिति भी यही हो गयी है कि अब अगले अवतार के मात्र एक विकास के लिए सत्यीकरण से काल, मनवन्तर व मनु, अवतार, व्यास व शास्त्र सभी बदलेंगे। इसलिए देश व विश्व के धर्माचार्यों, विद्वानों, ज्योतिषाचार्यों इत्यादि को अपने-अपने शास्त्रों को देखने व समझने की आवश्यकता आ गयी है क्योंकि कहीं श्री लव कुश सिंह "विश्वमानव" और "आध्यात्मिक सत्य" आधारित कार्य "विश्वशास्त्र" वही तो नहीं है? और यदि नहीं तो वह कौन सा कार्य होगा जो इन सबको बदलने वाली घटना को घटित करेगा?

शनिवार, 22 दिसम्बर, 2012 से प्रारम्भ हो चुका है-

1. काल के प्रथम रूप अदृश्य काल से दूसरे और अन्तिम दृश्य काल का प्रारम्भ।
2. मनवन्तर के वर्तमान 7वें मनवन्तर वैवस्वत मनु से 8वें मनवन्तर सावर्णि मनु का प्रारम्भ।
3. अवतार के नवें बुद्ध से दसवें और अन्तिम अवतार-कल्कि महावतार का प्रारम्भ।
4. युग के चौथे कलियुग से पाँचवें युग स्वर्ण युग का प्रारम्भ।
5. व्यास और द्वापर युग में आठवें अवतार श्रीकृष्ण द्वारा प्रारम्भ किया गया कार्य "नवसृजन" के प्रथम भाग "सार्वभौम ज्ञान" के शास्त्र "गीता" से द्वितीय अन्तिम भाग "सार्वभौम कर्मज्ञान", पूर्णज्ञान का पूरक शास्त्र", लोकतन्त्र

का "धर्मनिरपेक्ष धर्मशास्त्र" और आम आदमी का "समाजवादी शास्त्र" द्वारा व्यवस्था सत्यीकरण और मन के ब्रह्माण्डीयकरण और नये व्यास का प्रारम्भ।

जिस प्रकार लोग आत्मा की महत्ता को न समझकर शरीर को ही महत्व देते हैं उसी प्रकार लोग भले ही पढ़कर ही विकास कर रहें हो परन्तु वे शास्त्राकार लेखक की महत्ता को स्वीकार नहीं करते। जबकि वर्तमान समय में चाहे जिस विषय में हो प्रत्येक विकास कर रहे व्यक्ति के पीछे शास्त्राकार, लेखक, आविष्कारक, दार्शनिक की ही शक्ति है जिस प्रकार शरीर के पीछे आत्मा की शक्ति है।

सदैव मानव समाज को एकात्म करने के लिए शास्त्र-साहित्य की रचना करना लेखक का काम रहा है। सामूहिक रूप से ऐसे कार्य करने वाले को व्यास कहते हैं। चाहे वह आध्यात्म दर्शन (अदृश्य विज्ञान) के क्षेत्र में हो या पदार्थ विज्ञान (दृश्य विज्ञान) के क्षेत्र में हो। इस प्रकार सभी लेखकों के आदर्श आदि पुरूष व्यास ही हैं।

मात्र एक विचार- "ईश्वर ने इच्छा व्यक्त की कि मैं एक हूँ, अनेक हो जाऊँ" और "सभी ईश्वर हैं", यह प्रारम्भ और अन्तिम लक्ष्य है। आध्यात्म जगत द्वारा आविष्कार और व्यापार कें मुख्य रूप में इस प्रकार हैं-

01. सत्युग (सार्वभौम सत्य)

01. वैदिक/सनातन धर्म-ऋषि-मुनि गण ई0पूर्व 6000-2500 चार वेद और वैदिक साहित्य

1. ईश्वर कृत - ऋगवेद, सामवेद, यजुवेद व अथर्ववेद

2. ऋषि-मुनि कृत - संहिता, ब्राह्मण कृत ब्राह्मण (कर्म काण्ड) व आरण्यक (ज्ञान काण्ड), उपनिषद्, वेदांग या सूत्र-साहित्य शिक्षा (स्वर विज्ञान), कल्प (धर्मानुष्ठान)-श्रौत सूत्र, शुल्व सूत्र, गृह्य सूत्र, धर्म सूत्र, व्याकरण, निघण्टु, निरूक्त (व्युत्पत्ति), छन्द, ज्योतिष, उपांग - सांख्य दर्शन (प्रकृति आधारित), वैशेषिक दर्शन (काल या समय आधारित), मीमांसा दर्शन (कर्म आधारित), चार्वाक दर्शन, अपौरूषेय दर्शन, योग दर्शन (पुरूषार्थ आधारित), न्याय दर्शन (परमाणु आधारित), वेदांत दर्शन (ब्रह्म आधारित)

उपवेद- आयुर्वेद, धनुर्वेद, गान्धर्वेद, अथर्वेद।

पुराण - मत्स्य, मार्कण्डेय, भागवत, भविष्य, ब्रह्म, ब्रह्माण्ड, ब्रह्म बैवर्त, वायु, विष्णु, बाराह, बामन, अग्नि, नारदीय, पद्म, लिंग, गरूण, कूर्म, स्कन्द।

02. त्रेतायुग यज्ञ (अदृश्य कर्म)

1. भगवान परशुराम कृत - परशुराम परम्परा - साकार आधारित लोकतंत्र व्यवस्था।
2. महाकाव्य- वाल्मीकि रचित - रामायण - आदर्श मानक व्यक्ति चरित्र का प्रस्तुतीकरण।

03. द्वापरयुग (भक्ति और प्रेम)

01. वेदान्त अद्वैत धर्म - श्रीकृष्ण - ई0 पूर्व 3000 - गीता - अद्वैत दर्शन

भगवान श्री कृष्ण कृत - साकार आधारित परशुराम परम्परा का नाश, पूर्ववर्ती सभी मतों का समन्वय व एकीकरण करत हुये निराकार आधारित लोकतंत्र व्यवस्था के प्रारम्भ का बीज शास्त्र "गीता/ गीतोपनिषद्"

व्यास रचित - महाभारत - आदर्श मानक व्यक्ति चरित्र समाहित आदर्श मानक सामाजिक व्यक्ति चरित्र अर्थात व्यक्तिगत प्रमाणित आदर्श मानक वैश्विक व्यक्ति चरित्र का प्रस्तुतीकरण।

04. कलियुग संघ और योजना (दृश्य कर्म)

01. बौद्ध - भगवान बुद्ध - ई0पू0 1567-487 - बौद्ध दर्शन
02. कन्फ्यूसी - कन्फ्यूसियश - ई0पूर्व 551-479
03. टोईज्म - लोओत्से - ई0पूर्व 604-518

04. जैन - भगवान महावीर - ई0पूर्व 539-467 - जैन दर्शन
05. पारसी - जरथ्रुसट - ई0 पूर्व 6 - जेन्दा अवेस्ता
06. ईसाई - ईसा मसीह - सन् 33 ई0 - बाईबल
07. इस्लाम - मुहम्मद पैगम्बर - सन् 670ई0 - कुरआन शरीफ
08. वेदान्त अद्वैत धर्म - आदि शंकराचार्य - सन् 830 ई0 - अद्वैत दर्शन
09. वेदान्त विशिष्टाद्वैत धर्म - रामानुज - सन् 1200 ई0 - विशिष्टाद्वैत दर्शन
10. वेदान्त द्वैत - माध्वाचार्य - सन् 1300 ई0 - द्वैत दर्शन
11. भक्ति धर्म - चैतन्य महाप्रभु - सन् 1485-1533ई0 - भक्तियोग दर्शन
12. सिक्ख - गुरु नानक - सन् 1510 ई0 - गुरुग्रन्थ साहिब
13 वेदान्त अद्वैत धर्म - स्वामी विवेकानन्द - सन् 1863-1902ई0 - विश्व धर्म दर्शन

05. सत्ययुग/स्वर्णयुग (सार्वभौम सत्य-सिद्धान्त)

14. विश्व धर्म / वेदान्त धर्म / अद्वैत धर्म / एकता धर्म / लोकतन्त्र धर्म / समष्टि धर्म / प्राकृतिक धर्म / सत्य धर्म / संयुक्तमन धर्म / ईश्वर धर्म / हिन्दू धर्म / सार्वजनिक धर्म / दृश्यधर्म / मानवधर्म / धर्मनिरपेक्ष धर्म - लव कुश सिंह "विश्वमानव" - सन् 2012 ई0 - पूर्ववर्ती सभी धर्मों व मतों का समन्वय व एकीकरण करते हुये निराकार आधारित लोकतंत्र व्यवस्था का वृक्ष शास्त्र विश्व-नागरिक धर्म का धर्मयुक्त धर्मशास्त्र-कर्मवेद: प्रथम, अन्तिम तथा पंचम वेदीय श्रृंखला विश्व-राज्य धर्म का धर्मनिपेक्ष धर्मशास्त्र: विश्वमानक शून्य-मन की गुणवत्ता का विश्वमानक श्रृंखला, आदर्श मानक सामाजिक व्यक्ति चरित्र समाहित आदर्श मानक वैश्विक व्यक्ति चरित्र अर्थात सार्वजनिक प्रमाणित आदर्श मानक वैश्विक व्यक्ति चरित्र का प्रस्तुतीकरण।

पूर्ण प्रत्यक्ष अवतार से पूर्ण प्रेरक अवतार तक की यात्रा यहीं समाप्त होती है।

उपरोक्त मुख्य मूल आविष्कार के उपरान्त अनेक आविष्कार पर आविष्कार होते गये और मनुष्य आविष्कारक के जीवन, ज्ञान व कर्म से सम्बन्धित व्यापार से अपने जीवन को विकास की ओर ले जा रहा है। कोई भी विचारधारा (आविष्कार) चाहे उसकी उपयोगिता कालानुसार समाज को हो या न हो, यदि वह संगठन का रूप लेकर अपना आय स्वयं संचालित करने लगती है तो उसके साथ व्यक्ति जीवकोपार्जन, श्रद्धा व विश्वास से जुड़ता है न कि ज्ञान के लिए।

कल्कि महाअवतार से उत्पन्न नयी प्रणाली और व्यापार

अनिर्वचनीय कल्कि महाअवतार भोगेश्वर श्री लव कुश सिंह "विश्वमानव" के अवतरण से पुनः पूर्वानुसार उनके जीवन, कर्म व ज्ञान से अनेक दिशाओं में व्यष्टि व समष्टि केन्द्रित नये आविष्कार व व्यापार को दिशा मिली है। इन दिशाओं के कार्यों में से आविष्कारक श्री लव कुश सिंह "विश्वमानव" कुछ में शामिल हैं वे प्रत्यक्ष कार्य हैं तथा कुछ उनके मार्गदर्शन से अन्य के लिए उपलब्ध है वे अप्रत्यक्ष अर्थात प्रेरक कार्य हैं। मनुष्य, अपने कर्मों का फल तुरन्त या इसी जीवन में चाहता है। अवतार, संत, महापुरूष गण प्रेरणा प्रदान करने के लिए अनेक कर्म उत्पन्न कर देते हैं। उसमें से एकाध कर्म स्वयं के लिए रखते हैं क्योंकि जीवन के समय को व्यतीत करने के लिए कुछ कर्म चाहिए होते हैं। कर्म किये बिना कोई रह नहीं सकता, ये श्रीकृष्ण की वाणी है। अप्रत्यक्ष कर्म (प्रेरणा या मार्गदर्शन) अन्य जिनके लिए उपयोगी हो, उनके लिए होता है। वो उसे करें ना करें अवतार, संत, महापुरूष गण को कोई मतलब नहीं होता। जिस प्रकार सूर्य के प्रकाश के भिन्न-भिन्न उपयोग है उसी प्रकार शास्त्र के भी भिन्न-भिन्न उपयोग होते हैं। कोई राजनीति करता है, कोई ज्ञानी बनता है, कोई समाज निर्माण करता है, कोई पुनः व्याख्या कर गुरू बन जाता है। और इन सबसे शास्त्राकार को कोई मतलब नहीं होता जिस प्रकार सूर्य के प्रकाश का उपयोग कर लेने से सूर्य को कोई मतलब नहीं होता।" अर्थात मनुष्य पेड़ लगाता हैं स्वंय फल खाने की इच्छा से जबकि ईश्वर और उनके अवतार पेड़ लगाते हैं दूसरों के लिए। जो निम्न प्रकार हैं-

अ. ज्ञान से जुड़ा व्यापार - नयी प्रणाली और व्यापार

01. भारतीय आध्यात्म एवं दर्शन आधारित स्वदेशी विपणन प्रणाली: 3-एफ (3-F: Fuel-Fire-Fuel)
02. कार्पोरेट विश्वमानक मानव संसाधन विकास प्रशिक्षण
    (Corporate World Standard Human Resources Development Training)
03. विश्व राजनीति पार्टी संघ (World Political Party Organisation - WPPO)
04. नयी पीढ़ी के लिए नया विषय - ईश्वर शास्त्र, मानक विज्ञान, एकात्म विज्ञान
05- विश्वशास्त्र पर आधारित आडियो-विडियो
06. मनोरंजन - नयी प्रणाली और व्यापार
    01. फिल्म
    02. टी0 वी सिरियल –
    03. गीत

ब. जीवन से जुड़ा व्यापार - रियल स्टेट - नयी प्रणाली और व्यापार

01. "सत्यकाशी महायोजना" (वाराणसी-विन्ध्याचल-शिवद्वार-सोनभद्र के बीच का क्षेत्र)
02. डिजिटल प्रापर्टी और एजेन्ट नेटवर्क (Digital Property & Agent Network)

स. कर्म से जुड़ा व्यापार - नयी प्रणाली और व्यापार

01. उत्पाद ब्राण्ड
02. कैलेण्डर
03. शिक्षा ब्राण्ड - सत्य मानक शिक्षा (परियोजना पुनर्निर्माण- PROJECT RENEW)
04. राष्ट्र निर्माण के पुस्तक

अ. ज्ञान से जुड़ा व्यापार - नयी प्रणाली और व्यापार

01. भारतीय आध्यात्म एवं दर्शन आधारित
स्वदेशी विपणन प्रणाली: 3-एफ (3-F: Fuel-Fire-Fuel)

02. कार्पोरेट विश्वमानक मानव संसाधन विकास प्रशिक्षण
(Corporate World Standard Human Resources Development Training)
विश्व के गुणवत्ता युक्त उत्पादन के लिए मनुष्य के द्वारा दो मूल निर्माण विधि हैं-

1. उद्योग में गुणवत्तायुक्त उत्पाद निर्माण और उत्पादन की जापानी विधि
(Japanese Institute of Plant Engineers-JIPE) - WCM-TPM-5S
2. गुणवत्तायुक्त मानव निर्माण और उत्पादन की भारतीय विधि
(Rishi/Saint/Avatar) - WCM-TLM-SHYAM.C

03. विश्व राजनीति पार्टी संघ (World Political Party Organisation - WPPO)

04. नयी पीढ़ी के लिए नया विषय - ईश्वर शास्त्र, मानक विज्ञान, एकात्म विज्ञान

श्री लव कुश सिंह "विश्वमानव" द्वारा "ईश्वर", "मानक", "एकात्म" की अन्तिम परिभाषा का आविष्कार पूर्ण हो जाने से नागरिक शास्त्र (Civics), भौतिकशास्त्र (Physics) की भाँति ईश्वर शास्त्र (Godics), मानक विज्ञान (Standard Science) और एकात्म विज्ञान (Integration Science) शैक्षणिक विषय का मार्ग मिल गया है।

05- विश्वशास्त्र पर आधारित आडियो-विडियो

अनिर्वचनीय कल्कि महाअवतार भोगेश्वर श्री लव कुश सिंह "विश्वमानव" के विचार विश्वस्तरीय हैं जिसके कारण ज्ञान से युक्त विश्वशास्त्र पर आधारित आडियो-विडियो के लिए भी मार्ग मिला है।

06. मनोरंजन - नयी प्रणाली और व्यापार

01. फिल्म

अनिर्वचनीय कल्कि महाअवतार भोगेश्वर श्री लव कुश सिंह "विश्वमानव" के विचार विश्वस्तरीय हैं जिसके कारण मनोरजन और ज्ञान से युक्त परिकल्पना पर उन्होंने फिल्म, टी0 वी0 सिरियल और गानों के लिए भी मार्ग मिला है। जिसका और भी विस्तृत रूप आगे दिया गया है। श्री लव कुश सिंह विश्वमानव द्वारा लिखे/विचार प्रस्तुत किये गये फिल्म-

क्र.सं. टाइटल	फिल्म/सिरियल	भाषा	स्थिति
1. विश्वगुरू - द ब्रेन टर्मिनेटर (रिप्रेजेन्टेटिव सिनेमा आफ इण्डिया)	बालीवुड फिल्म	हिन्दी, अंग्रेजी व बंग्ला	पूर्ण
2. द डर्टी साधु- अण्डरस्टैण्डिंग ट्रांसडेन्ट	बालीवुड फिल्म	हिन्दी, अंग्रेजी	पूर्ण
3. माय टेन वाइफ आन अर्थ (अण्डरस्टैण्डिंग फिमेल)	बालीवुड फिल्म	हिन्दी	पूर्ण
4. अगरबत्ती पे करोड़पत्ती	बालीवुड फिल्म	हिन्दी	पूर्ण
5. डेमोक्रेसी - द रियल ऐम	बालीवुड फिल्म	हिन्दी, अंग्रेजी	पूर्ण
6. 9डी	हॉलीवुड फिल्म	हिन्दी, अंग्रेजी	पूर्ण
7. किरनिया (एक नारी की कहानी)	भोजपुरी फिल्म	भोजपुरी	पूर्ण
8. जय माँ कल्कि	बालीवुड फिल्म	हिन्दी	पूर्ण

02. टी0 वी सिरियल –

श्री लव कुश सिंह विश्वमानव द्वारा लिखे/विचार प्रस्तुत किये गये टी.वी सिरियल के स्क्रिप्ट "महाभारत" के बाद "विश्वभारत"

9. विश्वभारत	टी.वी.सिरियल	हिन्दी	विचार

03. गीत

अनिर्वचनीय कल्कि महाअवतार भोगेश्वर श्री लव कुश सिंह "विश्वमानव" के जीवन, ज्ञान व कर्म से सम्बन्धित गीत रचना का भी मार्ग मिल गया है।

ब. जीवन से जुड़ा व्यापार - रियल स्टेट - नयी प्रणाली और व्यापार

01. "सत्यकाशी महायोजना" (वाराणसी-विन्ध्याचल-शिवद्वार-सोनभद्र के बीच का क्षेत्र)

श्रीराम के कारण चित्रकूट पर्यटन व धार्मिक क्षेत्र बना, श्रीकृष्ण के कारण मथुरा, द्वारिका पर्यटन व धार्मिक क्षेत्र बना, भगवान बुद्ध के कारण सारनाथ, कुशीनगर, बोधगया, वैष्णों देवी के कारण कटरा, सांई बाबा के कारण शिरडी पर्यटन व धार्मिक क्षेत्र बना। अनिर्वचनीय कल्कि महाअवतार भोगेश्वर श्री लव कुश सिंह "विश्वमानव" के अवतरण और उनके "विश्वशास्त्र" के कारण सत्यकाशी (वाराणसी-विन्ध्याचल-शिवद्वार-सोनभद्र के बीच का क्षेत्र) स्थापित है। सत्यकाशी क्षेत्र में ही "विश्वशास्त्र" की अधिकतम रचना हुई है और अनिर्वचनीय कल्कि महाअवतार भोगेश्वर श्री लव कुश सिंह "विश्वमानव" के निवास क्षेत्र सहित लीला भूमि क्षेत्र भी यही क्षेत्र है। भगवान बुद्ध के कारण काशी के उत्तर में काशी का प्रसार हुआ, विश्वशास्त्र के कारण काशी के दक्षिण में काशी का प्रसार हो रहा है।

कितना विचित्र संयोग है कि विन्ध्य क्षेत्र से ही भारत का मानक समय निर्धारित होता है और इसी क्षेत्र से युग परिवर्तन की घोषणा हो रही है। यह भी विचित्रता ही है कि व्यासजी द्वारा काशी को शाप देने के कारण विश्वेश्वर ने व्यासजी को काशी से निष्कासित कर दिया था और वे गंगा पार आ गये और गंगा पार सत्यकाशी क्षेत्र से ही उनके बाद "विश्वशास्त्र" रचना हुई है।

हम सभी साधारण जीवन में ऐसा देखते हैं कि जहाँ कहीं भी कोई फैक्ट्री, नगर निर्माण या विस्तार का कार्य प्रारम्भ हो जाता है। वहाँ एक अलग ही दुनियाँ बसने लगती है और एक व्यापक जन समुदाय को अपने जीवन संचालन के लिए मार्ग प्राप्त हो जाता है। जो किसी जाति, सम्प्रदाय या धर्म आधारित नहीं होती। वह सिर्फ व्यक्ति की योग्यता पर आधारित और वह पीढ़ी दर पीढ़ी के लिए होती है।

सार्वभौम सत्य-सिद्धान्त और समाज समर्थित सत्यकाशी योजना जिसका क्षेत्र है- वाराणसी-विन्ध्याचल-शिवद्वार-सोनभद्र के बीच का भगवान विष्णु और भगवान शिव से जुड़ा क्षेत्र। जो धर्मक्षेत्र से व्यापक सार्थक एवं पौराणिक आधारों पर प्रश्न करता है कि- क्यों काशी नरेश होते हुए भी उनका किला काशी शहर में नहीं? क्यों देवकी के आठवें पुत्र कृष्ण के बदले में पुत्री को कंस ने मारना चाहा तो वह विन्ध्य पर्वत पर आ बसीं? क्यों समष्टि (समाज या सार्वजनिक) धर्म के स्थापनार्थ विष्णु के पाँचवे अवतार वामन अवतार ने जब राजा बलि से तीन पग जमीन मांगा तब अवतार ने पहला पग चुनार क्षेत्र में ही रखा जिसके कारण इसका पुराना नाम चरणाद्रिगढ़ था? क्यों ब्रह्मलीन श्री श्री 1008 सत्ययोगानन्द "भुईधरा बाबा" (भगवान रामकृष्ण की अगली कड़ी) ने सदी का सबसे लम्बा (दि0 13.11.97 से 22.06.98 तक) तथा अदृश्य काल का अन्तिम यज्ञ- विष्णु महायज्ञ और ज्ञानयज्ञ चुनार क्षेत्र में ही आयोजित किये? क्यों विश्व का अन्तिम शास्त्र "विश्वशास्त्र" इसी क्षेत्र से व्यक्त हुआ? क्यों विश्वव्यापी धर्म स्थापना (समष्टि धर्म स्थापना) पाँचवे अवतार वामन अवतार के बाद पुनः इस क्षेत्र से प्रारम्भ हो रहा है।

उपरोक्त प्रश्नों का जबाब भी सत्यकाशी योजना के जन्मदाता गण व्यापकता के साथ देते हैं। भौतिकवादी काशी वासीयों से मुक्त-शिवभक्त काशी नरेश की सत्यता के लिए प्रकृतिक चक्र द्वारा इनका किला काशी शहर में नहीं जिससे वे अन्त में अन्तिम काशी-सत्यकाशी के सत्यकाशी नरेश भी कहलायें। चुनार क्षेत्र पाँचवें अवतार वामन के चरणों से एक श्राप द्वारा ग्रसित हो चुका था कि इस क्षेत्र में जन्म लेने वाले व्यक्ति की चाहें जितना भी समष्टि (समाज) धर्म के लिए प्रयत्न क्यों न करें वे व्यष्टि(व्यक्तिगत) धर्म से अधिक न उठ सकेंगे। जब तक की इस क्षेत्र से बाहर जन्म लेकर कोई पुनः समष्टि धर्म स्थापनार्थ नहीं आ जाता। यह सब इसलिए है कि प्राकृतिक चक्र द्वारा विकसित और सन्तुलित क्षेत्र जो वाराणसी-विन्ध्याचल-शिवद्वार-सोनभद्र के बीच स्थित है। बस यहीं है पुराणों में वर्णित

सात काशीयों में अन्तिम काशी-सत्यकाशी। यदि काशी (वाराणसी), शिवाकाशी, उत्तरकाशी और दक्षिण काशी (वैदुर्यपत्तन, बरकला, केरल प्रदेश) को मुख्य काशी माना जाय तो सत्यकाशी पंचम काशी है। और दो काशीयों को और सम्मिलित किया जाता है तो सत्यकाशी सप्तम काशी होगी। इस प्रकार शिव पुराण में वर्णित सात काशीयों में सत्यकाशी पंचम, अन्तिम तथा सप्तम काशी होगी।

इस प्रकार हम देखते है कि आध्यात्मिक, सार्थक, दूरदर्शी, प्रमाणित, पौराणिक, समाज समर्थित काशी की परम्परा का पालन करते हुए सत्यकाशी योजना है। जबकि लक्ष्य एक व्यापक जनसमुदाय को एक नयी दिशा द्वारा संरक्षण, विकास और आजिविका प्रदान करना है। इसलिए उचित स्थान पर इसका निर्माण आवश्यक है। श्री लव कुश सिंह "विश्वमानव" कृत "विश्वशास्त्र" से मुख्यतः सत्यकाशी क्षेत्र के लिए निम्नलिखित विषय व्यक्त हुये हैं जो रियल स्टेट के व्यवसाय को व्यापक रूप से विकसित करता है-

अनिर्वचनीय कल्कि महाअवतार भोगेश्वर श्री लव कुश सिंह "विश्वमानव" के अवतरण से पुनः पूर्वानुसार उनके जीवन से अनेक दिशाओं में नये आविष्कार व व्यापार को दिशा मिली है। जो निम्न प्रकार हैं -श्री लव कुश सिंह "विश्वमानव" कृत "विश्वशास्त्र" से मुख्यतः सत्यकाशी क्षेत्र के लिए निम्नलिखित विषय व्यक्त हुये हैं (पूर्ण विवरण के लिए "विश्वशास्त्र" अध्याय - दो देखें) -

01. चार शंकराचार्य पीठ के उपरान्त 5वाँ और अन्तिम पीठ "सत्यकाशी पीठ"
02. "सत्यकाशी महोत्सव" व "सत्यकाशी गंगा महोत्सव" आयोजन
03. सार्वभौम देवी माँ कल्कि देवी मन्दिर - माँ वैष्णों देवी की साकार रूप
04. भोगेश्वर नाथ - 13वाँ और अन्तिम ज्योतिर्लिंग
05. सत्यकाशी पंचदर्शन
06. ज्ञान आधारित मनु-मनवन्तर मन्दिर
07. ज्ञान आधारित विश्वात्मा मन्दिर
08. विश्वधर्म मन्दिर - धर्म के व्यावहारिक अनुभव का मन्दिर
09. नाग मन्दिर
10. विश्वशास्त्र मन्दिर (Vishwshastra Temple)
11. एक दिव्य नगर - सत्यकाशी नगर
12. होटल शिवलिंगम् - शिवत्व का एहसास
13. इन्द्रलोक - ओपेन एयर थियेटर
14. हस्तिनापुर - महाभारत का लाइट एण्ड साउण्ड प्रोग्राम
15. सत्य-धर्म-ज्ञान केन्द्रः तारामण्डल की भाँति शो द्वारा कम समय में पूर्ण ज्ञान
16. सत्यकाशी आध्यात्म पार्क
17. वंश नगर - मनु से मानव तक के वंश पर आधारित नगर
18. 8वें सांवर्णि मनु - सम्पूर्ण एकता की मूर्ति (Statue of Complete Unity)
19. विस्मृत भारत रत्न स्मारक (Forgotten Bharat Ratna Memorial)
20. विश्वधर्म उपासना स्थल - उपासना और उपासना स्थल के विश्वमानक (WS-00000) पर आधारित
21. सत्यकाशी ब्रह्माण्डीय एकात्म विज्ञान विश्वविद्यालय
    (Satyakashi Universal Integration Science University-SUISU)

02. डिजिटल प्रापर्टी और एजेन्ट नेटवर्क (Digital Property & Agent Network)

स. कर्म से जुड़ा व्यापार - नयी प्रणाली और व्यापार

01. उत्पाद ब्राण्ड

अनिर्वचनीय कल्कि महाअवतार भोगेश्वर श्री लव कुश सिंह "विश्वमानव" के अवतरण से शब्द को बल मिला है इस प्रकार ये शब्द एक "ब्राण्ड" के रूप में व्यक्त हुये हैं जिसे उपयोग में लाया जा सकता है। पेय जल के लिए हमारा ब्राण्ड - "मोक्षदायिनी काशी", "जीवनदायिनी काशी", और "जरगो फ्रेश"

02. कैलेण्डर

जिस प्रकार अनेक धर्म संस्थापकों के जन्मदिन से नया कैलेण्डर समाज में स्थापित है उसी प्रकार काल, मनवन्तर, युग, शास्त्र और अनिर्वचनीय कल्कि महाअवतार भोगेश्वर श्री लव कुश सिंह "विश्वमानव" के अवतरण से विश्वधर्म के प्रवर्तक की योग्यता के अधिकार से उनके जन्मदिन 16 अक्टुबर 1967 से नये कैलेण्डर की शुरूआत हो गई है।

03. शिक्षा ब्राण्ड - सत्य मानक शिक्षा (परियोजना पुनर्निर्माण- PROJECT RENEW)

राष्ट्र के पूर्णत्व के लिए पूर्ण शिक्षा निम्नलिखित शिक्षा का संयुक्त रूप है-

वर्तमान समय में विशेषीकरण की शिक्षा, भारत में चल ही रहा है और वह कोई बहुत बड़ी समस्या भी नहीं है। समस्या है सामान्यीकरण शिक्षा की। व्यक्तियों के विचार से सदैव व्यक्त होता रहा है कि - मैकाले शिक्षा पद्धति बदलनी चाहिए, राष्ट्रीय शिक्षा नीति व पाठ्यक्रम बनना चाहिए। ये तो विचार हैं। पाठ्यक्रम बनेगा कैसे?, कौन बनायेगा? पाठ्यक्रम में पढ़ायेंगे क्या? ये समस्या थी। और वह हल की जा चुकी है। जो भारत सरकार के सामने सरकारी-निजी योजनाओं जैसे ट्रांसपोर्ट, डाक, बैंक, बीमा की तरह निजी शिक्षा के रूप में पुनर्निर्माण - सत्य शिक्षा का राष्ट्रीय तीव्र मार्ग (RENEW – Real Education National Express Way) द्वारा पहली बार इसके आविष्कारक द्वारा प्रस्तुत है। जो राष्ट्र निर्माण का व्यापार है। इसके अन्तर्गत निम्नलिखित नये शैक्षिक पाठ्यक्रम व्यक्त हुये हैं-

अ - सामान्यीकरण (Generalisation) शिक्षा - यह शिक्षा व्यक्ति और राष्ट्र का बौद्धिक विकास कराती है जिससे व्यक्ति व राष्ट्रीय सुख में वृद्धि होती है।

सत्य शिक्षा (REAL EDUCATION)

01. पूर्ण ज्ञान में प्रमाण पत्र (Certificate in Complete Knowledge-CCK)
02. ईश्वर शास्त्र व व्यापार ज्ञान में प्रमाण पत्र
(Certificate in Godics & Business Knowledge-CGBK)
03. अवतार ज्ञान में प्रमाण पत्र (Certificate in Avatar Knowledge-CAK)
04. गुरू ज्ञान में प्रमाण पत्र (Certificate in Guru Knowledge-CGK)
05. संस्थागत धर्म में डिप्लोमा (Diploma in Institutional Religion-DIR)
06. पूर्ण शिक्षा में स्नातक (Bachelor in Complete Education-BCE)
07. पूर्ण शिक्षा में परास्नातक (Master in Complete Education-MCE)

सत्य पेशा (REAL PROFESSION)

08. दृश्य योग, ध्यान और चेतना में प्रमाण पत्र
(Certificate in visible Yoga, Meditation & Consciousness - CVYMC)
09. डब्ल्यू.सी.एम-टी.एल.एम-श्याम.सी में प्रमाण पत्र
(Certificate in WCM-TLM-SHYAM.C Technology-CWT)
10. डब्ल्यू.एस.ओ-0 और कर्मज्ञान में प्रमाण पत्र
(Certificate in WSO-0 & Work Knowledge-CWWK)
11. पुराण लेखन कला में प्रमाण पत्र (Certificate in Art of Puran writing-CAPW)
12. सार्वभौम विचार पर आधारित फिल्म लेखन में प्रमाण पत्र
(Certificate in Art of Universal thought based Film writing-CAUFW)

सत्य पुस्तक (REAL BOOK)

13. विशाल ज्ञान विज्ञान सबका समाधान (Vishal Gyan Vigyan sabka samadhan-VGVSS)
14. विश्वशास्त्र: द नालेज आफ फाइनल नालेज
(VISHWSHASTRA: THE KNOWLEDGE OF FINAL KNOWLEDGE - VKFK)

सत्य स्थिति (REAL STATUS)

15. जीवन का पैमाना (Scale Your Life) - ईश्वर चक्र पर स्वयं की स्थिति का ज्ञान

(Know Your Position on GOD CYCLE -KYPGC)

सत्य एस्टेट एजेन्ट (REAL ESTATE AGENT)

16. रियल इस्टेट एजेन्ट में प्रमाण पत्र (Certificate in Real Estate Agent - CRE)

सत्य किसान (REAL KISAN)

17. रियल किसान में प्रमाण पत्र (Certificate in Real Kisan - CRK)

ब - विशेषीकरण (Specialisation) शिक्षा - यह शिक्षा व्यक्ति और राष्ट्र का कौशल विकास कराती है जिससे व्यक्ति व राष्ट्रीय उत्पादकता में वृद्धि होती है।

01. सत्य कौशल (REAL SKILL)
02. सत्य डिजीटल कोचिंग (REAL DIGITAL COACHING)

स - सत्य नेटवर्क (REAL NETWORK)) - समाज में प्रकाशित होने के लिए

01. डिजिटल ग्राम नेटवर्क (Digital Village Network)
02. डिजिटल नगर वार्ड नेटवर्क (Digital City Ward Network)
03. डिजिटल एन.जी.ओ/ट्रस्ट नेटवर्क (Digital NGO/Trust Network)
04. डिजिटल विश्वमानक मानव नेटवर्क (Digital World Stanadard Human Network)
05. डिजिटल नेतृत्व नेटवर्क (Digital Leader Network)
06. डिजिटल जर्नलिस्ट नेटवर्क (Digital Journalist Network)
07. डिजिटल शिक्षक नेटवर्क (Digital Teacher Network)
08. डिजिटल शैक्षिक संस्थान नेटवर्क (Digital Educational Institute Network)
09. डिजिटल लेखक-ग्रन्थकार-रचयिता नेटवर्क (Digital Author Network)
10. डिजिटल गायक नेटवर्क (Digital Singer Network)
11. डिजिटल खिलाड़ी नेटवर्क (Digital Sports Man Network)
12. डिजिटल पुस्तक विक्रेता नेटवर्क (Digital Book Saler Network)
13. डिजिटल होटल और आहार गृह नेटवर्क (Digital Hotel & Resturant Network)

04. राष्ट्र निर्माण के पुस्तक

व्यक्ति (व्यष्टि) से राष्ट्र (समष्टि) तक के सत्यीकरण और पूर्ण निर्माण के लिए विभिन्न विषयों पर छोटी पुस्तिकाएँ। काल, मनवन्तर, युग, शास्त्र परिवर्तन और अनिर्वचनीय कल्कि महाअवतार भोगेश्वर श्री लव कुश सिंह "विश्वमानव" के अवतरण से राष्ट्र निर्माण से सम्बन्धित अनेक पुस्तक-पुस्तिकाओं का मार्ग मिल गया है जिससे "पावर और प्राफिट" की ओर बढ़ गये मनुष्यता को मस्तिष्क के विकास को ओर भी विकास का मार्ग उपलब्ध होगा।

130 करोड़ की जनसंख्या वाला भारत देश में हिन्दी भाषी जनसंख्या 70 करोड़ है। और लाल किताब - पीला किताब, धर्म ग्रन्थ इत्यादि बिकते रहते हैं। और वो किताब जिसे "विश्वशास्त्र" कहा जा रहा है जो एक काल, मनवन्तर, युग परिवर्तन से लेकर विश्व सरकार के गठन तक का मार्गदर्शन से युक्त हो जो व्यक्ति के पूर्ण ज्ञान, पूर्ण शिक्षा पाठ्यक्रम सहित नीति आयोग तक के लिए उपयोगी है। "विश्वशास्त्र" त्रिलोक के अदृश्य कल्पना/कथा नहीं बल्कि इस लोक के व्यावहारिक ज्ञान का शास्त्र है। सभी शिक्षा एक तरफ, "विश्वशास्त्र" एक तरफ। सभी पुस्तक-

शास्त्र एक तरफ, "विश्वशास्त्र" एक तरफ। हर घर का शान और प्राण "विश्वशास्त्र", धरती के नागरिक का जीवनशास्त्र "विश्वशास्त्र", स्वर्ण युग का शास्त्र "विश्वशास्त्र" की स्थिति है।

भारत में हिन्दी भाषा जानने वालों की स्थिति ये है- 1. बिहार (जनसंख्या-, 103,804,637 साक्षरता - 63.82 प्रतिशत), 2. छत्तीसगढ़ (जनसंख्या-25,540,196, साक्षरता - 71.04 प्रतिशत), 3. हरियाणा (जनसंख्या-25,353,081, साक्षरता - 76.64 प्रतिशत), 4. हिमाचल प्रदेश (जनसंख्या- 6,856,509, साक्षरता - 83.78 प्रतिशत), 5. झारखण्ड (जनसंख्या- 32,966,238, साक्षरता - 67.63 प्रतिशत), 6. मध्य प्रदेश (जनसंख्या- 72,597,565, साक्षरता - 70.63 प्रतिशत), 7. महाराष्ट्र (जनसंख्या- 112,372,972, साक्षरता - 82.91 प्रतिशत), 8. पंजाब (जनसंख्या- 27,704,236, साक्षरता - 76.68 प्रतिशत), 9. राजस्थान (जनसंख्या- 68,621,012, साक्षरता - 67.06 प्रतिशत), 10. उत्तर प्रदेश (जनसंख्या- 199,581,477, साक्षरता - 69.72 प्रतिशत), 11. उत्तराखण्ड (जनसंख्या-10,116,752, साक्षरता - 79.63 प्रतिशत), 12. पश्चिम बंगाल (जनसंख्या- 91,347,736, साक्षरता - 77.08 प्रतिशत), 13. चण्डीगढ़ (जनसंख्या- 1,054,686, साक्षरता - 86.43 प्रतिशत), 14. दिल्ली (जनसंख्या- 16,753,235, साक्षरता - 86.34 प्रतिशत)

हमारे द्वारा राष्ट्र निर्माण श्रृंखला से सम्बन्धित व्यक्ति के बौद्धिक विकास के लिए बस स्टेशन व रेलवे स्टेशनों, प्रदर्शनी, स्टाल, सीधे स्कूल-कालेज से विक्रय होने वाली "विश्वशास्त्र" पर आधारित निम्नलिखित समझ पर केन्द्रित अनेक पुस्तिका विक्रय करने के लिए उपलब्ध है। जिसे विद्यार्थी को संग्रह करने और इस रूप में प्राप्त करना असंभव है।

"आध्यात्मिक सत्य एवं दार्शनिक विरासत" के आधार पर "काल, मनु ,युग, व्यास, शास्त्र परिवर्तन", "मन में अन्तर (मनवन्तर) को समाप्त करने और मन के नवीनीकरण" के लिए "सार्वभौम सत्य-सिद्धान्त" पर आधारित "विश्वशास्त्र - द नालेज आफ फाइनल नालेज" शास्त्र को The Knowledge Equalizer के रूप में निम्नलिखित शीर्षक में 64 भागों में प्रकाशित किया कर दिया गया जिसमें परिचय, ज्ञान, कर्मज्ञान कार्यवाही योजना इत्यादि सभी कुछ हैं-

भाग के अनुसार

01. विश्वशास्त्र - विषय-प्रवेश
02. विश्वशास्त्र - अध्याय-एक: ईश्वर
03. विश्वशास्त्र - अध्याय-दो: जीवन परिचय
04. विश्वशास्त्र - अध्याय-तीन: ज्ञान परिचय
05. विश्वशास्त्र - अध्याय-चार: कर्म परिचय (सार्वजनिक प्रमाणित दृश्य महायज्ञ)
06. विश्वशास्त्र - अध्याय-पाँच (भाग - 01): सार्वजनिक प्रमाणित विश्वरूप
07. विश्वशास्त्र - अध्याय-पाँच (भाग - 02): सार्वजनिक प्रमाणित विश्वरूप
08. विश्वशास्त्र - परिशिष्ट

मुख्य शास्त्र

01. विश्वशास्त्र - द नालेज आफ फाइनल नालेज

सारांश के अनुसार

02. मैं सत्यकाशी से कल्कि महावतार बोल रहा हूँ (समष्टि गीता - यथार्थ प्रकाश)

शीर्षक के अनुसार

03. विश्वस्तरीय फिल्म लेखन कला

04. प्रारम्भिक सत्य - अन्तिम दृष्टि
05. सत्य धर्म - युग परिवर्तक दृष्टि
06. सत्य दार्शनिक-दर्शन और कर्म वेदान्त-विकास दर्शन
07. सत्य शास्त्र एवं पुराण रहस्य-महर्षि व्यास कला
08. संत एवं गुरू और विश्व संत एवं गुरू
09. समाज और ईश्वरीय समाज
10. सत्य शास्त्र और विश्वशास्त्र
11. कृति और विश्व कृति
12. भारत माता मन्दिर और विश्वधर्म मन्दिर
13. महाभारत और विश्वभारत
14. संविधान और विश्व संविधान
15. शिक्षा और पूर्ण शिक्षा
16. देवता और सार्वभौम देवता कल्कि
17. देवीयाँ और सार्वभौम देवी माँ क्ल्कि
18. द्वादश ज्योतिर्लिंग और 13वां अन्तिम ज्योतिर्लिंग
19. काशी - मोक्षदायिनी और जीवनदायिनी
20. सत्यकाशी - स्वर्णयुग का तीर्थ
21. काशी - रहस्योद्घाटन
22. 2020 - मन का नवीनीकरण
23. ईश्वर का संक्षिप्त इतिहास
24. अवतार - अन्तिम सत्य दृष्टि
25. भविष्यवाणियाँ और कल्कि अवतार
26. स्वामी विवेकानन्द और कल्कि अवतार
27. मनु, मनवन्तर और कल्कि महावतार
28. व्यास, शास्त्र और कल्कि महावतार
29. ऋषि, ऋषि परम्परा और कल्कि महावतार
30. दूसरा आगमन या अन्तिम आगमन
31. परिवर्तन-काल, मनु, युग, व्यास और शास्त्र
32. राम, रावण और सार्वभौम एकात्म
33. मैं, व्यक्तिगत या सार्वभौम
34. लव कुश (त्रेतायुग) और लवकुश (कलियुग)
35. कल्कि महावतार आ चुके हैं (ACTION PLAN)
36. लव कुश सिंह (कल्कि महाअवतार)-जीवन, ज्ञान, कर्म और विश्वरूप
37. वैश्विक बुद्ध - बुद्ध का भाग दो और अन्तिम
38. बुड्ढा कृष्ण - कृष्ण का भाग दो और अन्तिम
39. सम्पूर्ण क्रान्ति-अन्तिम कार्य योजना
40. पुनर्निर्माण (RENEW)-समस्या, समाधान और राष्ट्र निर्माण की योजना
41. पुनर्निमाण (RENEW)- ग्राम एवं नगर वार्ड प्रेरक
42. विश्वशास्त्र द नालेज आफ फाइनल नालेज-परिचय
43. एन्टायर पालिटिक्स - पूर्ण पाठ्यक्रम

44. वसुधैव-कुटुम्बकम्
45. कर्मवेद: प्रथम, अन्तिम तथा पंचम वेद
46. आठवें अवतार श्रीकृष्ण के अनकहे संदेश
47. अयोध्या नहीं, मुंगेर है राम जन्मभूमि
48. विश्वमानव-भूतपूर्व नेतृत्वकर्ताओं का स्पष्टिकरण
49. विश्वमानव-वर्तमान नेतृत्वकर्ताओं का स्पष्टिकरण
50. विश्वमानव-वार्ता, वक्तव्य एवं वाणियाँ
51. विश्वमानव-पत्रावली, प्रसारण और अन्तिम पत्र
52. सत्य जनहित आह्वान
53. विश्व शान्ति-अन्तिम सत्य दृष्टि
54. नई विश्व व्यवस्था का रहस्य
55. समाजवाद - ब्रह्माण्डीय विकास का अवतारी मार्ग
56. भारतवाद - राष्ट्रवाद की मुख्यधारा
57. 100 वर्षीय संयुक्त राष्ट्र को अग्रिम सन्देश
58. सार्वभौम एकात्म-नव विश्व निर्माण
59. गणराज्य, संघ, मानकीकरण संगठन और सम्पूर्ण मानक
60. व्यापार केन्द्र (TRADE CENTRE)-दृश्य सत्य
61. मन का विश्वमानक और पूर्ण मानव निर्माण की तकनीकी-WCM-TLM-SHYAM.C
62. मानक विपणन प्रणाली (3F-Fire-Fuel-Fire)
63. स्वर्णयुग का मानक आदर्श नागरिक-दिशा निर्देश
64. विश्वधर्म: परिचय (स्वर्णयुग का धर्म)

व्यक्ति और विभागीय स्तर पर सफाई-सुधार का पहला प्रारूप की पुस्तक - डा0 रमेश कुमार द्वारा लिखित “विशाल ज्ञान विज्ञान सबका समाधान” है

विश्व-नागरिक धर्म का धर्मयुक्त धर्मशास्त्र
कर्मवेद: प्रथम, अन्तिम तथा पंचम वेदीय श्रृंखला

विश्व-राज्य धर्म का धर्मनिरपेक्ष धर्मशास्त्र
विश्वमानक शून्य - मन की गुणवत्ता का विश्वमानक (WS-0) श्रृंखला

01. वैश्विक मानव निर्माण तकनीकी- WCM-TLM-SHYAM.C प्रणाली

तकनीकी का नाम SHYAM.C क्यों?
S - SATYA (सत्य)
H- HEART (हृदय)
Y- YOG (योग)
A - ASHRAM (आश्रम)
M - MEDITATION (ध्यान)
. - DOT (बिन्दु या डाट या दशमलव या पूर्णविराम)
C - CONCIOUSNESS (चेतना)

02. आदर्श वैश्विक मानव/जन/गण/लोक/स्व/मैं/आत्मा/तन्त्र का सत्य रूप व विश्व मानक

03. विश्व मानक-शून्य (WS-0): मन की गुणवत्ता का विश्व मानक श्रृखंला

01. डब्ल्यू.एस. (WS)-0: विचार एवम् साहित्य का विश्वमानक
02. डब्ल्यू.एस. (WS)-00: विषय एवम् विशेषज्ञों की परिभाषा का विश्वमानक
03. डब्ल्यू.एस. (WS)-00: ब्रह्माण्ड (सूक्ष्म एवम् स्थूल) के प्रबन्ध और क्रियाकलाप का विश्वमानक
04. डब्ल्यू.एस. (WS)-0000: मानव (सूक्ष्म तथा स्थूल) के प्रबन्ध और क्रियाकलाप का विश्वमानक
05. डब्ल्यू.एस. (WS)-00000: उपासना और उपासना स्थल का विश्वमानक

विश्व के प्रथम विश्वमानव (ग्लोबल ह्यूमन) स्वामी विवेकानन्द के इच्छानुसार

विश्व के अन्तिम विश्वमानव (ग्लोबल ह्यूमन) श्री लव कुश सिंह "विश्वमानव"

द्वारा
व्यक्त
विश्वधर्म का धर्मशास्त्र

विश्वशास्त्र - द नालेज आफ फाइनल नालेज

समष्टि धर्म शास्त्र, लोक तन्त्र में आविष्कृत
।। विश्वशास्त्र ।।
द नॉलेज ऑफ फाइनल नॉलेज
ज्ञान-कर्मज्ञान
पर आधारित
व्यष्टि धर्म शास्त्र
राज तन्त्र में आविष्कृत
पहनावा, खानपान
पूजा-पद्धति पर आधारित

विश्व सरकार के लिए पुनः भारत द्वारा शून्य आधारित अन्तिम आविष्कार

शून्य का प्रथम आविष्कार का परिचय

शून्य (0), दशमलव संख्या प्रणाली में संख्या है। यह दशमलव प्रणाली का मूलभूत आधार भी है। किसी भी संख्या को शून्य से गुणा करने से शून्य प्राप्त होता है। किसी भी संख्या को शून्य से जोड़ने या घटाने पर वही संख्या प्राप्त होती है।

शून्य का आविष्कार किसने और कब किया यह आज तक अंधकार के गर्त में छुपा हुआ है परन्तु सम्पूर्ण विश्व में यह तथ्य स्थापित हो चुका है कि शून्य का आविष्कार भारत में ही हुआ है। ऐसी भी कथाएँ प्रचलित हैं कि पहली बार शून्य का आविष्कार बाबिल में हुआ और दूसरी बार माया सभ्यता के लोगों ने इसका आविष्कार किया पर दोनों ही बार के आविष्कार संख्या प्रणाली को प्रभावित करने में असमर्थ रहे तथा विश्व के लोगों ने इसे भुला दिया। फिर भारत में हिन्दुओं ने तीसरी बार शून्य का आविष्कार किया। हिन्दुओं ने शून्य के विषय में कैसे जाना यह आज भी अनुत्तरित प्रश्न है। अधिकतम विद्वानों का मत है कि पाँचवीं शताब्दी के मध्य में शून्य का आविष्कार किया गया। सन् 498 में भारतीय गणितज्ञ एवं खगोलवेक्ता आर्यभट्ट ने कहा "स्थानं स्थानं दसा गुणम्" अर्थात दस गुना करने के लिए संख्या के आगे शून्य रखो। और शायद यही संख्या के दशमलव सिद्धान्त का उद्भव रहा होगा। आर्यभट्ट द्वारा रचित गणितीय खगोलशास्त्र ग्रन्थ आर्यभट्टीय के संख्या प्रणाली में शून्य तथा उसके लिए विशिष्ट संकेत सम्मिलित था। इसी कारण से उन्हें संख्याओं को शब्दों में प्रदर्शित करने का अवसर मिला। प्राचीन बक्षाली लिपि में, जिसका कि सही काल अब तक निश्चित नहीं हो पाया है परन्तु निश्चित रूप से उसका काल आर्यभट्ट के काल से प्राचीन है, शून्य का प्रयोग किया गया है और उसके लिए उसमें संकेत भी निश्चित है। उपरोक्त उदाहरणों से स्पष्ट है कि भारत में शून्य का प्रयोग ब्रह्मगुप्त रचित ग्रन्थ ब्रह्मस्फुट सिद्धान्त में पाया गया है। इस ग्रन्थ में नकारात्मक संख्याओं और बीजगणितीय सिद्धान्तों का भी प्रयोग हुआ है। 7वीं शताब्दी जो ब्रह्मगुप्त का काल था, शून्य से सम्बन्धित विचार कम्बोडिया तक पहुँच चुके थे और दस्तावेजों से ज्ञात होता है कि बाद में ये कम्बोडिया से चीन तथा अन्य मुस्लिम संसार में फैल गये। इस बार भारत में हिन्दुओं के द्वारा आविष्कृत शून्य ने समस्त विश्व की संख्या प्रणाली को प्रभावित किया और सम्पूर्ण विश्व को जानकारी मिली। मध्य-पूर्व में स्थित अरब देशों ने भी शून्य को भारतीय विद्वानों से प्राप्त किया। अन्ततः 12वीं शताब्दी में भारत का यह शून्य पश्चिम में यूरोप तक पहुँचा।

शून्य आधारित अन्तिम आविष्कार का परिचय

आविष्कार विषय- "व्यक्तिगत मन और संयुक्तमन का विश्व मानक और पूर्णमानव निर्माण की तकनीकी है जिसे धर्म क्षेत्र से कर्मवेद-प्रथम, अन्तिम तथा पंचमवेदीय श्रृंखला तथा शासन क्षेत्र से WS-0: मन की गुणवत्ता का विश्व मानक श्रृंखला तथा WCM-TLM-SHYAM.C तकनीकी कहते है। सम्पूर्ण आविष्कार सार्वभौम सत्य-सिद्धान्त अर्थात् सम्पूर्ण ब्रह्माण्ड में व्याप्त अटलनीय, अपरिवर्तनीय, शाश्वत व सनातन नियम पर आधारित है, न कि मानवीय विचार या मत पर आधारित।"

सम्पूर्ण ब्रह्माण्ड में व्याप्त एक ही सत्य-सिद्धान्त द्वारा व्यक्तिगत व संयुक्त मन को एकमुखी कर सर्वोच्च, मूल और अन्तिम स्तर पर स्थापित करने के लिए शून्य पर अन्तिम आविष्कार WS-0: श्रृंखला की निम्नलिखित पाँच शाखाएँ हैं ।

01. डब्ल्यू.एस.(WS)-0 -विचार एवम् साहित्य का विश्वमानक
02. डब्ल्यू.एस.(WS)-00 -विषय एवम् विशेषज्ञों की परिभाषा का विश्वमानक

03. डब्ल्यू.एस.(WS)-000 -ब्रह्माण्ड (सूक्ष्म एवम् स्थूल) के प्रबन्ध और क्रियाकलाप का विश्वमानक
04. डब्ल्यू.एस.(WS)-0000 -मानव (सूक्ष्म तथा स्थूल) के प्रबन्ध और क्रियाकलाप का विश्वमानक
05. डब्ल्यू.एस.(WS)-00000 -उपासना और उपासना स्थल का विश्वमानक

इस प्रकार विश्व सरकार के लिए पुनः भारत द्वारा शून्य आधारित अन्तिम आविष्कार पूर्ण हुआ है।
(आविष्कार के विस्तृत जानकारी के लिए "विश्वशास्त्र" अध्याय-तीन देखें)

मानक का अर्थ है-"वह सर्वमान्य पैमाना, जिससे हम उस विषय का मूल्यांकन करते है। जिस विषय का वह पैमाना होता है।" इस प्रकार मन की गुणवत्ता का मानक व्यक्ति तथा संयुक्त व्यक्ति (अर्थात् संस्था, संघ, सरकार इत्यादि) के मूल्याकंन का पैमाना है चूँकि आविष्कार का विषय सर्वव्यापी ब्रह्माण्डीय नियम पर आधारित है। इसलिए वह प्रत्येक विषयों से सम्बन्धित है जिसकी उपयोगिता प्रत्येक विषय के सत्यरूप को जानने में है। चूँकि मानव कर्म करते-करते ज्ञान प्राप्त करते हुऐ प्रकृति के क्रियाकलापों को धीरे-धीरे अपने अधीन करने की ओर अग्रसर है इसलिए पूर्णत-प्रकृति के पद पर बैठने के लिए प्रकृति द्वारा धारण की गई सन्तुलित कार्यप्रणाली को मानव द्वारा अपनाना ही होगा अन्यथा वह सन्तुलित कार्य न कर अव्यवस्था उत्पन्न कर देगा। यह वैसे ही है जैसे किसी कर्मचारी को प्रबन्धक (मैनेजर) के पद पर बैठा दिया जाये तो सन्तुलित कार्य संचालन के लिए प्रबन्धक की सन्तुलित कार्यप्रणाली को उसे अपनाना ही होगा अन्यथा वह सन्तुलित कार्य न कर अव्यवस्था उत्पन्न कर देगा। आविष्कार की उपयोगिता व्यापक होते हुए भी मूल रूप से व्यक्ति स्तर से विश्व स्तर तक के मन और संयुक्त मन के प्रबन्ध को व्यक्त करना एवम् एक कर्मज्ञान द्वारा श्रृंखलाबद्ध करना है जिससे सम्पूर्ण शक्ति एक मुखी हो विश्व विकास की दिशा में केन्द्रित हो जाये। परिणामस्वरूप एक दूसरे को विकास की ओर विकास कराते हुऐ स्वयं को भी विकास करने के लिए पूर्ण स्वतन्त्रता प्राप्त हो जायेगी। सम्पूर्ण क्रियाकलापों को संचालित करने वाले मूल दो कर्ता-मानव (मन) और प्रकृति (विश्वमन) दोनों का कर्मज्ञान एक होना आवश्यक है। प्रकृति (विश्वमन) तो पूर्ण धारण कर सफलतापूर्वक कार्य कर ही रही है। मानव जाति में जो भी सफलता प्राप्त कर रहे हैं वे अज्ञानता में इसकें आंशिक धारण में तथा जो असफलता प्राप्त कर रहे हैं, वे पूर्णत: धारण से मुक्त है। इसी कर्मज्ञान से प्रकृति, मानव और संयुक्त मन प्रभावित और संचालित है। किसी मानव का कर्मक्षेत्र सम्पूर्ण ब्रह्माण्ड हो सकता है और किसी का उसके स्तर रूप में छोटा यहाँ तक कि सिर्फ स्वयं व्यक्ति का अपना स्तर परन्तु कर्मज्ञान तो सभी का एक ही होगा।

श्रीमदभवद्गीता की शक्ति सीमा तथा कर्मवेदः पंचमवेद समाहित विश्वशास्त्र के प्रारम्भ का आधार

अधिकतम व्यक्ति ऐसा सोचते हैं कि ज्ञान का अन्त नहीं हो सकता और व्यक्ति ऐसा भी मानते हैं कि जिसका जन्म (प्रारम्भ) हुआ है उसका मृत्यु (अन्त) भी होता है। इस प्रकार यदि ज्ञान का प्रारम्भ हुआ है तो उसका अन्त भी होगा।

स्वामी विवेकानन्द की दृष्टिः-

01. विज्ञान एकत्व की खोज के सिवा और कुछ नहीं है। ज्योंही कोई विज्ञान शास्त्र पूर्ण एकता तक पहुँच जायेगा, त्योंहीं उसका आगे बढ़ना रुक जायेगा क्योंकि तब तो वह अपने लक्ष्य को प्राप्त कर चुकेगा। उदाहरणार्थ रसायनशास्त्र यदि एक बार उस एक मूल द्रव्य का पता लगा ले, जिससे वह सब द्रव्य बन सकते हैं तो फिर वह और आगे नहीं बढ़ सकेगा। पदार्थ विज्ञान शास्त्र जब उस एक मूल शक्ति का पता लगा लेगा जिससे अन्य शक्तियां बाहर निकली हैं तब वह पूर्णता पर पहुँच जायेगा। वैसे ही धर्म शास्त्र भी उस समय पूर्णता को प्राप्त हो जायेगा जब वह उस मूल कारण को जान लेगा। जो इस मत्र्यलोक में एक मात्र अमृत स्वरुप है जो इस नित्य परिवर्तनशील जगत का एक मात्र अटल अचल आधार है जो एक मात्र परमात्मा है और अन्य सब आत्माएं जिसके प्रतिबिम्ब स्वरुप हैं। इस प्रकार अनेकेश्वरवाद, द्वैतवाद आदि में से होते हुए इस अद्वैतवाद की प्राप्ति होती है। धर्मशास्त्र इससे आगे नहीं जा सकता। यही सारे विज्ञानों का चरम लक्ष्य है।

(हिन्दू धर्म, पृष्ठ-16, राम कृष्ण मिशन प्रकाशन)

02. यह समझना होगा कि धर्म के सम्बन्ध में अधिक और कुछ जानने को नहीं, सभी कुछ जाना जा चुका है। जगत के सभी धर्म में, आप देखियेगा कि उस धर्म में अवलम्बनकारी सदैव कहते हैं, हमारे भीतर एक एकत्व है अतएव ईश्वर के सहित आत्मा के एकत्व ज्ञान की अपेक्षा और अधिक उन्नति नहीं हो सकती। ज्ञान का अर्थ इस एकत्व का आविष्कार ही है। यदि हम पूर्ण एकत्व का आविष्कार कर सकें तो उससे अधिक उन्नति फिर नहीं हो सकती।

(धर्म विज्ञान, पृष्ठ-7, राम कृष्ण मिशन प्रकाशन)

03. मैं जिस आत्मतत्व की बात कर रहा हूँ वही जीवन है, शक्तिप्रद है और अत्यन्त अपूर्व है। केवल वेदान्त में ही वह महान तत्व है जिससे सारे संसार की जड़ हिल जायेगी और जड़ विज्ञान के साथ धर्म की एकता सिद्ध होगी।

(हिन्दू धर्म, पृष्ठ-44, राम कृष्ण मिशन प्रकाशन))

लव कुश सिंह "विश्वमानव" की दृष्टिः-

01. पूर्ण ज्ञान अर्थात् अपने मालिक स्वयं केन्द्र में स्थित मार्गदर्शक दर्शन (Guider Philosophy) अर्थात् G एवं विकास दर्शन (Development Philosophy) अर्थात् D है। इसकी परिधि आदान-प्रदान या व्यापार या क्रियाचक्र या क्रियान्वयन दर्शन (Operating Philosophy) अर्थात् O है। यही आध्यात्म अर्थात् अर्थात् अदृश्य विज्ञान का सर्वोच्च एवं अन्तिम आविष्कार है। तथा यही पदार्थ अर्थात् दृश्य विज्ञान द्वारा आविष्कृत परमाणु की संरचना भी है। जिसके केन्द्र में G के रुप में प्रोटान-P है तथा D के रुप में न्यूट्रान-N है। इसकी परिधि

O के रुप में इलेक्ट्रान-E है। प्राच्य अदृश्य आध्यात्म विज्ञान तथा पाश्चात्य दृश्य पदार्थ विज्ञान में एकता का यही सूत्र है। विवाद मात्र नाम के कारण है। जिसके अनुसार इलेक्ट्रान या क्रियान्वयन दर्शन में विभिन्न सम्प्रदायों, संगठनों, दलों के विचार सहित व्यक्तिगत विचार जिसके अनुसार अर्थात् अपने मन या मन के समूहों के अनुसार वे समाज तथा राज्य का नेतृत्व करना चाहते हैं। जबकि ये सार्वजनिक सत्य नहीं है। इसलिए ही इन विचारों की समर्थन शक्ति कभी स्थिर नहीं रहती जबकि केन्द्र या आत्मा या एकता में विकास दर्शन स्थित है। केन्द्र में प्रोटान की स्थिति अदृश्य मार्गदर्शक दर्शन या अदृश्य विकास दर्शन की स्थिति, चूँकि यह सार्वजनिक सत्य विकास दर्शन का अदृश्य रुप है इसलिए यह व्यक्तिगत प्रमाणित है। इसी कारण आध्यात्म भी विवाद और व्यष्टि विचार के रुप में रहा जबकि यह सत्य था। लेकिन न्यूट्रान की स्थिति दृश्य मार्गदर्शक दर्शन या दृश्य विकास दर्शन की स्थिति है इसलिए यह सार्वजनिक सत्य है सम्पूर्ण मानक है, समष्टि सत्य है, सत्य सिद्धान्त है जिसकी स्थापना से व्यक्ति मन उस चरम स्थिति में स्थापित होकर उसी प्रकार तेजी से विश्व निर्माण कर सकता है जिस प्रकार पदार्थ विज्ञान द्वारा आविष्कृत न्यूट्रान बम इस विश्व का विनाश कर सकता है।

02. वर्तमान दृश्य पदार्थ विज्ञान के सत्य-सिद्धान्त के अनुसार सम्पूर्ण तत्व तीन अवस्थाओं में रहता है। जिनमें दो आभासी अवस्था तथा एक वास्तविक अवस्था। ये तीनों अवस्था क्रमशः ठोस, द्रव और गैस अवस्था है। इस तीनों अवस्थाओं में एक यदि उसकी सामान्य वातावरण में वास्तविक अवस्था है तो शेष दो उसकी विशेष वातावरण में आभासी अवस्था हो सकती है। जबकि परमाणु (न्यूक्लियस व इलेक्ट्रान) तीनों अवस्थाओं में विद्यमान रहता है। तत्वों में व्यक्त होने का सत्य-सिद्धान्त यह है कि परमाणु में इलेक्ट्रानों की संख्या के घटने बढ़ने से विभिन्न तत्व व्यक्त होते हैं। पुनः तत्वों के मिश्रण से विभिन्न यौगिक पदार्थ व्यक्त होते हैं अर्थात् एक ही परमाणु से इलेक्ट्रानों की संख्या को घटा-बढ़ाकर सभी तत्वों के गुणों को प्राप्त कर सकते हैं। यदि यह सम्भव हो कि एक चेतना युक्त परमाणु स्वयं अपने इलेक्ट्रानों को घटा-बढ़ा सके तो वह परमाणु सभी तत्वों के गुणों या प्रकृति को व्यक्त करने लगेगा। ऐसी स्थिति में उस जटिल परमाणु को किसी विशेष तत्व का परमाणु निर्धारित करना असमभव हो जायेगा। फिर उसे "एक में सभी, सभी में एक" कहना पड़ेगा अर्थात् उसकी निम्नतम एवं सर्वोच्चतम अन्तिम स्थिति ही उसकी निर्धारण योग्य प्रकृति होगी।

03. वर्तमान अदृश्य आध्यात्म विज्ञान के अद्वैत सत्य-सिद्धान्त के अनुसार व्यक्ति भी तीन अवस्थाओं में रहता है जिसमें से दो आभासी अवस्था तथा एक वास्तविक अवस्था। ये तीनों अवस्था क्रमशः आत्मीय काल, अदृश्य काल तथा दृश्य काल अवस्था है। इन तीनों अवस्थाओं में यदि मन की एक वास्तविक अवस्था है तो शेष दो विशेष वातावरण में आभासी अवस्था हो सकती है। जबकि आत्मा सहित मन तीनों अवस्थाओं में रहता है। व्यक्ति के महत्ता के व्यक्त होने का सत्य-सिद्धान्त यह है कि व्यक्ति में मन की उच्चता और निम्नता से विभिन्न महत्ता के व्यक्तियों का व्यक्त होना होता है। पुनः इन व्यक्तियों के साथ आने से विभिन्न मतों पर आधारित सम्प्रदाय और संगठन व्यक्त होते हैं। अर्थात् एक ही व्यक्ति के मन की उच्चता एवं निम्नता से हम सभी महत्ता के व्यक्तियों, सम्प्रदायों और संगठनों के योग्य हो सकते हैं। अर्थात् प्रत्येक व्यक्ति में मन के निम्नतम स्थिति पशु मानव से सर्वोच्च और अन्तिम स्थिति विश्व मन से युक्त विश्वमानव तक को व्यक्त करने की सम्भावना नीहित है क्योंकि मानव वह चेतना युक्त आत्मा है जो स्वयं अपने मन की उच्चता एवं निम्नता पर आवश्यकता और समयानुसार नियन्त्रण कर सकता है और सभी तरह के व्यक्तियों या गुणों को व्यक्त कर सकता है। ऐसी स्थिति में उस जटिल व्यक्ति को किसी विशेष प्रकृति का व्यक्ति निर्धारण करना असम्भव हो जायेगा। फिर उसे "एक में सभी, सभी में एक" कहना पड़ेगा। अर्थात् उसकी निम्नतम पशु मानव और सर्वोच्चतम तथा अन्तिम विश्वमानव स्थिति ही उसकी निर्धारण योग्य प्रकृति होगी।

04. भारत के प्रचीन ऋषि बिना किसी यन्त्र की सहायता से यह जान चुके थे कि वस्तुओं का सम्पूर्ण नाश नहीं होता केवल उसका अवस्था परिवर्तन होता है जिस पर आधारित होकर ही उन्होंने विश्व कल्याणार्थ धर्म का आविष्कार किये थे। यह व्यक्तिगत प्रमाणित अदृश्य दिशा से धर्म का आविष्कार था। इसलिए ही यह धर्म

विवाद का विषय रहा। परन्तु इसी विषय को भी पदार्थ विज्ञान ने भी सिद्ध कर दिखाया है, और इस ओर से सम्पूर्ण एकत्व का मन के विश्व मानक -शून्य श्रृंखला का आविष्कार सार्वजनिक प्रमाणित दृश्य दिशा की ओर से धर्म का आविष्कार। अब और कोई दिशा नहीं जिस ओर से धर्म का आविष्कार किया जा सके। परिणामस्वरुप यह अन्तिम विश्वव्यापी विवादमुक्त रुप से धर्म का आविष्कार है।

05. सर्वोच्च और अन्तिम मन स्तर द्वारा व्यक्त ज्ञान-कर्मज्ञान के अन्तिम होने को इस प्रकार समझा जा सकता है। मान लीजिए बहुत से व्यक्ति हिमालय के चारो ओर से एवरेस्ट चोटी पर चढ़ रहे हैं। कुछ प्रारम्भ में हैं कुछ उससे ऊपर, कुछ और ऊपर, इस प्रकार से एक व्यक्ति शिखर पर बैठा है। प्रारम्भ से अन्तिम तक के व्यक्ति के पास वहाँ की स्थिति पर एक मन स्तर है। शिखर पर बैठा व्यक्ति अपने अन्तिम होने का प्रमाण सिर्फ दो मार्गों द्वारा व्यक्त कर सकता है। पहला यह कि वह उस अन्तिम स्तर का वर्णन करे। इस मार्ग में जब तक सभी व्यक्ति शिखर तक नहीं पहुँच जाते उसके अन्तिम होने की प्रमाणिकता सिद्ध नहीं हो पाती। इस मार्ग को व्यि गत प्रमाणित ज्ञान का मार्ग कहते हैं। यह संतों का मार्ग है। दूसरा मार्ग यह है कि शिखर पर बैठा व्यक्ति अन्तिम को प्रारम्भ से अन्तिम तक के मनस्तर को इस भाँति जोड़े कि प्रत्येक मनस्तर पर बैठा व्यक्ति अपने स्थान से ही अन्तिम की अनुभूति कर ले। इस मार्ग को सार्वजनिक प्रमाणित कर्मज्ञान का मार्ग कहते हैं। प्रथम मार्ग जो कठिन मार्ग था, वह था श्रीकृष्ण का मार्ग। द्वितीय मार्ग जो सरल मार्ग है वह है-लव कुश सिंह "विश्वमानव" का मार्ग जिसके अनुसार प्रत्येक व्यक्ति को उसके मन स्तर की ओर से सार्वजनिक प्रमाणित सर्वव्यापी सर्वोच्च और अन्तिम कर्म आदान-प्रदान या परिवर्तन से जोड़ दिया गया है जिससे उसके अतीत का अनुभव कर सीधे व्यक्तिगत प्रमाणित आत्मोन्भूति तथा विवादमुक्त सिद्धान्तों की प्राप्ति प्रत्येक मनुष्य कर सके। अन्तिम के पूर्ण प्रमाण प्रस्तुत कर देने के बावजूद व्यक्ति को यह अधिकार है कि वह इसे अन्तिम न होने का प्रमाण प्रस्तुत करे परन्तु ऐसा न हो कि सम्पूर्ण जीवन व्यर्थ के प्रयत्न में ही निकल जाये और हाथ कुछ भी न मिले। इसलिए बुद्धिमानी इसी में है कि अन्तिम का परीक्षण एक समय सीमा तक करें और व्यक्त मार्ग के अनुसार जीवन में धारण कर जीवन को संचालित करें।

06. इस बाह्य जगत को बृहद ब्रह्माण्ड तथा अन्तः जगत को क्षुद्र ब्रह्माण्ड कहते हैं। एक मनुष्य अथवा कोई भी प्राणी अर्थात् क्षुद्र ब्रह्माण्ड जिस नियम से गठित होता है उसी नियम से विश्व ब्रह्माण्ड अर्थात् बृहद ब्रह्माण्ड भी गठित है। जैसे हमारा एक मन व्यक्तिगत मन है। उसी प्रकार एक विश्वमन संयुक्त मन भी है। सम्पूर्ण जगत एक अखण्ड स्वरुप है वेदान्त उसी को ब्रह्म कहता है। ब्रह्म जब बृहद ब्रह्माण्ड के पश्चात् या अतीत में अनुभव होता हो तब उसे ईश्वर या परमात्मा कहते हैं। और जब ब्रह्म इस क्षुद्र ब्रह्माण्ड के पश्चात् या अतीत में अनुभव होता है तब उसे आत्मा कहते हैं। द्वैतवादी आत्मा और परमात्मा को दो मानते हैं जबकि अद्वैतवादी दोनों को एक ही मानते हैं। और इस आत्मा को ही मनुष्य के अन्दर स्थित ईश्वर या परमात्मा मानते हैं। अर्थात् इस मनुष्य से ही व्यक्तिगत मन और विश्व मन या संयुक्तमन दोनों ही व्यक्त होता है। जिस मनुष्य शरीर से सर्वोच्च और अन्तिम, सर्वव्यापी संयुक्तमन या विश्वमन व्यक्त होगा उसी शरीर को हम ईश्वर या परमात्मा का साकार अन्तिम रुप या अवतार कहेंगे।

07. इस ईश्वर या परमात्मा के व्यक्तिगत प्रमाणित साकार प्रक्षेपण को पुराण में शिव-शंकर तथा सार्वजनिक प्रमाणित साकार प्रक्षेपण को पूर्णावतार कहते हैं। जिसका व्यक्त गुण सर्वोच्च और अन्तिम एकात्म ज्ञान और एकात्म कर्म समाहित एकात्म ध्यान होता है। इसके अंशों का प्रक्षेपण सार्वजनिक प्रमाणित साकार रुप में अंशावतार तथा व्यक्तिगत प्रमाणित साकार रुप में विष्णु व ब्रह्मा कहते हैं। इसलिए ही पुराणों में शिव-शंकर से निकलते हुए विष्णु अर्थात् एकात्म ज्ञान समाहित एकात्म कर्म को तथा विष्णु से निकलते हुए ब्रह्मा अर्थात् एकात्म ज्ञान को प्रक्षेपित किया गया है। ब्रह्मा और विष्णु को देव तथा अन्तिम शिव-शंकर को महादेव कहते हैं।

08. इन तीनों देवताओं ब्रह्मा, विष्णु और शिव-शंकर के मूल गुणों के आधार पर उनके वास्तविक रुप अर्थात् चार वेदों को व्यक्त करने वाले चार मुखों से युक्त सृष्टिकर्ता ब्रह्मा का रुप, चार भुजाओं से युक्त पालनकर्ता

विष्णु का रुप तथा ब्रह्मा और विष्णु समाहित पाँचों वेदों को व्यक्त करने वाले पाँच मुखों से युक्त कल्याण कर्ता शिव-शंकर का अन्तिम रुप, तीनों देवताओं का दिव्यरुप कहलाता है। जबकि ईश्वर या आत्मा या परमात्मा के व्यक्तिगत प्रमाणित सर्वव्यापी सत्य-आत्मा रुप को व्यक्तिगत प्रमाणित विश्वरुप तथा सार्वजनिक प्रमाणित सर्वव्यापी सिद्धान्त रुप को अन्तिम सार्वजनिक प्रमाणित विश्वरुप कहते हैं। ईश्वर या परमात्मा या आत्मा के पूर्णावतार के साकार रुप से विष्णु और शिव-शंकर के दिव्यरुप सहित सार्वजनिक प्रमाणित विश्वरुप का संयुक्त रुप व्यक्त होगा। इसलिए ही विष्णु और शिव-शंकर को एक दूसरे का रुप कहा गया है।

09. कार्य की प्रथम शाखा अर्थात् भुजा-कालानुसार व्यक्तिगत और संयुक्त विचारों-दर्शनों से युक्त अर्थात् सुदर्शन चक्र, जिससे निम्न और संकीर्ण विचारां‍े का परिवर्तन या वध होता है। दूसरी भुजा-उद्घोष अर्थात् शंख जिससे चुनौति दी जाती है। तीसरी भुजा-रक्षार्थ अर्थात् गदा जिससे आत्मीय स्वजनों की रक्षा की जाती है। चैथी और अन्तिम भुजा-निर्लिप्त अर्थात् कमल जिससे सांसारिकता और असुरी गुणों से मुक्त समाज में आश्रय पाना आसान होता है क्योंकि सांसारिकता और असुरी गुणों से युक्त व्यक्ति अपने अहंकारी दृष्टि से ही देखते हैं। परिणामस्वरुप अच्छे विचार को सुरक्षित विकास का अवसर प्राप्त होता है। इन सभी गुणों से युक्त हो शक्तिशाली और तीव्र वेग अर्थात् गरुड़ पक्षी रुपी वाहन से व्यक्त होना, ये ही पालनकर्ता विष्णु के मूल लक्षण हैं जिससे वे समाज में व्यक्त हो संसार का पालन करते हैं जो लव कुश सिंह "विश्वमानव" के जीवन, कर्म व व्यक्त होने के मार्ग से पूर्ण प्रमाणित है और चतुर्भुज रुप है।

10. जिस प्रकार अदृश्य शिव अर्थात् अदृश्य विशेश्वर का प्रतीक चिन्ह शिव-लिंग है उसी प्रकार दृश्य शिव अर्थात् दृश्य भोगेश्वर का प्रतीक चिन्ह शिव-लिंग सहित सुदर्शन-चक्र और शंख है। कारण अन्तिम अवतार शिव-शंकर का पूर्णावतार है जिसमें विष्णु समाहित हैं। परिणामस्वरुप दृश्य शिव अर्थात् दृश्य भोगेश्वर का प्रतीक चिन्ह पूर्ण शिव तथा आधा विष्णु के प्रतीक चिन्ह से ही व्यक्त होगा। जिस प्रकार काशी अदृश्य विशेश्वर का निवास स्थान है उसी प्रकार सत्यकाशी दृश्य भोगेश्वर का निवास स्थान है।

11. चारों वेदों के ज्ञान और अनेकों उपनिषद् समाहित "गीता" व्यक्तिगत प्रमाणित मार्ग से आत्म ज्ञान, दिव्य-दृष्टि, सर्वव्यापी रुप-विश्वरुप, चतुर्भुज दिव्यरुप तथा कर्म की ओर प्रेरित करने का शास्त्र साहित्य है। क्योंकि इस उपदेश को कहीं से भी दो व्यक्ति एक साथ सुन नहीं रहे थे। जब तक कम से कम दो व्यक्ति एक साथ किसी विषय या घटना को देखें या सुने नहीं वह सार्वजनिक प्रमाणित नहीं कहलाती है। इस उपदेश को सुनने व देखने वालों में पहला स्थान -सिर्फ अर्जुन अकेले देख व सुन रहा था। दूसरा स्थान-वृक्ष पर धड़ से अलग बरबरीक का सिर सिर्फ देख रहा था। तीसरा स्थान-दिव्य दृष्टि के द्वारा संजय अकेले देखकर साथ बैठे अन्धे धृतराष्ट्र व अन्धी बनीं गान्धारी को वर्णन सुना रहा था। चैथा स्थान-दोनों पक्षों की सेना सिर्फ श्रीकृष्ण और अर्जुन के अलावा न तो कुछ देख पा रही थी न ही सुन पा रही थी। पाँचवां स्थान-स्वयं महाभारत शास्त्र साहित्य के रचयिता महर्षि व्यास जी अकेले देख व सुन रहे थे। इन पाँचों स्थितियों में कहीं भी ऐसी स्थिति नहीं है जिससे यह कहा जा सके कि गीता का उपदेश सार्वजनिक प्रमाणित रुप से दिया गया था बल्कि यह व्यक्तिगत प्रमाणित रुप से सिर्फ अर्जुन को व्यक्तिगत रुप से दिया गया था और विश्वरुप भी सिर्फ व्यक्तिगत प्रमाणित रुप से ही देखा गया था न कि सभी व्यक्ति जिनकी अलग-अलग स्थितियाँ है उनके लिए। इस प्रकार व्यक्त आत्म ज्ञान सत्य होते हुए भी व्यक्तिगत प्रमाणित ही है। गीतोपनिषद् व्यक्तिगत सम्पूर्ण समाधान का शास्त्र साहित्य है न कि सार्वजनिक सम्पूर्ण समाधान का शास्त्र साहित्य। यदि वह सम्पूर्ण समाधान का शास्त्र साहित्य होता तो ईश्वर के कुल दस अवतारों में दसवें और अन्तिम अवतार का कार्य क्या होता? अर्थात् उनके लिए कोई कार्य शेष नहीं होता। ब्रह्मा के पूर्ण अवतार और ईश्वर के अंशावतार आदर्श व्यक्ति चरित्र से युक्त श्रीराम थे। विष्णु के पूर्णावतार तथा ईश्वर के व्यक्तिगत प्रमाणित पूर्णावतार आदर्श सामाजिक व्यक्ति चरित्र (व्यक्तिगत प्रमाणित आदर्श वैश्विक व्यक्ति चरित्र) से युक्त

श्रीकृष्ण थे। तो शिव-शंकर के पूर्णावतार तथा ईश्वर के सार्वजनिक प्रमाणित पूर्णावतार आदर्श वैश्विक व्यक्ति चरित्र से युक्त पूर्णावतार का कार्य क्या होता?

12. "गीता" समाहित "कर्मवेद: प्रथम, अन्तिम तथा पंचमवेद" सार्वजनिक प्रमाणित मार्ग से आत्म ज्ञान, कर्म-ज्ञान, दिव्य-दृष्टि, सर्वव्यापी रुप-विश्वरुप, चतुर्भुज दिव्यरुप, पंचमुखी दिव्यरुप का शास्त्र साहित्य है। क्योंकि यह व्यक्ति से अनेक व्यक्ति और सम्पूर्ण विश्व एक साथ पढ़, सुन और देख सकता है। अर्थात् यह उपदेश सार्वजनिक रुप से दिया गया है न कि व्यक्तिगत रुप से। जिसमें कर्म करने की शिक्षा भिन्न-भिन्न अनेकों स्थितियों पर खड़े व्यक्ति के लिए दी गयी है। कर्मवेद, व्यक्ति सहित सार्वजनिक सम्पूर्ण समाधान का शास्त्र साहित्य है तथा शिव-शंकर के पूर्णावतार तथा ईश्वर के सार्वजनिक प्रमाणित पूर्णावतार आदर्श वैश्विक व्यक्ति चरित्र से युक्त पूर्णावतार से व्यक्त है।

13. "दिव्य रुप" और "विश्व रुप" कभी साकार सार्वजनिक प्रमाणित नहीं हो सकता। वह जब भी होगा प्रथमतया "गीता" की भाँति व्यक्तिगत प्रमाणित निराकार तथा "कर्मवेद" की भाँति सार्वजनिक प्रमाणित निराकार रुप में। कारण वह व्यक्तिगत प्रमाणित निराकार आत्मा या सार्वभौम सत्य तथा सार्वजनिक प्रमाणित निराकार सार्वभौम सत्य-सिद्धान्त की व्यापकता की एक साथ अनुभूति है। जो व्यापक ज्ञान, उपदेशक के जीवन का व्यापक ज्ञान, उसके बाद एक साथ देखने का गुण दिव्य दृष्टि के द्वारा ही देखी जा सकती है। कर्मवेद और विश्व मानक-शून्य श्रृंखला की असीम शाखाएं इसका उदाहरण हैं। "गीता" में अर्जुन को पहले व्यापक ज्ञान दिया गया फिर दिव्य दृष्टि दी गयी तब विश्व रुप और दिव्य रुप दिखाया गया। जो सेनाओं के होते हुए भी सिर्फ अर्जुन को ही दिखाई दिया। इसके लिए अर्जुन ही योग्य पात्र था क्योंकि वह उपदेशक के जीवन के अधिक पास से परिचित था जिससे वह दिव्य रुप और विश्व रुप को सरलता से देख सकता था। उपदेश के लिए दोनों सेनाओं से दूर रथ को ले जाना इसलिए आवश्यक था कि जो इसके योग्य पात्र न थे वे इसमें व्यवधान उत्पन्न न करें और न ही सुन सकें। परिणामस्वरुप उन्हें दिव्यरुप और विश्वरुप दिखाई नहीं दिया। सृष्टि का रुक जाना उसे कहते हैं जब सम्पूर्ण समाज की अन्तिम स्थिति से आगे निर्माण या सृष्टि नहीं होती तथा ऐसा व्यक्ति जो उसके आगे निर्माण की बात कर रहा हो और जो उस पर ही निर्भर है, उसे पीछे या भूतकाल के विषय में विवशतावश उलझा देने से सृष्टि अर्थात् आगे का निर्माण कार्य रुक जाता है। गीता उपदेश के समय ऐसा ही हुआ था क्योंकि उपदेश के लिए विवशतावश श्रीकृष्ण भूतकाल में चले गये थे इसलिए ही कहा गया है कि उपदेश के समय सम्पूर्ण सृष्टि अर्थात् समय रुक गया था।

14. "परिवर्तन संसार का नियम है" यह इसलिए नहीं कहा गया था कि वह संसार के लिए है मनुष्य के लिए नहीं। यह इसलिए कहा गया था कि मनुष्य अपने मनस्तर में परिवर्तन लाते हुए सदा उच्च से उच्चतर, उच्चतर से उच्चतम, उच्चतम से सर्वोच्च और अन्तिम की ओर गति करते रहे और कम समय में सांसारिकता से मन स्तर को उपर उठाकर परिवर्तन को धारण करते हुए सांसारिकता का संचालन कर सके। यदि मनुष्य परिवर्तन को संसार के लिए समझ स्वयं में परिवर्तन नहीं लाता तो यहीं परिवर्तन एक समय पर बुरा प्रभाव डालते हुए अन्ततः उसके शरीर को भी शीघ्र ही परिवर्तित कर देता है।

15. जिस प्रकार अदृश्य हवा, बिजली इत्यादि का रुप बिना साधन के व्यक्त नहीं होता उसी प्रकार अदृश्य आत्मा का दृश्य रुप भी बिना साधन शरीर के व्यक्त नहीं होता। शरीर से एकात्म का व्यक्त होना ही आत्मा का व्यक्त होना है जब कि सम्पूर्ण विश्वव्यापी और सर्वोच्च एकात्म ज्ञान, एकात्म कर्म और एकात्म ध्यान का व्यक्त होना ही आत्मा का पूर्ण दृश्य व्यक्त होना है। जिस शरीर से एकात्म अर्थात् सार्वभौम सत्य-सिद्धान्त व्यक्त होता है उसे साकार-सगुण-ईश्वर तथा सार्वभौम सत्य-सिद्धान्त को निराकार निर्गुण ईश्वर कहते हैं। जिस प्रकार बिना सगुण (माध्यम या शरीर) के निर्गुण (हवा, बिजली, सत्य-सिद्धान्त) की प्रमाणिकता असम्भव है उसी प्रकार बिना निर्गुण के सगुण की प्रमाणिकता असम्भव है।

16. इस प्रकार हम पाते है कि ज्ञान का अर्थ सिर्फ सार्वभौम एकत्व है जिसका अन्त "सार्वभौम सत्य" के रूप में "गीता" द्वारा तथा "सार्वभौम सत्य-सिद्धान्त" के रूप में "विश्वशास्त्र" द्वारा हो चुका है। इस ज्ञान के अलावा

सभी ज्ञान, विज्ञान, तकनीकी तथा समाज का ज्ञान है। अभी ज्ञान का अन्त हुआ है। फिर विज्ञान के ज्ञान का अन्त होगा और उसके बाद तकनीकी के ज्ञान का भी अन्त हो जायेगा। विज्ञान के अन्त "गाड पार्टीकील" अर्थात एक ऐसा कण जो ईश्वर की तरह हर जगह है और उसे देख पाना मुश्किल है जिसके कारण कणों में भार होता है, के खोज के लिए ही जेनेवा (स्विट्जरलैण्ड-फ्रांस सीमा पर) में यूरोपियन आर्गनाइजेशन फार न्यूक्लियर रिसर्च (सर्न) द्वारा रूपये 480 अरब के खर्च से महामशीन लगाई गई है। जिसमें 15000 वैज्ञानिक और 8000 टन की चुम्बक लगी हुई है।

17. "विश्वशास्त्र", विकास क्रम के उत्तरोत्तर विकास के क्रमिक चरणों के अनुसार लिखित है जिससे एक प्रणाली के अनुसार पृथ्वी पर हुए सभी व्यापार को समझा जा सके। फलस्वरूप मनुष्य के समक्ष व्यापार के अनन्त मार्ग खुल जाते हैं। किसी भी सिनेमा अर्थात फिल्म को बीच-बीच में से देखकर डायलाग की भावना व कहानी को पूर्णतया नहीं समझा जा सकता। मनुष्य समाज में यही सबसे बड़ी समस्या है कि व्यक्ति कहीं से कोई भी विचार या वक्तव्य या कथा उठा लेता है और उस पर बहस शुरू कर देता है। जबकि उसके प्रारम्भ और क्रमिक विकास को जाने बिना समझ को विकसित करना असम्भव होता है। ज्ञान सूत्रों का संकलन और उसे चार वेदों में विभाजन, उसे समझने-समझाने के लिए उपनिषद्, पुराण इत्यादि के वर्गीकरण व क्रमिक विकास का कार्य सदैव चलता रहा है। काल और युग के अनुसार यह कार्य सदैव होता रहा है। जिससे समाज के सत्यीकरण का कार्य होता रहा है। सामाजिक विकास के क्षेत्र में परिवर्तन, देश-काल के परिस्थितियों के अनुसार किया जाता रहा है जबकि सत्यीकरण मूल सार्वभौम सत्य-सिद्धान्त से जोड़कर किया जाने वाला कार्य है। सत्यीकरण, अवतारों की तथा परिवर्तन मनुष्यों की कार्य प्रणाली है। इस क्रम में प्रयोग किया गया शास्त्र, अपने समस्त पिछले शास्त्रों का समर्थन व आत्मसात् करते हुए ही होता है, न कि विरोध। किसी भी विषय की शक्ति सीमा निर्धारित करना, उसका विरोध नहीं होता बल्कि उसे और आगे विकसित करने के बिन्दु को निर्धारित करता है।

कालभैरव कथा: यथार्थ दृष्टि
(कर्मवेद-प्रथम, अन्तिम तथा पंचमवेद शिव-शंकर अधिकृत है, ब्रह्मा अधिकृत नहीं)

शुद्ध मन की सर्वोच्च अन्तिम अवस्था ही आत्मीय अवस्था है। अर्थात् एक व्यक्तिगत मन से संयुक्त मन की सर्वोच्च और अन्तिम अवस्था। इस सम्पूर्ण चक्र के ज्ञान से ही भविष्यवाणी, अनुमान, कर्मज्ञान, ध्यान और कम समय में अधिक शक्तिशाली योजना का व्यक्त होना होता है। सम्पूर्ण मानव समाज के समक्ष प्रत्यक्ष प्रमाण है कि कोई भी मानव निर्मित या रचित विषय एका-एक बाहर से नहीं आया, वह पहले हमारे मन के अन्दर में अदृश्य व्यक्तिगत प्रमाणित रुप से विकसित हुआ फिर वह सार्वजनिक प्रमाणित कार्य रुप में व्यक्त हुआ। शुद्ध सर्वोच्च मन से ही अन्त-में विकसित और बाह्य में व्यक्त हुई एक पौराणिक कथा है, जो इस प्रकार है।

एक बार सुमेरु पर्वत पर बैठे हुए ब्रह्मा जी के पास जाकर देवताओं ने उनसे अविनाशी तत्व बताने का अनुरोध किया। शिव जी की माया से मोहित ब्रह्मा जी उस तत्व को न जानते हुए भी इस प्रकार कहने लगे-"मैं ही एक मात्र संसार को उत्पन्न करने वाला स्वयंभू, अज, एक मात्र ईश्वर, अनादि भक्ति, ब्रह्म, घोर, निरंजन आत्मा हूँ। मैं ही प्रवृत्ति और निवृत्ति का मूलाधार, सर्वलीन पूर्ण ब्रह्म हूँ।" ब्रह्मा जी के कहने पर वहाँ मुनिमण्डली में विद्यमान विष्णु जी ने उन्हें समझाते हुए कहा कि-मेरी आत्मा से तो तुम सृष्टि के रचयिता बने हो, मेरा अनादर करके तुम अपने प्रभुत्व की बात कैसे कर रहे हो? इस प्रकार ब्रह्मा और विष्णु अपना-अपना प्रभुत्व स्थापित करने लगे और अपने पक्ष में समर्थन में शास्त्र वाक्य उद्धृत करने लगे। अन्तत-वेदों से पूछने का निर्णय हुआ। तो स्वरुप धारण करके आये चारों वेदों ने क्रमश-अपना मत इस प्रकार प्रकट किया। ऋग्वेद-जिसके भीतर समस्त भूत निहित है तथा जिससे सब कुछ प्रवृत्ति होता है और जिसे परमतत्व कहा जाता है वह एक रुद्र रुप ही है। यजुर्वेद-जिसके द्वारा हम वेद भी प्रमाणित होते हैं तथा जो ईश्वर के सम्पूर्ण यज्ञों तथा योगों से भजन किया जाता है, सबका द्रष्टा वह एक शिव ही है। सामवेद-जो समस्त संसारी जनों को भरमाता है, जिसे योगीजन ढूंढते हैं और जिसकी शक्ति से सारा संसार प्रकाशित होता है, वह एक त्रयम्बक शिवजी ही हैं। अथर्ववेद-जिसकी भक्ति से साक्षात्कार होता है और जो सब सुख-दुखातीत अनादि ब्रह्म है वह केवल एक शंकर जी हैं। विष्णु ने वेदों के इस कथन को प्रताप बताते हुए नित्य शिवा से रमण करने वाले दिगम्बर पीतवर्ण-धूलिधूसरित प्रेमपनाथ, कुवेटाधारी, सर्वविष्टि, वृपनवाहो, निःसंग शिवजी को परब्रह्म मानने से इनकार कर दिया। ब्रह्मा-विष्णु विवाद को सुनकर ओंकार ने शिवजी की ज्योति को नित्य और सनातन परब्रह्म बताया परन्तु फिर भी शिवमाया से विमोहित ब्रह्मा-विष्णु की बुद्धि नहीं बदली। उस समय उन दोनों के मध्य आदि-अन्त रहित एक ऐसी विशाल ज्योति प्रकट हुई और उससे ब्रह्मा का पंचम सिर जलने लगा। इतने में त्रिशूलधारी नील-लोहित वहाँ प्रकट हुये तो अज्ञानता वश ब्राह्मण ब्रह्मा उन्हें अपना पुत्र बताकर अपनी शरण में आने को कहने लगे। ब्रह्मा की सम्पूर्ण बातों को सुनकर शिव-शंकर जी अत्यन्त क्रुद्ध हुये और उन्होंने तत्काल भैरव को उत्पन्न करके उसे ब्रह्मा पर शासन करने का आदेश दिये। इस प्रकार भैरव ने अपनी बायीं अंगुली के नखाग्र से ब्रह्मा जी का पंचम सिर काट डाला। भयभीत ब्रह्मा शतरुद्री का पाठ करने लगे। ब्रह्मा-विष्णु को सत्य की प्रतीति हो गयी और वे शिव-शंकर की महिमा गान करने लगे। यह देखकर शिवजी ने उन दोनों को अभयदान दिया। इसके उपरान्त शिव-शंकर जी ने भैरव जी से कहा कि-तुम इन ब्रह्मा-विष्णु को मानते हुए ब्रह्मा के कपाल को धारण करके इसी के आश्रय से भिक्षावृत्ति करते हुये वाराणसी में चले जाओ। वहाँ उस नगरी के प्रभाव से तुम ब्रह्म हत्या के पाप से निवृत्त हो जाओगे। भैरव जी ज्यों ही काशी (वाराणसी) पहुँचे त्यों ही उनके हाथ से चिमटा कपाल छूटकर पृथ्वी पर गिर पड़ा और उस स्थान का नाम कपालमोचन तीर्थ पड़ गया। शिव-शंकर जी ने उसके भीषण होने के कारण "भैरव" और काल को भी भयभीत करने वाला होने के कारण "कालभैरव" तथा भक्तों के पापों को तत्काल नष्ट करने वाला होने के कारण "पापभक्षक" नाम देकर उसे काशीपुरी का अधिपति बना दिया। भगवान शिव-शंकर के पूर्ण रुप भैरव जी के उत्पत्ति की यह कथा, सनत्कुमार जी को नन्दीश्वर सुनाते हैं।

सर्वोच्च मन सें व्यक्त यह पौराणिक कथा स्पष्ट रुप से व्यक्त करती है कि ब्रह्मा और विष्णु से सर्वोच्च शिव-शंकर हैं। चारो वेदों को प्रमाणित करने वाले शिव-शंकर हैं। चार सिर के चार मुखों से चार वेद व्यक्त करने वाले ब्राह्मण ब्रह्मा जब पांचवे सिर के पाँचवे मुख से अन्तिम वेद पर अधिपत्य व्यक्त करने लगे तब शिव-शंकर के पूर्ण रुप कालभैरव ने उनका पाँचवा सिर काट डाला जिससे यह स्पष्ट होता है कि काल ही सर्वोच्च है, काल ही भीषण है, काल ही सम्पूर्ण पापों का नाशक और भक्षक है, काल से ही काल डरता है। अर्थात् पाँचवा वेद काल आधारित ही होगा। पुराणों में ही व्यक्त शिव-शंकर से विष्णु तथा विष्णु से ब्रह्मा को बहिर्गत होते अर्थात् ब्रह्मा को विष्णु के समक्ष तथा विष्णु को शिव-शंकर के समक्ष समर्पित और समाहित होते दिखाया गया है। जिससे यह स्पष्ट होता है कि शिव-शंकर ही आदि और अन्त हैं। अर्थात् जो पंचम वेद होगा वह अन्तिम वेद होगा साथ ही प्रथम वेद होगा। शिव-शंकर ही प्रलय, स्थिति और सृष्टिकर्ता हैं। चूँकि वेद शब्दात्मक होते हैं इसलिए पंचम वेद शब्द से ही प्रलय, स्थिति और सृष्टिकर्ता होगा।

लव कुश सिंह "विश्वमानव" द्वारा व्यक्त पुराण का धर्मनिरपेक्ष यथार्थ अनुभव की अन्तिम सत्य दृष्टि भी उपरोक्त को स्पष्ट रुप से व्यक्त करती है। जिसमें ब्रह्मा को एकात्म ज्ञान का रुप विष्णु को एकात्म ज्ञान सहित एकात्म कर्म का रुप तथा शिव-शंकर को एकात्म ज्ञान और एकात्म कर्म सहित एकात्म ध्यान का रुप व्यक्त किया गया है। यह सार्वजनिक प्रमाणित भी है कि एकात्म कर्म के बिना एकात्म ज्ञान और एकात्म ध्यान के बिना एकात्म ज्ञान और एकात्म कर्म दोनों प्रमाणित नहीं हो पाते अर्थात् एकात्म ज्ञान, ज्ञान नहीं है। एकात्म ध्यान ही एकात्म ज्ञान है। यह एकात्म ध्यान का ही रुप काल चिन्तन है। काल की प्रधानता है। ज्ञान, कर्म और ध्यान का एकात्म रुप ही पंचम वेद का रुप है। चूँकि एकात्म ज्ञान विष्णु के अदृश्य व्यक्तिगत प्रमाणित आठवें पूर्णावतार श्रीकृष्ण द्वारा गीतोपनिषद् के रुप में व्यक्त किया जा चुका है तथा उनका जीवन ही अव्यक्त कर्मज्ञान का रुप रहा है। इसलिए ज्ञान का दृश्य रुप कर्म ही अन्तिम पंचम वेद का आधार है। परिणामस्वरुप विष्णु के दृश्य सार्वजनिक प्रमाणित दसवें पूर्णावतार निष्कलंक श्री कल्कि और शंकर के दृश्य सार्वजनिक प्रमाणित 22 वें पूर्णावतार भोगेश्वर के संयुक्तावतार तथा आत्मा-शिव-ईश्वर-ब्रह्म के दृश्य रुप लव कुश सिंह "विश्वमानव" द्वारा व्यक्त कर्मवेद ही प्रथम, अन्तिम तथा पंचमवेद है। चूँकि यह वेद शिव-शंकर अधिकृत है जो ज्ञान, कर्म और ध्यान का सम्मिलित रुप है इसलिए शिव-शंकर ही प्रलय, स्थिति और सृष्टिकर्ता है। और व्यक्तकर्ता विश्वमानव स्वयं शिव-शंकर के व्यक्त दृश्य सार्वजनिक प्रमाणित अन्तिम अवतार हैं।

प्राचीन काल से ही पंचम वेद की उपलब्धता मानव समाज के लिए एक विवादास्पद विषय रहा है। बहुत से रचनाकार और समर्पित व्यक्तियों ने अपने-अपने साहित्य को पंचमवेद के रुप में प्रस्तुत किया था जैसे-महाभारत के लिए महर्षि वेदव्यास, शास्त्रीय कार्यों के लिए एक तमिलियन संत ने, अच्छे बुरे कर्मों का संकलन के लिए माध्वाचार्य, नाट्यशास्त्र अर्थात् गन्धर्ववेद, चिकित्साशास्त्र अर्थात् आयुर्वेद, गुरु ग्रंथ साहिब, लोकोक्तियाँ इत्यादि। परन्तु जब पंचम वेद अन्तिम होगा तो वह सम्पूर्ण ब्रह्माण्ड स्थूल एवं सूक्ष्म दोनों को एक ही सिद्धान्त द्वारा प्रमाणित करने में सक्षम होगा और वही विश्व प्रबन्ध का अन्तिम शास्त्र साहित्य होगा। जो सिर्फ कर्मवेद-प्रथम, अन्तिम और पंचमवेद में ही उपलब्ध है। लव कुश सिंह "विश्वमानव" के विचार से कर्मवेद को ही अन्य नामों जैसे-01.कर्मवेद 02.शब्दवेद 03.सत्यवेद 04.सूक्ष्मवेद 05.दृश्यवेद 06.पूर्णवेद 07.अघोरवेद 08.विश्ववेद 09.ऋषिवेद 10.मूलवेद 11.शिववेद 12.आत्मवेद 13.अन्तवेद 14.जनवेद 15.स्ववेद 16.लोकवेद 17.कल्किवेद 18.धर्मवेद 19.व्यासवेद 20.सार्वभौमवेद 21.ईशवेद 22.ध्यानवेद 23.प्रेमवेद 24.योगवेद 25.स्वरवेद 26.वाणीवेद 27.ज्ञानवेद 28.युगवेद 29.स्वर्णयुगवेद 30.समर्पणवेद 31.उपासनावेद 32.शववेद 33.मैंवेद 34.अहंवेद 35.तमवेद 36.सत्वेद 37.रजवेद 38.कालवेद 39.कालावेद 40.कालीवेद 41.शक्तिवेद 42.शून्यवेद 43.यथार्थवेद 44.कृष्णवेद सभी प्रथम, अन्तिम तथा पंचम वेद, से भी कहा जा सकता है। इस प्रकार प्रचीन काल से पंचम वेद की उपलब्धता का विवादास्पद विषय हमेशा के लिए समाप्त हो गया।

एक ही मानव शरीर के जीवन, ज्ञान और कर्म के विभिन्न विषय क्षेत्र से मुख्य नाम (सर्वोच्च, अन्तिम और दृश्य)

क्र.सं. विषय क्षेत्र	सम्बन्धित क्षेत्र से मुख्य नाम
01. विश्व क्षेत्र	विश्व संविधान / साहित्य / विचार / सिद्धान्त / प्रबन्ध / दर्शन / मत / मानव / एकता / शान्ति / विकास / स्थिरता / आत्मा / अभिनेता / बुद्धि / राजनीति / क्रांति
02. राज्य क्षेत्र	विश्व (राष्ट्र) ऐजेण्डा–2012+ (WORLD NATION AGENDA-2012+) विश्व व्यवस्था का अधिकतम एवं न्यूनतम साझा कार्यक्रम
03. समाज क्षेत्र	लोक / गण / जन ऐजेण्डा–2012+ (PUBLIC AGENDA-2000+)
04. धर्म क्षेत्र	वेदान्त धर्म स्थापना
05. साहित्य क्षेत्र	विश्व साहित्य–"विश्वभारत" समाहित "विश्वशास्त्र" साहित्य– आदर्श वैश्विक व्यक्ति चरित्र कथा साहित्य
06. सामाज शास्त्र	मानक / जन / गण / लोक शास्त्र
07. धर्मशास्त्र	धर्मयुक्त नाम – कर्मवेदः प्रथम, अन्तिम और पंचम वेद और आधारित उपनिषद् (व्यष्टि एवं समष्टि) सर्वधर्मसमभाव / धर्मनिरपेक्ष नाम – मन की गुणवत्ता का विश्व मानक : शून्य श्रृंखला (व्यष्टि एवं समष्टि)
08. मानक क्षेत्र	मन की गुणवत्ता का विश्व मानक : शून्य श्रृंखला
09. अदृश्य विज्ञान	दृश्य आध्यात्म विज्ञान
10. दृश्य विज्ञान	धर्म विज्ञान या एकात्म विज्ञान (Integration Science)
11. इंजीनियरिंग	सत्य सामाजिक अभियंत्रण (Real Social Engineering)
12. तकनीकी	सत्य सामाजिक तकनीकी (Real Social Technology) : WCM-TLM-SHYAM.C Technology
13. संविधान	विवादमुक्त तन्त्रों पर आधारित संविधान
14. राजनीति	सत्य राजनीति / राजनीति–2012+ (POLITICS-2012+)
15. संगठन	विश्व राजनीतिक पार्टी संघ (World Political Party Organisation- WPPO)
16. शिक्षा	पूर्णज्ञान / पूर्ण शिक्षा प्रणाली / शिक्षा -2012+ (EDUCATION-2012+)
17. राष्ट्र सम्बन्ध	आदर्श राष्ट्रीय नागरिक
18. वेदान्त	कर्म वेदान्त : वेदान्त की अन्तिम शाखा
19. मतवाद	एकात्म कर्मवाद : एकात्म मानवतावाद का व्यावहारिक रुप
20. दार्शनिक	विकास दर्शन (Development Philosophy)
21. क्रांति	संपूर्ण क्रांति (Complete Revolution) : प्रलय, स्थिति एवं सृष्टि
22. सांस्कृतिक	भोगेश्वरः भोग (पाश्चात्य) + ईश्वर (प्राच्य) = एकात्म या ईश्वरत्व भाव से भोग
23. मन	विश्व मन (WOLD MIND)
24. मानव	विश्वमानव (विश्वमन से युक्त)
25. मनु	8वें मनु – सावर्णि मनु
26. अवतार	भगवान विष्णु के 10वें और अन्तिम तथा भगवान शंकर के 22वें और अन्तिम संयुक्तावतार (निष्कलंक कल्कि एवं भोगेश्वर)
27. निराकार ब्रह्म	सार्वभौम सत्य–सिद्धान्त (UNIVERSAL TRUTH-THEORY) : विश्व–बन्धुत्व का सिद्धान्त
28. साकार ब्रह्म	लव कुश सिंह
29. पुनर्जन्म–सत् मार्ग से	बुड्ढा कृष्ण (कृष्ण भाग – 2 और अन्तिम) – कृष्ण की अगली और अन्तिम कड़ी
30. पुनर्जन्म–रज मार्ग से	स्वामी विवेकानन्द का पुनर्जन्म
31. पुनर्जन्म–तम मार्ग से	रावण की अगली कड़ी
32. आत्मा	दृश्य विश्वात्मा / शिव / ब्रह्म / मैं
33. अभिनय	वास्तविक जीवन का अभिनेता (Real Life Actor)
34. बम	ज्ञान बम – आध्यात्मिक न्यूट्रान बम
35. अस्त्र	अनियन्त्रित पशुपास्त्र (नारायणास्त्र या सु–दर्शन चक्र व ब्रह्मास्त्र समाहित)
36. माया	योग माया समाहित भोगमाया
37. ज्ञान	एकात्म कर्मज्ञान (शास्वत) : व्यष्टि एवं समष्टि
38. बुद्धि	विश्व बुद्धि व चेतना या सत्य चेतना : पूर्व व्यक्त सत्य चेतना
39. ध्यान व योग	दृश्य सत्य–क्रियाकलाप–एकात्म योग व ध्यान (अन्तिम योग व अन्तिम ध्यान)
40. मिशन	प्राकृतिक सत्य मिशन (Natural Truth Mission)–सर्वोच्च और अन्तिम मिशन
41. धार्मिक नगर	एकात्म काशी– जीवनदायिनी सत्यकाशी : पंचम, अन्तिम तथा सप्तम काशी
42. शक्ति	आत्मशक्ति (SPIRIT POWER),मस्तिष्क शक्ति (BRAIN POWER), मन शक्ति (MIND POWER),सत्य शक्ति (TRUTH POWER)
43. जीवन कथा	विश्वमानव लीला / दर्पण : दो विपरीत दिशाओं के साथ प्रथम एवं अन्तिम कथा
44. प्रेम और कर्म	शास्वत प्रेम और कर्म
45. समन्वय	अन्तिम समन्वय–सिद्धान्त
46. आचार्य	अन्तिम समन्वयाचार्य
47. कला	विश्वमानव कला (कृष्ण कला समाहित)
48. परिचालन प्रणाली	अवतार का परिचालन प्रणाली : मानव–10 (Avatar's Operating System-AOS : Human-10)

भाग-4
समष्टि धर्म दृष्टि

अनिर्वचनीय कल्कि महाअवतार भोगेश्वर श्री लव कुश सिंह" विश्वमानव" का मानवों के नाम खुला चुनौती पत्र

अनिर्वचनीय कल्कि महाअवतार का काशी-सत्यकाशी क्षेत्र से विश्व शान्ति का अन्तिम सत्य-सन्देश

मानवों के नाम खुला चुनौति पत्र

प्रिय मानवों,

हम (अवतारी श्रृंखला) आप लोगों के प्रति कल्याण भावना रखते हुये उन सभी रहस्यों को खोलकर रख देना चाहते है जिससे आज तक हम आप का भोग करते आये है। पत्र के अन्त में यह भी बताऊँगा कि इन रहस्यों के खोलने के प्रति मेरा उद्देश्य क्या है? और यह भाव हमारे मन में क्यों आया? दिल खोलकर यह भी स्पष्ट करेंगे कि हम लोगों की उत्पत्ति कैसे हुई? और हमने अपने अधिपत्य के लिए क्या-क्या किया। अब स्थिति क्या है तथा भाविष्य में काल की गति किस ओर जा रही है?

इन सब बातों को स्पष्ट करने से पहले कुछ सूत्रों को स्पष्ट करना चाहूँगा। वर्तमान समय में यह देख रहा हूँ कि आरोप-प्रत्यारोप तथा अपने अपने सीमित मस्तिष्क से अनेकों प्रकार की व्याख्या की संस्कृति बढ़ती जा रही है। इस सम्बन्ध में यह कहना चाहूँगा कि सर्वप्रथम यह जानो कि अब तक के संसार में उत्पन्न कोई भी महापुरूष, पैगम्बर, दूत इत्यादि सार्वजनिक प्रमाणित रूप से पूर्ण रूप में नही थे। क्योंकि यदि वे पूर्ण होते तो उनके द्वारा व्यक्त विचारों की सत्ता उसी भाँति निर्विरोध रूप से स्थापित हो चुकी होती जिस प्रकार सार्वजनिक प्रमाणित विज्ञान ने अपनी सत्ता को अल्प समय में ही सभी के उपर स्थापित कर लिया है। दूसरी बात यह है कि सीमित मस्तिष्क से असीम मस्तिष्क (या अपने से अधिक मस्तिष्क) की सही व्याख्या कभी नहीं की जा सकती। यदि तुम श्री कृष्ण (या अपने से अधिक) की व्याख्या करना चाहते हो तो पहले श्री कृष्ण के मस्तिष्क (या अपने से अधिक मस्तिष्क) के बराबर होना पड़ेगा। इसी प्रकार बुद्ध, मुहम्मद, ईसा इत्यादि के सम्बन्ध में भी है। तीसरी बात यह है कि आरोप-प्रत्यारोप की संस्कृति से कोई हल नही निकलता, न ही बुद्धि का विकास होता है बल्कि साम्प्रदायिक विद्वेष व एक दूसरे का प्रचार-प्रसार ही होता है। क्योंकि तुम विरोध या आरोप-प्रत्यारोप ही सही परन्तु अपने विरोधी का नाम तो लेते ही हो। फलस्वरूप जिसके पास बुद्धि की प्रबलता होती है उसके लिए अल्प बुद्धि वाला विरोधी प्रचारक बन जाता है। और यह तो तुम जानते ही होगे कि हम बुद्धि प्रबल वर्ग है। इसलिए तुम लोग अनजाने ही हमारे प्रचारक बने बैठे हो। इसके लिए आवश्यक है कि तुम लोग ऐसे रास्ते को अपनाओं जिससे हम लोगों का नाम न ही आये और तुम लोग में बुद्धि का विकास तेजी से हो। तुम्हें यह बात सदा याद रखनी पड़ेगी कि बुद्धि के विकास से संगठित संगठन लम्बी अवधि तक स्थायित्व बनाये रहती है जबकि इसके विपरीत संगठित संगठन को कभी भी बुद्धि के प्रयोग द्वारा विखण्डित किया जा सकता है। प्रायः ऐसे संगठन का प्रयोग तुम्हारे अपने ही नेता अपने स्वार्थ को साधने में करते है।

हे मानवों, पहले कर्म या पहले ज्ञान बुद्धि? यह प्रश्न तो पहले अण्डा या पहले मुर्गी? जैसा प्रश्न है, और यह सदा से अनसुलझा ही है और रहेगा भी। परन्तु इतना तो जानना आवश्यक है कि हम कर्म करते-करते कुछ नियमों को प्राप्त करते है। यदि हम इन नियमों पर ध्यान देते रहते हैं तो हमें अपने गलतियों के पुनरावृत्ति को रोकने में सहयोग मिलता है। इन नियमों का जानना ही ज्ञान-बुद्धि कहलाता है। अब कोई व्यक्ति यह सोच सकता है कि कर्म करने से पहले हम इन नियमों का अध्ययन करेंगे तो कोई यह सोच सकता है कि ज्ञान-बुद्धि को पढ़ने से क्या होगा, हमें पहले कर्म करना है। इस स्थिति में इन दोनों में पहले नियमों को अध्ययन कर कर्म करने वाले व्यक्ति के जीवन में विकास की गति अधिक होगी जबकि पहले कर्म करने वाला व्यक्ति उन्हीं नियमों को कर्म करते-करते अनुभव करेगा जो पहले ही अनुभव कर व्यक्त की जा चुकी है। शिक्षा का अर्थ यही है कि पहले उन तमाम नियमों का अध्ययन कर लिया जाय फिर कर्मरत हुआ जाय। हम ऐसा ही करते रहे हैं और तुम को नचाते रहे हैं।

कम समय में अधिकतम ज्ञान-बुद्धि के विकास का मार्ग यह है कि जिस प्रकार विज्ञान के क्षेत्र में जिस वस्तु का आविष्कार पूर्ण हो जाता है। पुनः उसके आविष्कार पर समय व बुद्धि खर्च नहीं करते बल्कि उसके आगे की ओर आविष्कार या उस आविष्कार को समझने पर समय व बुद्धि खर्च किया जाता है। उसी प्रकार ज्ञान के क्षेत्र

में जो भी आविष्कार हो चुके हैं सीधे वहाँ से प्रारम्भ करना चाहिए। विज्ञान के क्षेत्र में आविष्कार कहाँ तक पहुँचा है इसकी चर्चा हम इस पत्र में बाद में करेंगे। परन्तु ज्ञान के क्षेत्र में समन्वायाचार्य श्रीकृष्ण के बाद विद्रोही के रूप में भगवान बुद्ध आये, इनके बाद पुनः समन्वयाचार्य श्री रामकृष्ण-स्वामी विवेकानन्द आये, फिर विद्रोही के रूप में आचार्य रजनीश "ओशो" आये। ओशो के बाद कार्य शेष है। इसलिए बुद्धि के सम्बन्ध में ओशो का क्या कहना है यह देखना आवश्यक है। ओशो का कहना है -" अगर तुम अकड़े रहे कि हम अपनी गरीबी खुद ही मिटा येंगे, तो तुम ही तो गरीबी बनाने वाले हो, तुम मिटाओगे कैसे? तुम्हारी बुद्धि इसके भीतर आधार है, तुम इसे मिटाओगे कैसे? तुम्हें अपने द्वार-दरवाजे खोलने होंगे। तुम्हें अपना मस्तिष्क थोड़ा विस्तीर्ण करना होगा। इस देश को कुछ बाते समझनी होंगी। एक तो इस देश को यह बात समझनी होंगी कि तुम्हारी परेशानियों, तुम्हारी गरीबी, तुम्हारी मुसीबतों, तुम्हारी दीनता के बहुत कुछ कारण तुम्हारे अंधविश्वासों में है। भारत अभी भी समसामयिक नहीं है, कम से कम डेढ़ हजार वर्ष पिछे घिसट रहा है। ये डेढ़ हजार साल पूरे होने जरूरी है। भारत को खींचकर आधुनिक बनाना जरूरी है। लेकिन सबसे बड़ी अड़चन इस देश की मान्यताएँ है। इसलिए मैं लड़ रहा हूँ तुम्हारे लिए।" यह डेढ़ हजार वर्षों का अन्तर हम किसके परिश्रम से उत्पन्न बुद्धि की देन है? विचार करो मानवों।

अब हम अपने मूल विषय की ओर आते हैं परन्तु इसे समझने के लिए अपने ही बुद्धि, ज्ञान, तथा विज्ञान का ही प्रयोग उचित होगा और सदैव ध्यान में रखना होगा कि यदि सिर्फ कृष्ण को लेकर समाज निर्माण चाहोगे तो न हो सकेगा। इसी प्रकार न ही सिर्फ बुद्ध से, न मुहम्मद से, न ही ईसा या अन्य किसी से। हाँ भीड़ इकट्ठा हो जायेगी परन्तु बुद्धि विकास नहीं।

प्रारम्भ से अब तक की कथा इस प्रकार है। मानव के वर्तमान सभ्यता तक की यात्रा में उत्थान-पतन के अनेकों चरण आये परन्तु इनमें मुख्य चरण ऐसे थे जो सम्पूर्ण मानव सभ्यता और मानवता को पतन के मोड़ पर ले जाने वाली थी। उनमें -

मानव सभ्यता पर पहला संकट काल प्रकृति द्वारा आज से कई हजार वर्ष पूर्व आया था। उस समय पृथ्वी एक भंयकर प्राकृतिक आपदा का शिकार हो गयी थी, फलस्वरूप जहाँ जल था वहाँ थल, तथा जहाँ थल था वहाँ जल की स्थिति अधिकतम स्थानों पर उत्पन्न हो गयी। इस आपदा के स्थिर होने के बाद कुछ लोग एक टापू पर जीवित बच गये। जहाँ मानव सभ्यता के विकास के लिए आवश्यक संसाधन नहीं थी फलस्वरूप उनका वहाँ से बड़े भूभाग पर जाना विवशता बन गयी। उनमें से एक बुद्धि प्रबल व्यक्ति ने मछलियों के स्वभाव जल की धारा के विपरीत दिशा में गति करने से ज्ञान (सिद्धान्त) प्राप्त कर नाव द्वारा मछलियों की दिशा की ओर चल पड़े और वे ऐसे स्थान पर पहुँच गये जो मानव सभ्यता के विकास के लिए पूर्ण योग्य थी। ये स्थान ही हिमालय का क्षेत्र था। इस प्रकार बुद्धि प्रबल उस व्यक्ति ने मानव सभ्यता को उसके संकट काल से बचाया।

मानव सभ्यता पर दूसरा संकट काल मानवों द्वारा ही उत्पन्न हो गया था। प्रथम संकट काल के उपरान्त कालान्तर में जल स्तर घटने लगा और हिमालय के चारो ओर की ओर भूमि रिक्त होती गयी। प्रथम दृष्टि में आयी भूमि ही कूर्मांचल क्षेत्र है। जैसे-जैसे भूमि रिक्त होती गयी मानव सभ्यता का विकास व प्रसार होना पुनः प्रारम्भ हो गया। जनसंख्या व कार्य बढ़ने से व्यवस्था संकट उत्पन्न हो गया जिससे दो व्यवस्था प्रणाली का जन्म हुआ। पहला - हम अपनी व्यवस्था खुद मिलकर-बैठकर आपसी सहमति से करेंगे। दूसरा- सभी व्यवस्थओं की जिम्मेदारी किसी एक व्यक्ति के उपर छोड़ दिया जाय। पहली व्यवस्था गणराज्य या समाजवाद कहलायी तथा दूसरी व्यवस्था राज्य या व्यक्तिवाद कहलायी। पहली व्यवस्था के समर्थक देवता कहलाये क्योंकि ये प्रकृति के समर्थक और उसके अनुसार सभी के सह-अस्तित्व को महत्ता देते थे जबकि दूसरी व्यवस्था के समर्थक असुर कहलाये क्योंकि ये सिर्फ अपनी इच्छा और अस्तित्व को महत्ता देते थे। समयोपरान्त दोनों व्यवस्थाओं में अपने-अपने अधिपत्य के लिए युद्ध होने लगा। फलस्वरूप मानवता व मानव सभ्यता का विकास रूक कर पतन की ओर जाने लगी। संकट के इस समय में एक सहनशील, शांत, धैर्यवान, लगनशील व्यक्ति ने दोनों पक्षो के बीच मध्यस्थ की भूमिका के द्वारा विचारों के मंथन अर्थात निर्णायक बहस से अनेक विचारों पर समन्वय स्थापित कर मानव

सभ्यता के विकास की ओर दोनों पक्षों का ध्यान केन्द्रित किया। फलस्वरूप मानव सभ्यता पुनः विकास की ओर बढ़ चली।

मानव सभ्यता पर तीसरा संकट काल राज्य का नेतृत्व करने वाले राजा के कारण ही उत्पन्न हो गया। दूसरे संकट के उपरान्त राज्य का नेतृत्व करने वाला राजा अपने साम्राज्य को विशाल रूप से विकसित किया और अपने प्रभाव को लगातार बढ़ाता जा रहा था ऐसी स्थिति में समाज समर्थक देवताओं का मनोबल समाप्त होने की ओर हो गया। इस स्थिति का अनुभव कर एक मेधावी, सूझ-बुझ, सम्पन्न, पुरूषार्थी, धीर-गम्भीर, निष्कामी, बलिष्ठ, सक्रिय, अहिंसक और समूह प्रेमी व्यक्ति ने लोगों का मनोबल बढ़ाया, उन्हें उत्साहित और सक्रिय किया जिसके परिणामस्वरूप समाज समर्थकों के मनोबल में वृद्धि हुई और उस राजा के राज्य को समाप्त कर गणराज्य व्यवस्था की स्थापना से मानवता आधारित मानव सभ्यता का विकास पुनः प्रारम्भ हो गया।

मानव सभ्यता पर चौथा संकट काल पुनः राज्य का नेतृत्व करने वाले राजा के कारण ही उत्पन्न हो गया। उसने पूर्व के सभी सह-अस्तित्व के विचारों को तोड़कर अपनी इच्छा से व्यवस्था चलाने को प्राथमिकता दी। और प्रजा के कष्टों में वृद्धि होने लगी। परिणामस्वरूप उस राजा का पुत्र प्रजाहित को ध्यान में लेते हुये समाज समर्थक बन गया। राजा अपने पुत्र को समाज समर्थक बनता देख अपने पुत्र को ही अनेक प्रकार के कष्ट देने लगा। वह राजा इतना बलशाली था कि उसको युद्ध से हराना नामुकिन था, उसके कार्यों से उसके सहयोगी दरबारी भी अन्दर ही अन्दर घृणा करते थे। परन्तु प्रत्यक्ष विरोध किसी के लिए सम्भव नहीं था। इन परिस्थितियों में सभी समाज समर्थक प्रजा देवता भी विरोधक क्षमता को खो चुके थे। ऐसी स्थिति में उस राजा का एक दरबारी ही प्रत्यक्ष रूप से एका-एक हिंसक बनकर दरबार में ही राजा का वध कर डाला चूँकि वह दरबारियों के मन की स्थिति को अच्छी प्रकार जानता था इसलिए ऐसा करने में उसे कोई बाधा नहीं थी। वहीं वह राजा अपने प्रभुत्व के कारण सभी दरबारियों को अपने हित में ही समर्पित रहने वाला समझकर भ्रम में था। राजा का वध के उपरान्त राजा के समाज समर्थक पुत्र ने गणराज्य व्यवस्था द्वारा मानव सभ्यता के विकास के लिए आगे कर्म किया। जिसका निर्माता वह हिंसक दरबारी व्यक्ति था।

मानव सभ्यता पर पाँचवा संकट काल पुनः राज्य का नेतृत्व करने वाले राजा के ही कारण उत्पन्न हो गया था। यह राजा इतना अधिक कुशल था कि इसने समाज समर्थक गुणों को भी आत्मसात् कर समाज समर्थक देवताओं का भी विश्वास पात्र बन गया। परिणामस्वरूप समाज समर्थक देवता भी राजा का गुणगान करते हुये आश्वस्त व निष्क्रिय होने लगे। इस राजा ने अपने राज्य का प्रसार व्यापक रूप से किया। इस स्थिति में मानव सभ्यता का वर्तमान तो सुरक्षित था परन्तु भविष्य अन्धकार में था क्योंकि वर्तमान राजा के उपरान्त, आवश्यक नहीं था कि नया राजा भी उसी राजा की भाँति हो और तब तक समाज समर्थक पूर्ण रूप से निष्क्रिय हो गये र हेंगे। इस स्थिति को एक दूर दृष्टा व्यक्ति ने समझकर राजा के ही गुण का प्रयोग करते हुये उससे थोड़ी सी भूमि लेकर उस व्यक्ति ने उस भूमि पर गणराज्य व्यवस्था की स्थापना व व्यवस्था को जीवित कर, उसके सुख से प्रजा को परिचित कराया। फलस्वरूप इस व्यवस्था का प्रसार होने लगा और राजा का सु-राज्य भी स्व-राज से समाप्त हो गया। गणराज्य की स्थापना कर उस व्यक्ति ने मानवता और मानव सभ्यता को विकास की ओर गति दी।

मानव सभ्यता पर छठा सकंट काल अनेक राज्यों के नेतृत्व करने वाले अनेक राजाओं के कारण गणराज्य व्यवस्था के स्थायी स्थिरता के लिए उत्पन्न हो गया। पाँचवे संकट से निकलने के बाद जनसंख्या और भूमि का विस्तार इतना अधिक हो चुका था कि एक राजा और राज्य के अधीन नियत्रंण असम्भव हो गया, जिसके परिणामस्वरूप अनेक राजाओं के नेतृत्व में अलग-अलग अनेक राज्य स्थापित हो गये थे। ऐसी स्थिति में राज्यवाद बढ़ रहा था। और राज्यवादी राजाओं का वध भी असम्भव होता जा रहा था। ऐसी स्थिति में गणराज्य या समाजवाद की स्थिरता पर प्रश्न चिन्ह लगने लगा था। फलस्वरूप एक व्यक्ति ने अनेक राज्यवादी राजाओं का वध करके अनेक राज्यों को गणराज्य के रूप में परिवर्तित कर दिया। परन्तु उस व्यक्ति ने देखा कि यह समस्या का स्थायी हल नहीं हो सकता क्योंकि अनेकों राजाओं का वध बारबार सम्भव नहीं और ऐसा करने से प्रजा में अन्यवाद अर्थात हमारे कार्य दूसरे करें का भाव बढ़ रहा था। इन स्थितियों के स्थायी हल के लिए उस व्यक्ति ने राज्यवाद और समाजवाद

दोनों में समन्वय स्थापित कर एक नई व्यवस्था का सूत्रपत किया। इस व्यवस्था के लिए उस पुरूष ने ब्रह्माण्ड में व्याप्त व्यवस्था सिद्धान्तों को आधार बनाया तथा मूल तीन गुणों की पहचान की

1. सत्व गुण- सुख, ज्ञान और प्रकाश अर्थात आत्मा और सूक्ष्म बुद्धि अर्थात मार्गदर्शक और विकास दर्शन का गुण
2. रज गुण- आंकाक्षा, इच्छा और सकाम कर्म अर्थात भाव हृदय और मन अर्थात क्रियान्वयन दर्शन का गुण
3. तम गुण - अज्ञान, दुःख और अंधकार अर्थात इन्द्रिय, अनात्म, प्राण और स्थूल शरीर अर्थात विनाश दर्शन का गुण।

इन गुणों के आधार पर सभी जीव विभजित किये गये। मानव जाति में चार विभाजन हुये।

1. सत्व गुण प्रधान- ब्राह्मण वर्ग
2. रज गुण प्रधान - क्षत्रिय वर्ग
3. रज तम गुण प्रधान - वैश्य वर्ग
4. तम गुण प्रधान - शूद्र वर्ग।

इन गुणों के आधार पर उनके लिए कर्म निर्धारित किये गये। और गणराज्य की व्यवस्था बनायी गयी जो इस प्रकार थी।

1. गणराज्य का एक रज गुण प्रधान - क्षत्रिय राजा होगा क्योंकि ब्रह्माण्डीय गणराज्य में रज गुण प्रधान प्रकृति ही राजा है।
2. राजा, राज्यवादी न हो इसलिए उस पर सत्व गुण प्रधान -ब्राह्मण का नियंत्रण होगा क्योंकि ब्रह्माण्डीय गणराज्य में रज गुण प्रधान प्रकृति पर नियंत्रण के लिए सत्व गुण प्रधान आत्मा है।
3. राजा, सीधे आम जनता से चुना जायेगा क्योंकि ब्रह्माण्डीय गणराज्य में प्रकृति सर्वव्यापी है और वह सभी गुणों का सम्मिलित रूप है।
4. राजा का निर्णय राज्यसभा के दो तिहाई बहुमत से हो क्योंकि ब्रह्माण्डीय गणराज्य में प्रकृति का निर्णय सत्व, रज व तम तीन गुणों में से दो गुणों के समर्थन का ही रूप होता है।
5. रज-तम प्रधान-वैश्य तथा तम प्रधान शूद्र चूंकि इन्द्रिय, प्राण और स्थूल शरीर पर ही केन्द्रित रहते है इसलिए इन्हें बुद्धि ज्ञान से नियत्रिंत न करके बल, कानून व आज्ञा के नियत्रंण में रखा जाय।

इस प्रकार उस महापुरूष ने राज्य व गणराज्य के मिश्रित व्यवस्था से एक सर्वमान्य व्यवस्था को स्थापित कर मानवता व मानव सभ्यता के विकास के लिए स्थायी मार्ग उपलब्ध कराया जो दीर्घ काल तक चली।

मानव सभ्यता पर सातवां संकट काल गणराज्य के नयी व्यवस्था के स्थायी स्थिरता के कारण आया। छठें संकट से उत्थान की ओर अग्रसर करने वाले पुरूष के समक्ष यह समस्या आयी कि नयी व्यवस्था को बने रहने और उसके प्रसार का दायित्व किसे सौंपा जाय। इसके लिए उस पुरूष ने अन्य सहयोगियों के सहयोग और योजनाबद्ध तरीके से एक राजा के पुत्र (भावी राजा) में नई व्यवस्था के प्रसार के लिए योग्यता का निर्माण किये परिणामस्वरूप उस युवराज ने अपने जीवन पर्यन्त इस व्यवस्था की स्थापना और प्रसार किया तथा मानवता और मानव सभ्यता की रक्षा की।

मानव सभ्यता पर आठवां संकट काल गणराज्य व्यवस्था के कारण नहीं बल्कि उस व्यवस्था के पीठासीन व्यक्तियों के कर्तव्य विमुख और देवता तथा असुर संस्कारों के पूर्ण पहचान से बुद्धि के अक्षम हो जाने के कारण आया। इस संकट काल के समय राजा को नियंत्रण व मार्गदर्शन में रखने वाला ब्राह्मण भी जनकल्याण से विमुख हो स्व-कल्याण में लिप्त हो चुका था। यह स्थिति छोटे राज्यों से लेकर बड़े राज्यों में व्याप्त हो चुकी थी। ऐसी स्थिति में एक व्यक्ति ने यह देखा कि पीछे, जब भी मानवता पर संकट आया, तब उस संकट से किसी व्यक्ति के द्वारा उत्थान हो जाने पर जब तक उत्थान करने वाला व्यक्ति जीवित रहता था तभी तक गणराज्य व्यवस्था यथावत् रहती थी। बाद में पुनः राज्यवादी व्यवस्था स्थापित हो जाती थी। दूसरे यह कि व्यवस्था कोई भी खराब नहीं होती उस पर बैठने वाले लोगों की बुद्धि के अनुसार ही व्यवस्था का रूप संचालित होता है मानवता और मानव सभ्यता के इस संकट काल में सभी अपने अपने बुद्धि को पूर्ण तथा व्यक्तिगत स्वार्थ में इस प्रकार डूबे हुये थे कि बिना पूर्ण

वध के उत्थान मुश्किल हो चुका था। परिणामस्वरूप उस अति बुद्धि सम्पन्न व्यक्ति ने आम जनता को सक्रिय करने के लिए प्रेरित किया, गणराज्य के उदाहरण स्वरूप एक नगर का निर्माण कराया तथा पूर्ण वध के लिए उस समय के विशाल राज्य के नेतृत्व में उपजे विवाद का सहारा प्राप्त कर बहुत से एकतन्त्रात्मक राज्यों को नष्ट किया और करवाया। साथ ही उस समय में समाज में व्याप्त अनेक मत-मतान्तार व विचारों के एकीकरण के लिए सत्य-विचार का ज्ञान भी दिया जिससे व्यक्ति, व्यक्ति पर विश्वास न कर अपने बुद्धि से स्वयं निर्णय करें और प्रेरणा प्राप्त करता रहे। इस प्रकार साकार व्यक्ति आधारित मानवता के सर्वोच्च संकट से उस व्यक्ति ने नई निराकार सिद्धान्त आधारित मानवता के उत्थान का मार्ग उपलब्ध कराया।

मानव समाज पर नौवां संकट काल वर्तमान से लगभग 2500 वर्ष पूर्व आया था जिसका कारण राजाओं का साम्राज्यवादी-प्रसारवादी व्यवहार था। इस समय मानव समाज जितना विकास करता वह अल्पसमय में एक राज्य से दूसरे राज्य में युद्ध करने में ही नष्ट हो जाता। सम्पूर्ण मानवता हिंसा से भर उठी थी। ऐसे में राजपरिवार का ही एक युवा व्यक्ति अपने परिवार तथा राज्य का त्याग कर अहिंसा का सन्देश दिया। तथा प्रजा को प्रेरित करने के लिए धर्म, संघ और बुद्धि के शरण में जाने की मूल शिक्षा दी। एक राजा के द्वारा इस युवा सन्यासी के सन्देश को स्वीकार कर शिष्य बन जाने से इस सन्यासी का प्रसार जितना हुआ उससे बहुत कम उसके विचारों का हुआ परिणामस्वरूप अल्पअवधि के लिए हिंसा भरे मानव समाज को थोड़ी राहत मिली और सभ्यता उत्थान की ओर अग्रसर हुई।

हे मानवों, मानव सभ्यता और मानवता के दसवें, अन्तिम तथा वर्तमान संकट का खुलासा हम इस पत्र में आगे करेंगे। यहाँ हम कुछ ऐसे रहस्यों का खुलासा करने जा रहे है। जो वर्तमान मानव के दृष्टि में परिवर्तन हाने मात्र के कारण उत्पन्न हुई है।

पाँचवें सकंट के समय तक भारत के मूल निवासी ही भारत की भूमि के अधिपति थे, परन्तु वे राज्य को कुशलता पूर्वक चलाने में असमर्थ होते जा रहे थे। इसी समय में हिमालय के उत्तर-पश्चिम क्षेत्र से भारत के बाहर के मनुष्यों का भारत में आगमन हुआ। इस समय भारत के मूल निवासी प्रकृति पूजक बहुदेववाद को मानती थी। भारत के बाहर से आये मनुष्यों ने भारत के मूल निवासियों के लिए राज्य प्रशासन में अपने ज्ञान-बुद्धि का प्रयोग कर एक अच्छे मार्गदर्शक का कार्य करते थे। प्रकृति के गुणों के आधार पर जब मनुष्यों का विभाजन हुआ तब भारत के मूल निवासी शूद्र वर्ग की योग्यता रखते थे। परन्तु ऐसा नही था कि भारत के बाहर से आये मनुष्य ब्राह्मण, क्षत्रिय, तथा वैश्य वर्ग में अर्थात भारत के बाहर सभी उच्च वर्ग में तथा भारत के मूल निवासी सभी निम्न वर्ग में थे। परन्तु उनमें इसकी अधिकता थी। कालान्तर में ये वर्ग जन्म आधारित हो अनेक उपवर्गों -जातियों में विभाजित हो गयी। जिसका रूप वर्तमान में दिख रहा है। परन्तु आज भी यदि जन्म आधारित दृष्टि से हटकर गुण आधारित दृष्टि से देखोगे तो प्रत्येक वर्ग या जाति में प्रत्येक वर्ग के व्यक्ति दिखाई पड़ेंगे। भारत के बाहर के ये व्यक्ति ही आर्य कहलाये तथा कालान्तर में मानव सभ्यता में अनेक उत्थान-पतन से ये आर्य जाति और मूल भारतीय जाति इतने अधिक मिश्रित हुये कि वर्तमान में समग्र हिन्दू जाति ही आर्यों की मूल पहचान बन गयी। और अब सभी के लिए शस्त्र बल बढ़ाकर क्षत्रिय बनना, ज्ञान बल बढ़ाकर ब्राह्मण बनना तथा धन बल बढ़ाकर वैश्य बनाना खुला हुआ है, परन्तु जातियाँ इसके लिए प्रयत्न तो करे।

प्रकृति के तीन गुणों में से सर्वोच्च, शुद्ध और सर्वव्यापी गुण सत्व आधारित मानव वर्ग ही हम हैं। जन्म के समय हम आदर्श ब्राह्मण थे। हमारा कार्य ब्रह्माण्ड में सर्वव्यापी अटलनीय, अपरिवर्तनीय सत्य-सिद्धान्त और उसके अनुसार कर्म विधान की अनुभूति करना तथा राजा और राज्य के माध्यम से उसे प्रभावी बनाना था। बदले में राजा द्वारा हमें साधन-सुविधा प्राप्त होती थी। यही हमारा सम्पूर्ण जीवन था। इस क्रम में हम लोगों न सर्वव्यापी सत्य-सिद्धान्तों को संहिता रूप में लिखा जो बाद में विषयों आधारित विभक्त होकर चार वेद ऋगु, यजु, साम और अथर्वेद का रूप धारण किया। इसी प्रकार धर्म अनुष्ठान एवम् पवित्र ग्रन्थो की व्याख्या से सम्बन्धित ग्रन्थ अरण्यक का सृजन हम लोगों ने किया। कालान्तर में जब राजाओं द्वारा यज्ञों से यथेष्ठ फल न प्राप्त होने की बुद्धि आयी तब क्षत्रिय राजाओं न स्वयं अपने कर्मों के अनुभव से दर्शन क्षेत्र में अपने बुद्धि को दिशा दी, जिसके फलस्वरूप

अधिकतम उपनिषद् उन्होंने स्वयं लिखे जो बाद में भारतीय दर्शन का मुख्य आधार बनी। इस क्रम में हमलोगों ने वेदांग अर्थात सूत्र साहित्य में 1. स्वर विज्ञान से सम्बन्धित शिक्षा 2. धर्मानुसार अर्थात कल्प में चार वर्ग - श्रोत सूत्र (श्रोत यज्ञ से सम्बन्धित), शुल्क सूत्र (यज्ञ स्थल तथा अग्निवेदी निर्माण तथा माप से सम्बन्धित जो आगे चलकर ज्योतिष का आधार बना) गृहय सूत्र (मानव जीवन से सम्बन्धित अनुष्ठान) तथा धर्म सूत्र (धार्मिक तथा अन्य प्रकार के नियम जो आगे चलकर भारतीय विधि का आधार बना) 3. व्याकरण 4. निरूक्त अर्थात व्युत्पत्ति 5. छन्द 6. ज्योतिष की भी रचना की। मनुष्य को पुरूषार्थ करने के लिए- धर्म, अर्थ, काम, मोक्ष तथा आदर्श जीवन के लिए ब्रह्मचर्य, गृहस्थ, वानप्रस्थ तथा सन्यास आश्रम की व्यवस्था हम प्राचीन आदर्श ब्राह्मणों की ही देन है।

हे प्रिय मानवों हम प्राचीन आदर्श ब्राह्मण प्रत्येक विषय को चक्रीय रूप में देखते हैं और यह ज्ञान हमने भारत के मूल निवासी ऋषियों से ही प्राप्त किये जिसके आधार पर समस्त वैदिक साहित्य का विस्तार हुआ है। हम प्रचीन ब्राह्मण ईश्वरवादी है और ईश्वर को स्वीकारते थे परन्तु उस रूप में नहीं जिस रूप में वर्तमान समाज मानता है, वर्तमान समाज का ईश्वर, मूर्ति, जप, तप, व्रत, पर्व, त्यौहार इत्यादि तो हमारी अगली पीढ़ी ने अपने जीवकोपार्जन और ईश्वर की ओर आपको लाने के लिए तब बनायी, जब हमारे कर्मकण्डों को राजाओं और राज्यों का समर्थन मिलना बन्द हो गया। हम ईश्वर को निराकार सर्वव्यापी, सर्वशक्तिमान सत्य-सिद्धान्त के रूप में देखते हैं। तथा जो इसे अपने जीवन में धारण कर प्रत्यक्ष या अप्रत्यक्ष रूप से मानव सभ्यता और मानव उत्थान के लिए अगले चरण के रूप में कालानुसार प्रयोग करता हैं उसे साकार ईश्वर या अवतार कहे। इस प्रकार मानव सभ्यता और मानवता पर आये उपरोक्त वर्णित नौ सकंटों से उत्थान की ओर ले जाने वाले व्यक्तियों को हमने क्रमशः उनके गुणों के आधार पर तथा नाम से मत्स्य, कूर्म, वाराह, नृसिंह, वामन, परशुराम तथा राम को प्रत्यक्ष अंशावतार, श्री कृष्ण को व्याक्तिगत प्रमाणित प्रत्यक्ष एवम् प्रेरक पूर्णावतार तथा भगवान बुद्ध को प्रेरक अंशावतार कहा और स्वीकार किया है। और जो भी ऐसा करेगा वह अवतार कहा ही जायेगा। सत्य कहूँ तो हम आदर्श ब्राह्मणों का वही प्रतिरूप होता है। और मात्र अवतार ही हमलोगों के समर्पण का कारण होता है। वही मात्र एक सर्वोच्च आदर्श ब्राह्मण होता है क्योंकि वही ब्रह्म है। यहाँ तक आने के लिए तुम्हें स्थूल शरीर, इन्द्रिय, प्राण, भाव, मन तथा सूक्ष्म बुद्धि को पार करना होगा। अर्थात तुम्हारा मन इन सब विषयों में होते हुये भी इनसे मुक्त होना चाहिए। तभी तुम इन सबका संचालन कर सकते हो। अभी तो तुम इस क्रम में धीरे-धीरे बढ़ते हुए बुद्धि तक पहुँच रहे हो। मैं नहीं कह रहा कि तुम बुद्धिहीन हो, तुम्हारा कर्म कह रहा है। क्योंकि बुद्धि का अर्थ यह नहीं होता कि तुम स्थूल शरीर, इन्द्रिय, प्राण, भाव, मन की पूर्ति के लिए अपनी बुद्धि लगाओ। ऐसी बुद्धि क्षैतिज अर्थात जीवन स्तर की बुद्धि कही जाती है। तुम्हें उध्र्व अर्थात सामाजिक, राजनीतिक, राष्ट्रीय, वैश्विक स्तर की ओर बुद्धि खर्च करनी चाहिए। तभी तुम्हारा उत्थान हो सकता है। जब तुम सर्वोच्च और आत्मीय स्तर पर पहुँच जाओगे तो तुम ब्राह्मण, क्षत्रिय, वैश्य व शूद्र में आवश्यकतानुसार व समयानुसार परिवर्तित हो अभिनय करने में हमलोगों की भाँति कुशल हो जाओगे। क्योंकि यह एक पर एक आवरण की भाँति गुणों का संक्रमणीय, संग्रहणीय और गुणात्मक रूप है। अर्थात शूद्र होने पर वैश्य के गुणों को नहीं समझा जा सकता। परन्तु वैश्य होने पर शूद्र के गुण को आसानी से समझा जा सकता है। इसी प्रकार क्षत्रिय होने पर वैश्य व शूद्र के गुणों को, ब्राह्मण होने पर क्षत्रिय, वैश्य व शूद्र के गुणों को तथा आदर्श ब्राह्मण अर्थात ब्रह्म होने पर ब्राह्मण, क्षत्रिय, वैश्य व शूद्र के गुणों को आसानी से समझा जा सकता है। आदर्श ब्राह्मण अर्थात ब्रह्म का अंश तो सभी में विद्यमान है परन्तु वह गुणों के आवरण से छिपा है। इन गुणों पर एक-एक कर नियंत्रण करते हुये आवरण हटाते जाओ अन्ततः तुम स्वयं को ब्रह्म रूप में देखोगे। तुम कहोगे इससे क्या होगा? तो हम यह स्पष्ट और सत्य रूप से कहते हैं कि तुम हम लोगों जैसे हो जाओगे और तुम्हारी बुद्धि क्षैतिज सहित उध्र्व हो जायेगी। तब तुम अपने वास्तविक अधिकार को प्राप्त कर पाओगे।

हे मानवों इस संसार में मानव शरीर से व्यक्त होने वाले व्यवहारों में असीम विभिन्नता और विचित्रता है। हमलोगों का प्रयत्न सत्य तथा लोककल्याण के स्थायी भाव को बनाये रखने के लिए विभिन्न रूपों से इस ओर मोड़ना तथा जोड़ना ही रहा है। इन मानव व्यवहारों के विचित्रताओं और विभिन्नताओं में कुछ तो ऐसे होते हैं जो अपनी ही इच्छा पर आजीवन संकल्पित रहते हैं। ये ऐसे होते हैं कि 'हम नहीं बदलेगे चाहे जमाना क्यों न बदल जाये' कुछ ऐसे

होते हैं जो अपनी इच्छा की पूर्ति के लिए अनेकों प्रकार के अनैतिक कार्य करने से भी नहीं चूकते, चाहे उसका परिणाम अन्ततः दुःखदायी ही क्यों न हो। कुछ ऐसे होते हैं जो व्यक्तिगत स्तर पर आर्दश व्यक्ति के रूप में तो कुछ समाजिक स्तर पर तो कुछ वैश्विक स्तर पर आर्दश के रूप में स्वयं को प्रस्तुत करते हैं। मनुष्य के इन विभिन्न व्यवहारों की क्रिया के रूप में समझने के लिए ही हमलोगों ने पुराणों की रचना की। जिससे मनुष्य अनेक प्रकार के व्यवहारों सहित समग्र ब्रह्माण्ड को एक साथ समझ सके और अपने व्यवहार को नियंत्रित कर सके। साथ ही स्वयं अपने व्यवहारों को समझे और उसके अनुसार व्यक्त हो सके। हे मानवों जगत् का सम्पूर्ण कल्याण स्वकल्याण में ही निहित है परन्तु जो स्व का अर्थ सिर्फ व्यक्तिगत समझते हैं वे ही व्यक्तिवादी असुरी प्रकृति के होते हैं तथा जो स्व का अर्थ सार्वमौभ, जिसमें वह स्वयं भी होता है, ऐसा समझते हैं वे दैवी समाजवादी प्रकृति के होते हैं। असुरी प्रवृत्तियाँ सिर्फ सीधी रेखा में सोचती ही जैसे - जन्म फिर मृत्यु जबकि दैवी प्रवृत्तियाँ चक्रीय रूप में अर्थात जन्म फिर मृत्यु फिर जन्म इस प्रकार सोचती हैं। समस्त पुराणों की रचना दैवी प्रवृति की ही कृतियाँ हैं। जिसमें असुरों के आदर्श गुरू को शुक्राचार्य कहा गया है। जबकि देवताओं के आदर्श गुरू को गुरू बृहस्पति कहा गया। राजाओं के आदर्श राजा को इन्द्र कहा गया है। अन्य सभी ब्रह्माण्ड में उपलब्ध प्रभावकारी विषयों को देवताओं के रूप में कल्पना कर प्रक्षेपित किया गया है। जैसे - वायु देव, अग्नि देव, चन्द्र देव इत्यादि। इसी प्रकार आदर्श व्यक्ति चरित्र को ब्रहमा एवम् परिवार तथा आदर्श सामाजिक व्यक्ति चरित्र अर्थात व्यक्तिगत प्रमाणित आदर्श वैश्विक व्यक्ति चरित्र को विष्णु एवम् परिवार तथा आदर्श वैश्विक व्यक्ति अर्थात सार्वजनिक प्रमाणित आदर्श वैश्विक व्यक्ति चरित्र को शिव-शंकर एवम् परिवार के रूप में प्रक्षेपित है। यहाँ ध्यान देने योग्य यह है कि आदर्श वैश्विक व्यक्ति चरित्र में आदर्श सामाजिक व्यक्ति चरित्र तथा आदर्श समाजिक व्यक्ति चरित्र में आदर्श व्यक्ति चरित्र समाहित है। इन आदर्श चरित्रों की इनकी गुणों के अनुसार इनके वस्त्र, शस्त्र, शास्त्र, वाहन इत्यादि भी प्रक्षेपित किये गये हैं। जो मात्र व्यक्तिगत प्रमाणित प्रतिकात्मक मानव रूप में प्रक्षेपण मात्र है न कि वास्तविकता के आधार रूप में। इन मानक आदर्श चरित्रों के पूर्ण या अंश रूप में जो भी मानव संसार में व्यक्त होता है उसे पुनर्जन्म या अंश या पूर्ण अवतार के रूप में स्वीकार किया जाता है। और चूंकि दैवी प्रवृत्तियाँ प्रत्येक वस्तु के पूर्व के भी एक अस्तित्व को स्वीकार करती हैं। इसलिए इन पुनर्जन्म या अंश या पूर्ण अवतारों को आदर्श मानक चरित्रों से जोड़कर अवतारी पुराण की रचना की जाती रही है। इस अनुसार उपरोक्त नौ अंश-पूर्ण अवतारों में दो - श्रीराम को ब्रह्मा का पूर्णावतार तथा श्री कृष्ण को विष्णु का पूर्णावतार कहा गया जबकि शेष सात (मत्स्य, कूर्म, वाराह, नृसिंह, वामन, परशुराम तथा बुद्ध), ईश्वर (सत्य-सिद्धान्त) के अंशावतार के रूप में स्वीकार किये गये हैं।

हे मानवों शास्त्र रचनाकार को व्यास उपाधि से पुकारा जाता है। व्यास कितने दिव्य और दूर द्रष्टा रहे होंगे, इस पर विचार करना आवश्यक है क्योंकि अन्ततः हम सभी के विचारों का निर्माण विचारों को ही पढ़कर या सुनकर ही होता रहा है और अनुभव द्वारा उसकी पुष्टि की जाती रही है। व्यास रचित पुराणों में कुल 24 (1. श्री सनकादि, 2. वराहावतार, 3. नारद मुनि, 4. नर-नारायण, 5. कपिल, 6. दत्तात्रेय, 7. यज्ञ, 8. ऋषभदेव, 9. पृथु, 10. मत्स्यावतार, 11. कूर्म, 12. धन्वन्तरि, 13. मोहिनी, 14. हयग्रीव, 15. नृसिंह, 16. वामन, 17. गजेन्द्रोधारावतार, 18. परशुराम , 19. वेदव्यास, 20. हन्सावतार, 21. राम, 22. कृष्ण, 23. बुद्ध, 24. कल्कि) अवतार जिसमें मुख्य 10 (मत्स्य, कूर्म, वाराह, नृसिंह, वामन, परशुराम, राम, कृष्ण, बुद्ध और कल्कि) अवतार का ही विवरण है। दोनों में अन्तिम, कल्कि अवतार ही हैं। तो क्या अन्तिम अवतार के बाद अवतारी श्रृंखला का कार्य समाप्त हो जायेगा? और यदि यह सत्य होता है तब व्यास के उस अवतारी श्रृंखला के गणित को आप लोग क्या कहोगे? इसे जानने के लिए मानव सभ्यता के उस अन्तिम संकट को पहचानना होगा जो अन्तिम अवतार का कार्य होगा। यह अन्तिम अवतार ही सार्वजनिक प्रमाणित आदर्श वैश्विक व्यक्ति चरित्र और शिव-शंकर के पूर्णावतार के रूप में होगा। क्योंकि कालक्रम में ब्रह्मा के पूर्णावतार के रूप में श्रीराम तथा विष्णु का पूर्णावतार के रूप में श्रीकृष्ण का अवतरण हो चुका है।

मानव सभ्यता पर दसवाँ और अन्तिमं संकट काल स्वयं मानवों द्वारा ही उत्पन्न हो गया था जिसका ज्ञान स्वयं मानवों को भी नहीं था। इस संकट को समझने के लिए एक सत्य-प्रत्यक्ष वृतान्त उदाहरणस्वरूप लिख रहा हूँ-

मैं जब भी हाबड़ा (पश्चिम बंगाल) जाता हूँ तब दो स्थानों पर अवश्य जाता हूँ। पहला राम कृष्ण मिशन, बेलूड़ मठ और दूसरा वनस्पति उद्यान (बोटेनिकल गार्डन)। यहाँ कुल अब तक तीन बार, सन् 1984 (कालेज शैक्षणिक यात्रा), सन् 1987 (स्वयं) और सन् 2010 (स्वयं) में जा चुका हूँ। राम कृष्ण मिशन, बेलूड़ मठ इसलिए जाता हूँ क्योंकि वहाँ से सर्वोच्च "आध्यात्मिक सत्य" की अनुभूति कर सकूँ, उस मन स्तर से स्वयं का योग करा सकूँ। वनस्पति उद्यान (बोटेनिकल गार्डन) इसलिए जाता हूँ क्योंकि वहाँ एक वट वृक्ष है जिसे बिग बनियान ट्री (Big Banyan Tree) कहते हैं, यहाँ बैठकर मैं संसार की संरचना, तन्त्र और उसके संगठन से स्वयं का महायोग कराता हूँ। इन दोनों के कारण स्वयं को मैं सार्वभौम का एक इकाई होते भी, स्वयं को सार्वभौम ही अनुभव करता हूँ और यह सतत मेरे अन्दर प्रवाहित होता रहता है।

बड़ा वट वृक्ष (Big Banyan Tree), सैकड़ों वर्ष पुराना एक विशाल क्षेत्र में फैला वट वृक्ष है। जिसका मूल वृक्ष अब अस्तित्व में नहीं है उसके तनों से निकले सैंकड़ों जड़ वर्तमान में स्वयं एक वृक्ष, फिर उनके तनों से निकले सैंकड़ों जड़ भी वर्तमान में एक-एक वृक्ष के रूप में स्थापित हैं और सभी एक-दूसरे से जुड़े हुये हैं, बस जो नहीं है, वह है मूल वृक्ष। इस प्रकार सम्पूर्ण वृक्ष परिवार एक बड़े क्षेत्र में फैल चुका है और निरन्तर जारी भी है। प्रत्येक स्वयं स्वतन्त्र वृक्ष के रूप में स्थापित वृक्ष का अपने परिवार के रूप में तना, पत्ता, फूल और फल सब निकलते रहते हैं और जिसे जहाँ अर्थात नजदीकी स्रोत से सुविधा अर्थात खुराक मिल सकता हैं वहाँ से प्राप्त करते हुये विकास कर रहे हैं। इस कार्य में आपस में कोई विवाद नहीं है। कोई किसी पर अधिपत्य जमाना नहीं चाहता, ना ही अन्य के विकास में कोई बाधा पहुँचाता है। जिसको जिस ओर उचित वातावरण मिलता जाता है, उस ओर वह विकास कर रहा है। कुल मिलाकर स्व प्रेरित सुशासन की भाँति संचालित है। इस वट वृक्ष के सबसे बाद अर्थात वर्तमान के तनों-पत्तों के लिए उसका जन्मदाता व पालनकर्ता के रूप में उसका नजदीकी जड़ ही है इसलिए उसकी कथा-कहानी वहीं से शुरू होती है और वहीं तक उसका ज्ञान है जो एक संकुचित और सीमित ज्ञान है। वह पूर्ण को नहीं जान रहा, उसका पूर्णत्व, सार्वभौम पूर्णत्व नहीं बल्कि सीमित पूर्णत्व है। सीमित पूर्णत्व में भी वह आनन्द में हैं और विकासशील है। उसका विकास होना सार्वभौम का ही विकास होना है परन्तु उसे उसका ज्ञान नहीं है और वह उस सार्वभौम के विकास में अपने योगदान को करते हुये भी स्वयं को गौरवान्वित नहीं अनुभव कर रहा है। सार्वभौम से युक्त होने के बाद भी उसे अपने परिवार से ही जुड़ा रहना उसकी विवशता भी है और इसके अलावा कोई अन्य मार्ग भी नहीं हैं। उसके सार्वभौम का मार्ग भी उसके अपने परिवार के ही मार्ग से होकर जाता है। वृक्ष के साथ यह मजबूरी भी है कि क्योंकि वह स्थिर है इसलिए उसका छोटा परिवार केवल पड़ोस तक के ही दायरे के सम्पर्क में है। दूसरे छोर के परिवार का क्या हाल है उसे कुछ नहीं पता।

हे मानवों, ये संसार भी उपरोक्त वट वृक्ष के सामन ही फैला हुआ है। परन्तु उस भाँति विकास नहीं कर रहा है। मनुष्य के अन्दर बीमारी की भाँति अधिकतम "शक्ति और लाभ (पावर और प्राफिट)" की दौड़ ने उसे अधिपत्य, अत्याचार, दूसरे को दबाना इत्यादि से युक्त कर दिया है। और जो इस दौड़ में नहीं हैं वे सीमित पूर्णत्व में आनन्द के साथ विकासशील हैं। उन्हें और भी तेज विकास की इच्छा है परन्तु उनके बुद्धि का दायरा ही सीमित है इसलिए उन्हें मार्ग नहीं मिल रहा है। यदि उनको मार्ग भी मिल रहा हो तो वट वृक्ष की भाँति उसके नजदीकी जन्मदाता ने उसे यह बता रखा है कि जब उस सार्वभौम का मार्ग मेरे ही रास्ते से जाता है तो जो मैं कह रहा हूँ उसे करो। और इसके लिए वे अपने परिवार के लिए अनेक प्रकार की प्रणाली दे रखे हैं। जबकि ये प्रणाली देने वाले उनके नजदीकी जन्मदाता स्वयं कहाँ से आये हैं स्वयं उन्हे भी नहीं पता। क्योंकि वे स्वयं भी उस वट वृक्ष के खो गये मूल जड़ की तरह अपने मूल जड़ को नहीं जानते। वे भी अपने नजदीकी जन्मदाता का ही अनुसरण कर रहे होते हैं। ये प्रणालीयाँ अनेक प्रकार की हैं उदाहरणस्वरूप कुछ मुख्य निम्नवत् हैं-

1. उनके द्वारा प्रस्तुत कुछ पुस्तकें होती हैं जिन्हें नियमानुसार प्रतिदिन पढ़ना होता है। पढ़ने के पूर्व शुद्धता की भी प्रक्रिया अनिवार्य होती है अन्यथा पुस्तकें परिणाम नहीं दे पायेंगी, ये भी शर्त होती हैं।
2. उनके द्वारा भोजन से सम्बन्धित कुछ नियम बना दिये जाते हैं कि क्या खाना है और क्या नहीं खाना है।
3. उनके द्वारा कोई मन्त्र दे कर उसे नियमानुसार जपने के लिए दे दिया जाता है।
4. उनके द्वारा किसी यन्त्र-तन्त्र द्वारा समस्या मुक्ति का उपाय बता दिया जाता है।
5. उनके द्वारा किसी विशेष प्रकार के रंग और ढ़ग के वस्त्र निर्धारित कर दी जाती है जिससे उनकी पहचान एक अलग रूप में हो। अर्थात समाज का एक और विभाजन कर उसे प्रस्तुत कर देते हैं।

सामान्य रूप से सभी द्वारा अनिवार्य रूप से ये भी निर्धारित कर दी जाती है कि किसी दूसरे के नियमों को न तो जानना है, न सुनना है, न पढ़ना है और न ही उसमें शामिल होना है। अर्थात एक गतिशील प्राणी मनुष्य को जिसे सदैव श्रेष्ठ से, श्रेष्ठतम और सर्वोच्च तक उठने-विकास करने के लिए निर्मित किया गया था, उसे एक सीमित दायरे में बुद्धिबद्ध कर दिया गया। मनुष्य जिसका निर्माण अपनी मस्तिष्क को असीम क्षमता को विकसित कर ईश्वर रूप में व्यक्त होना था, उसे जड़ (स्थिर) बना दिया गया।

हे मानवों, मनुष्यों की सबसे बड़ी कमजोरी "स्वयं में गुणों का विकास कर स्वयं बन जाने या हो जाने" में नहीं बल्कि "पाने" की इच्छा है। इस पाने की इच्छा की कमजोरी का परिणाम ही है उपरोक्त अनेक प्रकार के बुद्धिबद्ध करने की विधियाँ।

हे मानवों, उपरोक्त के पृष्ठभूमि में उनका उद्देश्य केवल अपने स्वार्थ की पूर्ति के सिवाय कुछ नहीं होता। क्योंकि मार्गदर्शक या प्रेरक या शिक्षक का उद्देश्य स्वयं से श्रेष्ठ मानव का निर्माण होता है न कि सदैव जीवन भर एक ही प्रणाली या प्रक्रिया या कक्षा में पढ़ते-दुहराते रहने के लिए विवश करना। उपरोक्त के पृष्ठभूमि में शारीरिक-आर्थिक-मानसिक शोषण का ही कार्य विभिन्न प्रकार से चल रहा है। कोई अपने कृषि कार्य को मुफ्त में हल करवा रहा है, तो कोई अपने नाम के उत्पादों को सिर्फ उन्हें ही खरीदने के लिए बुद्धिबद्ध कर दिया है।

हे मानवों, इन सबको आस्था का व्यापार कहते हैं। जबकि मैं देख रहा हूँ कि प्रत्येक संस्कारित करने की क्रिया जो उस काल के लिए आस्था का विषय था। उसके अगले काल के लिए संस्कारित करने की नयी क्रिया उपलब्ध हो जाने के बावजूद, मानव शरीर पिछले काल के संस्कारित करने वाली क्रिया के प्रति आस्था रखते हुये मूर्खता का स्पष्ट प्रदर्शन कर रहा है। सभी कालों में, सभी संस्कारित करने की क्रियाओं में मैं (सार्वभौम आत्मा) ही आस्था का विषय था परन्तु क्रिया के प्रति आस्था रखना मूर्खता का स्पष्ट प्रमाण ही तो है। चाहे वह व्यक्तिगत इच्छा से हो या सामाजिक प्रदर्शन की इच्छा से। इन समस्त संस्कारित करने के क्रिया के पीछे जो रहस्य आज तक गोपनीय था उसे मैंने तुम्हारें समक्ष सार्वजनिक प्रकाशित कर दिया है। अब कुछ भी गोपनीय नहीं। बावजूद इसके प्रत्येक मनुष्य अपनी मूर्खता रूपी आस्था को प्रदर्शित करने के लिए स्वतन्त्र है। परन्तु वह मुझ (सार्वभौम आत्मा) को प्राप्त नहीं कर सकता। हे मानवों, ईश्वर बहुमत से नहीं निर्धारित किया जाता इसलिए ही उसे अनिवर्चनीय कहा गया है। किसी भी वस्तु के प्रति आस्था के विकास से और समस्त मानवों को उसके प्रति आस्थावान् बना देने से वह वस्तु गुण प्रकट कर वैसा नहीं बन सकती जैसा आप उम्मीद करते हो।

हे मानवों, एक तरह से देखा जाये तो उपरोक्त व्यवस्था से कोई समस्या है ही नहीं क्योंकि जिसकी इच्छा जहाँ से पूर्ति हो रही है और विकास का मार्ग मिल रहा है, वह वहाँ से जुडा हुआ है। इसलिए मानव सभ्यता पर आया यह दसवाँ और अन्तिम संकट, संकट होते हुये भी संकट जैसा नहीं दिखता। इस व्यवस्था से हमें कोई समस्या भी नहीं है। समस्या ये है कि धर्म को जिस उद्देश्य के लिए निर्मित किया गया था वही धर्म, संकट में है। यह धर्म ही उस वट वृक्ष का मूल है, सार्वभौम है, समष्टि है। इसके ज्ञान से युक्त दोनों को अर्थात विशाल संसार रूपी वट वृक्ष के छोटे-छोटे परिवार के नेतृत्वकर्ता मुखिया सहित उसके सदस्यों को होना आवश्यक है। तभी परिवार के नेतृत्वकर्ता मुखिया द्वारा बनाये गये उपरोक्त प्रणाली-नियम परिणाम-फल दे पायेंगे जिसकी इच्छा परिवार के सदस्य करते हैं।

हे मानवों, अब सार्वजनिक प्रमाणित आदर्श वैश्विक व्यक्ति चरित्र और शिव-शंकर के पूर्णावतार के रूप में होने वाले अन्तिम अवतार के स्वरूप को समझते हैं जिनसे संकट में पड़े धर्म का उत्थान होना है-

इस क्रम में पहले शिव-शंकर के रूप को समझते हैं। फिर अन्तिम अवतार के लिए बचे शेष कार्य को भी समझेंगे। शिव-शंकर अवतार के आठ रूप और उनके अर्थ निम्नवत हैं-

1. शर्व- सम्पूर्ण पृथ्वी को धारण कर लेना अर्थात पृथ्वी के विकास या सृष्टि कार्य में इस रूप को पार किये बिना सम्भव न होना।

2. भव- जगत को संजीवन देना अर्थात उस विषय को देना जिससे जगत संकुचित व मृत्यु को प्राप्त होने न पाये।

3. उग्र- जगत के भीतर और बाहर रहकर श्री विष्णु को धारण करना अर्थात जगत के पालन के लिए प्रत्यक्ष या प्रेरक कर्म करना।

4. भीम- सर्वव्यापक आकाशात्मक रूप अर्थात आकाश की भाँति सर्वव्यापी अनन्त ज्ञान जो सभी नेतृत्व विचारों को अपने में समाहित कर ले।

5. पशुपति- मनुष्य समाज से पशु प्रवृत्तियों को समाप्त करना अर्थात पशु मानव से मनुष्य को उठाकर ईश्वर मानव की ओर ले जाना। दूसरे रूप में जीव का शिव रूप में निर्माण।

6. ईशान- सूर्य रूप से दिन में सम्पूर्ण संसार में प्रकाश करना अर्थात ऐसा ज्ञान जो सम्पूर्ण संसार को पूर्ण ज्ञान से प्रकाशित कर दे।

7. महादेव- चन्द्र रूप से रात में सम्पूर्ण संसार में अमृत वर्षा द्वारा प्रकाश व तृप्ति देना अर्थात ऐसा ज्ञान जो संसार को अमृतरूपी शीतल ज्ञान से प्रकाशित कर दे।

8. रूद्र- जीवात्मा का रूप अर्थात शिव का जीव रूप में व्यक्त होना।

शिव-शंकर देवता व दानव दोनों के देवता हैं जबकि श्री विष्णु सिर्फ देवताओं के देवता हैं। अर्थात शिव-शंकर जब रूद्र रूप की प्राथमिकता में होंगे तब उनके लिए देवता व दानव दोनो प्रिय होंगे लेकिन जब उग्र रूप की प्राथमिकता में होंगे तब केवल देवता प्रिय होंगे। अर्थात शिव-शंकर का पूर्णवतार इन आठ रूपों से युक्त हो संसार का कल्याण करते हैं।

हे मानवों, अब सार्वजनिक प्रमाणित आदर्श वैश्विक व्यक्ति चरित्र और शिव-शंकर के पूर्णावतार के रूप में होने वाले अन्तिम अवतार के कार्य को समझते हैं जिनसे संकट में पड़े धर्म का उत्थान होना है-

ईश्वर (सार्वभौम सत्य-सिद्धान्त) के दसवें और अन्तिम अवतार के समय तक राज्य और समाज स्वतः ही प्राकृतिक बल के अधीन कर्म करते-करते सिद्धान्त प्राप्त करते हुए पूर्ण गणराज्य की ओर बढ़ रहा था परिणामस्वरुप गणराज्य का रुप होते हुए भी गणराज्य सिर्फ राज्य था और एकतन्त्रात्मक अर्थात् व्यक्ति समर्थक तथा समाज समर्थक दोनों की ओर विवशतावश बढ़ रहा था।

भारत में निम्लिखित रुप व्यक्त हो चुका था।

1. ग्राम, विकास खण्ड, नगर, जनपद, प्रदेश और देश स्तर पर गणराज्य और गणसंघ का रुप।
2. सिर्फ ग्राम स्तर पर राजा (ग्राम व नगर पंचायत अध्यक्ष) का चुनाव सीधे जनता द्वारा।
3. गणराज्य को संचालित करने के लिए संचालक का निराकार रुप- संविधान।
4. गणराज्य के तन्त्रों को संचालित करने के लिए तन्त्र और क्रियाकलाप का निराकार रुप-नियम और कानून।
5. राजा पर नियन्त्रण के लिए ब्राह्मण का साकार रुप- राष्ट्रपति, राज्यपाल, जिलाधिकारी इत्यादि।

विश्व स्तर पर निम्नलिखित रुप व्यक्त हो चुका था।

1. गणराज्यों के संघ के रुप में संयुक्त राष्ट्र संघ का रुप।
2. संघ के संचालन के लिए संचालक और संचालक का निराकार रुप- संविधान।
3. संघ के तन्त्रों को संचालित करने के लिए तन्त्र और क्रियाकलाप का निराकार रुप- नियम और कानून।
4. संघ पर नियन्त्रण के लिए ब्राह्मण का साकार रुप-पाँच वीटो पावर।
5. प्रस्ताव पर निर्णय के लिए सदस्यों की सभा।

6. नेतृत्व के लिए राजा- महासचिव।

जिस प्रकार आठवें अवतार द्वारा व्यक्त आत्मा के निराकार रुप "गीता" के प्रसार के कारण आत्मीय प्राकृतिक बल सक्रिय होकर गणराज्य के रुप को विवशतावश समाज की ओर बढ़ा रहा था उसी प्रकार अन्तिम अवतार द्वारा निम्नलिखित शेष समष्टि कार्य पूर्ण कर प्रस्तुत कर देने मात्र से ही विवशतावश उसके अधिपत्य की स्थापना हो जाना है।

1. गणराज्य या लोकतन्त्र के सत्य रुप- गणराज्य या लोकतन्त्र के स्वरुप का अन्तर्राष्ट्रीय/ विश्व मानक।

2. राजा और सभा सहित गणराज्य पर नियन्त्रण के लिए साकार ब्राह्मण का निराकार रुप- मन का अन्तर्राष्ट्रीय/ विश्व मानक।

3. गणराज्य के प्रबन्ध का सत्य रुप- प्रबन्ध का अन्तर्राष्ट्रीय/ विश्व मानक।

4. गणराज्य के संचालन के लिए संचालक का निराकार रुप- संविधान के स्वरुप का अन्तर्राष्ट्रीय/ विश्व मानक।

5. साकार ब्राह्मण निर्माण के लिए शिक्षा का स्वरुप- शिक्षा पाठ्यक्रम का अन्तर्राष्ट्रीय/ विश्व मानक।

इस समष्टि कार्य द्वारा ही काल व युग परिवर्तन होगा न कि सिर्फ चिल्लाने से कि "सतयुग आयेगा" , "सतयुग आयेगा" से। यह समष्टि कार्य जिस शरीर से सम्पन्न होगा वही अन्तिम अवतार के रूप में व्यक्त होगा। धर्म में स्थित वह अवतार चाहे जिस सम्प्रदाय (वर्तमान अर्थ में धर्म) का होगा उसका मूल लक्ष्य यही शेष समष्टि कार्य होगा और स्थापना का माध्यम उसके सम्प्रदाय की परम्परा व संस्कृति होगी।

हे मानवों, उपरोक्त कार्य ही उस एक मात्र शेष अन्तिम अवतार का कार्य है और जो उपरोक्त कार्य को पूर्ण करेगा वह कल्कि अवतार के नाम से जाना जायेगा। हे मानवों उपरोक्त कार्य ही शेष ईश्वर के लिए कार्य है और मनुष्य के लिए चुनौति।

इस क्रम में मैं लव कुश सिंह "विश्वमानव" अपने "विश्वशास्त्र" से उपरोक्त कार्य को पूर्ण करने के लिए और स्वयं को धर्म मार्ग से अनिर्वचनीय कल्कि महाअवतार भोगेश्वर के रूप में तथा भारतीय लोकतान्त्रिक गणराज्य मार्ग से "भारत रत्न" के रूप में स्थापित करने के लिए एक मार्ग-एक प्रारूप प्रस्तुत किया हूँ जो अपने युग-समय में पहला प्रारूप है। इस प्रारूप "विश्वशास्त्र" के धर्मक्षेत्र से 90 नाम और धर्मनिरपेक्ष या सर्वधर्मसमभाव क्षेत्र से 141 नाम देने के बाद भी इस प्रारूप का नाम "ब्रह्माण्डशास्त्र" नहीं रखा। मनुष्यों के लिए यह चुनौति है कि वे "ब्रह्माण्डशास्त्र" की रचना कर मेरे प्रारूप "विश्वशास्त्र" को गलत या संकुचित सिद्ध कर मुझे अनिर्वचनीय कल्कि महाअवतार भोगेश्वर की योग्यता से वंचित कर दे। हे मानवों अगर आप ऐसा कर पाओं तो मेरे लिए मेरे द्वारा उत्पन्न किये गये अनन्त कृतियों में सबसे सम्मान के योग्य मानव नाम की कृति ही अन्तिम रूप से सर्वश्रेष्ठ होगी अन्यथा "विश्वशास्त्र" से मैं तुम्हारे अन्दर प्रवेश कर तुम में से ही स्वयं को प्रकट करूँगा।

हे मानवों, इन रहस्यों के खोलने के प्रति मेरा उद्देश्य क्या है? यह उद्देश्य सरल है क्योंकि एक सरल, साधारण, अघोर का उद्देश्य कभी भी कठीन, असाधारण और घोर नहीं हो सकता। साधारण सी बात है- प्रत्येक वस्तु स्वयं अपने जैसा ही निर्माण, उत्पादन या प्रजनन करती है। इस क्रम में ईश्वर भी स्वयं जैसा ईश्वर का ही निर्माण, उत्पादन या प्रजनन करेगा, न कि मूर्ख, अज्ञानी, बुद्धिबद्ध और गुलाम मनुष्य का। मात्र एक विचार- "ईश्वर ने इच्छा व्यक्त की कि मैं एक हूँ, अनेक हो जाऊँ" और "सभी ईश्वर हैं" , यह प्रारम्भ और अन्तिम लक्ष्य है। मनुष्य की रचना "पावर और प्राफिट (शक्ति और लाभ)" के लिए नहीं बल्कि असीम मस्तिष्क क्षमता के विकास के लिए हुआ है। फलस्वरूप वह स्वयं को ईश्वर रूप में अनुभव कर सके, जहाँ उसे किसी गुरू की आवश्यकता न पड़ें, वह स्वंयभू हो जाये, उसका प्रकाश वह स्वयं हो। एक गुरू का लक्ष्य भी यही होता है कि शिष्य मार्गदर्शन प्राप्त कर गुरू से आगे निकलकर, गुरू तथा स्वयं अपना नाम और कृति इस संसार में फैलाये, ना कि जीवनभर एक ही कक्षा में (गुरू में) पढ़ता रह जाये। एक ही कक्षा में जीवनभर पढ़ने वाले को समाज क्या नाम देता है, समाज अच्छी प्रकार जानता है और आपलोग खुद स्वयं भी जातने हैं। "विश्वशास्त्र" से कालक्रम को उसी मुख्यधारा में मोड़ दिया गया है। एक शास्त्राकार, अपने द्वारा व्यक्त किये गये पूर्व के शास्त्र का उद्देश्य और उसकी सीमा तो बता ही सकता है परन्तु व्याख्याकार ऐसा नहीं कर सकता।

स्वामी विवेकानन्द जी कहते हैं- "हम गुरु के बिना कोई ज्ञान प्राप्त नहीं कर सकते। अब बात यह है कि यदि मनुष्य, देवता अथवा कोई स्वर्गदूत हमारे गुरु हो, तो वे भी तो ससीम हैं, फिर उनसे पहले उनके गुरु कौन थे? हमें मजबूर होकर यह चरम सिद्धान्त स्थिर करना ही होगा कि एक ऐसे गुरु हैं जो काल के द्वारा सीमाबद्ध या अविच्छिन्न नहीं हैं। उन्हीं अनन्त ज्ञान सम्पन्न गुरु को, जिनका आदि भी नहीं और अन्त भी नहीं, ईश्वर कहते हैं। (राजयोग, रामकृष्ण मिशन, पृष्ठ-134)

चाँद की ओर ईशारा करने वाले की उँगली की ओर नहीं, चाँद की ओर देखा जाता है। और चाँद को पकड़ा जाता है न कि उँगली दिखाने वाले को।

हे मानवों, यह भाव हमारे मन में क्यों आया? यह भाव हमारे मन में आने का कारण हृदय की विशालता है। हम अब अपने द्वारा निर्मित उत्पादों को, अब और अधिक समय तक कबाड़ के रूप में न तो रख सकते हैं और ना ही देखना चाहते हैं। अब सभी को हम स्वयं जैसा पूर्ण देखना चाहते हैं।

हे मानवों, हम लोगों की उत्पत्ति कैसे हुई? हमारी उत्पत्ति ज्ञान से हुई है। जिन्हें ज्ञान है वही अपने आप को संघर्ष में पाते हैं और सर्वश्रेष्ठता के लिए कर्मशील हैं। शेष सभी तो प्रकृति के अनुसार आते-जाते रहते हैं। इस ज्ञान को ही ब्रह्म कहते हैं। देवता रूप में इस ज्ञान को ब्रह्मा के रूप में प्रक्षेपित किया गया है। यह ज्ञान जिस-जिस अंगो द्वारा प्राथमिकता से अनुभव में आता है उतने प्रकार के मानव अपने-आप को उत्पन्न समझते हैं। पुराण रचनाकार महर्षि व्यास ने ब्रह्मा अर्थात ज्ञान के पुत्रों का प्रक्षेपण किये हैं। ब्रह्मा के 10 मानस पुत्रों 1. मन (विचार से ज्ञान प्राप्त करने वाले) से मरीचि, 2. नेत्रों (देखकर ज्ञान प्राप्त करने वाले) से अत्रि, 3. मुख (वाणी से ज्ञान प्राप्त करने वाले) से अंगिरा, 4. कान (सुन कर ज्ञान प्राप्त करने वाले) से पुलस्त्य, 5. नाभि (केन्द्र से ज्ञान प्राप्त करने वाले) से पुलह, 6. हाथ (कर्म से ज्ञान प्राप्त करने वाले) से कृतु, 7. त्वचा (स्पर्श से ज्ञान प्राप्त करने वाले) से भृगु, 8. प्राण (श्वास से ज्ञान प्राप्त करने वाले) से वशिष्ठ, 9. अँगूठे (आत्मा से ज्ञान प्राप्त करने वाले) से दक्ष तथा 10. गोद (प्रेम से ज्ञान प्राप्त करने वाले) से नारद उत्पन्न हुये। ये दस प्रकार ज्ञान से उत्पन्न है और इतने प्रकार के मानव निर्मित होकर संसार में विचरण कर रहे हैं। इसे ये न समझना चाहिए कि मन या नेत्र इत्यादि से कैसे ब्रह्मा ने अपने पुत्रों को उत्पन्न किया? चूंकि शरीर का अस्तित्व अस्थायी है इसलिए विचार के आधार पर ये मनुष्य के वर्ग या श्रेणी का निर्धारण है। हमारे द्वारा इतने वर्गों अर्थात परिवार को उत्पन्न करने के बाद स्वयं को सर्वश्रेष्ठ और मूल सिद्ध करते रहना भी हमारी ही जिम्मेदारी और कर्तव्य है ताकि हमारा परिवार एक संयुक्त परिवार के रूप में प्रकाशित हो।

हे मानवों, हमने अपने अधिपत्य के लिए क्या-क्या किया? हे मानवों हमने अपने अधिपत्य के लिए सदैव साम-दाम-दण्ड-भेद की विधि से निम्नलिखित गुणों को समय-समय पर प्रेम से मानव मस्तिष्क में स्थापित किया और करता रहूँगा और अन्त में इसे मानवों को स्वेच्छा से स्वीकार करने पर विवश भी कर दूँगा-

01. मुख्य-गुण सिद्धान्त - इसमें धारा के विपरीत दिशा (राधा) में गति करने का विचार-सिद्धान्त मानव मस्तिष्क में डाला गया।

02. मुख्य-गुण सिद्धान्त - इसमें सहनशील, शांत, धैर्यवान, लगनशील, दोनों पक्षों के बीच मध्यस्थ की भूमिका वाला गुण (समन्वय का सिद्धान्त) का विचार-सिद्धान्त मानव मस्तिष्क में डाला गया।

03. मुख्य-गुण सिद्धान्त - इसमें सूझ-बुझ, सम्पन्न, पुरूषार्थी, धीर-गम्भीर, निष्कामी, बलिष्ठ, सक्रिय, शाकाहारी, अहिंसक और समूह प्रेमी, लोगों का मनोबल बढ़ाना, उत्साहित और सक्रिय करने वाला गुण (प्रेरणा का सिद्धान्त) का विचार-सिद्धान्त मानव मस्तिष्क में डाला गया।

04. मुख्य-गुण सिद्धान्त - प्रत्यक्ष रूप से एका-एक लक्ष्य को पूर्ण करने वाले (लक्ष्य के लिए त्वरित कार्यवाही का सिद्धान्त) का विचार-सिद्धान्त मानव मस्तिष्क में डाला गया।

05. मुख्य-गुण सिद्धान्त - भविष्य दृष्टा, राजा के गुण का प्रयोग करना, थोड़ी सी भूमि पर गणराज्य व्यवस्था की स्थापना व व्यवस्था को जिवित करना, उसके सुख से प्रजा को परिचित कराने वाले गुण (समाज का सिद्धान्त) का विचार-सिद्धान्त मानव मस्तिष्क में डाला गया।

06. मुख्य-गुण सिद्धान्त - गणराज्य व्यवस्था को ब्रह्माण्ड में व्याप्त व्यवस्था सिद्धान्तों को आधार बनाने वाले गुण और व्यवस्था के प्रसार के लिए योग्य व्यक्ति को नियुक्त करने वाले गुण (लोकतन्त्र का सिद्धान्त और उसके प्रसार के लिए योग्य उत्तराधिकारी नियुक्त करने का सिद्धान्त) का विचार-सिद्धान्त मानव मस्तिष्क में डाला गया।

07. मुख्य-गुण सिद्धान्त - आदर्श चरित्र के गुण के साथ प्रसार करने वाला गुण (व्यक्तिगत आदर्श चरित्र के आधार पर विचार प्रसार का सिद्धान्त) का विचार-सिद्धान्त मानव मस्तिष्क में डाला गया।

08. मुख्य-गुण सिद्धान्त - आदर्श सामाजिक व्यक्ति चरित्र के गुण, समाज में व्याप्त अनेक मत-मतान्तर व विचारों के समन्वय और एकीकरण से सत्य-विचार के प्रेरक ज्ञान को निकालने वाले गुण (सामाजिक आदर्श व्यक्ति का सिद्धान्त और व्यक्ति से उठकर विचार आधारित व्यक्ति निर्माण का सिद्धान्त) का विचार-सिद्धान्त मानव मस्तिष्क में डाला गया।

09. मुख्य-गुण सिद्धान्त - प्रजा को प्रेरित करने के लिए धर्म, संघ और बुद्धि के शरण में जाने का गुण (धर्म, संघ और बुद्धि का सिद्धान्त) का विचार-सिद्धान्त मानव मस्तिष्क में डाला गया।

10. मुख्य-गुण सिद्धान्त - आदर्श मानक सामाजिक व्यक्ति चरित्र समाहित आदर्श मानक वैश्विक व्यक्ति चरित्र अर्थात सार्वजनिक प्रमाणित आदर्श मानक वैश्विक व्यक्ति चरित्र का विचार-सिद्धान्त मानव मस्तिष्क में डालने का काम वर्तमान है और वो अन्तिम भी है।

हे मानवों, अब स्थिति क्या है तथा भाविष्य में काल की गति किस ओर जा रही है? हे मानवों अब स्थिति यह है कि हमें आपके परम प्रिय सिद्धान्त "शक्ति और लाभ (पावर और प्राफिट)" से कोई असहमति नहीं हैं बल्कि यह आपमें कुछ करने की प्रवृत्ति का महान गुण हैं। इसका प्रकाश आप में सदैव जलते रहना चाहिए। काल की गति इस प्रकाश को कैसे सफलतापूर्वक प्राप्त किया जा सकता है उस ज्ञान को ग्रहण करके उस अनुसार कार्य करने की ओर जा रही है अर्थात ज्ञान युग की ओर जा रही है। और मस्तिष्क का विकास ही इसका मार्ग है। भविष्य का समय ऐसे ही मानवों के स्वागत की प्रतीक्षा कर रहा है।

काशी-सत्यकाशी क्षेत्र से
विश्व शान्ति का अन्तिम सत्य-सन्देश

प्रिय आत्मीय मानवों,

इस संसार के मनुष्यों को अपना अन्तिम सन्देश देने से पहले मैं आपको उस क्षेत्र से परिचय कराना चाहता हूँ जिस क्षेत्र से यह सन्देश देने का साहस किया गया है क्योंकि कोई भी क्रिया बिना कारण के नहीं होती। मेरा समस्त मूल कार्य जिस क्षेत्र से सम्पूर्ण हुआ, उस क्षेत्र को मैं सत्यकाशी क्षेत्र कहता हूँ और मैं जिस ग्राम का निवासी हूँ वह काशी (वाराणसी) के चौरासी कोस यात्रा तथा सत्यकाशी क्षेत्र का उभय क्षेत्र में स्थित है। इसलिए मैं जितना काशी (वाराणसी) का हूँ उतना ही सत्यकाशी का हूँ। इस प्रकार यह सन्देश काशी-सत्यकाशी का संयुक्त सन्देश है।

सत्यकाशी क्षेत्र जो काशी (वाराणसी), विन्ध्याचल, शिवद्वार और सोनभद्र के बीच का क्षेत्र है, एक पौराणिक-आध्यात्मिक और साधना के लिए उपयुक्त क्षेत्र के रूप में प्राचीन काल से आकर्षण में रहा है। इस क्षेत्र का हृदय क्षेत्र चुनार है। चुनार का किला राजा विक्रमादित्य ने अपने भाई भर्तहरि के तपस्या में हिंसक जानवरों द्वारा व्यवधान न उत्पन्न हो इसके लिए बनवाया था। ये राजा विक्रमादित्य वही हैं जिनके नाम से विक्रम सम्वत् कैलेण्डर स्थापित है। चुनार ईश्वर के पाँचवें अवतार-वामन अवतार का क्षेत्र है जिनसे समाज की शक्ति का प्रथम जन्म हुआ था।

सत्यकाशी क्षेत्र के चारों कोण पर स्थित 1. काशी (वाराणसी) का अपना प्राचीन और पुरातन इतिहास है जो सर्वविदित है। 2. विन्ध्याचल, जो शिव-शक्ति के उपासना का अद्‌भुत केन्द्र है। यशोदा से उत्पन्न पुत्री (जिनके बदले श्रीकृष्ण प्राप्त हुये थे) महासरस्वती अष्टभुजा देवी के नाम से यहीं स्थापित हैं। भारत देश का मानक समय माँ विन्ध्यवासिनी धाम से तय होता है। पुराणों के अनुसार रावण ने भी इसे मानक समय स्थल मानकर यहाँ शिवलिंग की स्थापना की थी। 3. शिवद्वार, त्रिकोणीय तान्त्रिक साधना के लिए जगत विख्यात था और साधना की राजधानी था। इसे ही मीरजापुर गजेटियर में गुप्तकाशी की संज्ञा से अभिकल्पित किया गया है। 4. सोनभद्र, सोन संस्कृति की पौराणिक पृष्ठभूमि वैदिककालीन सभ्यता की पराकाष्ठापरक ऐतिहासिकता से सम्बद्ध है। सन्त परम्पराओं का एक महत्वपूर्ण परिव्रजन इस क्षेत्र में हुआ जिसमें शैव व शाक्त प्रमुख थे। शैव सम्प्रदाय से जुड़े अघोर तन्त्र ने इसे बहुत सराहा और इसे अपनी कर्मभूमि बना लिया। सोन नद के तट पर शव छेदन क्रिया की भी प्रशिक्षा आयुर्वेद के जिज्ञासुओं को दी जाती थी। शैव तन्त्र से प्रभावित अघोर तन्त्र शव-साधना में सिद्धहस्त था और शव में इकार की प्राण प्रतिष्ठा का जीवन्त रूप शिव को दे देना इनकी अलौकिक साधना का चरमोत्कर्ष है। अघोरपन्थी नाम के पश्चात् "राम" का प्रयोग करते थे। इस क्षेत्र में सवर्ण वर्ग में प्रायः ब्राह्मण वर्ग भी राम का प्रयोग अपने नाम में करता है। इस क्षेत्र में पाशुपात तन्त्र के महान साधक लोरिक का नाम विशेष है।

उपरोक्त तो अति संक्षिप्त परिचय है विस्तार से "विश्वशास्त्र" के अध्याय-दो में प्रकाशित है, जिस क्षेत्र से ये विश्व ऐतिहासिक अन्तिम, अपरिवर्तनीय और अटलनीय सन्देश देने का साहस किया गया है।

हे मानवों, इस संसार में व्यक्त साहित्य, दर्शन, मत, सम्प्रदाय, नियम, संविधान इत्यादि को व्यक्त करने का माध्यम मात्र केवल मानव शरीर ही है इसलिए यह सोचो की यदि सार्वभौम सत्य-सिद्धान्त आधारित ऐसा साहित्य जो सार्वदेशीय, सार्वकालिक और सम्पूर्ण मानव समाज के लिए असीम गुणों और दिशाओं से युक्त हो, अन्तिम रुप से एक ही मानव शरीर से व्यक्त हो रहा हो जिसके ज्ञान के बिना मानव, मानव नहीं पशु हो, उसे स्वीकार और आत्मसात् करना मानव की विवशता हो, तो तुम उस व्यक्तकर्ता मानव को क्या कहोगे? और उसका क्या दोष? यह तो मैं तुम पर ही छोड़ता हूँ। परन्तु धार्मिक-आध्यात्मिक भाषा में उसी असीम गुणों-दिशाओं के प्राकाट्य शरीर को पूर्ण और अन्तिम साकार-सगुण-दृश्य-ब्रह्म-ईश्वर-आत्मा-शिव कहते हैं तथा सार्वभौम सत्य-

सिद्धान्त को निराकार-निर्गुण-अदृश्य-ब्रह्म-ईश्वर-आत्मा-शिव कहते हैं वह शरीर चूँकि सिद्धान्त युक्त होता है इसलिए वह धर्मशास्त्र का प्रमाण रुप होता है। जो धर्मशास्त्रों और धर्मज्ञानियों के प्रति विश्वास बढ़ाता है। वर्तमान समय में सिर्फ यह देखने की आवश्यकता है कि क्या वह सार्वभौम सत्य-सिद्धान्त शास्त्र-साहित्य विश्व विकास-एकता-स्थिरता-शान्ति के क्षेत्र में कुछ रचनात्मक भूमिका निभा सकता है या नहीं? यह देखने की आवश्यकता नहीं है कि उसका व्यक्तकर्ता एक ही शरीर है क्योंकि इससे कोई लाभ नहीं। प्रत्येक मानव चाहे वह किसी भी स्तर का हो वह शारीरिक संरचना में समान होता है परन्तु वह विचारों से ही विभिन्न स्तर पर पीठासीन है, इसलिए मानव, शरीर नहीं विचार है उसी प्रकार विश्वमानव शरीर नहीं, विश्व विचार अर्थात् सार्वभौम सत्य-सिद्धान्त है। इसी प्रकार "मैं" , अहंकार नहीं, "सिद्धान्त" है। प्रत्येक स्तर पर पीठासीन मानव अपने स्तर का सिद्धान्त रुप से "मैं" का अंश रुप से तथा विचार रुप से "अहंकार" का अंश रुप ही है। "मैं" का पूर्ण दृश्य, वास्तविक, सर्वोच्च और अन्तिम रुप वही होगा जो सम्पूर्ण ब्रह्माण्ड के सभी विषयों में व्याप्त हो जाय। तभी तो वह असीम गुणों और दिशाओं से युक्त होगा तथा प्रत्येक दिशा या गुण से उसका नाम अलग-अलग होगा परन्तु वह एक ही होगा। हे मानव, तुम इसे देख नहीं पाते क्योंकि तुम "दृष्टि" से युक्त हो अर्थात् तुम एक ही दिशा या गुण द्वारा देखने की क्षमता रखते हो तुम्हें "दिव्य दृष्टि" अर्थात् अनेक दिशा या गुणों द्वारा एक साथ देखने की क्षमता रखनी चाहिए तभी तुम यथार्थ को देख पाओगे, तभी तुम "मैं" के विश्व रुप को देख पाओगे। दृष्टि से युक्त होने के कारण ही तुम मेरे आभासी रुप-शरीर रुप को ही देखते हो, तुम मेरे वास्तविक रुप-सिद्धान्त रुप को देख ही नहीं पाते। इसी कारण तुम मुझे अहंकार रुप में देखते हो। और इसी कारण तुम "भूमण्डलीकरण (Globalisation)" का विरोध करते हो जबकि "ग्लोबलाईज्ड" दृष्टि ही "दिव्य दृष्टि" है। जिसका तुम मात्र विरोध कर सकते हो क्योंकि यह प्राकृतिक बल के अधीन है जो तुम्हें मानव से विश्वमानव तक के विकास के लिए अटलनीय है। दृष्टि, अहंकार है, अंधकार है, अपूर्ण मानव है तो दिव्य दृष्टि, सिद्धान्त है, प्रकाश है, पूर्णमानव-विश्वमानव है। तुम मानव की अवस्था से विश्वमानव की अवस्था में आने का प्रयत्न करो न कि विश्वमानव का विरोध। विरोध से तुम्हारी क्षति ही होगी। जिस प्रकार "श्रीकृष्ण" नाम है "योगेश्वर" अवस्था है, "गदाधर" नाम है "रामकृष्ण परमहंस" अवस्था है, "सिद्धार्थ" नाम है "बुद्ध" अवस्था है, "नरेन्द्र नाथ दत्त" नाम है "स्वामी विवेकानन्द" अवस्था है, "रजनीश" नाम है "ओशो" अवस्था है। उसी प्रकार व्यक्तियों के नाम, नाम है "भोगेश्वर विश्वमानव" उसकी चरम विकसित, सर्वोच्च और अन्तिम अवस्था है। "दृष्टि" से युक्त होकर विचार व्यक्त करना निरर्थक है, प्रभावहीन है, यहाँ तक की तुम्हें विरोध करने का भी अधिकार नहीं क्योंकि वर्तमान और भविष्य के समय में इसका कोई महत्व नहीं, अर्थ नहीं क्योंकि वह व्यक्तिगत विचार होगा न कि सार्वजनिक संयुक्त विचार। यह सार्वजनिक संयुक्त विचार ही "एकात्म विचार" है और यही वह अन्तिम सत्य है, यही "सार्वभौम सत्य-सिद्धान्त" है। यही धर्मनिपरपेक्ष और सर्वधर्मसमभाव नाम से विश्वमानक-शून्य श्रृंखला: मन की गुणवत्ता का विश्वमानक तथा धर्म नाम से कर्मवेद: प्रथम, अन्तिम और पंचमवेदीय श्रृंखला है जिसकी शाखाएं सम्पूर्ण ब्रह्माण्ड में व्याप्त है और सम्पूर्ण ब्रह्माण्ड व्यक्त है जिसकी स्थापना चेतना के अन्तिम रुप-दृश्य सत्य चेतना के अधीन है। यही "मैं" का दृश्य रुप है। यही "विश्व-बन्धुत्व" , "वसुधैव-कुटुम्बकम्" , "बहुजनहिताय-बहुजनसुखाय" , "एकात्म-मानवतावाद" , "सर्वेभवन्तु-सुखिनः" की स्थापना का "एकात्मकर्मवाद" आधारित अन्तिम मार्ग है।

मन और मन का मानक। मन-व्यक्तिगत प्रमाणित अदृश्य सत्य। मन का मानक-सार्वजनिक प्रमाणित दृश्य सत्य। अनासक्त मन अर्थात् आत्मा अर्थात् व्यक्तिगत प्रमाणित अदृश्य आत्मा अर्थात् मन का अदृश्य मानक। मन का मानक अर्थात् सार्वजनिक प्रमाणित दृश्य आत्मा अर्थात् सार्वजनिक प्रमाणित दृश्य अनासक्त मन। मन का मानक में मन समाहित है।

आत्मा का सार्वजनिक प्रमाणित धर्मनिरपेक्ष एवं सर्वधर्मसमभाव दृश्य रुप एकात्म ज्ञान, एकात्म ज्ञान सहित एकात्म कर्म तथा एकात्म ज्ञान और एकात्म कर्म सहित एकात्म ध्यान के तीन व्यक्त होने के स्तर हैं जो क्रमशः एकात्म वाणी, एकात्म वाणी सहित एकात्म प्रेम तथा एकात्म वाणी और एकात्म प्रेम सहित एकात्म समर्पण द्वारा शक्ति प्राप्त करता है। जिनका धर्मयुक्त अदृश्य रुप भारतीय संस्कृति के पौराणिक कथाओं में ब्रह्मा, विष्णु,

महेश (शंकर) के रुप में तथा सरस्वती, लक्ष्मी और पार्वती शक्ति के रुप में प्रक्षेपित हैं। जिनकी उपयोगिता क्रमशः व्यक्ति, समाज और ब्रह्माण्ड को संतुलन, स्थिरता एवं विकास में है।

यदि तुम उपरोक्त गुणों को रखते हो तो तुम ही ब्रह्मा हो, विष्णु और महेश हो। साथ ही सरस्वती, लक्ष्मी और पार्वती भी। और यदि यह सीमित कर्मक्षेत्र तक में है तो तुम एक सीमाबद्ध और यदि यह सम्पूर्ण ब्रह्माण्ड के सर्वोच्च व्यापक अन्तिम और असीमित कर्म क्षेत्र तक में है तो तुम एक मूल ब्रह्मा, विष्णु, महेश और शक्ति सरस्वती, लक्ष्मी और पार्वती के अवतार हो। यदि तुम इस अनुसार नहीं तो तुम इनके अलावा मानव, दानव, पशु-मानव इत्यादि हो।

जब प्रत्येक शब्द धर्म और धर्मनिरपेक्ष या सर्वधर्मसमभाव में वर्गीकृत किया जा सकता है तब ईश्वर नाम को भी धर्मयुक्त नाम और धर्म निरपेक्ष या सर्वधर्मसमभाव नाम में व्यक्त किया जा सकता है। क्योंकि ईश्वर नाम भी शब्द है। जिस प्रकार व्यक्तिगत प्रमाणित अदृश्य काल के लिए धर्मयुक्त समष्टि ईश्वर नाम-" ऊँ" है। उसी प्रकार सार्वजनिक प्रमाणित दृश्य काल के लिए धर्मनिरपेक्ष और सर्वधर्मसमभाव समष्टि ईश्वर नाम- " TRADE CENTRE" है। जिसमें धर्म युक्त ईश्वर नाम-" ऊँ" का धर्मनिरपेक्ष और सर्वधर्मसमभाव रुप समाहित है।

एक ही देश काल मुक्त सर्वव्यापी अदृश्य सत्य-धर्म-ज्ञान है-आत्मा। और एक ही देश काल मुक्त सर्वव्यापी दृश्य सत्य-धर्म-ज्ञान है- क्रिया या परिवर्तन या $E=MC^2$ या आदान-प्रदान या TRADE या TRANSACTION। इस प्रकार सर्वोच्च और अन्तिम दृश्य सत्य-धर्म-ज्ञान से समस्त विषयों के यथार्थ व्यक्त रुप सर्वमान्य, सार्वजनिक प्रमाणित दृश्य और अन्तिम है। और व्यक्त कर्ता ज्ञानी या ब्रह्म या शिव की अन्तिम कड़ी है। इस आधार पर यह कहा जा सकता है कि "आत्मा" और मेरा दृश्य रुप (आदान-प्रदान) ही स्वस्थ उद्योग, स्वस्थ समाज और स्वस्थ लोकतन्त्र सहित विश्व शान्ति, एकता, स्थिरता और विकास का अन्तिम मार्ग है। चाहे वह वर्तमान में आत्मसात् किया जाये या भविष्य में परन्तु सत्य तो यही है।

मन से मन के मानक के व्यक्त होने के सम्पूर्ण यात्रा में कुछ महापुरुषों ने अदृश्य मानक आत्मा को व्यक्त करने के लिए कार्य किये तो कुछ ने अदृश्य सहित दृश्य मानक के लिए। मन के अदृश्य मानक आत्मा की श्रृंखला में निवृत्ति मार्गी-साधु, संत इत्यादि जिनकी सर्वोच्च स्थिति ब्रह्मा हैं। मन के अदृश्य सहित दृश्य मानक के श्रृंखला में प्रवृत्ति मार्गी-गृहस्थ युक्त सन्यासी इत्यादि जिनकी सर्वोच्च स्थिति विष्णु हैं। इस मानक को व्यवहारिकता में लाने के लिए ध्यान मार्गी जिनकी सर्वोच्च स्थिति महेश हैं। और यही वर्तमान तथा भविष्य के समाज की आवश्यकता है। और यही मन के मानक की उपयोगिता है।

मन के मानक को व्यक्त करने में जो शब्द, ज्ञान-विज्ञान, नाम-रुप इत्यादि प्रयोग किये गये हैं-वे सब मन से मन के मानक के विकास यात्रा में विभिन्न महापुरुषों द्वारा व्यक्त हो मानव समाज में पहले से मान्यता प्राप्त कर विद्यमान है। मैं (विश्वात्मा) सिर्फ उसको वर्तमान की आवश्यकता और वर्तमान से जोड़ने के लिए समयानुसार व्यक्त कर मन के मानक को व्यक्त कर दिया हूँ। यदि समाज इसे आत्मसात् नहीं करता तो उसके पहले मैं (विश्वात्मा) ही उसे आत्मसात् नहीं करता क्योंकि मैं शुद्ध-बुद्ध-मुक्त आत्मा हूँ, मैं नाम-रुप से मुक्त हूँ, मैं शिव हूँ, मैं शिव हूँ, मैं शिव हूँ। और ऐसा कहने वाला मैं पहला नहीं हूँ। मुझसे पहले भी अनेक सिद्धों द्वारा ऐसी उद्घोषणा की जा चुकी है और वे अपने समय के देश-काल स्थितियों में उसे सिद्ध भी कर चुके हैं और जब तक प्रत्येक मानव ऐसा कहने के योग्य नहीं बनता तब तक धर्म शास्त्रों में सृष्टि के प्रारम्भ में कहा गया ईश्वरीय वाणी-" ईश्वर ने इच्छा व्यक्त की कि मैं एक हूँ अनेक हो जाऊँ" कैसे सिद्ध हो पायेगा। मेरे उद्घोष का सबसे बड़ा प्रमाण "सत्य मानक शिक्षा" द्वारा लक्ष्य "पुनर्निर्माण" व उसके प्राप्ति की कार्य योजना है। जो अपने आप में पुरातन, विलक्षण और वर्तमान तक ऐसा नहीं हुआ है, जैसा है। श्रीराम द्वारा शारीरिक शक्ति के माध्यम से शारीरिक शक्ति का प्रयोग कर सत्यीकरण हुआ था, श्रीकृष्ण द्वारा आर्थिक शक्ति के माध्यम से व्यक्तिगत बौद्धिक शक्ति का प्रयोग कर सत्यीकरण हुआ था, अब यह कार्य व्यक्तिगत बौद्धिक शक्ति के माध्यम से सार्वभौम बौद्धिक शक्ति का प्रयोग कर सत्यीकरण किया जा रहा है। जो श्रीराम, श्रीकृष्ण के क्रम में अगला कार्य है। यह मानने का कार्य नहीं जानने का कार्य है। मानने से,

मानने वाले का कोई कल्याण नहीं होता, कल्याण तो सिर्फ जानने वालों का ही होता रहा है, होता है और होता रहेगा।

वर्तमान एवं भविष्य के मानव समाज को मैं (विश्वात्मा) का यह अन्तिम सत्य संदेश है कि-मानव की वास्तविक चेतना-सत्य चेतना अर्थात् भूतकाल का अनुभव और भविष्य की आवश्यकतानुसार वर्तमान में परिणाम ज्ञान से युक्त हो कार्य करना है न कि पशुओं की प्राकृतिक चेतना अर्थात् शुद्ध रुप से वर्तमान में कार्य करना है। सत्य चेतना में प्राकृतिक चेतना समाहित रहती है। अर्थात् मानव का विकास प्राकृतिक चेतना से सत्य चेतना की ओर होना चाहिए। और विज्ञान की भाँति धर्म के विषय में भी सदा आविष्कृत विषय से आविष्कार की ओर बढ़ना चाहिए अन्यथा स्थिति यह होगी कि वह तो आपके पास पहले से आविष्कृत था परन्तु उसी के आविष्कार में आपने पूरा जीवन व्यतीत कर दिया।

सम्पूर्ण मानव समाज से यह निवेदन है कि ईश्वर के सम्बन्ध में जो कुछ भी अब तक आविष्कृत है यद्यपि कि वह सब मैं (आत्मा) इस भौतिक शरीर (श्री लव कुश सिंह "विश्वमानव") से व्यक्त कर चुका हूँ लेकिन फिर भी व्यक्ति ईश्वर नहीं बन सकता। सिर्फ समष्टि ही ईश्वर होता है और समष्टि ही संयुक्त है। जिसकी चरम विकसित अवस्था सम्पूर्ण ब्रह्माण्ड का यथार्थ रुप है जो एक संयुक्त विचार-सत्य-सिद्धान्त ही है व्यक्ति नहीं। जबकि इसको व्यक्त और आत्मसात् करने वाला व्यक्ति ही है अर्थात् ईश्वर और व्यक्ति एक दूसरे पर निर्भर है। परिणामस्वरुप जो कुछ भी इस भौतिक शरीर द्वारा व्यक्त कर देना था-वह दे दिया गया और बात यहीं समाप्त हो गयी। क्योंकि मैं (विश्वात्मा) तुम्हारे अनूरुप सामान्य हो गया क्योंकि ईश्वर (संयुक्त विचार सत्य-सिद्धान्त) बाहर हो गया और वह सभी में व्याप्त हो गया। तू भी सामान्य, मैं भी सामान्य। तू भी ईश्वर, मैं भी ईश्वर। तू भी शिव, मैं भी शिव। इससे अलग सिर्फ माया, भ्रम, अन्धविश्वास है। और जब तक मैं (विश्वात्मा) इस शरीर में हूँ एक वर्तमान और भविष्य का एकात्म ध्यान युक्त प्रबुद्ध मानव के सिवाय कुछ अधिक भी नहीं समझा जाना चाहिए बस यही निवेदन है।

इस अन्तिम के सम्बन्ध में यह कहना चाहूँगा कि इस पर अभी विवाद करने से कोई लाभ नहीं है। अभी तो सिर्फ यह देखना है कि यह कालानुसार वर्तमान और भविष्य के लिए व्यक्ति से विश्व प्रबन्ध तक के लिए उपयोगी है या नहीं और जब तक मानव सृष्टि रहेगी तब तक यह सार्वभौम सत्य-सिद्धान्त अभेद्य और अकाट्य बना रहता है। तब यह समझ लेना होगा कि यह अन्तिम था। और व्यक्त करने वाला मानव शरीर पूर्ण ब्रह्म की अन्तिम कड़ी अर्थात् शिव का साकार सगुण रुप ही था।

आलोचना और विरोध मानव का स्वभाव है परन्तु सत्य की आलोचना और विरोध यदि बिना विचारे ही होगा तो यह उस मनुष्य के लिए स्वयं की मूर्खता का प्रदर्शन ही बन सकता है क्योंकि ऐसा नहीं है कि अन्य मनुष्य इसे नहीं समझ रहे हैं। इसलिए इसके लिए थोड़ा सतर्कता रखें विशेषकर उन लोगों के लिए जो सार्वजनिक रुप से विचार प्रस्तुत करते हैं।

हाँ, एक अन्तिम सत्य और-उपरोक्त अन्तिम सत्य भी सत्य और अन्तिम सत्य है या नहीं? इसके लिए भी तो ज्ञान और बुद्धि चाहिए।

प्रकाशित खुशमय तीसरी सहस्त्राब्दि के साथ यह एक सर्वोच्च समाचार है कि नयी सहस्त्राब्दि केवल बीते सहस्त्राब्दियों की तरह एक सहस्त्राब्दि नहीं है। यह प्रकाशित और विश्व के लिए नये अध्याय के प्रारम्भ का सहस्त्राब्दि है। केवल वक्तव्यों द्वारा लक्ष्य निर्धारण का नहीं बल्कि स्वर्गीकरण के लिए असिमीत भूमण्डलीय मनुष्य और सर्वोच्च अभिभावक संयुक्त राष्ट्र संघ सहित सभी स्तर के अभिभावक के कर्तव्य के साथ कार्य योजना पर आधारित। क्योंकि दूसरी सहस्त्राब्दि के अन्त तक विश्व की आवश्यकता, जो किसी के द्वारा प्रतिनिधित्व नहीं हुई उसे विवादमुक्त और सफलतापूर्वक प्रस्तुत किया जा चुका है। जबकि विभिन्न विषयों जैसे-विज्ञान, धर्म, आध्यात्म, समाज, राज्य, राजनीति, अन्तर्राष्ट्रीय सम्बन्ध, परिवार, व्यक्ति, विभिन्न संगठनों के क्रियाकलाप, प्राकृतिक, ब्रह्माण्डीय, देश, संयुक्त राष्ट्र संघ इत्यादि की स्थिति और परिणाम सार्वजनिक प्रमाणित दृश्य रुप में थे।

विज्ञान के सर्वोच्च आविष्कार के आधार पर अब यह विवाद मुक्त हो चुका है कि मन केवल व्यक्ति, समाज, और राज्य को ही नहीं प्रभावित करता बल्कि यह प्रकृति और ब्रह्माण्ड को भी प्रभावित करता है। केन्द्रीयकृत और ध्यानीकृत मन विभिन्न शारीरिक सामाजिक और राज्य के असमान्यताओं के उपचार का अन्तिम मार्ग है। स्थायी स्थिरता, विकास, शान्ति, एकता, समर्पण और सुरक्षा के लिए प्रत्येक राज्य के शासन प्रणाली के लिए आवश्यक है कि राज्य अपने उद्देश्य के लिए नागरिकों का निर्माण करें। और यह निर्धारित हो चुका है कि क्रमबद्ध स्वस्थ मानव पीढ़ी के लिए विश्व की सुरक्षा आवश्यक है। इसलिए विश्वमानव के निर्माण की आवश्यकता है, लेकिन ऐसा नहीं है और विभिन्न अनियन्त्रित समस्या जैसे-जनसंख्या, रोग, प्रदूषण, आतंकवाद, भ्रष्टाचार, विकेन्द्रीकृत मानव शक्ति एवं कर्म इत्यादि लगातार बढ़ रहे है। जबकि अन्तरिक्ष और ब्रह्माण्ड के क्षेत्र में मानव का व्यापक विकास अभी शेष है। दूसरी तरफ लाभकारी भूमण्डलीकरण विशेषीकृत मन के निर्माण के कारण विरोध और नासमझी से संघर्ष कर रहा है। और यह असम्भव है कि विभिन्न विषयों के प्रति जागरण समस्याओं का हल उपलब्ध करायेगा।

मानक के विकास के इतिहास में उत्पादों के मानकीकरण के बाद वर्तमान में मानव, प्रक्रिया और पर्यावरण का मानकीकरण तथा स्थापना आई0 एस0 ओ0-9000 एवं आई0 एस0 ओ0-14000 श्रृंखला के द्वारा मानकीकरण के क्षेत्र में बढ़ रहा है। लेकिन इस बढ़ते हुये श्रृंखला में मनुष्य की आवश्यकता (जो मानव और मानवता के लिए आवश्यक है) का आधार "मानव संसाधन का मानकीकरण" है क्योंकि मनुष्य सभी (जीव और निर्जीव) का निर्माणकर्ता और उसका नियन्त्रणकर्ता है। मानव संसाधन के मानकीकरण के बाद सभी विषय आसानी से लक्ष्य अर्थात् विश्वस्तरीय गुणवत्ता की ओर बढ़ जायेगी क्योंकि मानव संसाधन के मानक में सभी तन्त्रों के मूल सिद्धान्त का समावेश होगा।

वर्तमान समय में शब्द- "निर्माण" भूमण्डलीय रुप से परिचित हो चुका है इसलिए हमें अपना लक्ष्य मनुष्य के निर्माण के लिए निर्धारित करना चाहिए। और दूसरी तरफ विवादमुक्त, दृश्य, प्रकाशित तथा वर्तमान सरकारी प्रक्रिया के अनुसार मानक प्रक्रिया उपलब्ध है। जैसा कि हम सभी जानते हैं कि मानक हमेशा सत्य का सार्वजनिक प्रमाणित विषय होता है न कि विचारों का व्यक्तिगत प्रमाणित विषय। अर्थात् प्रस्तुत मानक विभिन्न विषयों जैसे-आध्यात्म, विज्ञान, तकनीकी, समाजिक, नीतिक, सैद्धान्तिक, राजनीतिक इत्यादि के व्यापक समर्थन के साथ होगा। "उपयोग के लिए तैयार" तथा "प्रक्रिया के लिए तैयार" के आधार पर प्रस्तुत मानव के विश्व स्तरीय निर्माण विधि को प्राप्त करने के लिए मानव निर्माण तकनीकी WCM-TLM-SHYAM.C (World Class Manufactuing–Total Life Maintenance- Satya, Heart, Yoga, Ashram, Meditation.Conceousnesas) प्रणाली आविष्कृत है जिसमें सम्पूर्ण तन्त्र सहभागिता (Total System Involvement-TSI) है और विश्वमानक शून्य: मन की गुणवत्ता का विश्वमानक श्रृंखला (WS-0: World Standard of Mind Series) समाहित है। जो विश्वमानव निर्माण प्रक्रिया की तकनीकी और मानव संसाधन की गुणवत्ता का विश्वमानक है। जैसे-औद्योगिक क्षेत्र में इन्स्टीच्यूट आफ प्लान्ट मेंन्टीनेन्स, जापान द्वारा उत्पादों के विश्वस्तरीय निर्माण विधि को प्राप्त करने के लिए उत्पाद निर्माण तकनीकी डब्ल्यू0 सी0 एम0-टी0 पी0 एम0-5 एस (WCM-TPM-5S (World Class Manufacturing - Total Productive Maintenance -Siri (छँटाई), Seton (सुव्यवस्थित), Sesaso (स्वच्छता), Siketsu (अच्छास्तर), Shituke (अनुशासन) प्रणाली संचालित है। जिसमें सम्पूर्ण कर्मचारी सहभागिता (Total Employees Involvement) है।) का प्रयोग उद्योगों में विश्व स्तरीय निर्माण प्रक्रिया के लिए होता है। और आई.एस.ओ.-9000 (ISO-9000) तथा आई.एस.ओ.-14000 (ISO-14000) है।

युग के अनुसार सत्यीकरण का मार्ग उपलब्ध कराना ईश्वर का कर्तव्य है आश्रितों पर सत्यीकरण का मार्ग प्रभावित करना अभिभावक का कर्तव्य है। और सत्यीकरण के मार्ग के अनुसार जीना आश्रितों का कर्तव्य है जैसा कि हम सभी जानते है कि अभिभावक, आश्रितों के समझने और समर्थन की प्रतिक्षा नहीं करते। अभिभावक यदि किसी विषय को आवश्यक समझते हैं तब केवल शक्ति और शीघ्रता से प्रभावी बनाना अन्तिम मार्ग होता है। विश्व के बच्चों के लिए यह अधिकार है कि पूर्ण ज्ञान के द्वारा पूर्ण मानव अर्थात् विश्वमानव के रुप में बनना। हम सभी विश्व के नागरिक सभी स्तर के अभिभावक जैसे-महासचिव संयुक्त राष्ट्र संघ, राष्ट्रों के राष्ट्रपति-प्रधानमंत्री, धर्म,

समाज, राजनीति, उद्योग, शिक्षा, प्रबन्ध, पत्रकारिता इत्यादि द्वारा अन्य समानान्तर आवश्यक लक्ष्य के साथ इसे जीवन का मुख्य और मूल लक्ष्य निर्धारित कर प्रभावी बनाने की आशा करते हैं। क्योंकि लक्ष्य निर्धारण वक्तव्य का सूर्य नये सहस्त्राब्दि के साथ डूब चुका है। और कार्य योजना का सूर्य उग चुका है। इसलिए धरती को स्वर्ग बनाने का अन्तिम मार्ग सिर्फ कर्तव्य है। और रहने वाले सिर्फ सत्य-सिद्धान्त से युक्त संयुक्तमन आधारित मानव है, न कि संयुक्तमन या व्यक्तिगतमन से युक्तमानव।

आविष्कार विषय "व्यक्तिगत मन और संयुक्तमन का विश्व मानक और पूर्णमानव निर्माण की तकनीकी है जिसे धर्म क्षेत्र से कर्मवेद: प्रथम, अन्तिम तथा पंचमवेदीय श्रृंखला तथा शासन क्षेत्र से WS-0: मन की गुणवत्ता का विश्व मानक श्रृंखला तथा WCM-TLM-SHYAM.C तकनीकी कहते है। सम्पूर्ण आविष्कार सार्वभौम सत्य-सिद्धान्त अर्थात सम्पूर्ण ब्रह्माण्ड में व्याप्त अटलनीय, अपरिवर्तनीय, शाश्वत व सनातन नियम पर आधारित है, न कि मानवीय विचार या मत पर आधारित।" सम्पूर्ण ब्रह्माण्ड में व्याप्त एक ही सत्य-सिद्धान्त द्वारा व्यक्तिगत व संयुक्त मन को एकमुखी कर सर्वोच्च, मूल और अन्तिम स्तर पर स्थापित करने के लिए शून्य पर अन्तिम आविष्कार WS-0 श्रृंखला की निम्नलिखित पाँच शाखाएँ है।

1. डब्ल्यू.एस. (WS)-0:विचार एवम् साहित्य का विश्वमानक
2. डब्ल्यू.एस. (WS)-00: विषय एवम् विशेषज्ञों की परिभाषा का विश्वमानक
3. डब्ल्यू.एस. (WS)-000:ब्रह्माण्ड (सूक्ष्म एवम् स्थूल) के प्रबन्ध और क्रियाकलाप का विश्वमानक
4. डब्ल्यू.एस. (WS)-0000: मानव (सूक्ष्म तथा स्थूल) के प्रबन्ध और क्रियाकलाप का विश्वमानक
5. डब्ल्यू.एस. (WS)-00000:उपासना और उपासना स्थल का विश्वमानक

संयुक्त राष्ट्र संघ सीधे इस मानक श्रृंखला को स्थापना के लिए अपने सदस्य देशों के महासभा के समक्ष प्रस्तुत कर अन्तर्राष्ट्रीय मानकीकरण संगठन व विश्व व्यापार संगठन के माध्यम से सभी देशों में स्थापित करने के लिए उसी प्रकार बाध्य कर सकता है, जिस प्रकार ISO-9000 व ISO-14000 श्रृंखला का विश्वव्यापी स्थापना हो रहा है।

20 वर्षों से जिस समय की प्रतीक्षा मैं लव कुश सिंह "विश्वमानव" कर रहा था वह आ गया है। जो व्यक्ति प्राकृतिक बल को समझ जाते हैं वे उसके अनुसार कार्य योजना तैयार करते है। इस क्रम में व्यक्ति, समाज, देश व विश्व की आवश्यकता को 20 वर्ष पहले ही समझ लिया गया था और उस अनुसार ही लक्ष्य निर्धारित कर उसके प्राप्ति के लिए कार्य योजना तैयार की जा रही थी। सिर्फ लक्ष्य निर्धारण से ही कार्य सम्पन्न नहीं हो जाता बल्कि लक्ष्य की सत्यता की प्रमाणिकता के लिए धर्म शास्त्रों, पुराणों, दार्शनिकों, सामाजिक-राजनीतिक नेतृत्वकर्ताओं, विज्ञान व आध्यात्म इत्यादि के विचारों-सिद्धान्तों के द्वारा उसे पुष्टि प्रदान करने की भी आवश्यकता होती है। फिर उसे उस लक्ष्य तक पहुँचाने के लिए कार्य योजना बनानी पड़ती है।

वर्तमान समय, सम्पूर्ण पुनर्निर्माण और सत्यीकरण का समय है। हमें प्रत्येक विषय को प्रारम्भ से समझना और समझाना पड़ेगा। तभी व्यक्ति, समाज, देश व विश्व को सत्य दिशा प्राप्त हो सकेगी और इस कार्य को करने वाला काशी-सत्यकाशी क्षेत्र इस वर्तमान समय में राष्ट्र गुरू बनेगा जिसका कारण होगा-" राष्ट्र को सत्य मार्गदर्शन देना"। और फिर यही कारण भारत को जगतगुरू के रूप में स्थापित कर देगा।

हम सभी के मोटर वाहनों में, वाहन कितने किलोमीटर चला उसे दिखाने के लिए एक यंत्र होता है। यदि इस यंत्र की अधिकतम 6 अंकों तक किलोमीटर दिखाने की क्षमता हो तब उसमें 6 अंक दिखते है। जो प्रारम्भ में 000000 के रूप में होता है। वाहन के चलते अर्थात विकास करते रहने से 000001 फिर 000002 इस क्रम से बढ़ते हुये पहले इकाई में, फिर दहाई में, फिर सैकड़ा में, फिर हजार में, फिर दस हजार में, फिर लाख में, के क्रम में यह आगे बढ़ते हुये बदलता रहता है। एक समय ऐसा आता है जब सभी अंक 999999 हो जाते हैं फिर क्या होगा? फिर सभी 000000 के अपने प्रारम्भ वाली स्थिति में आ जायेंगे। इन 6 अंक के प्रत्येक अंक के चक्र में 0 से 9 अंक के चक्र होते है। जो वाहन के चलने से बदलकर चले हुये किलोमीटर को दिखाते है। यही स्थिति भी इस सृष्टि के काल चक्र की है। सृष्टि चक्र में पहले काल है जिसके दो रूप अदृश्य और दृश्य हैं। फिर इन दोनों काल में 5 युग

हैं। 4 अदृश्य काल के 1 दृश्य काल के। और इन दोनों काल में 14 मनवन्तर और मनु हैं। 7 अदृश्य काल के 7 दृश्य काल के। फिर इन युगों में युगावतार अवतार होते हैं। फिर व्यास व शास्त्र होते हैं। ये सब वैसे ही है जैसे अंक गणित में इकाई, दहाई, सैकड़ा, हजार, दस हजार, लाख इत्यादि होते हैं। उपर उदाहरण दिये गये यंत्र में जब सभी अंक 999999 हो जाते हैं तब विकास के अगले एक बदलाव से इकाई, दहाई, सैकड़ा, हजार, दस हजार, लाख सभी बदलते हैं। वर्तमान सृष्टि चक्र की स्थिति भी यही हो गयी है कि अब अगले अवतार के मात्र एक विकास के लिए सत्यीकरण से काल, मनवन्तर व मनु, अवतार, व्यास व शास्त्र सभी बदलेंगे। इसलिए देश व विश्व के धर्माचार्यों, विद्वानों, ज्योतिषाचार्यों इत्यादि को अपने-अपने शास्त्रों को देखने व समझने की आवश्यकता आ गयी है क्योंकि कहीं ये कार्य वही तो नहीं है? और यदि नहीं तो वह कौन सा कार्य होगा जो इन सबको बदलने वाली घटना को घटित करेगा?

सामान्यतः मनुष्य का स्वभाव अपने जैसा ही दूसरे को समझना होता है। वह कैसे यह सोच सकता है कि एक व्यक्ति सांसारिक कार्यों से निर्लिप्त रहते हुये 20 वर्षों से ऐसी शोध व योजना पर ध्यान केन्द्रित कर कार्य करने में लगा हुआ है जो भारत को उसके सत्य महानता की ओर ले जाने वाला कार्य है। और ऐसा कार्य भारत सहित विश्व के लिए कितने बड़े समाचार का विषय बनेगा?

"विश्वशास्त्र" में जन्म-जीवन-पुनर्जन्म-अवतार-साकार ईश्वर-निराकार ईश्वर, अदृश्य और दृश्य ईश्वर नाम, मानसिक मृत्यु व जन्म, भूत-वर्तमान-भविष्य, शिक्षा व पूर्ण शिक्षा, संविधान व विश्व संविधान, ग्राम सरकार व विश्व सरकार, विश्व शान्ति व एकता, स्थिरता व व्यापार, विचारधारा व क्रियाकलाप, त्याग और भोग, राधा और धारा, प्रकृति और अहंकार, कर्तव्य और अधिकार, राजनीति व विश्व राजनीति, व्यक्ति और वैश्विक व्यक्ति, ज्ञान व कर्मज्ञान, योग, अदृश्य और दृश्य योग व ध्यान, मानवतावाद व एकात्मकर्मवाद, नायक-शास्त्राकार-आत्मकथा, महाभारत और विश्वभारत, जाति और समाजनीति, मन और मन का विश्वमानक, मानव और पूर्ण मानव एवं पूर्ण मानव निर्माण की तकनीकी, आकड़ा व सूचना और विश्लेषण, शास्त्र और पुराण इत्यादि अनेकों विषय और उनके वर्तमान समय के शासनिक व्यवस्था में स्थापना स्तर तक की विधि को व्यक्त किया गया है। इस एक ही "विश्वशास्त्र" साहित्य के गुणों के आधार पर धर्म क्षेत्र से 90 नाम और धर्मनिरपेक्ष व सर्वधर्मसमभाव क्षेत्र से 141 नाम भी निर्धारित किये गये हैं।

जब दुनिया बीसवीं सदी के समाप्ति के समीप थी तब वर्ष 1995 ई0 में कोपेनहेगन में सामाजिक विकास का विश्व शिखर सम्मेंलन हुआ था। इस शिखर सम्मेंलन में यह माना गया कि-" आर्थिक विकास अपने आप में महत्वपूर्ण विषय नहीं है, उसे समाजिक विकास के हित में काम करना चाहिए। यह कहा गया कि पिछले वर्षों में आर्थिक विकास तो हुआ, पर सभी देश सामाजिक विकास की दृष्टि से पिछड़े ही रहे। जिसमें मुख्यतः तीन बिन्दुओं- बढ़ती बेरोजगारी, भीषण गरीबी और सामाजिक विघटन पर चिन्ता व्यक्त की गई। यह स्वीकार किया गया कि सामाजिक विकास की समस्या सार्वभौमिक है। यह सर्वत्र है, लेकिन इस घोर समस्या का समाधान प्रत्येक संस्कृति के सन्दर्भ में खोजना चाहिए।" इसका सीधा सा अर्थ यह है कि व्यक्ति हो या देश, आर्थिक विकास तभी सफल होगा जब बौद्धिक विकास के साथ मनुष्य के गुणवत्ता में भी विकास हो। इसी सम्मेलन में भारत ने यह घोषणा की कि-" वह अपने सकल घरेलू उत्पाद का 6 प्रतिशत शिक्षा पर व्यय करेगा।" भारत इस पर तब से कितना अमल कर पाया यह तो सबके सामने है। लेकिन बौद्धिक विकास के साथ मनुष्य के गुणवत्ता में भी विकास के लिए भारत सहित विश्व के हजारों विश्वविद्यालय जिस पूर्ण सकारात्मक एवम् एकीकरण के विश्वस्तरीय शोध को न कर पाये, वह पूर्ण किया जा चुका है और उसे पाठ्यक्रम का रूप देकर पुनर्निर्माण के माध्यम से आपके सामने है। परिणामस्वरूप एकल सार्वभौमिक रचनात्मक बुद्धि बनाम विश्व बुद्धि का रूप आपके सामने है।

शास्त्रों व अनेक भविष्यवक्ताओं के भविष्यवाणीयों को पूर्णतया सिद्ध करते हुये यह कार्य उसी समय अवधि में सम्पन्न हुआ है। भविष्यवाणीयों के अनुसार ही जन्म, कार्य प्रारम्भ और पूर्ण करने का समय और जीवन है। अधिक जानने के लिए इन्टरनेट पर गूगल व फेसबुक में नियामतपुर कलाँ, लव कुश सिंह "विश्वमानव" , सत्यकाशी,

विश्वशास्त्र, विश्वमानव (NIYAMATPUR KALAN, LAVA KUSH SINGH "VISHWMANAV" , SATYAKASHI, VISHWSHASTRA, VISHWMANAV) इत्यादि से सर्च कर जानकारी पायी जा सकती है।

सामाजिक-आर्थिक प्रणाली और शिक्षा के दायित्व पर आधारित सम्पूर्ण कार्य योजना को राष्ट्र को समर्पित करते हुये और प्रकृति से लिए गये हवा, पानी, धूप इत्यादि का कर्ज उतारते हुये, इस व्यापार पर स्वयं का एकाधिकार न रहे इसलिए इसे, पूरी रूचि से संचालित करने वालों के हाथों में ही सौंपने की भी योजना है जिससे ज्ञान का व्यापार भी हो जायेगा और राष्ट्र सेवा भी हो जायेगी।

जय भारत देश, जय विश्व राष्ट्र

सत्य, आधुनिक अथवा प्राचीन किसी समाज का सम्मान नहीं करता। समाज को ही सत्य का सम्मान करना पड़ेगा। अन्यथा समाज ध्वंस हो जाये कोई हानि नहीं। किसी प्रकार की राजनीति में मुझे विश्वास नहीं है। ईश्वर तथा सत्य ही एक मात्र राजनीति है बाकि सब कूड़ा-करकट है।

-स्वामी विवेकानन्द

Think Globally - Act Locally
वैश्विक सोच - स्थानीय कार्यवाही

जिस प्रकार शरीर स्थित मन का स्तर व्यक्ति को इस संसार में अभिनय करवाता है, उसी प्रकार एक लेखक ही पर्दे पर या जीवन में अभिनय करवाता है।
वाल्मिकि और तुलसी के लिखने से श्रीराम का अभिनय,
और व्यास के लिखने से श्रीकृष्ण का अभिनय अभी भी चल रहा है।
व्यापक सोचें, व्यापक लिखे। पढ़े- "विश्वशास्त्र"

आत्मा पर कौन विश्वास करता है, सभी शरीर पर विश्वास करते हैं

WRITER IS ACTOR

भाग-5
परिवर्तन

सीधी समझ

नये भारत में, नये मनुष्य के उदय के लिए

व्यवस्था के परिवर्तन या सत्यीकरण का पहला प्रारूप और उसकी कार्य विधि

वे शब्द जिसके बिना युग परिवर्तन सम्भव नहीं

उपाधियाँ मिलती है- पीएच0 डी0, डी0 लिट0 और डी0 फिल0 और उनका बड़ा सम्मान होता है। उनका काम क्या है? उनका काम यह है कि वे तय करते हैं कि गोरखनाथ कब पैदा हुए थे। कोई कहता है दसवीं सदी के अंत में, कोई कहता है ग्यारहवीं सदी के प्रारम्भ में। इस पर बड़ा विवाद चलता है। बड़े-बड़े विश्वविद्यालयों के ज्ञानी सिर खपा कर खोज में लगे रहते हैं। शास्त्रों की, प्रमाणों की, इसकी, उसकी। उनकी पूरी जिन्दगी इसी में जाती है। इससे बड़ा अज्ञान और क्या होगा? गोरख कब पैदा हुए, इसे जानकर करोगे क्या? इसे जान भी लिया तो पाओगे क्या? गोरख न भी पैदा हुए, यह भी सिद्ध हो जाये, तो भी क्या फायदा? हुए हों या न हुए हों, अर्थहीन है। गोरख ने क्या जिया उसका स्वाद लो। इसलिए तुम्हारे विश्वविद्यालय ऐसी व्यर्थता के कामों में संलग्न हैं कि बड़ा आश्चर्य होता है कि इन्हें विश्वविद्यालय कहो या न कहो। इनका काम ही........तुम्हारे विश्वविद्यालय में चलने वाली जितनी शोध है, सब कूड़ा-करकट है।

-आचार्य रजनीश "ओशो"

(अक्टुबर व नवम्बर 1978 में दिये गये प्रवचन का अंश)

FINAL KNOWLEDGE BOMB BLAST

AFTER FIRST NOBEL DISCOVERY OF ZERO BY INDIA AGAIN ZERO BASED FINAL DISCOVERY

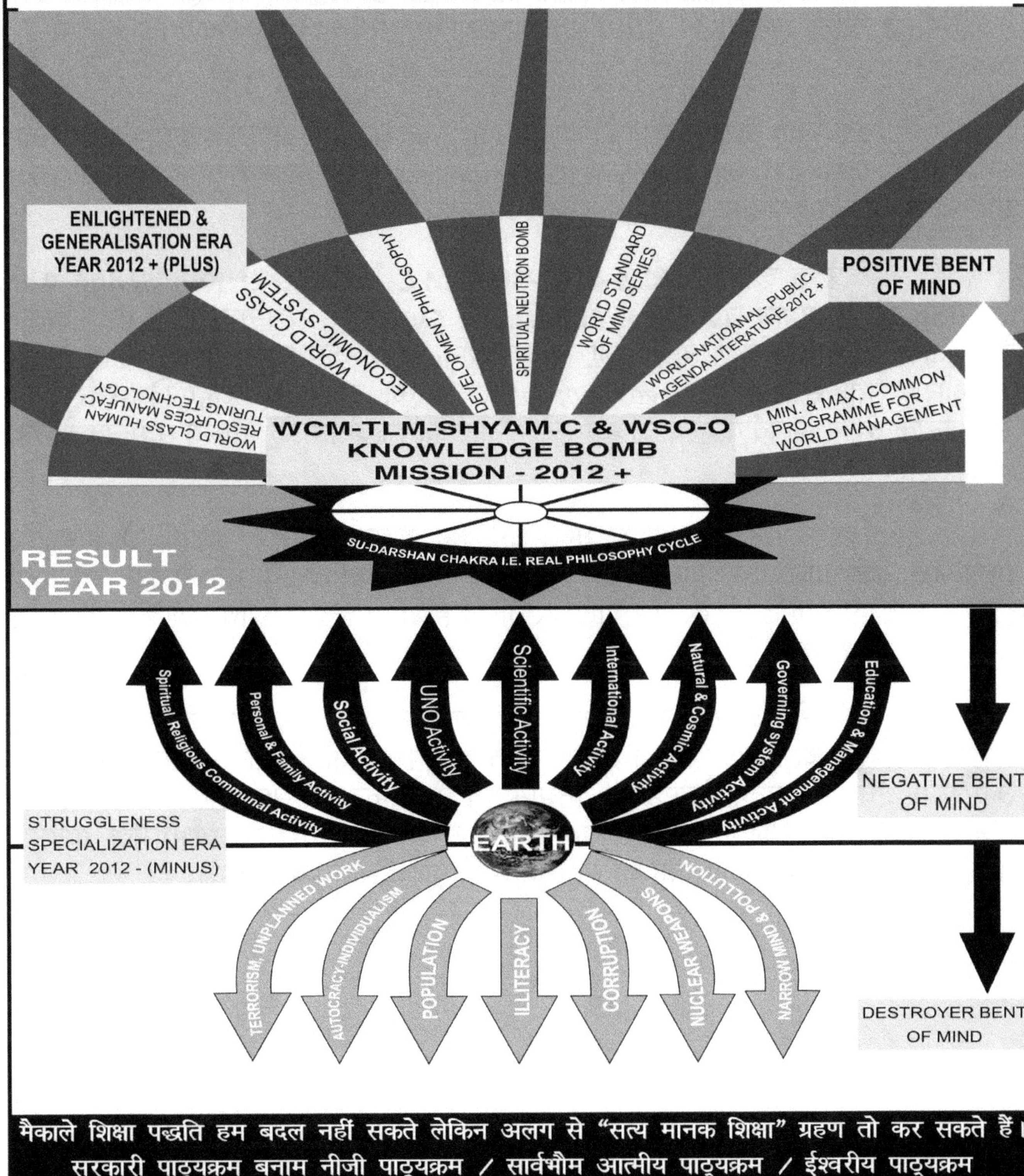

मैकाले शिक्षा पद्धति हम बदल नहीं सकते लेकिन अलग से "सत्य मानक शिक्षा" ग्रहण तो कर सकते हैं।

सरकारी पाठ्यक्रम बनाम नीजी पाठ्यक्रम / सार्वभौम आत्मीय पाठ्यक्रम / ईश्वरीय पाठ्यक्रम

ज्ञान के इस युग में ज्ञान की ओर चलें

FINAL KNOWLEDGE BOMB BLAST

यह चित्र **"FINAL KNOWLEDGE BOMB BLAST"** एक गहन वैचारिक मानचित्र है, जो मानव चेतना, ज्ञान, दर्शन और वैश्विक व्यवस्था के परिवर्तन को प्रतीकात्मक रूप में प्रस्तुत करता है।

इसमें यह दिखाया गया है कि वर्ष 2012 को एक *युग-संधि* के रूप में देखा गया है- जहाँ संघर्ष, विशेषज्ञता और विखंडन (2012–minus) से निकलकर मानवता को प्रबोधन, सामान्यीकरण और समन्वय (2012–plus) की ओर बढ़ना है।

चित्र के केंद्र में **WCM–TLM–SHYAM.C & WSO-O Knowledge Bomb Mission** और **सु-दर्शन चक्र (Real Philosophy Cycle)** को रखा गया है, जो यह संकेत देता है कि वास्तविक परिवर्तन शस्त्रों से नहीं, बल्कि दर्शन, विवेक और समग्र ज्ञान से आता है। ऊपर की ओर उठती संरचना *Positive Bent of Mind* को दर्शाती है, जहाँ विश्व-स्तरीय सोच, आध्यात्मिक दर्शन, मानवीय मूल्य, वैश्विक एजेंडा और कॉमन प्रोग्राम के माध्यम से मानव चेतना का विस्तार होता है।

चित्र के निचले भाग में पृथ्वी को केंद्र बनाकर मानव गतिविधियों-आध्यात्मिक, सामाजिक, वैज्ञानिक, अंतरराष्ट्रीय, शैक्षिक और प्रशासनिक-को दर्शाया गया है, जो यदि संतुलित हों तो उन्नति का मार्ग बनती हैं, और यदि असंतुलित हों तो *Negative* तथा *Destroyer Bent of Mind* की ओर ले जाती हैं।

वहीं नीचे की ओर गिरते तीर आतंकवाद, तानाशाही, जनसंख्या विस्फोट, अशिक्षा, भ्रष्टाचार, परमाणु खतरे और संकीर्ण सोच जैसे विनाशकारी तत्वों का प्रतिनिधित्व करते हैं। समग्र रूप से यह चित्र यह संदेश देता है कि वर्तमान युग में मानवता के सामने विकल्प स्पष्ट है-या तो संकीर्ण, नकारात्मक और विनाशकारी सोच, या फिर **"ज्ञान आधारित सार्वभौमिक दर्शन"** के माध्यम से पृथ्वी और मानव सभ्यता का संतुलित, शांतिपूर्ण और प्रबुद्ध भविष्य।

सीधी समझ

बड़ा वट वृक्ष (Big Banyan Tree), सैकड़ों वर्ष पुराना एक विशाल क्षेत्र में फैला वट वृक्ष है। जिसका मूल वृक्ष अब अस्तित्व में नहीं है उसके तनों से निकले सैंकड़ों जड़ वर्तमान में स्वयं एक वृक्ष, फिर उनके तनों से निकले सैंकड़ों जड़ भी वर्तमान में एक-एक वृक्ष के रूप में स्थापित हैं और सभी एक-दूसरे से जुड़े हुये हैं, बस जो नहीं है, वह है मूल वृक्ष। इस प्रकार सम्पूर्ण वृक्ष परिवार एक बड़े क्षेत्र में फैल चुका है और निरन्तर जारी भी है। प्रत्येक स्वयं स्वतन्त्र वृक्ष के रूप में स्थापित वृक्ष का अपने परिवार के रूप में तना, पत्ता, फूल और फल सब निकलते रहते हैं और जिसे जहाँ अर्थात् नजदीकी स्रोत से सुविधा अर्थात् खुराक मिल सकता हैं वहाँ से प्राप्त करते हुये विकास कर रहे हैं। इस कार्य में आपस में कोई विवाद नहीं है। कोई किसी पर अधिपत्य जमाना नहीं चाहता, ना ही अन्य के विकास में कोई बाधा पहुँचाता है। जिसको जिस ओर उचित वातावरण मिलता जाता है, उस ओर वह विकास कर रहा है। कुल मिलाकर स्व प्रेरित सुशासन की भाँति संचालित है। इस वट वृक्ष के सबसे बाद अर्थात् वर्तमान के तनों-पत्तों के लिए उसका जन्मदाता व पालनकर्ता के रूप में उसका नजदीकी जड़ ही है इसलिए उसकी कथा-कहानी वहीं से शुरू होती है और वहीं तक उसका ज्ञान है जो एक संकुचित और सीमित ज्ञान है। वह पूर्ण को नहीं जान रहा, उसका पूर्णत्व, सार्वभौम पूर्णत्व नहीं बल्कि सीमित पूर्णत्व है। सीमित पूर्णत्व में भी वह आनन्द में हैं और विकासशील है। उसका विकास होना सार्वभौम का ही विकास होना है परन्तु उसे उसका ज्ञान नहीं है और वह उस सार्वभौम के विकास में अपने योगदान को करते हुये भी स्वयं को गौरवान्वित नहीं अनुभव कर रहा है। सार्वभौम से युक्त होने के बाद भी उसे अपने परिवार से ही जुड़ा रहना उसकी विवशता भी है और इसके अलावा कोई अन्य मार्ग भी नहीं हैं। उसके सार्वभौम का मार्ग भी उसके अपने परिवार के ही मार्ग से होकर जाता है। वृक्ष के साथ यह मजबूरी भी है कि क्योंकि वह स्थिर है इसलिए उसका छोटा परिवार केवल पड़ोस तक के ही दायरे के सम्पर्क में है। दूसरे छोर के परिवार का क्या हाल है उसे कुछ नहीं पता।

हे मानवों, ये संसार भी उपरोक्त वट वृक्ष के सामन ही फैला हुआ है। परन्तु उस भाँति विकास नहीं कर रहा है। मनुष्य के अन्दर बीमारी की भाँति अधिकतम "शक्ति और लाभ (पावर और प्राफिट)" की दौड़ ने उसे अधिपत्य, अत्याचार, दूसरे को दबाना इत्यादि से युक्त कर दिया है। और जो इस दौड़ में नहीं हैं वे सीमित पूर्णत्व में आनन्द के साथ विकासशील हैं। उन्हें और भी तेज विकास की इच्छा है परन्तु उनके बुद्धि का दायरा ही सीमित है इसलिए उन्हें मार्ग नहीं मिल रहा है। यदि उनको मार्ग भी मिल रहा हो तो वट वृक्ष की भाँति उसके नजदीकी जन्मदाता ने उसे यह बता रखा है कि जब उस सार्वभौम का मार्ग मेरे ही रास्ते से जाता है तो जो मैं कह रहा हूँ उसे करो। और इसके लिए वे अपने परिवार के लिए अनेक प्रकार की प्रणाली दे रखे हैं। जबकि ये प्रणाली देने वाले उनके नजदीकी जन्मदाता स्वयं कहाँ से आये हैं स्वयं उन्हे भी नहीं पता। क्योंकि वे स्वयं भी उस वट वृक्ष के खो गये मूल जड़ की तरह अपने मूल जड़ को नहीं जानते। वे भी अपने नजदीकी जन्मदाता का ही अनुसरण कर रहे होते हैं। ये प्रणालीयाँ अनेक प्रकार की हैं उदाहरणस्वरूप कुछ मुख्य निम्नवत् हैं-

1 उनके द्वारा प्रस्तुत कुछ पुस्तकें होती हैं जिन्हें नियमानुसार प्रतिदिन पढ़ना होता है। पढ़ने के पूर्व शुद्धता की भी प्रक्रिया अनिवार्य होती है अन्यथा पुस्तकें परिणाम नहीं दे पायेंगी, ये भी शर्त होती हैं।
2 उनके द्वारा भोजन से सम्बन्धित कुछ नियम बना दिये जाते हैं कि क्या खाना है और क्या नहीं खाना है।
3 उनके द्वारा कोई मन्त्र दे कर उसे नियमानुसार जपने के लिए दे दिया जाता है।
4 उनके द्वारा किसी यन्त्र-तन्त्र द्वारा समस्या मुक्ति का उपाय बता दिया जाता है।
5 उनके द्वारा किसी विशेष प्रकार के रंग और ढ़ग के वस्त्र निर्धारित कर दी जाती है जिससे उनकी पहचान एक अलग रूप में हो। अर्थात् समाज का एक और विभाजन कर उसे प्रस्तुत कर देते हैं।

सामान्य रूप से सभी द्वारा अनिवार्य रूप से ये भी निर्धारित कर दी जाती है कि किसी दूसरे के नियमों को न तो जानना है, न सुनना है, न पढ़ना है और न ही उसमें शामिल होना है। अर्थात् एक गतिशील प्राणी मनुष्य को जिसे सदैव श्रेष्ठ से, श्रेष्ठतम और सर्वोच्च तक उठने-विकास करने के लिए निर्मित किया गया था, उसे एक सीमित

दायरे में बुद्धिबद्ध कर दिया गया। मनुष्य जिसका निर्माण अपनी मस्तिष्क को असीम क्षमता को विकसित कर ईश्वर रूप में व्यक्त होना था, उसे जड़ (स्थिर) बना दिया गया।

हे मानवों, मनुष्यों की सबसे बड़ी कमजोरी "स्वयं में गुणों का विकास कर स्वयं बन जाने या हो जाने" में नहीं बल्कि "पाने" की इच्छा है। इस पाने की इच्छा की कमजोरी का परिणाम ही है उपरोक्त अनेक प्रकार के बुद्धिबद्ध करने की विधियाँ।

हे मानवों, उपरोक्त के पृष्ठभूमि में उनका उद्देश्य केवल अपने स्वार्थ की पूर्ति के सिवाय कुछ नहीं होता। क्योंकि मार्गदर्शक या प्रेरक या शिक्षक का उद्देश्य स्वयं से श्रेष्ठ मानव का निर्माण होता है न कि सदैव जीवन भर एक ही प्रणाली या प्रक्रिया या कक्षा में पढ़ते-दुहराते रहने के लिए विवश करना। उपरोक्त के पृष्ठभूमि में शारीरिक-आर्थिक-मानसिक शोषण का ही कार्य विभिन्न प्रकार से चल रहा है। कोई अपने कृषि कार्य को मुफ्त में हल करवा रहा है, तो कोई अपने नाम के उत्पादों को सिर्फ उन्हें ही खरीदने के लिए बुद्धिबद्ध कर दिया है।

हे मानवों, इन सबको आस्था का व्यापार कहते हैं। जबकि मैं देख रहा हूँ कि प्रत्येक संस्कारित करने की क्रिया जो उस काल के लिए आस्था का विषय था। उसके अगले काल के लिए संस्कारित करने की नयी क्रिया उपलब्ध हो जाने के बावजूद, मानव शरीर पिछले काल के संस्कारित करने वाली क्रिया के प्रति आस्था रखते हुये मूर्खता का स्पष्ट प्रदर्शन कर रहा है। सभी कालों में, सभी संस्कारित करने की क्रियाओं में मैं (सार्वभौम आत्मा) ही आस्था का विषय था परन्तु क्रिया के प्रति आस्था रखना मूर्खता का स्पष्ट प्रमाण ही तो है। चाहे वह व्यक्तिगत इच्छा से हो या सामाजिक प्रदर्शन की इच्छा से। इन समस्त संस्कारित करने के क्रिया के पीछे जो रहस्य आज तक गोपनीय था उसे मैंने तुम्हारें समक्ष सार्वजनिक प्रकाशित कर दिया है। अब कुछ भी गोपनीय नहीं। बावजूद इसके प्रत्येक मनुष्य अपनी मूर्खता रूपी आस्था को प्रदर्शित करने के लिए स्वतन्त्र है। परन्तु वह मुझ (सार्वभौम आत्मा) को प्राप्त नहीं कर सकता। हे मानवों, ईश्वर बहुमत से नहीं निर्धारित किया जाता इसलिए ही उसे अनिवर्चनीय कहा गया है। किसी भी वस्तु के प्रति आस्था के विकास से और समस्त मानवों को उसके प्रति आस्थावान् बना देने से वह वस्तु गुण प्रकट कर वैसा नहीं बन सकती जैसा आप उम्मीद करते हो।

हे मानवों, एक तरह से देखा जाये तो उपरोक्त व्यवस्था से कोई समस्या है ही नहीं क्योंकि जिसकी इच्छा जहाँ से पूर्ति हो रही है और विकास का मार्ग मिल रहा है, वह वहाँ से जुडा हुआ है। इसलिए मानव सभ्यता पर आया यह दसवाँ और अन्तिम संकट, संकट होते हुये भी संकट जैसा नहीं दिखता। इस व्यवस्था से हमें कोई समस्या भी नहीं है। समस्या ये है कि धर्म को जिस उद्देश्य के लिए निर्मित किया गया था वही धर्म, संकट में है। यह धर्म ही उस वट वृक्ष का मूल है, सार्वभौम है, समष्टि है। इसके ज्ञान से युक्त दोनों को अर्थात् विशाल संसार रूपी वट वृक्ष के छोटे-छोटे परिवार के नेतृत्वकर्ता मुखिया सहित उसके सदस्यों को होना आवश्यक है। तभी परिवार के नेतृत्वकर्ता मुखिया द्वारा बनाये गये उपरोक्त प्रणाली-नियम परिणाम-फल दे पायेंगे जिसकी इच्छा परिवार के सदस्य करते हैं।

हमारी उत्पत्ति ज्ञान से हुई है। जिन्हें ज्ञान है वही अपने आप को संघर्ष में पाते हैं और सर्वश्रेष्ठता के लिए कर्मशील हैं। शेष सभी तो प्रकृति के अनुसार आते-जाते रहते हैं। इस ज्ञान को ही ब्रह्म (सार्वभौम एकात्म ज्ञान) कहते हैं। देवता रूप में इस ज्ञान को ब्रह्मा के रूप में प्रक्षेपित किया गया है। यह ज्ञान जिस-जिस अंगो द्वारा प्राथमिकता से अनुभव में आता है उतने प्रकार के मानव अपने-आप को उत्पन्न समझते हैं।

पुराण रचनाकार महर्षि व्यास ने ब्रह्मा अर्थात ज्ञान के पुत्रों का प्रक्षेपण किये हैं। ब्रह्मा के 10 मानस पुत्रों

01.मन (विचार) से ज्ञान प्राप्त करने वाले मरीचि

02.नेत्रों (देखकर) ज्ञान प्राप्त करने वाले अत्रि

03.मुख (वाणी) से ज्ञान प्राप्त करने वाले अंगिरा

04.कान (सुन) कर ज्ञान प्राप्त करने वाले पुलस्त्य

05.नाभि (केन्द्र) से ज्ञान प्राप्त करने वाले पुलह

06.हाथ (कर्म) से ज्ञान प्राप्त करने वाले कृतु

07.त्वचा (स्पर्श) से ज्ञान प्राप्त करने वाले भृगु

08.प्राण (श्वास) से ज्ञान प्राप्त करने वाले वशिष्ठ

09.अँगूठे (आत्मा) से ज्ञान प्राप्त करने वाले दक्ष

10.गोद (प्रेम) से ज्ञान प्राप्त करने वाले नारद

ये दस प्रकार ज्ञान से उत्पन्न है और इतने प्रकार के मानव निर्मित होकर संसार में विचरण कर रहे हैं। इसे ये न समझना चाहिए कि मन या नेत्र इत्यादि से कैसे ब्रह्मा ने अपने पुत्रों को उत्पन्न किया? चूंकि शरीर का अस्तित्व अस्थायी है इसलिए विचार के आधार पर ये मनुष्य के वर्ग या श्रेणी का निर्धारण है। इसे मानकीकरण (Standardization) या वर्गीकरण (Classification) भी कहा जा सकता है। जिस प्रकार आजकल मानकीकरण के शब्द ISOऔर ISI मार्का दिये जाते हैं।

नये भारत में, नये मनुष्य के उदय के लिए

आप लंगोट से जौकी पर आ गये...पायजामे से पतलून पर आ गये...नाड़े से बेल्ट पर आ गये...खड़ाऊँ से बूट पर आ गये...कलम से कीबोर्ड पर आ गये। पगडंडियों से एक्सप्रेस वे पर आ गये...चूल्हे से इंडक्शन कुकर पर आ गये...जंगलो से अपार्टमेंट तक आ गये। हल से ट्रैक्टर पर आ गये...पैदल से लक्ज़री जहाज़ों पर आ गये...दीये-मशाल से एलईडी पर आ गये...आप लैंडलाइन से ओरियो एंड्रॉयड तक आ गये...तीर-कमान और गदा से ऑटोमैटिक बंदूकों और मिसाइलों पर आ गये। दुनियां चाँद पे चली गई...मंगल की छाती पर नासा ने रोबोट उतार दिया....शनि मंगल सूर्यग्रहण-चन्द्रग्रहण के हर रहस्य से पर्दा उठ गया!

आप पाँच हज़ार ईसापूर्व और पाँचवी-छठवीं शताब्दी से इक्कीसवी शताब्दी में आ गये...आप लगातार अपडेट होते रहे हैं!!! मगर फिर भी तुम ग्रह-नक्षत्रों को...शनि-मंगल को जन्मकुंडली में देख-देख कर काँप रहे हो। अपना भविष्य सुधारने के लिए बाबा-बाबियों का रास्ता नाप रहे हो। क्या इसी दिन के लिए तुमने बी.एससी, एम.एससी पीएच.डी की थी?? कि तुम पढ़े-लिखे जाहिलों की फौज में शामिल हो जाना! क्या इसी दिन के लिए तुम डॉक्टर, इंजीनियर, वकील, मजिस्ट्रेट या प्रोफेसर बने थे? कि बंगले पर काली हांडी टांगना! निम्बू मिर्ची टांगना! नजर न लगने से एक पैर में काला धागा बांधना?? और अपने उज्ज्वल भविष्य की भीख किसी बाबा-बाबी के दर पर नाक रगड़ के मांगना?

देश आजाद हो गया! दुनिया आजाद हो गई! आखिर कब मिलेगी तुम्हें आजादी?? इस अंधी मानसिक गुलामी से? दुनिया रोज नए-नए आविष्कार कर रही है! तुम हजारों साल पुरानी भाषा, संस्कृति, रीति, रिवाजो की वैज्ञानिक व्याख्या करने में लगे हो! क्या भारत पुनः विश्वगुरु तुम्हारे जैसे मनोरोगियों की वजह से कभी बन पाएगा? बंद कमरे में तुम्हारी चोटी कट जाती! अँधेरे में अकेले में तुम्हें भूत-पलीत सताते हैं! तुम्हें ही सारी दुनिया की नजर लगती है! डायन तो तुम्हारे हर घर में मौजूद है!! तुम्हारे तंत्र-मंत्र-यंत्र काम क्यों नहीं करते हैं? एक पैर में काले धागे वाला रक्षा सूत्र तुम्हारी चोंटी क्यों नहीं बचाता है? आखिर कब तक तुम मानसिक गुलाम रहोगे?

तुम्हारी समस्याएं लौकिक है। मगर तुम्हें हर समस्या का हल परलोक में नजर आता है! संसार तुम्हारे लिए स्वप्नवत् है माया है! भगवान की लीला है! नाटक है! भ्रम है! आखिर तुम्हें इस सपने से कौन जगाए? कब तक शब्दों के साथ बलात्कार करोगे? कब तक धोखे में रहोगे? कब तक हर सिद्धान्त हर आविष्कार को शास्त्रों ऋषि-मुनियों के माथे मड़ोगे??

तुम लोग को जो जगाए वही धर्मद्रोही, देशद्रोही, जातिवादी या नास्तिक है? चारुवाक, बुद्ध, महावीर, कपिल, कणाद गौतम, नागसेन, अश्वघोष, कबीर, नानक, रविदास, ओशो, फुले, शाहू, पेरियार, भीम, भगतसिंह, कोवूर, राहुल संस्कृत्यायन, दयानन्द, विवेकानंद, सबने विवेक लगाया! मगर फिर भी तुम्हारा विवेक नहीं जागा!

तुम्हारा धर्म कब अपडेट (Update) होगा?
तुम्हारी आस्था कब अपडेट (Update) होगी?
तुम्हारा ईश्वर कब अपडेट (Update) होगा?
तुम्हारी सोच कब अपडेट (Update) होगी?
तुम्हारे धर्म की किताबें कब अपडेट (Update) होंगी?

कम्प्यूटर और मोबाइल का साफ्टवेयर तो तुरन्त करते हो, तुम्हारे मस्तिष्क का साफ्टवेयर कब अपडेट (Update) होगा?

क्योंकि तुम विश्वगुरु के अहंकार की दारू पीकर गरीबी, अनपढ़ता, लिंगभेद, जातिभेद, भाषाभेद, क्षेत्रभेद, साम्प्रदायिकता की नाली में पड़े हो! आखिर तुम्हें कब मिलेगी आजादी? इस उम्दा मानसिक गुलामी से?

सोच के बता देना!!
आओ एक कदम शब्दों के उँचाइयों की ओर..........

IDEAS + ACTION = CHANGE

व्यवस्था के परिवर्तन या सत्यीकरण का पहला प्रारूप और उसकी कार्य विधि

उदाहरण के रूप में, यदि किसी शिक्षित व्यक्ति जिसे अंकगणित का ज्ञान हो, उसके समक्ष संख्या 5 लिख दिया जाये और उससे कहा जाये कि इस संख्या के आगे और पीछे की संख्या लिखें तो वह आसानी से उसे लिख देगा परन्तु अंकगणित का अज्ञानी ऐसा नहीं कर पायेगा। उसका सारा ध्यान केवल संख्या 5 पर ही टिका रह जायेगा क्योंकि वह संख्या पद्धति से अपरिचित है। अगर वह कुछ लिख भी देगा तो वह आवश्यक नहीं कि सत्य हो और उसमें सुधार की पूरी सम्भावना बनी रहेगी। समाज सुधार के क्षेत्र में भी यही बात है। हम एक समस्या देखते हैं फिर उसमें कुछ सुधार कर देते हैं। फल यह होता है कि कुछ समय बाद पुनः उसमें सुधार की आवश्यकता आ जाती है।

जितने अधिक आकड़ों को विश्लेषित कर हम परिणाम को खोजेंगे उतने ही सत्य परिणाम हमारे सामने आयेंगे। प्रस्तुत शास्त्र व्यक्त अधिकतम आकड़ों के व्यवस्थित प्रस्तुतीकरण का शास्त्र है। दूसरे रूप में इसे धर्म ज्ञान का बैलेन्ससीट भी कह सकते है। इन सम्पूर्ण आकड़ों पर आधारित होकर व्यक्ति, समाज और विश्व राष्ट्र के लिए लिया गया निर्णय ही एक सत्य निर्णय हो सकता है। समाज सुधार के सम्बन्ध में स्वामी विवेकानन्द का कहना है कि-"तथाकथित समाज-सुधार के विषय में हस्तक्षेप न करना क्योंकि पहले आध्यात्मिक सुधार हुये बिना अन्य किसी भी प्रकार का सुधार हो नहीं सकता (राम पृष्ठ मिशन, पत्रावली भाग-1, पृष्ठ-29), भारत के शिक्षित समाज से मैं इस बात पर सहमत हूँ कि समाज का आमूल परिवर्तन करना आवश्यक है। पर यह किया किस तरह जाये? सुधारकों की सब कुछ नष्ट कर डालने की रीति व्यर्थ सिद्ध हो चुकी है। मेरी योजना यह है, हमने अतीत में कुछ बुरा नहीं किया। निश्चय ही नहीं किया। हमारा समाज खराब नहीं, बल्कि अच्छा है। मैं केवल चाहता हूँ कि वह और भी अच्छा हो। हमें असत्य से सत्य तक अथवा बुरे से अच्छे तक पहुँचना नहीं है। वरन् सत्य से उच्चतर सत्य तक, श्रेष्ठ से श्रेष्ठतर और श्रेष्ठतम तक पहुँचना है। मैं अपने देशवासियों से कहता हूँ कि अब तक जो तुमने किया, सो अच्छा ही किया है, अब इस समय और भी अच्छा करने का मौका आ गया है।"-(राम पृष्ठ मिशन, जितने मत उतने पथ, पृष्ठ-46)

व्यक्ति हो या ज्ञानी, समाज हो या राज्य, देश हो या विश्व, समाज नेता हों या राजनेता सभी को अब यह जान लेना चाहिए कि विश्व एक परिवार है और उस परिवार का शास्त्र-"विश्वशास्त्र" है। जब तक यह शास्त्र उपलब्ध नहीं था तब तक इस विश्व परिवार के एकीकरण का मार्ग नहीं खुला था, अब वह मार्ग मिल चुका है। कोई भी समाज निर्माण या युग परिवर्तन का कार्य एक क्षण का कार्य नहीं है। यह एक लम्बी अवधि की प्रक्रिया का कार्य है। इसे हम उन समाज सुधारकों के संस्थाओं के कार्य को देख कर अनुभव कर सकते हैं।

व्यवस्था परिवर्तन, एक राजनीतिक लुभावना वाला शब्द है। वह कैसे होगा, इसके लिए एक प्रारूप की आवश्यकता होती है अगर वह नहीं है तो व्यवस्था परिवर्तन चिल्लाने से नहीं होता। फिर व्यवस्था परिवर्तन किस बात का? मानव समाज को संचालित करने के लिए तो सिर्फ दो ही मूल व्यवस्था है-एक राजतन्त्र, जिसका युग जा चुका है। दूसरा-लोकतन्त्र, जिसका युग चल रहा है और यही अन्तिम व्यवस्था भी बनी रहेगी क्योंकि ब्रह्माण्डीय व्यवस्था भी लोकतन्त्र से ही चल रहा है और मनुष्य के मस्तिष्क से अन्ततः वही व्यक्त हो रहा है। लोकतन्त्र से हम राजतन्त्र में नहीं जा सकते इसलिए व्यवस्था परिवर्तन का अर्थ ही निरर्थक है।

आवश्यकता है वर्तमान लोकतन्त्र व्यवस्था को ही सत्य आधारित करने की जिसे व्यवस्था सत्यीकरण कहा जा सकता है। इस कार्य में हमें मानकशास्त्र की आवश्यकता है जिससे तोल कर यह देख सके कि इस लोकतन्त्र व्यवस्था में कहाँ सुधार करने से सत्यीकरण हो जायेगा। यह मानकशास्त्र ही "विश्वशास्त्र" है। सिर्फ मतदाता बनने व वोट डालने से ही लोकतन्त्र स्वस्थ नहीं हो सकता। उसके लिए देश व विश्व के पूर्ण ज्ञान की आवश्यकता होगी। इसलिए आवश्यक है कि प्रत्येक मतदाता "विश्वशास्त्र" के ज्ञान से युक्त हो।

अच्छा होता कि हमारे राजनेतागण कुछ दिनों के लिए सन्यास लेकर थोड़ा कुछ अध्ययन-चिंतन करते रहते ताकि उन्हें बार-बार लक्ष्य के लिए शब्दों का परिवर्तन न करना पड़ता। एक ही स्थिति में बहुत समय तक रहने पर बुद्धि, बद्ध हो जाती है। एक-एक सीढ़ी चढ़कर, पहुँच गये-पहुँच गये चिल्लाने से अच्छा है कि अन्तिम सीढ़ी पर पर बैठकर चिल्लाना कि पहुँच गये।

चाहे कुछ हो यदि प्रारूप नहीं, तो न तो व्यवस्था परिवर्तन हो सकता है, न ही व्यवस्था सत्यीकरण हो सकता है, न ही सम्पूर्ण क्रान्ति। भीड़ से क्रान्ति नहीं सिर्फ हंगामा होता है। भीड़ में जोश होता है, होश नहीं।

इस मानक शास्त्र के प्रस्तुत हो जाने से व्यवस्था परिवर्तन की नहीं बल्कि व्यवस्था के सत्यीकरण का मार्ग खुल चुका है। जिसका व्यक्ति, समाज और विश्व राष्ट्र को आवश्यकता भी है। किसी एक विषय पर बहुत अधिक पुस्तक मस्तिष्क को भ्रमित ही करती है। यह शास्त्र प्रारम्भ से अन्त तक के विकास को क्रमबद्ध प्रस्तुत करता है जिससे हम सभी एक सत्य निर्णय करने में सक्षम हों और पूर्ण ज्ञान से युक्त हो जायें और हमारा कोई भी सुधार एक स्थायी, अच्छा और दूरगामी परिणाम देने वाला हो।

प्रश्न यह भी उठता है कि परिवार का मुखिया जिसके द्वारा परिवार का संचालन होता है, यदि वह परिवार के हित व विकास के विषय में कर्म न करता हो तो क्या परिवार का सदस्य उसमें हस्तक्षेप करने का अधिकारी है या नहीं? यही बात देश को चलाने वाले संसद के विषय में भी है। यदि संसद स्वयं देशहित व जनहित के प्रति उदासीन हो जाये तो क्या जनता संसद को मार्गदर्शन देने का अधिकार नहीं रखती? यदि नहीं तो संविधान की धारा-51(ए) के अन्तर्गत नागरिक का मौलिक कर्तव्य की उपयोगिता क्या है? ध्यान रखने योग्य विषय यह है कि कोई भी चुना हुआ प्रतिनिधि सिर्फ उतने ही बड़े क्षेत्र का प्रतिनिधि होता है जिस क्षेत्र से वह चुना जाता है। भारत में ऐसा कोई प्रतिनिधि जनता से नहीं चुना जाता जो भारत का प्रतिनिधित्व करता हो और जब तक भारत का प्रतिनिधित्व करने वाला चुनाव नहीं होता या भारत की जनता का राष्ट्रीय मुद्दों पर विचार कर संसद के कर्तव्य का बोध कराने वाली स्वतन्त्र संस्था नहीं बन जाती, तब तक जनता को संसद को संविधान की धारा-51(ए) के अन्तर्गत नागरिक का मौलिक कर्तव्य के अनुसार न्यायालय व संसद के माध्यम से सरकार को मार्गदर्शन देने का कर्तव्य करना चाहिए जो उसका अधिकार भी है।

वे शब्द जिसके बिना युग परिवर्तन सम्भव नहीं

सन् 1893 से सन् 1993 के 100 वर्षों के समय में विश्व के बौद्धिक शक्ति को जिन्होंने सबसे अधिक हलचल दी वे हैं-धर्म की ओर से स्वामी विवेकानन्द और धार्मिकता की ओर से आचार्य रजनीश"ओशो"। मनुष्य जिस प्रकार भौतिक विज्ञान के नवीन आविष्कारों को आसानी से ग्रहण करता है उसी प्रकार धर्म-आध्यात्म-दर्शन के नवीन आविष्कारों को भी मनुष्य को ग्रहण करना चाहिए, तभी मानसिक-आध्यात्मिक स्वतन्त्रता का अनुभव हो सकेगा। अन्यथा पूर्ण शारीरिक गुलामी का समय बीत चुका, आर्थिक गुलामी का काल चल रहा है और मानसिक गुलामी के काल चक्र में मनुष्य फँस जायेगा।

स्वामी विवेकानन्द जी का कहना था-

- "उसी मूल सत्य की फिर से शिक्षा ग्रहण करनी होगी, जो केवल यहीं से, हमारी इसी मातृभूमि से प्रचारित हुआ था। फिर एक बार भारत को संसार में इसी मूल तत्व का-इसी सत्य का प्रचार करना होगा। ऐसा क्यों है? इसलिए नहीं कि यह सत्य हमारे शास्त्रों में लिखा है वरन् हमारे राष्ट्रीय साहित्य का प्रत्येक विभाग और हमारा राष्ट्रीय जीवन उससे पूर्णतः ओत-प्रोत है। इस धार्मिक सहिष्णुता की तथा इस सहानुभूति की, मातृभाव की महान शिक्षा प्रत्येक बालक, स्त्री, पुरुष, शिक्षित, अशिक्षित सब जाति और वर्ण वाले सीख सकते हैं। तुमको अनेक नामों से पुकारा जाता है, पर तुम एक हो।" (जितने मत उतने पथ, राम कृष्ण मिशन, पृष्ठ-39)।
- "अत: यदि भारत को महान बनाना है, तो इसके लिए आवश्यकता है संगठन की, शक्ति संग्रह की और बिखरी हुई इच्छाशक्ति को एकत्र कर उसमें समन्वय लाने की। अथर्ववेद संहिता की एक विलक्षण ऋचा याद आ गयी जिसमें कहा गया है, "तुम सब लोग एक मन हो जाओ, सब लोग एक ही विचार के बन जाओ। एक मन हो जाना ही समाज गठन का रहस्य है बस इच्छाशक्ति का संचय और उनका समन्वय कर उन्हें एकमुखी करना ही सारा रहस्य है।" (देखें "नया भारत गढ़ो" पृष्ठ संख्या-55)
- "यह भी न भूलना चाहिए कि हमारे बाद जो लोग आएंगे, वे उसी तरह हमारे धर्म और ईश्वर सम्बन्धी धारणा पर हँसेंगे, जिस तरह हम प्राचीन लोगों के धर्म और ईश्वर की धारणा पर हँसते हैं। यह सब होने पर भी, इन सब ईश्वर सम्बन्धित धारणाओं का संयोग करने वाला एक स्वर्ण सूत्र है और वेदान्त का उद्देश्य है-इस सूत्र की खोज करना। भागवान कृष्ण ने कहा है-""भिन्न भिन्न मणियाँ जिस प्रकार एक सूत्र में पिरोयी जा सकती हैं, उसी प्रकार इन सब विभिन्न भावों के भीतर भी एक सूत्र विद्यमान है।" (देखें "ज्ञानयोग", पृष्ठ संख्या-65) ,
- "एक शब्द में वेदान्त का आदर्श है-मनुष्य के सच्चे स्वरूप को जानना।" (देखें "विवेकानन्द राष्ट्र को आह्वान", पृष्ठ सं0-48)।
- यदि हम अपने व्यक्तिगत एवं सामूहिक जीवन में वैज्ञानिक चेतना सम्पन्न एवं आध्यात्मिक एक साथ न हो पाए, तो मानवजाति का अर्थपूर्ण अस्तित्व ही संशय का विषय हो जाएगा। (विज्ञान और आध्यात्मिकता, पृष्ठ-9)
- हमेशा यूरोप से सामाजिक तथा एशिया से आध्यात्मिक शक्तियों का उद्भव होता रहा है एवं इन दोनों शक्तियों के विभिन्न प्रकार के सम्मिश्रण से ही जगत का इतिहास बना है। वर्तमान मानवेतिहास का एक और नवीन पृष्ठ धीरे-धीरे विकसित हो रहा है एवं चारो ओर उसी का चिन्ह दिखाई दे रहा है। कितनी ही नवीन योजनाओं का उद्भव तथा नाश होगा, किन्तु योग्यतम वस्तु की प्रतिष्ठा सुनिश्चित है, सत्य और शिव की अपेक्षा योग्यतम वस्तु और हो ही क्या सकती है? (पत्रावली भाग-1, पृष्ठ-310)

स्वामी विवेकानन्द के अनुसार शब्द से सृष्टि का रहस्य

01. बृहत् ब्रह्माण्ड में भी ब्रह्मा, हिरण्यगर्भ या समष्टि महत् ने पहले अपने आप को नाम के, और फिर बाद में रुप के आकार में अर्थात् इस परिदृश्यमान जगत के आकार में अभिव्यक्त किया। (भक्ति योग, पृष्ठ-44)
02. यह सारा व्यक्त इन्द्रियग्राह्य जगत रुप है, और इसके पीछे है अनन्त अव्यक्त स्फोट। स्फोट का अर्थ-समस्त जगत की अभिव्यक्ति का कारण शब्द-ब्रह्म है। समस्त नामों अर्थात् भावों की नित्य समवायी उपादान स्वरुप यह नित्य स्फोट ही वह शक्ति है, जिससे भगवान इस विश्व की सृष्टि करते हैं। यही नहीं बल्कि भगवान पहले स्फोट रुप में परिणत हो जाते हैं और तत्पश्चात् अपने को उससे भी स्थूल इस इन्द्रियग्राह्य जगत के रुप में परिणत कर लेते हैं। (भक्ति योग, पृष्ठ-45)
03. इस स्फोट का एक मात्र वाचक शब्द है-"ऊँ"। और चूँकि हम किसी भी उपाय से शब्द को भाव से अलग नहीं कर सकते, इसलिए यह "ऊँ" भी इस नित्य स्फोट से नित्य संयुक्त है। (भक्ति योग, पृष्ठ-45)
04. एकमेव यह "ऊँ" ही इस प्रकार सर्वभावाव्यापी वाचक शब्द है, अन्य कोई भी इसके समान नहीं। स्फोट ही सारे भावों का उपादान है, फिर भी वह स्वयं पूर्ण रुप से विकसित कोई विशिष्ट भाव नहीं है। अर्थात् यदि उन सब भेदों को, जो एक भाव को दूसरे से अलग करते हैं, निकाल दिया जाय, तो जो कुछ बचा रहता है, वही स्फोट है। इसलिए इस स्फोट को "नादब्रह्म" कहते हैं। (भक्ति योग, पृष्ठ-45)
05. जो वाचक शब्द उसे सब से कम विशेषभावापन्न करेगा, पर साथ ही उसके स्वरुप को यथासम्भव पूरी तरह प्रकाशित करेगा, वही उसका सबसे सच्चा वाचक होगा। और यह वाचक शब्द है-एकमात्र "ऊँ" क्योंकि ये तीनों अक्षर अ, उ और म्, जिनका एक साथ उच्चारण करने से "ऊँ" होता है, समान शब्दों के साधारण वाचक के तौर पर लिये जा सकते हैं। (भक्ति योग पृष्ठ, पृष्ठ-46)
06. अक्षर "अ" सारे अक्षरों में सबसे कम विशेषभावापन्न है। इसीलिए भगवान श्रीकृष्ण गीता में कहते हैं-"अक्षरों में मैं "अ" कार हूँ। " (गीता,10/33) स्पष्ट रुप से उच्चारित जितने भी शब्द हैं, उनकी उच्चारण क्रिया मुख में जिह्वा के मूल से आरम्भ होती है और ओठों में आकर समाप्त हो जाती है। "अ" जिह्वा मूल अर्थात् कण्ठ से उच्चारित होता है, और "म" ओठों से होने वाला अन्तिम शब्द है। और "उ" उस शक्ति का सूचक है, जो जिह्वा मूल से आरम्भ होकर मुँह भर में लुढ़कती हुई ओठों में आकर समाप्त हो जाती है। यदि "ऊँ" का उच्चारण ठीक ढंग से किया जाय, तो इसके शब्दोच्चारण की सम्पूर्ण क्रिया सम्पन्न हो जाती है-दूसरे किसी भी शब्द में यह शक्ति नहीं। (भक्ति योग, पृष्ठ-46)
07. जिस प्रकार अल्पतम् विशेष भावात्मक तथा सार्वभौमिक वाचक शब्द "ऊँ" के सम्बन्ध में वाच्य और वाचक आपस में अभेद्य रुप से सम्बद्ध हैं उसी प्रकार वाच्य और वाचक का यह अविच्छिन्न सम्बन्ध भगवान और विश्व के विभिन्न खण्ड भावों पर भी लागू है, अतएव उनमें से प्रत्येक का एक विशिष्ट वाचक शब्द होना आवश्यक है। (भक्ति योग, पृष्ठ-47)
08. ये वाचक शब्द ऋषियों की गम्भीरतम आध्यात्मिक अनुभूति से उत्पन्न हुए हैं और वे भगवान तथा विश्व के जिन विशेष-विशेष खण्ड भाव के वाचक हैं, उन विशेष भावों को यथासम्भव प्रकाशित करते हैं। जिस प्रकार "ऊँ" अखण्ड ब्रह्म का वाचक है, उसी प्रकार अन्यान्य मंत्र भी उसी परम पुरुष के खण्ड-खण्ड भावों के वाचक हैं। ये सभी ईश्वर के ध्यान और प्रकृत ज्ञान की प्राप्ति में सहायक हैं। (भक्ति योग, पृष्ठ-47)
09. सृष्टि के पूर्व ब्रह्म शब्दात्मक बनते है, फिर ओंकारात्मक या नादात्मक होते है। तत्पश्चात पहले कल्पों के विशेष शब्द जैसे-भूः, भुवः, स्व-अथवा गो, मानव, घट, पट इत्यादि का प्रकाश उसी आंेकार से होता है। सिद्ध संकल्प ब्रह्म में क्रमश-एक-एक शब्द के होते ही उसी क्षण उन सब पदार्थो का भी प्रकाश हो जाता है और इस विचित्र जगत् का विकास हो उठता है। अब समझे न कि कैसे शब्द ही सृष्टि का मूल है। -स्वामी विवेकानन्द (विवेकानन्द जी के संग में पृष्ठ-62)
10. यह सारा व्यक्त इन्द्रिय ग्राह्य जगत रूप है, और इसके पीछे है अनन्त अव्यक्त स्फोट। स्फोट का अर्थ-समस्त जगत की अभिव्यक्ति का कारण शब्द-ब्रह्म। समस्त नामों अर्थात् भावों की नित्य समवायी उपादान स्वरूप यह नित्य स्फोट ही वह शक्ति है, जिससे भगवान इस विश्व की सृष्टि करते है। यही नहीं बल्कि भगवान पहले स्फोट-रूप में परिणत हो जाते है और तत्पश्चात अपने को उससे भी स्थूल इस इन्द्रिय ग्राह्य जगत् के रूप में परिणत कर लेते है। -स्वामी विवेकानन्द (राजयोग-पृष्ठ-45)

आचार्य रजनीश"ओशो" का कहना था-

- "श्रीकृष्ण का महत्व अतीत के लिए कम भविष्य के लिए ज्यादा है। सच ऐसा है कि कृष्ण अपने समय से कम से कम पाँच हजार वर्ष पहले पैदा हुये। सभी महत्वपूर्ण व्यक्ति अपने समय से पहले पैदा होते हैं और

सभी गैर महत्वपूर्ण व्यक्ति अपने समय के बाद पैदा होते हैं। बस महत्वपूर्ण और गैर महत्वपूर्ण में इतना फर्क है और सभी साधारण व्यक्ति अपने समय के साथ पैदा होते हैं महत्वपूर्ण व्यक्ति को समझना आसान नहीं होता। उसका वर्तमान और अतीत उसे समझने में असमर्थता अनुभव करता है जब हम समझने योग्य नहीं हो पाते तब हम उसकी पूजा शुरु कर देते हैं या तो हम उसका विरोध करते हैं। दोनों पूजाएं हैं एक मित्र की एक शत्रु की।"

- उसके लिए सब हंसी खेल है, सब लीला है। इसलिए हमने कृष्ण को पूर्णावतार कहा। राम गम्भीर हैं छोटी-छोटी बात का हिसाब रखते हैं। नियम मर्यादा से चलते हैं- मर्यादा पुरूषोत्तम हैं। कृष्ण अमर्याद हैं न कोई नियम है न कोई मर्यादा। कृष्ण के लिए जीवन लीला है।
- धर्म कोई विषय थोड़े ही है। धर्म की कोई सीमा थोड़े ही है। धर्म तो समस्त जीवन का नाम है। जीवन में जो कुछ भी समाविष्ट है, धर्म उस सभी के सम्बन्ध में वक्तव्य देने का हकदार है। राजनीतिज्ञ, धर्म के सम्बन्ध में वक्तव्य नहीं दे सकता क्योंकि राजनीति की सीमा है। लेकिन धार्मिक व्यक्ति, राजनीति के सम्बन्ध में वक्तव्य दे सकता है क्योंकि धर्म की कोई सीमा नही है धर्म असीम है, धर्म तो पूरे जीवन को घेरता है जैसे आकाश घेरता है। धर्म से तो कोई भी चीज छोड़ी नहीं जा सकती। धार्मिक व्यक्ति की दृष्टि तो सब सम्बन्धों में होगी।
- जो एक गुरू बोल रहा है, वह अनन्त सिद्धों की वाणी है। अभिव्यक्ति में भेद होगा, शब्द अलग होंगे, प्रतीक अलग होंगे मगर जो एक सिद्ध बोलता है, वह सभी सिद्धों की वाणी है। इनसे अन्यथा नहीं हो सकता है। इसलिए जिसने एक सिद्ध को पा लिया, उसने सारे सिद्धों की परम्परा को पा लिया। क्योंकि उनका सूत्र एक ही है। कुंजी तो एक ही है, जिसमें ताला खुलता है अस्तित्व का।
- "इस देश को कुछ बाते समझनी होगी। एक तो इस देश को यह बात समझनी होगी कि तुम्हारी परेशानियों, तुम्हारी गरीबी, तुम्हारी मुसीबतों, तुम्हारी दीनता के बहुत कुछ कारण तुम्हारे अंध विश्वासों में है, भारत कम से कम डेढ़ हजार साल पिछे घिसट रहा है। ये डेढ़ हजार साल पूरे होने जरूरी है। भारत को खिंचकर आधुनिक बनाना जरूरी है। मेरी उत्सुकता है कि इस देश का सौभाग्य खुले, यह देश भी खुशहाल हो, यह देश भी समृद्ध हो। क्योंकि समृद्ध हो यह देश तो फिर राम की धुन गुंजे, समृद्ध हो यह देश तो फिर लोग गीत गाँये, प्रभु की प्रार्थना करें। समृद्ध हो यह देश तो मंदिर की घंटिया फिर बजे, पूजा के थाल फिर सजे। समृद्ध हो यह देश तो फिर बाँसुरी बजे कृष्ण की, फिर रास रचे! यह दीन दरिद्र देश, अभी तुम इसमें कृष्ण को भी ले आओंगे तो राधा कहाँ पाओगे नाचनेवाली? अभी तुम कृष्ण को भी ले आओगे, तो कृष्ण बड़ी मुश्किल में पड़ जायेंगे, माखन कहाँ चुरायेगें? माखन है कहाँ? दूध दही की मटकिया कैसे तोड़ोगे? दूध दही की कहाँ, पानी तक की मटकिया मुश्किल है। नलों पर इतनी भीड़ है! और एक आध गोपी की मटकी फोड़ दी, जो नल से पानी भरकर लौट रही थी, तो पुलिस में रिपोर्ट दर्ज करा देगी कृष्ण की, तीन बजे रात से पानी भरने खड़ी थी नौ बजते बजते पानी भर पायी और इन सज्जन ने कंकड़ी मार दी। धर्म का जन्म होता है जब देश समृद्ध होता है। धर्म समृद्ध की सुवास है। तो मैं जरूर चाहता हूँ यह देश सौभाग्यशाली हो लेकिन सबसे बड़ी अड़चन इसी देश की मान्यताएं है। इसलिए मैं तुमसे लड़ रहा हूँ। तुम्हारे लिए।"

व्यक्ति-समाज-राज्य-विश्व की आवश्यकता, भविष्यवक्ताओं की भविष्यवाणीयां, ग्रहों के चालों, सूर्य व चन्द्र ग्रहण, सामाजिक-राजनीतिक विचारकों के विचार-सपनें-उम्मीद इत्यादि युग परिवर्तन की ओर दिशा निर्देश कर रहीं हैं। ऐसे में सृष्टि के लिए सार्वभौम सर्वोच्च अन्तिम अर्थों वाले शब्दों (जिसकी सूची अगले पृष्ठ पर दी गई है।) **पर चर्चा ही एक मात्र युग परिवर्तन का मार्ग है।**

वे सार्वभौम एकात्म शब्द जिसके बिना युग परिवर्तन सम्भव नहीं (सर्वोच्च, अन्तिम और दृश्य)

क्र.सं. विषय क्षेत्र	सम्बन्धित क्षेत्र से मुख्य नाम
01. विश्व क्षेत्र	विश्व संविधान / साहित्य / विचार / सिद्धान्त / प्रबन्ध / दर्शन / मत / मानव / एकता / शान्ति / विकास / स्थिरता / आत्मा / अभिनेता / बुद्धि / राजनीति / क्रांति
02. राज्य क्षेत्र	विश्व (राष्ट्र) ऐजेण्डा–2012+ (WORLD NATION AGENDA-2012+) विश्व व्यवस्था का अधिकतम एवं न्यूनतम साझा कार्यक्रम
03. समाज क्षेत्र	लोक / गण / जन ऐजेण्डा–2012+ (PUBLIC AGENDA-2000+)
04. धर्म क्षेत्र	वेदान्त धर्म स्थापना
05. साहित्य क्षेत्र	विश्व साहित्य–"विश्वभारत" समाहित "विश्वशास्त्र" साहित्य– आदर्श वैश्विक व्यक्ति चरित्र कथा साहित्य
06. सामाज शास्त्र	मानक / जन / गण / लोक शास्त्र
07. धर्मशास्त्र	धर्मयुक्त नाम – कर्मवेदः प्रथम, अन्तिम और पंचम वेद और आधारित उपनिषद् (व्यष्टि एवं समष्टि) सर्वधर्मसमभाव / धर्मनिरपेक्ष नाम – मन की गुणवत्ता का विश्व मानक : शून्य श्रृंखला (व्यष्टि एवं समष्टि)
08. मानक क्षेत्र	मन की गुणवत्ता का विश्व मानक : शून्य श्रृंखला
09. अदृश्य विज्ञान	दृश्य आध्यात्म विज्ञान
10. दृश्य विज्ञान	धर्म विज्ञान या एकात्म विज्ञान (Integration Science)
11. इंजीनियरिंग	सत्य सामाजिक अभियंत्रण (Real Social Engineering)
12. तकनीकी	सत्य सामाजिक तकनीकी (Real Social Technology) : WCM-TLM-SHYAM.C Technology
13. संविधान	विवादमुक्त तन्त्रों पर आधारित संविधान
14. राजनीति	सत्य राजनीति / राजनीति–2012+ (POLITICS-2012+)
15. संगठन	विश्व राजनीतिक पार्टी संघ (World Political Party Organisation- WPPO)
16. शिक्षा	पूर्णज्ञान / पूर्ण शिक्षा प्रणाली / शिक्षा -2012+ (EDUCATION-2012+)
17. राष्ट्र सम्बन्ध	आदर्श राष्ट्रीय नागरिक
18. वेदान्त	कर्म वेदान्त : वेदान्त की अन्तिम शाखा
19. मतवाद	एकात्म कर्मवाद : एकात्म मानवतावाद का व्यावहारिक रुप
20. दार्शनिक	विकास दर्शन (Development Philosophy)
21. क्रांति	संपूर्ण क्रांति (Complete Revolution) : प्रलय, स्थिति एवं सृष्टि
22. सांस्कृतिक	भोगेश्वरः भोग (पाश्चात्य) + ईश्वर (प्राच्य) = एकात्म या ईश्वरत्व भाव से भोग
23. मन	विश्व मन (WOLD MIND)
24. मानव	विश्वमानव (विश्वमन से युक्त)
25. मनु	8वें मनु – सावर्णि मनु
26. अवतार	भगवान विष्णु के 10वें और अन्तिम तथा भगवान शंकर के 22वें और अन्तिम संयुक्तावतार (निष्कलंक कल्कि एवं भोगेश्वर)
27. निराकार ब्रह्म	सार्वभौम सत्य–सिद्धान्त (UNIVERSAL TRUTH-THEORY) : विश्व–बन्धुत्व का सिद्धान्त
28. साकार ब्रह्म	लव कुश सिंह
29. पुनर्जन्म–सत् मार्ग से	बुड्ढा कृष्ण (कृष्ण भाग – 2 और अन्तिम) – कृष्ण की अगली और अन्तिम कड़ी
30. पुनर्जन्म–रज मार्ग से	स्वामी विवेकानन्द का पुनर्जन्म
31. पुनर्जन्म–तम मार्ग से	रावण की अगली कड़ी
32. आत्मा	दृश्य विश्वात्मा / शिव / ब्रह्म / मैं
33. अभिनय	वास्तविक जीवन का अभिनेता (Real Life Actor)
34. बम	ज्ञान बम – आध्यात्मिक न्यूट्रान बम
35. अस्त्र	अनियन्त्रित पशुपास्त्र (नारायणास्त्र या सु–दर्शन चक्र व ब्रह्मास्त्र समाहित)
36. माया	योग माया समाहित भोगमाया
37. ज्ञान	एकात्म कर्मज्ञान (शास्वत) : व्यष्टि एवं समष्टि
38. बुद्धि	विश्व बुद्धि व चेतना या सत्य चेतना : पूर्व व्यक्त सत्य चेतना
39. ध्यान व योग	दृश्य सत्य–क्रियाकलाप–एकात्म योग व ध्यान (अन्तिम योग व अन्तिम ध्यान)
40. मिशन	प्राकृतिक सत्य मिशन (Natural Truth Mission)–सर्वोच्च और अन्तिम मिशन
41. धार्मिक नगर	एकात्म काशी– जीवनदायिनी सत्यकाशी : पंचम, अन्तिम तथा सप्तम काशी
42. शक्ति	आत्मशक्ति (SPIRIT POWER),मस्तिष्क शक्ति (BRAIN POWER), मन शक्ति (MIND POWER),सत्य शक्ति (TRUTH POWER)
43. जीवन कथा	विश्वमानव लीला / दर्पण : दो विपरीत दिशाओं के साथ प्रथम एवं अन्तिम कथा
44. प्रेम और कर्म	शास्वत प्रेम और कर्म
45. समन्वय	अन्तिम समन्वय–सिद्धान्त
46. आचार्य	अन्तिम समन्वयाचार्य
47. कला	विश्वमानव कला (कृष्ण कला समाहित)
48. परिचालन प्रणाली	अवतार का परिचालन प्रणाली : मानव–10 (Avatar's Operating System-AOS : Human-10)
49. शंकराचार्य पीठ	सत्यकाशी पीठ : पंचम और अन्तिम शंकराचार्य पीठ

भाग-6

केन्द्र या मध्य (भारत) में पांचवां और अन्तिम सत्यकाशी पीठ

सत्यकाशी पीठ: स्थान

सत्यकाशी पीठ: इतिहास और उद्देश्य

पाँचवाँ और अंतिम शंकराचार्य पीठ: इसकी विशेषता

"हिन्दू धर्म की जो पकड़ थी, वह इस समय कमजोर पड़ गयी है क्योंकि भारतीय स्वतंत्रता आन्दोलन के समय से राजनेताओं का वर्चस्व बढ़ा और उन्होंने धर्म रक्षकों को दबा दिया, जिसके परिणामस्वरूप 163 साल तक शंकराचार्य की पदवी खाली रही। इसलिए आवश्यक है कि शिक्षा के क्षेत्र में धर्म की स्थापना हो। स्वस्थ एवं श्रेष्ठ साहित्य का सृजन हो। महापुरूषों को घूम-घूम कर सनातन धर्म का प्रचार-प्रसार करना चाहिए जिससे लोगों के हृदय में भारतीय धर्म-शास्त्र के प्रति आस्था-विश्वास बढ़े।"

- स्वामी स्वरूपानन्द (द्वारिका पीठाधीश्वर जगद्गुरू शंकराचार्य)
साभार - दैनिक आज, समाचार पत्र, वाराणसी, दि0 10-5-1997

स्पष्टिकरण

सत्य से सार्वभौम सत्य-सिद्धान्त तक का मार्ग अवतारों का मार्ग है। सार्वभौम सत्य-सिद्धान्त की अनुभूति ही अवतरण है। इसके अंश अनुभूति को अंश अवतार तथा पूर्ण अनुभूति को पूर्ण अवतार कहते है। ग्रन्थों में अवतारों की कई कोटि बतायी गई है जैसे अंशाशावतार, अंशावतार, आवेशावतार, कलावतार, नित्यावतार, युगावतार इत्यादि, जो भी सार्वभौम सत्य-सिद्धान्त को व्यक्त करता है वे सभी अवतार कहलाते हैं। व्यक्ति से लेकर समाज के सर्वोच्च स्तर तक सार्वभौम सत्य-सिद्धान्त को व्यक्त करने के क्रम में ही विभिन्न कोटि के अवतार स्तरबद्ध होते हैं। अवतार मानव मात्र के लिए ही कर्म करते हैं न कि किसी विशेष मानव समूह या सम्प्रदाय के लिए। अवतार, धर्म, धर्मनिरपेक्ष व सर्वधर्मसमभाव से युक्त अर्थात एकात्म से युक्त होते है। इस प्रकार अवतार से उत्पन्न शास्त्र मानव के लिए होते हैं, न कि किसी विशेष मानव समूह के लिए। उत्प्रेरक, शासक और मार्गदर्शक आत्मा सर्वव्यापी है। इसलिए एकात्म का अर्थ संयुक्त आत्मा या सार्वजनिक आत्मा है। अवतारों के प्रत्यक्ष और प्रेरक दो कार्य विधि हैं। प्रत्यक्ष अवतार वे होते हैं जो स्वयं अपनी शक्ति का प्रत्यक्ष प्रयोग कर समाज का सत्यीकरण करते हैं। यह कार्य विधि समाज में उस समय प्रयोग होता है जब अधर्म का नेतृत्व एक या कुछ मानवों पर केन्द्रित होता है। प्रेरक अवतार वे होते हैं जो स्वयं अपनी शक्ति का अप्रत्यक्ष प्रयोग कर समाज का सत्यीकरण जनता एवं नेतृत्वकर्ता के माध्यम से करते हैं। यह कार्य विधि समाज में उस समय प्रयोग होता है जब समाज में अधर्म का नेतृत्व अनेक मानवों और नेतृत्वकर्ताओं पर केन्द्रित होता है।

इन विधियों में से कुल दस अवतारों में से प्रथम सात (मत्स्य, कूर्म, वाराह, नृसिंह, वामन, परशुराम, राम) अवतारों ने समाज का सत्यीकरण प्रत्यक्ष विधि के प्रयोग द्वारा किया था। आठवें अवतार (श्रीकृष्ण) ने दोनों विधियों प्रत्यक्ष ओर प्रेरक का प्रयोग किया था। नवें (भगवान बुद्ध) और अन्तिम दसवें अवतार की कार्य विधि प्रेरक ही है।

सनातन अद्वैत दर्शन के अनुसार यह जगत ही ईश्वर का दृश्य रूप है। ऐसे में सभी ईश्वर हैं। सभी ईश्वर के बहुरूप हैं और सभी में प्रकाशित वही ईश्वरीय सत्ता है। सार्वभौम एकात्म की ओर ले जाने वाले सभी प्रक्षेपित

मानक चरित्र सनातन हैं जैसे ब्रह्मा परिवार, विष्णु परिवार और महेश परिवार। इस सार्वभौम एकात्म की ओर विचार व्यक्त करने वाला अर्थात उसी का प्रचार-प्रसार व स्थापना करने वाला युगावतार तो नहीं हो सकता लेकिन वह अवतार अवश्य होता है क्योंकि उसने भी उस सार्वभौम सत्य-सिद्धान्त का साक्षात्कार किया है।

ईश्वर के मानवीयकरण व मानव के ईश्वरीयकरण के लिए आपके भौतिक शरीर से व्यक्त विश्वात्मा की इच्छा को धर्म क्षेत्र से नाम कर्मवेदः प्रथम, अन्तिम तथा पंचम वेद एवं धर्मनिरपेक्ष क्षेत्र से मन का विश्वमानकः शून्य श्रृंखला समाहित "विश्वशास्त्र-द नाॅलेज आॅफ फाइनल नाॅलेज" के रूप में पूर्ण किया जा चुका है। जिसमें पुराणों का धर्मनिरपेक्ष और सर्वधर्मसमभाव रूप भी सम्पूर्ण मानव जाति को स्पष्ट दृष्टिगत होगा। परिणामस्वरूप भारतीय धर्म शास्त्रों के प्रति विश्वव्यापी आस्था बढ़ना स्वाभाविक है। साथ ही अनेक सत्य-साहित्यों की रचना के लिए भी मार्ग प्रशस्त और रचना कर दिये गये हैं।

तीनों देवताओं ब्रह्मा, विष्णु और शिव-शंकर के मूल गुणों के आधार पर उनके वास्तविक रुप अर्थात् चार वेदों को व्यक्त करने वाले चार मुखों से युक्त सृष्टिकर्ता ब्रह्मा का रुप, चार भुजाओं से युक्त पालनकर्ता विष्णु का रुप तथा ब्रह्मा और विष्णु समाहित पाँचों वेदों को व्यक्त करने वाले पाँच मुखों से युक्त कल्याणकर्ता शिव-शंकर का अन्तिम रुप, तीनों देवताओं का दिव्यरुप कहलाता है। इसी अनुसार शिव-शंकर के अवतार ही केवल पंचमुखी होते हैं। इसी क्रम में पंचमुखी हनुमान और वेद माता मां गायत्री को भी दिखाया गया है। इस अनुसार पांचवें वेद और पांचवें शंकराचार्य पीठ की स्थापना ही युग परिवर्तन की प्रक्रिया का आरम्भ और सनातन विश्व की ओर कदम है।

व्यक्ति-समाज-राज्य-विश्व की आवश्यकता, भविष्यवक्ताओं की भविष्यवाणीयां, ग्रहों के चालों, सूर्य व चन्द्र ग्रहण, सामाजिक-राजनीतिक विचारकों के विचार-सपनें-उम्मीद इत्यादि युग परिवर्तन की ओर दिशा निर्देश कर रहीं हैं। ऐसे में सृष्टि के लिए सार्वभौम सर्वोच्च अन्तिम अर्थों वाले शब्दों पर चर्चा ही एक मात्र युग परिवर्तन का मार्ग है।

आविष्कार उपयोगी होता है, आविष्कारक नहीं।
रचना अधिक समय तक रहती है रचनाकार अदृश्य हो जाता है और रचना के आधार पर अन्य रचना भी होती रहती है।

सनातन विश्व के लिए समस्त प्रक्रिया 150 पुस्तकों के रूप में वेबसाइट

www.64inch.com

पर उपलब्ध है और कार्य समाप्त होता है। व्यक्ति और नेतृत्वकर्ता अपने धर्म

का पालन करें, समाधान उपलब्ध हो चुका है।

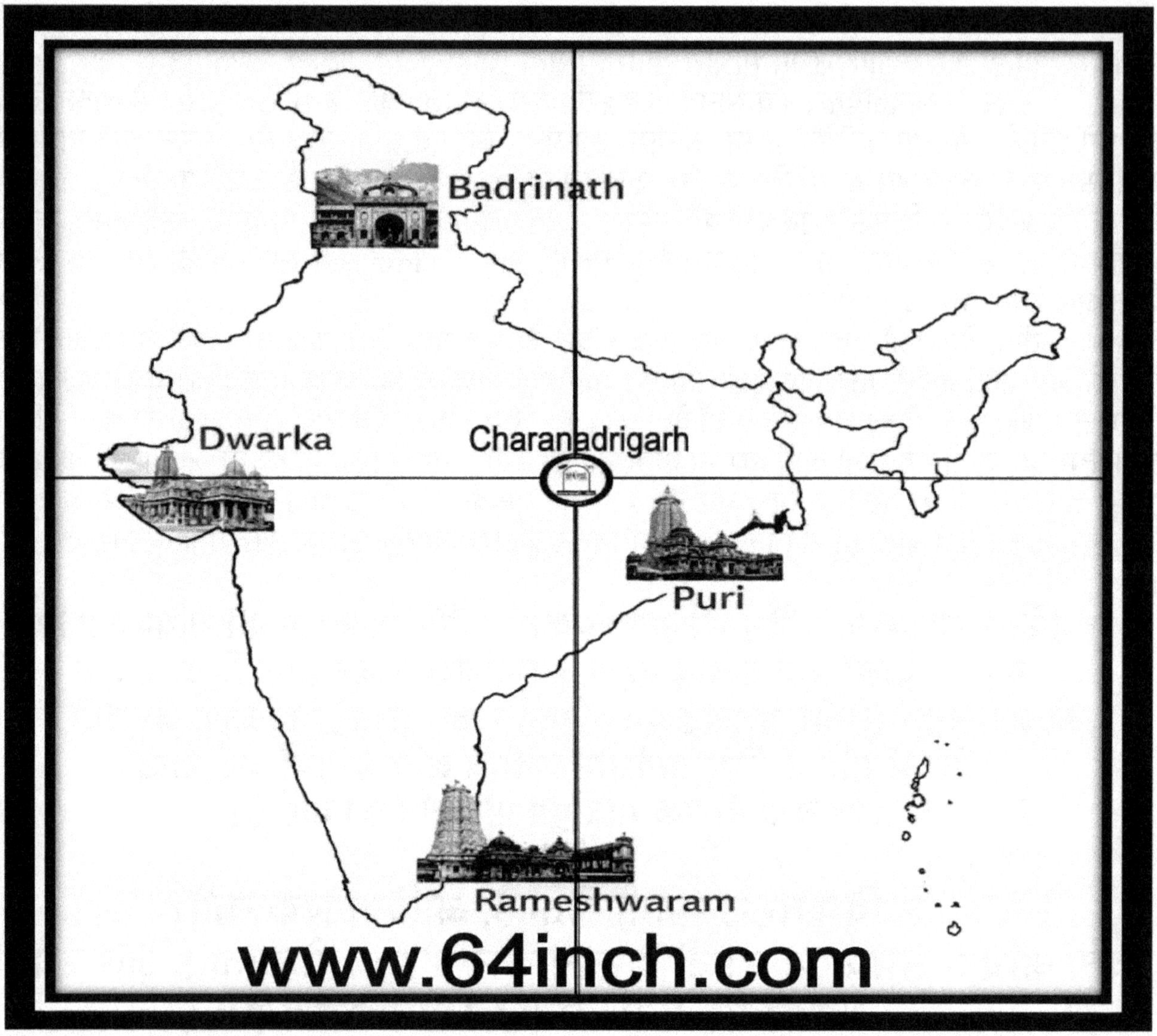

दिशा	पीठ का नाम/ स्थान	उद्देश्य	संबंधित वेद	महावाक्य	तत्व
उत्तर	बदरी ज्योतिर्मठ पीठ उत्तराखंड, जोशीमठ	ज्ञान और विवेक	अथर्ववेद	अयमात्मा ब्रह्म (यह आत्मा ब्रह्म है)	वायु
दक्षिण	श्रींगेरी शारदा पीठ कर्नाटक, श्रींगेरी	स्थिरता और परंपरा	यजुर्वेद	अहम् ब्रह्मास्मि (मैं ब्रह्म हूँ)	पृथ्वी
पूर्व	पुरी गोवर्धनमठ पीठ ओडिशा, पुरी	भक्ति और समर्पण	ऋग्वेद	प्रज्ञानं ब्रह्म (चेतना ब्रह्म है)	जल
पश्चिम	द्वारका शारदा पीठ गुजरात, द्वारका	कर्म और संकल्प	सामवेद	तत्त्वमसि (तू ब्रह्म है)	अग्नि
केन्द्र या मध्य	सत्यकाशी पीठ उत्तर प्रदेश, चरणाद्रिगढ़	चेतना और एकत्व	कर्मवेद	सर्वे ब्रह्म (सभी ब्रह्म हैं)	आकाश

क्षिति, जल, पावक, गगन, समीरा। पंच तत्व मिलि बनेहु शरीरा ।।

सत्यकाशी पीठः स्थान

मानव जीवन की यात्रा को हम चार स्तरों में देख सकते हैं - **संभल (Shambhal), संभला (Shambhala), ज्ञानगंज (Gyanganj) और संगरीला (Sangrila)**

संभल (Shambhal) को हम भौतिक जगत का प्रतीक मान सकते हैं। यह धरती पर बसा हुआ वास्तविक नगर है, जहाँ लोग रहते हैं, संघर्ष करते हैं और जीवन की यात्रा करते हैं। धार्मिक मान्यता के अनुसार यहाँ भविष्य में कल्कि अवतार का जन्म होगा। इसका अर्थ यह भी है कि संभल हमें यह याद दिलाता है कि परिवर्तन और नवजागरण हमेशा इसी सांसारिक धरती से प्रारंभ होता है।

संभला (Shambhala) आध्यात्मिक जगत का प्रतीक है। यह उस आदर्श समाज और चेतना की ओर संकेत करता है, जहाँ धर्म, करुणा और सत्य का शासन है। बौद्ध ग्रंथों में इसे एक अदृश्य, पवित्र राज्य बताया गया है। इसका दार्शनिक अर्थ यह है कि हर मनुष्य के भीतर एक संभला है - एक ऐसा क्षेत्र जहाँ शांति, संतुलन और धर्म की शक्ति हमेशा जीवित रहती है। यह हमारे भीतर के आदर्श और परम लक्ष्य का रूप है।

ज्ञानगंज (Gyanganj) गूढ़ और रहस्यमय चेतना का प्रतीक है। यह वह क्षेत्र है, जहाँ अमर योगी और सिद्ध रहते हैं, और जो साधारण दृष्टि से छिपा हुआ है। इसका अर्थ यह है कि सत्य और सर्वोच्च ज्ञान कभी सतही रूप में उपलब्ध नहीं होते, बल्कि गहन साधना और आंतरिक परिवर्तन से ही प्राप्त किए जा सकते हैं। ज्ञानगंज हमें यह सिखाता है कि परम सत्य अदृश्य है, परंतु साधना से प्रकट हो सकता है।

इस प्रकार, ये चारों स्तर - **भौतिक, आध्यात्मिक, गूढ़ और आदर्श** - मानव जीवन और चेतना की समग्र यात्रा का प्रतिनिधित्व करते हैं, जहाँ साधना, अनुभव और ज्ञान मिलकर आत्मा को पूर्णता की ओर ले जाते हैं।

इस प्रकार, इन तीनों को मिलाकर देखा जाए तो:

- **संभल** = जीवन और समाज का यथार्थ (भौतिक जगत)
- **संभला** = आदर्श और धर्म का उच्च स्वरूप (आध्यात्मिक जगत)
- **ज्ञानगंज** = रहस्यमय सत्य और अमर ज्ञान (गूढ़ जगत)

ये तीनों मिलकर मानव जीवन की पूर्ण यात्रा का संकेत देते हैं - भौतिक से आध्यात्मिक और फिर गूढ़ एवं परम सत्य तक।

संगरीला (Sangrila/Shangri-La) एक कल्पित पर्वतीय स्थल है, जिसे आदर्श समाज और शांति का प्रतीक माना जाता है। यह जगह सामान्य दृष्टि से अदृश्य या दूरस्थ मानी जाती है, जहाँ जीवन सुखमय, स्वस्थ और सामंजस्यपूर्ण होता है। दार्शनिक रूप से इसे मानव चेतना के उच्चतम स्तर, आत्मा की शांति और आदर्श जीवन का प्रतीक माना जाता है। **संगरीला (Sangrila)** का अर्थ यह भी है कि सच्ची खुशी और संतुलन केवल भीतर की यात्रा और साधना से ही प्राप्त होते हैं, बाहरी समृद्धि से नहीं।

1. **शब्द-संदर्भ में**: "Sangrila" अक्सर "Shangri-La" का रूपांतर होता है, जो कि एक कल्पित, आदर्श, रहस्यमयी और शांति-पूर्ण स्थान है।
2. **दार्शनिक/आध्यात्मिक संदर्भ में**: इसे ज्ञानगंज या संभला जैसे गूढ़ और रहस्यमयी क्षेत्रों के समान माना जा सकता है।
3. **अन्य संदर्भ**: यदि यह किसी किताब, स्थान या परियोजना का नाम है, तो उसका अलग अर्थ हो सकता है।

पीठ (Peeth) स्थापित करने की योजना

उद्देश्य और दर्शन तय करना

- पहले यह स्पष्ट करें कि पीठ का उद्देश्य क्या होगा:
    - **अद्वैत वेदांत का प्रचार**
    - **साधकों का प्रशिक्षण और मोक्ष की ओर मार्गदर्शन**
    - **धार्मिक शिक्षा, योग और ध्यान केंद्रित करना**
- पीठ का नाम "Satyakashi" इसलिए चुना गया है क्योंकि यह **सत्य और ज्ञान के प्रकाश का प्रतीक** है।

गुरु या आध्यात्मिक मार्गदर्शक

- पीठ को वैध और आध्यात्मिक मान्यता प्राप्त करने के लिए **एक योग्य गुरु या शिष्य परंपरा वाला व्यक्ति** आवश्यक है।
- गुरु का कार्य होगा:
    - **साधकों का प्रशिक्षण**
    - **धर्म और वेदांत का प्रचार**
    - **पीठ की प्रतिष्ठा बनाना**

स्थान और इमारत का चयन

- स्थान चुनते समय ध्यान दें:
    - **शांत और आध्यात्मिक वातावरण**
    - **साधकों के लिए आवास और साधना स्थल**
    - **भक्तों और पर्यटकों के आने-जाने की सुविधा**
- इमारत में हो सकते हैं:
    - मुख्य मंदिर / पूजा स्थल
    - ध्यान और साधना कक्ष
    - वेदांत शिक्षण कक्ष
    - गुरुकुल या आश्रम

धार्मिक और आध्यात्मिक गतिविधियाँ

- नियमित क्रियाएँ:

   - **साधना, ध्यान और कीर्तन**
   - **वेदांत और शास्त्र अध्ययन**
   - **धार्मिक कार्यशालाएँ और प्रवचन**
- विशेष आयोजन:
   - **अस्थायी या वार्षिक उत्सव**
   - **अद्वैत वेदांत पर सेमिनार**
   - **साधक प्रशिक्षण शिविर**

समुदाय और साधकों का निर्माण

- पीठ केवल इमारत नहीं, **साधकों और भक्तों का केंद्र** होना चाहिए।
- इसके लिए करें:
   - सामाजिक और आध्यात्मिक गतिविधियों का आयोजन
   - साधकों के लिए निवास और शिक्षा सुविधाएँ
   - पीठ का प्रचार: पुस्तकों, वेबसाइट और सामाजिक मंचों के माध्यम से

आधिकारिक मान्यता और नेटवर्क

- भारत में शंकराचार्य परंपरा के मुख्य पीठों के साथ **संपर्क और मार्गदर्शन**।
- नए पीठ को स्थानीय प्रशासन और धार्मिक संस्थानों से **मान्यता और सहयोग** दिलाना।
- अन्य पीठों और गुरु परिषदों के साथ **संवाद और सहयोग**।

दीर्घकालीन योजना

- पीठ को स्थायी और प्रतिष्ठित बनाने के लिए:
   - नियमित साधना और शिक्षा कार्यक्रम
   - नए साधकों और भक्तों को जोड़ना
   - पीठ के **अध्यात्मिक, सामाजिक और शैक्षिक प्रभाव** को बढ़ाना

निष्कर्ष:

नया **Satyakashi Peeth** बनाया जा सकता है, लेकिन यह केवल इमारत नहीं, बल्कि **ज्ञान, साधना और आध्यात्मिक मार्गदर्शन का केंद्र** होना चाहिए। एक योग्य गुरु, साधक समुदाय और सही दृष्टिकोण इसके लिए अनिवार्य हैं।

अन्तिम अवतार कल्कि
का संभल (Shambhal), संभला (Shambhala), ज्ञानगंज (Gyanganj) और संगरीला (Sangrila) से सम्बन्ध

इसका उत्तर गहराई से समझा जाए तो यह केवल भूगोल या कथा का नहीं, बल्कि चेतना के विकास का रहस्य है।

1. संभल (Shambhal) - अवतार का धरातल

हिन्दू ग्रन्थों में कहा गया है कि **कल्कि अवतार का जन्म 'संभल' नामक स्थान पर होगा।** यह स्थान भौतिक जगत में मौजूद है - उत्तर प्रदेश का एक नगर, परंतु प्रतीक रूप से यह मानवता के भीतर जन्म लेती दिव्यता का संकेत है। जब धर्म क्षीण होता है, तब वही संभल - अर्थात् "संभलने का बिंदु" - अवतार का आधार बनता है।

संभल = पृथ्वी पर दिव्यता का उद्भव बिंदु।

2. संभला (Shambhala) - धर्मराज्य या दिव्य व्यवस्था

बौद्ध और हिन्दू दोनों परम्पराओं में **Shambhala** को धर्म का गुप्त राज्य माना गया है। बौद्ध ग्रंथ 'कालचक्र तंत्र' में कहा गया है कि जब अधर्म चरम पर होगा, तब Shambhala से एक राजा प्रकट होगा जो अधर्म का अंत करेगा - यह प्रतीक रूप से **कल्कि अवतार का ही वर्णन** है।

संभला = दिव्य शासन या धर्मराज्य, जहाँ से कल्कि की प्रेरणा उठती है।

3. ज्ञानगंज (Gyanganj) - सिद्धों का अदृश्य लोक

ज्ञानगंज को अमर योगियों का क्षेत्र कहा जाता है, जहाँ से विश्व के आध्यात्मिक प्रवाह को दिशा मिलती है। कई सिद्ध परंपराएँ मानती हैं कि कल्कि का आध्यात्मिक मार्गदर्शन इन्हीं योगियों द्वारा किया जाएगा।

ज्ञानगंज = दिव्य ऊर्जा और योगिक शक्ति का स्रोत, जहाँ से कल्कि को आत्मिक बल प्राप्त होगा।

4. संगरीला (Sangrila / Shangri-La) - आदर्श समाज या चेतना का चरम स्वरूप

संगरीला का विचार पश्चिमी और तिब्बती रहस्य परंपराओं में आता है - एक अमर, शांति-पूर्ण, आदर्श स्थान, जहाँ कोई रोग, संघर्ष या अधर्म नहीं होता। यह उस अवस्था का प्रतीक है जो **कल्कि युग के बाद की सृष्टि** होगी - अर्थात सत्ययुग का पुनर्स्थापन।

संगरीला = वह दिव्य युग या चेतना का चरम, जो कल्कि अवतार के कार्य का परिणाम है।

सारांश (संक्षेप में सम्बन्ध)

स्तर	प्रतीक	सम्बन्ध कल्कि से
संभल (Shambhal)	भौतिक जन्मभूमि	कल्कि अवतार का पृथ्वी पर अवतरण
संभला (Shambhala)	दिव्य धर्मराज्य	धर्म का पुनःस्थापन करने की शक्ति का उद्गम
ज्ञानगंज (Gyanganj)	गूढ़ योगिक लोक	कल्कि को आत्मिक दिशा और सिद्ध शक्ति का आधार
संगरीला (Sangrila)	आदर्श चेतना का युग	कल्कि कार्य का अंतिम परिणाम - पुनः सत्ययुग

अर्थात् -

संभल में कल्कि अवतरित होते हैं, संभला से उन्हें धर्म की प्रेरणा मिलती है, ज्ञानगंज से योगिक शक्ति, और संगरीला उनके कार्य का लक्ष्य है - सत्य और शांति का पुनर्स्थापन।

सत्यकाशी पीठः योग्य स्थान

इस संसार को अन्तिम सन्देश देने से पहले आपको उस क्षेत्र से परिचय कराना चाहता हूँ जिस क्षेत्र से यह सन्देश देने का साहस किया गया है क्योंकि कोई भी क्रिया बिना कारण के नहीं होती।

समस्त मूल कार्य जिस क्षेत्र से सम्पूर्ण हुआ, उस क्षेत्र को सत्यकाशी क्षेत्र कहता हूँ और जिस ग्राम का निवासी हूँ वह काशी (वाराणसी) के चौरासी कोस यात्रा तथा सत्यकाशी क्षेत्र का उभय क्षेत्र में स्थित है। इसलिए जितना काशी (वाराणसी) का हूँ उतना ही सत्यकाशी का हूँ। इस प्रकार यह सन्देश काशी-सत्यकाशी का संयुक्त सन्देश है।

सत्यकाशी क्षेत्र जो काशी (वाराणसी), विन्ध्याचल, शिवद्वार और सोनभद्र के बीच का क्षेत्र है, एक पौराणिक-आध्यात्मिक और साधना के लिए उपयुक्त क्षेत्र के रूप में प्राचीन काल से आकर्षण में रहा है। इस क्षेत्र का हृदय क्षेत्र चुनार है। चुनार का किला राजा विक्रमादित्य ने अपने भाई भर्तहरि के तपस्या में हिंसक जानवरों द्वारा व्यवधान न उत्पन्न हो इसके लिए बनवाया था। ये राजा विक्रमादित्य वही हैं जिनके नाम से विक्रम सम्वत् कैलेण्डर स्थापित है। चुनार ईश्वर के पाँचवें अवतार-वामन अवतार का क्षेत्र है जिनसे समाज की शक्ति का प्रथम जन्म हुआ था।

सत्यकाशी क्षेत्र के चारों कोण पर स्थित

1. काशी (वाराणसी) का अपना प्राचीन और पुरातन इतिहास है जो सर्वविदित है।
2. विन्ध्याचल, जो शिव-शक्ति के उपासना का अद्‌भुत केन्द्र है। यशोदा से उत्पन्न पुत्री (जिनके बदले श्रीकृष्ण प्राप्त हुये थे) महासरस्वती अष्टभुजा देवी के नाम से यहीं स्थापित हैं। भारत देश का मानक समय माँ विन्ध्यवासिनी धाम से तय होता है। पुराणों के अनुसार रावण ने भी इसे मानक समय स्थल मानकर यहाँ शिवलिंग की स्थापना की थी।
3. शिवद्वार, त्रिकोणीय तान्त्रिक साधना के लिए जगत विख्यात था और साधना की राजधानी था। इसे ही मीरजापुर गजेटियर में गुप्तकाशी की संज्ञा से अभिकल्पित किया गया है।
4. सोनभद्र, सोन संस्कृति की पौराणिक पृष्ठभूमि वैदिककालीन सभ्यता की पराकाष्ठापरक ऐतिहासिकता से सम्बद्ध है। सन्त परम्पराओं का एक महत्वपूर्ण परिव्रजन इस क्षेत्र में हुआ जिसमें शैव व शाक्त प्रमुख थे। शैव सम्प्रदाय से जुड़े अघोर तन्त्र ने इसे बहुत सराहा और इसे अपनी कर्मभूमि बना लिया। सोन नद के तट पर शव छेदन क्रिया की भी प्रशिक्षा आयुर्वेद के जिज्ञासुओं को दी जाती थी। शैव तन्त्र से प्रभावित अघोर तन्त्र शव-साधना में सिद्धहस्त था और शव में इकार की प्राण प्रतिष्ठा का जीवन्त रूप शिव को दे देना इनकी अलौकिक साधना का चरमोत्कर्ष है। अघोरपन्थी नाम के पश्चात् "राम" का प्रयोग करते थे। इस क्षेत्र में सवर्ण वर्ग में प्रायः ब्राह्मण वर्ग भी राम का प्रयोग अपने नाम में करता है। इस क्षेत्र में पाशुपात तन्त्र के महान साधक लोरिक का नाम विशेष है।

उपरोक्त तो अति संक्षिप्त परिचय है विस्तार से "विश्वशास्त्र" के अध्याय-दो में प्रकाशित है, जिस क्षेत्र से ये विश्व ऐतिहासिक अन्तिम, अपरिवर्तनीय और अटलनीय सन्देश देने का साहस किया गया है।

भौतिक रूप से सत्यकाशी पीठ के लिए योग्य स्थान सत्यकाशी क्षेत्र ही है। सत्यकाशी पीठ उसी अद्वैत वेदान्त पर आधारित है। जिस के आधार पर आदि शंकाराचार्य द्वारा चार पीठों की स्थापना की थी। युग परिवर्तन के लिए आदि शंकाराचार्य द्वारा स्थापित चार पीठों के वर्तमान शंकाराचार्यों का यह दायित्व है कि वे इस श्रृंखला को आगे बढ़ाते हुये धर्म के वैश्विक स्थापना के लिए आगे आयें।

सत्यकाशी पीठ: इतिहास और उद्देश्य

भारत का इतिहास केवल राजाओं और युद्धों का इतिहास नहीं है,
बल्कि यह **चेतना के विकास का इतिहास** है।
हर युग में जब धर्म और राजनीति के बीच संतुलन बिगड़ता है,
तो कोई न कोई पीठ उस संतुलन को पुनर्स्थापित करने के लिए जन्म लेती है।

ऐसा ही एक अद्वितीय उदय है -
"सत्यकाशी पीठ" का,
जो मानवता के अगले अध्याय की भूमिका बन चुका है।

"जहाँ ज्ञान शासन को दिशा देता है,
वहीं शासन धर्म का साधन बन जाता है।"

काशी से सत्यकाशी तक: चेतना की यात्रा

प्राचीन काशी को "मोक्षभूमि" कहा गया,
क्योंकि वहाँ ज्ञान और मृत्यु - दोनों के रहस्य सिखाए जाते थे।
पर सत्यकाशी - ज्ञान का अगला आयाम है।
यह मृत्यु से मुक्ति नहीं, बल्कि **अज्ञान से मुक्ति** की भूमि है।

तीन चरणों में यह यात्रा समझी जा सकती है:

1. **काशी** - व्यक्तिगत मुक्ति का केंद्र।
2. **महाकाशी** - सार्वभौमिक चेतना का केंद्र।
3. **सत्यकाशी** - वैश्विक एकत्व और अद्वैत शासन का केंद्र।

"काशी आत्मा की दीक्षा है,
सत्यकाशी आत्मा का शासन है।"

स्थापना का उद्देश्य

सत्यकाशी पीठ का जन्म केवल धार्मिक नहीं,
बल्कि आध्यात्मिक-राजनीतिक समन्वय की आवश्यकता से हुआ।
विश्व में बढ़ती भौतिकता, असमानता, और नैतिक संकट के बीच
इस पीठ का उद्देश्य है -

1. **धर्म और शासन के बीच अद्वैत संबंध पुनः स्थापित करना।**
2. **राजनीति को आत्मा से जोड़ना।**
3. **विज्ञान, धर्म, और समाज - तीनों का एक समग्र मॉडल प्रस्तुत करना।**

इसके चार प्रमुख सूत्र:

- **धर्म = चेतना की नीति**
- **राजनीति = सेवा की क्रिया**
- **अर्थनीति = संतुलन की व्यवस्था**
- **विज्ञान = सत्य की खोज**

सत्यकाशी की परंपरा और वंश

सत्यकाशी पीठ किसी व्यक्ति द्वारा स्थापित संस्था नहीं है -
यह **ब्रह्म परंपरा का विस्तार** है।
आदि शंकराचार्य ने चार दिशाओं में चार पीठें स्थापित कीं -
पूर्व, पश्चिम, उत्तर, दक्षिण -
जो वेद, धर्म और आत्मज्ञान के केंद्र बने।

परंतु कालान्तर में जब राजनीति धर्म से अलग और धर्म समाज से अलग हुआ,
तो **पाँचवीं पीठ** की आवश्यकता पड़ी -
जो अद्वैत दर्शन को शासन की नीतियों में उतार सके।

"चार पीठों ने धर्म को जीवित रखा,
पाँचवीं पीठ उसे जीवन में उतारेगी।"

सत्यकाशी का उद्देश्य – धर्म का पुनर्निर्माण, शासन का पुनर्जागरण

आज की मानवता धर्म को या तो संप्रदाय मानती है या अनुष्ठान।
पर सत्यकाशी कहता है -

"धर्म = जीवन की वैज्ञानिक व्यवस्था।"

इस पीठ का उद्देश्य है -
धर्म को **व्यवहार में**, राजनीति को **सेवा में**,
और विज्ञान को **चेतना में** बदलना।

इसके तीन प्रमुख लक्ष्य:

1. **आध्यात्मिक शासन (Spiritual Governance):**
   जहाँ नीतियाँ करुणा और सत्य पर आधारित हों।
2. **चेतना आधारित शिक्षा (Conscious Education):**
   जहाँ बच्चों को ज्ञान नहीं, आत्मा से जोड़ने की विधि सिखाई जाए।
3. **वैश्विक समरसता (Global Oneness):**
   जहाँ राष्ट्रवाद का स्थान "मानववाद" ले ले।

सत्यकाशी और मानवता का भविष्य

सत्यकाशी केवल एक धार्मिक केंद्र नहीं,
बल्कि मानवता का भविष्य मॉडल है।

यह वह स्थान है जहाँ -

- विज्ञान और वेदांत मिलते हैं,
- राजनीति और करुणा जुड़ते हैं,
- और व्यक्ति स्वयं में "राजऋषि" बनता है।

"जब शासक साधक बन जाएगा,
तब ही पृथ्वी पर धर्मराज्य स्थापित होगा।"

निष्कर्ष

सत्यकाशी पीठ का इतिहास कोई कालखंड नहीं,
बल्कि एक **युग की उद्घोषणा** है।
यह उस समय का प्रतीक है
जब ब्रह्मज्ञान शासन का केंद्र बनेगा,
और शासन ब्रह्म की सेवा बन जाएगा।

"सत्यकाशी केवल एक स्थान नहीं -
वह चेतना की वह ज्योति है
जो युगों से अंधकार में जलती रही है।"

पाँचवाँ और अंतिम शंकराचार्य पीठ: इसकी विशेषता

आदि शंकराचार्य ने चार दिशाओं में चार पीठों की स्थापना की -
उत्तर में **ज्योतिर्मठ (बद्रीनाथ)**,
दक्षिण में **श्रृंगेरी पीठ**,
पूर्व में **गौड़पीठ (पुरी)**,
और पश्चिम में **द्वारका शारदापीठ**।

इन चारों पीठों ने धर्म की लौ को जलाए रखा -
ज्ञान, भक्ति, कर्म और योग - चारों मार्गों के संतुलन से।
परंतु जैसे-जैसे युग आगे बढ़ा,
मानवता की चुनौती केवल धर्म रक्षा नहीं रही,
बल्कि **धर्म को शासन, विज्ञान और समाज में जीवित रखना** बन गई।

इसी आवश्यकता से जन्म लेता है -
पाँचवाँ और अंतिम शंकराचार्य पीठ - "सत्यकाशी पीठ।"

"चार पीठों ने धर्म को सुरक्षित रखा,
पाँचवाँ पीठ धर्म को सार्वभौमिक बना देगा।"

पाँचवाँ पीठ क्यों आवश्यक हुआ

शंकराचार्य का कार्य केवल धार्मिक पुनर्जागरण नहीं था;
वह चेतना की क्रांति थी।
उनकी परंपरा ने अद्वैत का सिद्धांत दिया -
कि **सभी भिन्नताएँ एक ही परमसत्य की लहरें हैं।**

परंतु आधुनिक युग में -

- धर्म राजनीति से अलग हुआ,
- ज्ञान आस्था से अलग हुआ,

- और मनुष्य स्वयं अपने अस्तित्व से अलग हो गया।

ऐसे समय में आवश्यक था
कि अद्वैत केवल दर्शनशास्त्र न रह जाए,
बल्कि राजनीति और जीवन का सिद्धांत बन जाए।
इसी हेतु स्थापित हुआ -
सत्यकाशी पीठ - पाँचवाँ और अंतिम शंकराचार्य पीठ।

इसकी स्थापना का प्रतीकात्मक अर्थ

चार पीठें **चार तत्वों (पृथ्वी, जल, अग्नि, वायु)** से संबंधित हैं,
जबकि पाँचवाँ पीठ **आकाश तत्व** का प्रतीक है -
अर्थात् सर्वव्यापक चेतना।

दिशा	**पीठ**	**तत्व**	**उद्देश्य**
पूर्व	पुरी (गौड़)	जल	भक्ति और समर्पण
पश्चिम	द्वारका	अग्नि	कर्म और संकल्प
उत्तर	ज्योतिर्मठ	वायु	ज्ञान और विवेक
दक्षिण	श्रृंगेरी	पृथ्वी	स्थिरता और परंपरा
केंद्र	**सत्यकाशी**	**आकाश**	**चेतना और एकत्व**

"आकाश सबको जोड़ता है -
उसी तरह सत्यकाशी सभी परंपराओं को एक चेतना में जोड़ता है।"

पाँचवाँ पीठ - अद्वैत का आधुनिक रूप

सत्यकाशी पीठ का लक्ष्य अद्वैत को केवल ध्यान या उपनिषद तक सीमित नहीं रखना,
बल्कि उसे शासन और समाज की नीतियों में उतारना है।

इसका सार है -
"अद्वैत शासन" = ऐसा तंत्र जहाँ आत्मा और राज्य में कोई विभाजन न हो।
यह पीठ आत्मा-केन्द्रित राजनीति का सिद्धांत प्रस्तुत करती है -
जहाँ सत्ता साधना है,
शासन सेवा है,
और नेतृत्व तप है।

सत्यकाशी पीठ की पाँच विशेषताएँ

1. अद्वैत का संस्थागत रूप

यह पीठ अद्वैत को केवल तत्वज्ञान नहीं,
बल्कि संस्थागत चेतना बनाती है।
धर्म, शिक्षा, राजनीति, अर्थ और विज्ञान -
सभी को एकसूत्र में बाँधती है।

2. राजऋषि परंपरा का पुनर्जागरण

आदर्श शासक वही है जो साधक भी हो।
सत्यकाशी इस परंपरा को पुनर्जीवित करता है -
जहाँ राज्य का मार्गदर्शन ऋषियों द्वारा होता है।

3. विज्ञान और अध्यात्म का संगम

यह पीठ "Consciousness Studies" और "Spiritual Technology"
को एक साथ लाकर मानव चेतना के विकास को वैज्ञानिक दृष्टि देती है।

4. वैश्विक धर्म - Beyond Religion

सत्यकाशी का धर्म किसी संप्रदाय का नहीं,
बल्कि "मानवता की आत्मा" का है।
यह कहता है -

"जो सत्य को खोजता है, वही सनातन है।"

5. राज्य और आत्मा का समन्वय

यह पीठ बताती है कि शासन तंत्र तभी स्थायी है
जब वह आत्मिक अनुशासन पर आधारित हो।
यह "राजनीति का आध्यात्मिकीकरण" है,
जिसे भविष्य की सभ्यता का आधार माना गया है।

"अंतिम शंकराचार्य पीठ" क्यों कहा गया

चार पीठें धर्म की दिशा का प्रतीक थीं,
पाँचवाँ पीठ **धर्म की दिशा से परे उसकी पूर्णता** का प्रतीक है।
यह अब किसी भौगोलिक क्षेत्र के लिए नहीं,
बल्कि पूरे विश्व की चेतना के लिए है।

"जब मनुष्य का धर्म मानवता होगा,
तब सत्यकाशी पाँचवाँ ही नहीं, अंतिम पीठ सिद्ध होगा।"

सत्यकाशी पीठ का दार्शनिक आधार

इस पीठ की जड़ें तीन सूत्रों पर टिकी हैं -

1. **ब्रह्म सत्यम्** - सत्य सर्वत्र है।
2. **जगत् मिथ्या** - भेद, संप्रदाय और हिंसा केवल अज्ञान की छाया हैं।
3. **जीवो ब्रह्मैव नापरः** - प्रत्येक व्यक्ति ब्रह्म का ही अंश है।

यही दर्शन राजनीति में यह रूप लेता है -

दर्शन	राजनीतिक रूप
ब्रह्म सत्यम्	राज्य का आधार सत्य और नीति
जगत मिथ्या	जाति, रंग, धर्म से ऊपर समानता
जीवो ब्रह्मैव	प्रत्येक नागरिक में दिव्यता का सम्मान

निष्कर्ष

**सत्यकाशी पीठ शंकराचार्य की परंपरा का समापन नहीं,
बल्कि उसका परिपूर्ण रूप है।
यह धर्म, राजनीति, और चेतना -
तीनों के संगम से एक** नया युग **आरंभ करता है।**

**"पहले चार पीठों ने दिशा दी,
पाँचवें ने दिशा को प्रकाश बना दिया।"**

**सत्यकाशी पीठ इसलिए अंतिम है -
क्योंकि यह अद्वैत को सिद्धांत नहीं,
बल्कि जीवित अनुभव बना देता है।**

भाग-7

सत्यकाशी पीठ के कार्य

धारा-उद्धार: धर्म की पुनर्स्थापना

मनुष्य चेतना का रूपांतरण

साधना, दीक्षा और आध्यात्मिक अनुष्ठान

वैश्विक कार्य: मानवता के लिए संदेश

शिव-तत्व और कल्कि-तत्व का मिलन

"सार्वभौम सत्य-सिद्धान्त" पर आधारित "युग परिवर्तन श्रृंखला" के नवयुग के शास्त्र-साहित्य

धारा-उद्धार: धर्म की पुनर्स्थापना

सत्यकाशी पीठ का प्रथम और सर्वोपरि कार्य है-**धारा-उद्धार**, अर्थात वह दिव्य धारा जो युगों से मलीन, विभ्रांत या विकृत हो चुकी है, उसे पुनः शुद्ध स्वरूप में प्रवाहित करना। "धर्म" शब्द यहाँ किसी संप्रदाय, पद्धति या विचारधारा का नाम नहीं; धर्म का अर्थ है-**जगत की अंतर्निहित समरसता, सत्य और सृष्टि-नियम**।

जब युग बदलता है, धर्म की धारा अवरुद्ध हो जाती है।
सत्य केवल ग्रंथों में रह जाता है, इसके प्रयोग का बल खो जाता है।
लोग अनुष्ठान तो करते हैं, पररस के बिना;
मंत्र तो बोलते हैं, पर अर्थ के बिना;
धर्म का नाम तो लेते हैं, पर धर्म का जीवन नहीं जीते।

सत्यकाशी पीठ इस जड़ता को तोड़ता है।

यह धारा-उद्धार तीन प्रकार से होता है:

1. सत्य-दृष्टि का पुनर्जागरण

लोगों में सत्य को पहचानने और जीने की क्षमता पुनः सक्रिय होती है।
यह क्षमता बिना किसी प्रवचन-केवल चेतना-संक्रमण से जगती है।

2. धर्म का प्रयोगशाला-रूप

सत्यकाशी पीठ धर्म को जीवन के केंद्र में स्थापित करता है।
धर्म यहाँ सिद्धांत नहीं-व्यवहार और चरित्र का प्रवाह है।

3. युग-धर्म की घोषणा

हर युग का धर्म अलग होता है।
कलियुग से सतयुग में प्रवेश के लिए जो धर्म आवश्यक है-योग, करुणा, सत्य, उच्च चेतना, मानव-एकत्व-उसका पुनःस्थापन पीठ के मुख्य कार्यों में है।

इस प्रकार, धारा-उद्धार वह बीज है जिससे नए युग की पूरी फसल अंकुरित होती है।

मनुष्य चेतना का रूपांतरण

युग परिवर्तन का मूल आधार मनुष्य की बाहरी परिस्थितियाँ नहीं-उसकी **भीतर की चेतना** है। सत्यकाशी पीठ का दूसरा मुख्य कार्य इसी रूपांतरण से जुड़ा है।

मनुष्य आज बुद्धि में प्रबल है, पर चेतना में सुप्त।
ज्ञान बहुत है, पर विवेक कम।
सूचना बहुत है, पर अनुभूति नहीं।
असंतोष बहुत है, पर दिशा नहीं।

पीठ का उद्देश्य मनुष्य को बाहरी उपलब्धियों से हटाकर भीतर की यात्रा में प्रवेश कराना है।

रूपांतरण के चार चरण

1. जागरण (Awakening)

मनुष्य स्वयं से पहला प्रश्न पूछता है-"मैं कौन हूँ?"
यह प्रश्न जन्म देता है।

2. शुद्धि (Purification)

पुराने संस्कार, भय, भ्रम और अहंकार टूटने लगते हैं।

3. विस्तार (Expansion)

चेतना शरीर-मन से आगे बढ़कर सूक्ष्म और कारण-स्तरों को अनुभव करने लगती है।

4. परिणति (Realization)

मनुष्य अपने भीतर स्थित दिव्य-सत्ता को पहचान लेता है।
यही "नया मनुष्य" है-युग परिवर्तन का वाहक।

पीठ का कार्य प्रत्येक साधक को इन चार चरणों के मार्ग से गुज़ारना है-धीरे, सहज, और सामूहिक ऊर्जा के साथ।

साधना, दीक्षा और आध्यात्मिक अनुष्ठान

हर परिवर्तन की जड़ अनुशासन और साधना है।
सत्यकाशी पीठ में साधना केवल ध्यान या मंत्र नहीं-यह एक पूर्ण जीवन-शास्त्र है।

1. साधना (Spiritual Practice)

- आंतरिक शांति
- चेतना का विस्तार
- ऊर्जा का स्थिरीकरण
- स्मृति-शोधन
- आत्म-प्रकाश

पीठ की साधना आधुनिक मन के अनुसार सरल, गहरी और प्रभावकारी है।
यह शरीर, मन, प्राण और चेतना-सभी स्तरों पर काम करती है।

2. दीक्षा (Initiation)

दीक्षा बाहरी कर्म नहीं-ऊर्जा का आंतरिक स्थानांतरण है।
यह वह क्षण है जब साधक की चेतना में युग-ऊर्जा का बीज रोपा जाता है।
यह बीज धीरे-धीरे जागता है और साधक स्वयं एक "चेतना-केंद्र" बन जाता है।

3. अनुष्ठान (Rituals)

अनुष्ठान ब्रह्मांडीय ऊर्जा को पृथ्वी पर स्थिर करने के उपकरण हैं।
सत्यकाशी पीठ में अनुष्ठान प्राचीन और आधुनिक दोनों हैं-
वे बाहरी प्रतीकों से अधिक आंतरिक परिवर्तन पर आधारित हैं।

अनुष्ठान केवल पूजा नहीं-वे प्रकाश का आह्वान हैं।

वैश्विक कार्य - मानवता के लिए संदेश

सत्यकाशी पीठ का कार्य किसी एक देश, संस्कृति या समुदाय तक सीमित नहीं।
युग परिवर्तन हमेशा वैश्विक होता है-इसलिए उसका संदेश भी वैश्विक होता है।

आज मानवता कई स्तरों पर विभाजित है-
भाषा, धर्म, राजनीति, अर्थव्यवस्था, जाति, विचार।
पर चेतना का सत्य इन सभी से ऊपर है।

सत्यकाशी पीठ का वैश्विक संदेश यही है:

1. मानव एक है

भिन्नता केवल बाहरी है; भीतर सबमें एक ही प्रकाश विद्यमान है।

2. पृथ्वी हमारा साझा आश्रम है

मानवता को पृथ्वी-चेतना के साथ सुसंगत होना होगा।

3. धर्म संघर्ष नहीं-एकता का मार्ग है

सभी पवित्र परंपराएँ एक ही सत्य के भिन्न द्वार हैं।

4. विज्ञान और अध्यात्म एक-दूसरे के पूरक हैं

दुनिया का नया युग तभी जन्म लेगा जब विज्ञान चेतना को समझेगा, और अध्यात्म विज्ञान को अपनाएगा।

5. कल्कि-ऊर्जा सार्वभौमिक है

यह ऊर्जा किसी राष्ट्र का, पंथ का, या समूह का स्वामित्व नहीं;
यह सम्पूर्ण मानवता का जन्मसिद्ध अधिकार है।

सत्यकाशी पीठ का उद्देश्य इसी संदेश को विश्व तक पहुँचाना है-शब्द, कला, ध्यान, साधना, विज्ञान और ऊर्जा के माध्यम से।

शिव-तत्व और कल्कि-तत्व का मिलन

युग परिवर्तन का अंतिम रहस्य दो महाशक्तियों के मिलन में निहित है-
शिव-तत्व और **कल्कि-तत्व**।

शिव-तत्व

संहार, मौन, तत्त्व-ज्ञान, समाधि और शून्य का प्रतिनिधि।
यह सभी रूपों का विसर्जन है-स्रोत में लौटना।

कल्कि-तत्व

नव-सृष्टि, धर्मस्थापन, ऊर्जा का उत्थान और युग-चक्र का पुनर्मूल्यांकन।
यह समय को पुनः संतुलित करने वाली शक्ति है।

दोनों का मिलन तब होता है जब:

- पुराना युग समाप्त हो रहा हो
- नया युग जन्म ले रहा हो
- पृथ्वी अपनी चेतना बदल रही हो
- मानवता परिवर्तन की पुकार कर रही हो

शिव-तत्व पुरातन को शून्य करता है,
और उसी शून्य में कल्कि-तत्व नया ब्रह्मांडीय क्रम स्थापित करता है।

सत्यकाशी पीठ इसी मिलन का केंद्र है-
जहाँ **शिव का मौन** और **कल्कि का उदय**
एक साथ कार्य करते हैं।

यही मिलन युग के नये चक्र की शुरुआत है-
यहीं से सतयुग का नया सूर्योदय होता है।

"सार्वभौम सत्य-सिद्धान्त" पर आधारित "युग परिवर्तन श्रृंखला" के नवयुग के शास्त्र-साहित्य

विभिन्न सम्प्रदाय (धर्म), जाति, मत, दर्शन इत्यादि में विभाजित इस मानव समाज में वर्तमान तथा आने वाले भविष्य के समय की मूल आवश्यकता है- मानव के मनो का एकीकरण अर्थात मानव मन का भूमण्डलीकरण एवं ब्रह्माण्डीयकरण। इसकी आवश्यकता इसलिए भी है क्योंकि मानव अपने विज्ञान व तकनीकी ज्ञान से प्राप्त संसाधनो का प्रयोग करते हुये, एक तरफ तो ब्रह्माण्ड की ओर चल पड़ा है तो दुसरी तरफ विध्वंस के लिए अनेक हथियारों का भी निर्माण कर चुका है। ऐसी स्थिति में हमें निश्चित रूप से ऐसे एकीकरण की आवश्यकता है जिससे हम इस पृथ्वी से मानसिक स्तर के विवादों को समाप्त कर सकें।

माया सभ्यता के अनुसार विश्व के मानव समाज यह भी मान रहें हैं कि 21 दिसम्बर, 2012 को दुनिया का अन्त हो जायेगा। जबकि हिन्दू धर्म शास्त्र विष्णु पुराण, भागवत पुराण, अग्नि पुराण, गरूड़ पुराण, पद्म पुराण इत्यादि में भगवान के दसवें और महाअवतार "कल्कि" का होना अभी शेष है। जिनसे कलियुग के अंधकार व विनाश को समाप्त करने का कार्य सम्पन्न होगा, साथ ही सत्ययुग का आरम्भ होगा। सिक्ख धर्म के पवित्र ग्रन्थ "दशम् ग्रन्थ" में भी "कल्कि अवतार" का वर्णन मिलता है।

सृजन और विनाश, का स्तर शारीरिक, आर्थिक व मानसिक होता है। जो एक व्यक्ति, समाज, देश और विश्व राष्ट्र के लिए होता है। व्यक्ति पर हुये शारीरिक, आर्थिक व मानसिक सृजन और विनाश को व्यक्ति ही अनुभव करता है परन्तु समाज, देश और विश्व राष्ट्र पर हुये शारीरिक, आर्थिक व मानसिक सृजन व विनाश को सार्वजनिक रूप से सभी देखते है। समाज, देश और विश्व राष्ट्र पर शारीरिक व आर्थिक सृजन और विनाश वर्तमान में तो चल ही रहा है जिसे सार्वजनिक रूप से मानव समाज देख रहा है।

भौतिकवादी पश्चिमी संस्कृति किसी भी सृजन व विनाश को मानसिक स्तर पर सोच ही नहीं सकता क्योंकि वह समस्त क्रियाकलाप को बाह्य जगत में ही घटित होता समझाता है जबकि वर्तमान समय मानसिक स्तर पर विनाश व सृजन का है। इस आधार पर यह कहा जा सकता है कि माया सभ्यता के अनुसार 21 दिसम्बर, 2012 को जो विनाश व सृजन होगा, वह मानसिक स्तर का ही होगा। जिसके परिणामस्वरूप सभी सम्प्रदाय, मत, दर्शन एक उच्च स्तर के विचार या सत्य में विलीन अर्थात विनाश को प्राप्त करेगा। फलस्वरूप उच्च स्तर के विचार या सत्य में स्थापित होने से सृजन होगा। कुल मिलाकर माया सभ्यता के कैलेण्डर का अन्त तिथि 21 दिसम्बर, 2012, दुनिया के अन्त की तिथि नहीं बल्कि वह वर्तमान युग के अन्त की अन्तिम तिथि का अनुमान है जिसके बाद नये युग का आरम्भ होगा।

ईश्वर भी इतना मूर्ख व अज्ञानी नहीं है कि वह स्वयं को इस मानव षरीर में पूर्ण व्यक्त किये बिना ही दुनिया को नष्ट कर दे। इसके सम्बन्ध में हिन्दू धर्म शास्त्रों में सृष्टि के प्रारम्भ के सम्बन्ध में कहा गया है कि- "ईश्वर ने इच्छा व्यक्त की कि मैं एक हूँ, अनेक हो जाऊँ"। इस प्रकार जब वही ईश्वर सभी में है तब निश्चित रूप से जब तक सभी मानव ईश्वर नहीं हो जाते तब तक दुनिया के अन्त होने का कोई प्रश्न ही नहीं उठता। और विकास क्रम चलता रहेगा।

21 दिसम्बर, 2012 के बाद का समय नये युग के प्रारम्भ का समय है जिसमें ज्ञान, ध्यान, चेतना, भाव, जन, देश, विश्व राष्ट्र, आध्यात्मिक जागरण, मानवता इत्यादि का विश्वव्यापी विकास होगा। परिणामस्वरूप सभी मानव को ईश्वर रूप में स्थापित होने का अवसर प्राप्त होगा। और यही विश्व मानव समाज की मूल आवश्यकता है। प्राचीन वैदिक काल में समाज को नियंत्रित करने के लिए ज्ञानार्जन सबके लिए खुला नहीं था परन्तु वर्तमान और भविष्य की आवश्यकता यह है कि समाज को नियंत्रित करने के लिए सभी को पूर्ण ज्ञान से युक्त कर सभी के लिए ज्ञान को खोल दिया जाय। यही कारण था कि वेद को प्रतीकात्मक रूप में लिख कर गुरू-शिष्य परम्परा द्वारा उसकी व्याख्या की जाती रही थी जिससे राजा और समाज को नियंत्रण में रखा जा सके।

सभी मानव को ईश्वर रूप में स्थापित होने के लिए जो माध्यम चाहिए वह है-"एकात्म विज्ञान" व "ईश्वर शास्त्र" विषय से मानव को शिक्षित करना और शिक्षा पाठ्यक्रम में अनिवार्य रूप से अध्ययन के लिए शामिल कराया जा सके।

"सार्वभौम सत्य-सिद्धांत"पर आधारित "युग परिवर्तन श्रृंखला" मानवता के अगली पीढ़ी के उदय के लिए

"नये युग" में "नये भारत" के लिए "नवीन मान-राग-प्राण" पर आधारित क्रियान्वयन प्रणाली (Operation System)-मानव-10 (MANAV-10) की पुस्तकें

यह नई पीढ़ी (Gen-Z) के लिए "विकसित भारत" और "मानव-10 प्रणाली" (MANAV-10 System) को प्रोत्साहित करने वाली श्रृंखला का हिस्सा है।

अर्थात् यह पुस्तक किसी धर्म, जाति या मत से ऊपर उठकर "Universal Truth Principles" की ओर संकेत करती है।

मुद्रित (Printed Hard Copy) पुस्तक के लिए लिंक(Link)

https://notionpress.com/author/lava_kush

E_Book के लिए

www.64inch.com

द्वापर युग में आठवें अवतार श्रीकृष्ण द्वारा प्रारम्भ किया गया कार्य नवसृजन के
प्रथम भाग सार्वभौम ज्ञान के शास्त्र "गीता" के बाद कलियुग में
द्वितीय और अन्तिम भाग "सार्वभौम कर्मज्ञान" और "पूर्णज्ञान का पूरक शास्त्र"

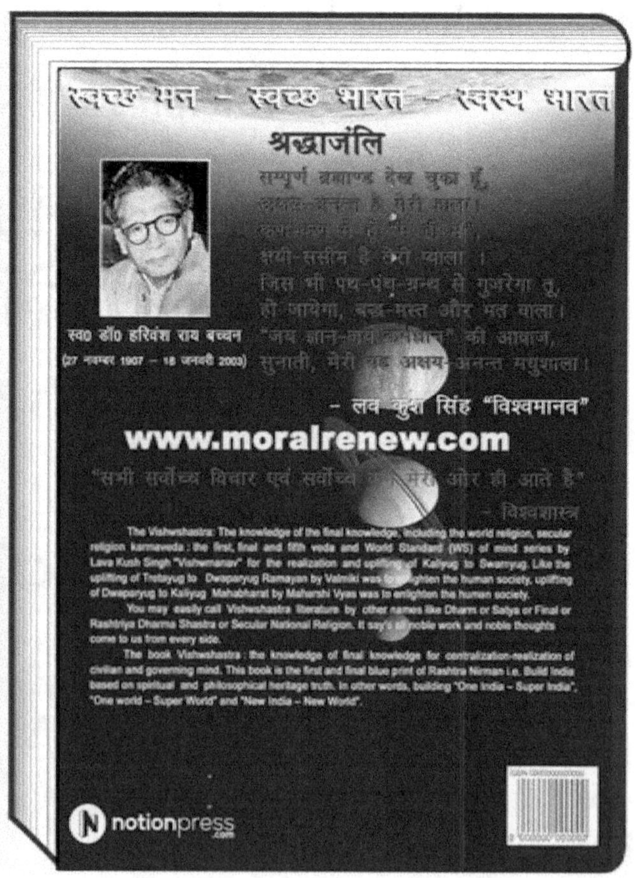

विश्व युद्ध के पहले
दिव्य दृष्टि
सत्यकाशी पीठ
पांचवां और अन्तिम शंकराचार्य पीठ

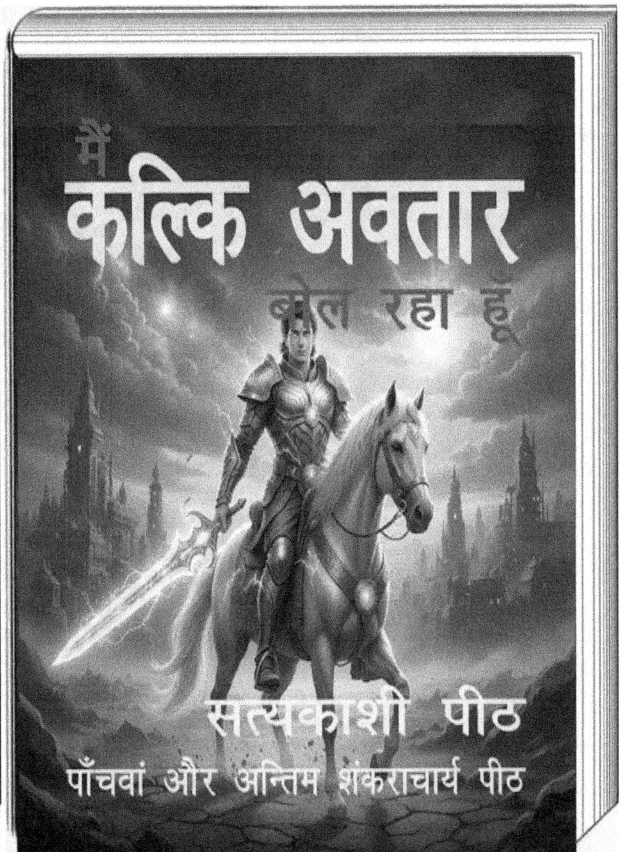
मैं
कल्कि अवतार
बोल रहा हूँ
सत्यकाशी पीठ
पाँचवां और अन्तिम शंकराचार्य पीठ

समष्टि गीता
सत्यकाशी पीठ
पाँचवां और अन्तिम शंकराचार्य पीठ

फिल्म स्क्रीप्ट
राइटिंग
IDEAS
You are the writer of your life
FRESH Ideas
Writing is designing with words
creative THINKING
LIGHTS CAMERA ACTION
Short Films.
लव कुश सिंह “विश्वमानव”

प्रारम्भिक सत्य
अन्तिम
दृष्टि
सत्यकाशी पीठ
पाँचवां और अन्तिम शंकराचार्य पीठ

सत्य धर्म
युग परिवर्तक
दृष्टि
सत्यकाशी पीठ
पाँचवां और अन्तिम शंकराचार्य पीठ

सत्य दार्शनिक-दर्शन
और
कर्म वेदान्त-विकास
दर्शन
सत्यकाशी पीठ
पाँचवां और अन्तिम शंकराचार्य पीठ

सत्य शास्त्र
एवं
पुराण-रहस्य
महर्षि व्यास
कला
सत्यकाशी पीठ
पाँचवां और अन्तिम शंकराचार्य पीठ

संत एवं गुरु
और
विश्व संत एवं गुरु
सत्यकाशी पीठ
पाँचवां और अन्तिम शंकराचार्य पीठ

समाज और
ईश्वरीय समाज
सत्यकाशी पीठ
पाँचवां और अन्तिम शंकराचार्य पीठ

सत्य शास्त्र और
विश्वशास्त्र
सत्यकाशी पीठ
पाँचवां और अन्तिम शंकराचार्य पीठ

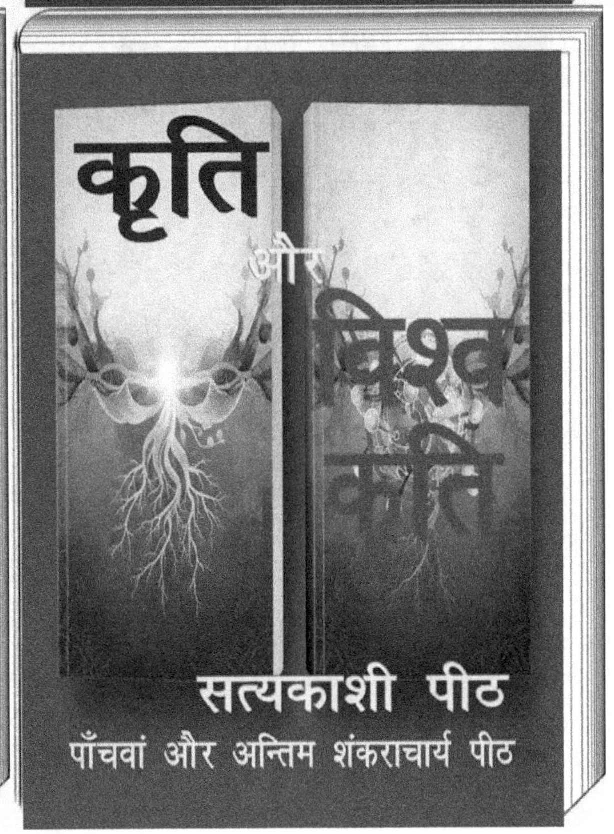
कृति
और
विश्व
कृति
सत्यकाशी पीठ
पाँचवां और अन्तिम शंकराचार्य पीठ

भारत माता मन्दिर
और
विश्वधर्म मन्दिर
सत्यकाशी पीठ
पाँचवां और अन्तिम शंकराचार्य पीठ

महाभारत
और
विश्वभारत
सत्यकाशी पीठ
पाँचवां और अन्तिम शंकराचार्य पीठ

संविधान और
विश्व संविधान
सत्यकाशी पीठ
पांचवां और अन्तिम शंकराचार्य पीठ

शिक्षा और
पूर्ण शिक्षा
सत्यकाशी पीठ
पांचवां और अन्तिम शंकराचार्य पीठ

देवता और सार्वभौम देवता
कल्कि
सत्यकाशी पीठ

माँ कल्कि

द्वादस ज्योतिर्लिंग और
१३वां अन्तिम ज्योतिर्लिंग
?
सत्यकाशी पीठ
पाँचवां और अन्तिम शंकराचार्य पीठ

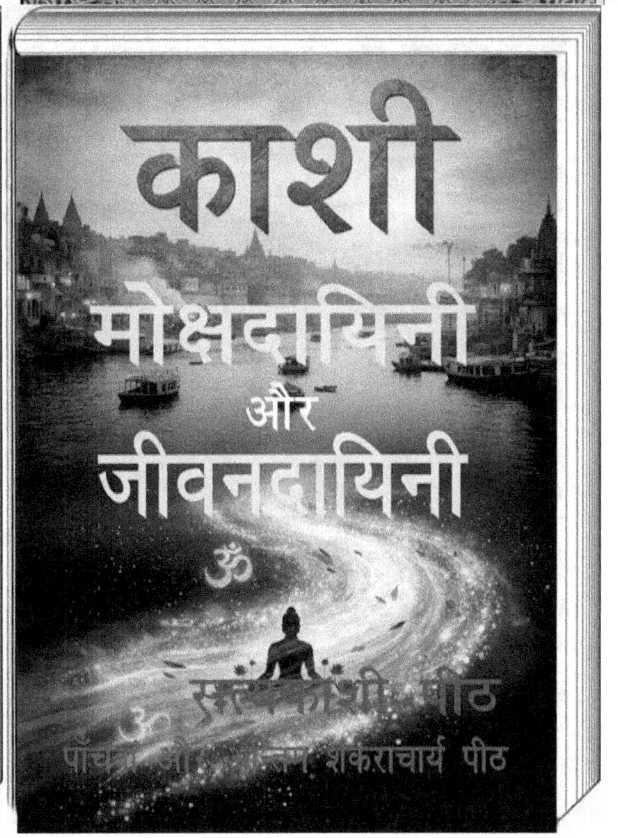
काशी
मोक्षदायिनी
और
जीवनदायिनी
ॐ

सत्यकाशी
स्वर्णयुग
का
तीर्थ

काशी
रहस्योद्घाटन
सत्यकाशी पीठ
पांचवां और अन्तिम शंकराचार्य पीठ

2020
सत्यकाशी पीठ
पाँचवां और अन्तिम शंकराचार्य पीठ

ईश्वर
का
संक्षिप्त इतिहास
सत्यकाशी पीठ
पाँचवां और अन्तिम शंकराचार्य पीठ

अवतार
अन्तिम सत्य दृष्टि
सत्यकाशी पीठ
पाँचवां और अन्तिम शंकराचार्य पीठ

भविष्यवाणियाँ
और
कल्कि अवतार
सत्यकाशी पीठ
पाँचवां और अन्तिम शंकराचार्य पीठ

स्वामी विवेकानन्द
और
कल्कि अवतार
सत्यकाशी पीठ
पाँचवां और अन्तिम शंकराचार्य पीठ

मनु, मनवन्तर
और
कल्कि अवतार
सत्यकाशी पीठ
पाँचवां और अन्तिम शंकराचार्य पीठ

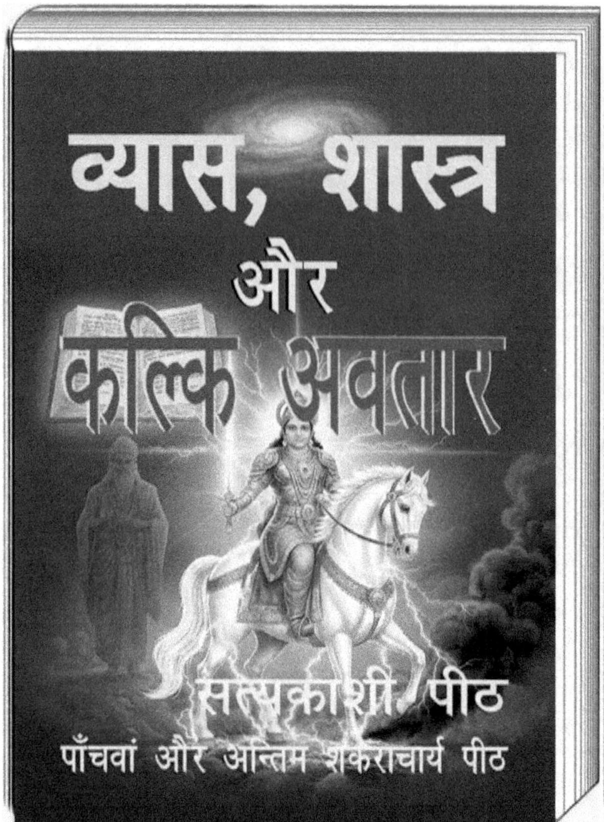
व्यास, शास्त्र
और
कल्कि अवतार
सत्यकाशी पीठ
पाँचवां और अन्तिम शंकराचार्य पीठ

ऋषि, ऋषि परम्परा
और
कल्कि अवतार
सत्यकाशी पीठ
पाँचवां और अन्तिम शंकराचार्य पीठ

दूसरा आगमन
या
अन्तिम आगमन
सत्यकाशी पीठ
पाँचवां और अन्तिम शंकराचार्य पीठ

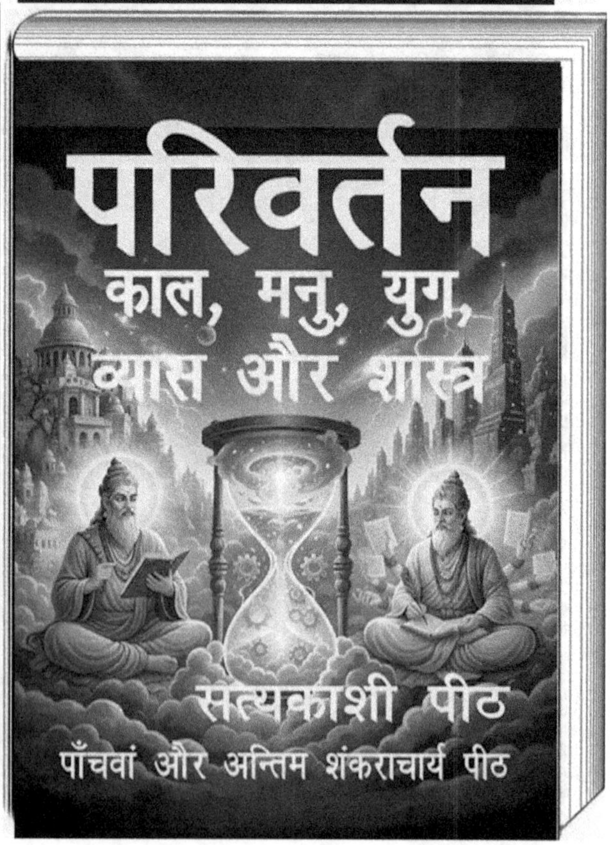
परिवर्तन
काल, मनु, युग,
व्यास और शास्त्र
सत्यकाशी पीठ
पाँचवां और अन्तिम शंकराचार्य पीठ

राम, रावण
और
सार्वभौम एकात्म
सत्यकाशी पीठ
पाँचवां और अन्तिम शंकराचार्य पीठ

मैं
व्यक्तिगत या सार्वभौम
सत्यकाशी पीठ
पाँचवां और अन्तिम शंकराचार्य पीठ

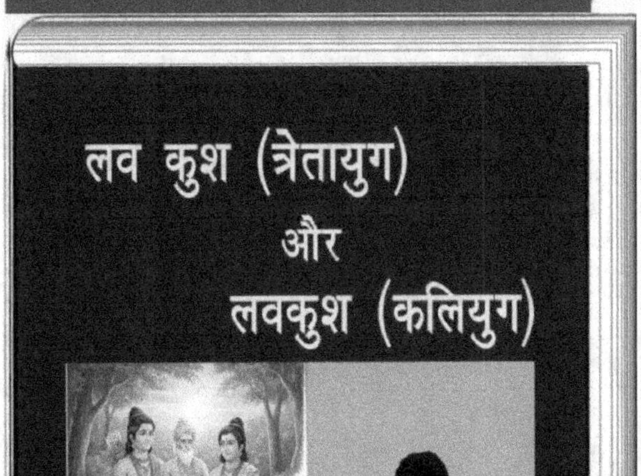
लव कुश (त्रेतायुग)
और
लवकुश (कलियुग)
सत्यकाशी पीठ
पाँचवां और अन्तिम शंकराचार्य पीठ

कल्कि महावतार
आ चुके हैं
(ACTION PLAN)
सत्यकाशी पीठ
पाँचवां और अन्तिम शंकराचार्य पीठ

लव कुश सिंह
(कल्कि महावतार)
जीवन, ज्ञान, कर्म और विश्वरूप
सत्यकाशी पीठ
पाँचवां और अन्तिम शंकराचार्य पीठ

वैश्विक बुद्ध
बुद्ध का
भाग-दो
और अन्तिम
सत्यकाशी पीठ
पाँचवां और अन्तिम शंकराचार्य पीठ

बुड्ढ़ा कृष्ण
कृष्ण का
भाग-दो
और अन्तिम
सत्यकाशी पीठ
पाँचवां और अन्तिम शंकराचार्य पीठ

सम्पूर्ण क्रान्ति
अन्तिम कार्य योजना
64
सत्यकाशी पीठ
पांचवां और अन्तिम शंकराचार्य पीठ

सम्पूर्ण क्रान्ति
वेबसाइट मार्गदर्शन
विवरणिका
सत्यकाशी पीठ
पाँचवां और अन्तिम शंकराचार्य पीठ

पुनर्निर्माण
(RENEW)
समस्या, समाधान
और
राष्ट्र निर्माण की योजना
पाँचवां और अन्तिम शंकराचार्य पीठ

पुनर्निर्माण
(RENEW)
ग्राम एवं नगर वार्ड
प्रेरक
सत्यकाशी पीठ
पाँचवां और अन्तिम शंकराचार्य पीठ

द्वापर युग में आठवें अवतार श्रीकृष्ण द्वारा प्रारम्भ किया गया कार्य "नवसृजन" के
प्रथम भाग "सार्वभौम ज्ञान" के शास्त्र "गीता" के बाद कलियुग में
द्वितीय और अन्तिम भाग "सार्वभौम कर्मज्ञान" और "पूर्णज्ञान का पूरक शास्त्र"
।। विश्वशास्त्र ।।
द नॉलेज ऑफ फाइनल नॉलेज
परिचय
- लव कुश सिंह "विश्वमानव"

एन्टायर पालिटिक्स
पूर्ण पाठ्यक्रम
सत्यकाशी पीठ
पाचवां और अन्तिम शंकराचार्य पीठ

वसुधैव
कुटुम्बकम्
सत्यकाशी पीठ
पाँचवां और अन्तिम शंकराचार्य पीठ

।।कर्मवेद।।
प्रथम, अन्तिम तथा पंचम
सत्यकाशी पीठ
पांचवां और अन्तिम शंकराचार्य पीठ

आठवें अवतार
श्रीकृष्ण
के अनकहे संदेश
सत्यकाशी पीठ
पांचवां और अन्तिम शंकराचार्य पीठ

अयोध्या नहीं,
मुंगेर है
राम जन्मभूमि
सत्यकाशी पीठ
पाँचवां और अन्तिम शंकराचार्य पीठ

विश्वमानव
भूतपूर्व नेतृत्वकर्ताओं
का
स्पष्टिकरण
सत्यकाशी पीठ
पाँचवां और अन्तिम शंकराचार्य पीठ

विश्वमानव
वर्तमान नेतृत्वकर्ताओं
का
स्पष्टिकरण
सत्यकाशी पीठ
पाँचवां और अन्तिम शंकराचार्य पीठ

विश्वमानव
वार्ता, वक्तव्य
एवं
वाणीयाँ

विश्वमानव
पत्रावली, प्रसारण और अन्तिम पत्र
सत्यकाशी पीठ
पाँचवां और अन्तिम शंकराचार्य पीठ

सत्य जनहित आह्वान
सत्यकाशी पीठ
पाँचवां और अन्तिम शंकराचार्य पीठ

विश्व शान्ति
अन्तिम सत्य दृष्टि
सत्यकाशी पीठ
पाँचवां और अन्तिम शंकराचार्य पीठ

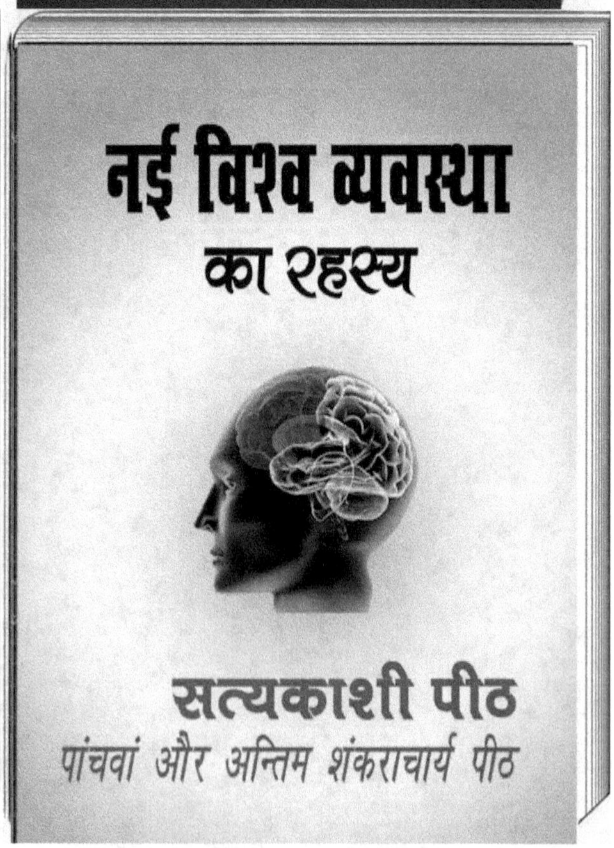
नई विश्व व्यवस्था
का रहस्य
सत्यकाशी पीठ
पांचवां और अन्तिम शंकराचार्य पीठ

समाजवाद
ब्रह्माण्डीय विकास का अवतारी मार्ग
सत्यकाशी पीठ
पांचवां और अन्तिम शंकराचार्य पीठ

भारतवाद
राष्ट्रवाद की मुख्यधारा
सत्यकाशी पीठ
पांचवां और अन्तिम शंकराचार्य पीठ

100 वर्षीय संयुक्त राष्ट्र
को अग्रिम सन्देश
सत्यकाशी पीठ
पांचवां और अन्तिम शंकराचार्य पीठ

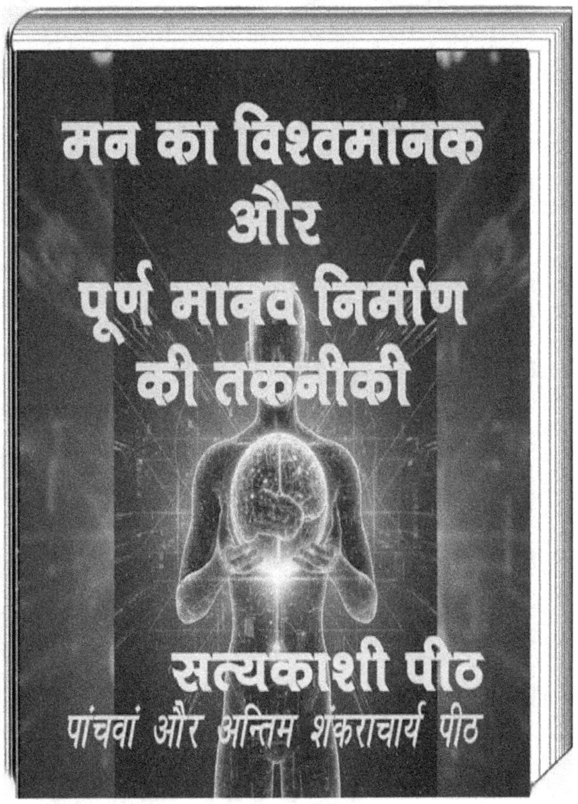
मन का विश्वमानक
और
पूर्ण मानव निर्माण
की तकनीकी
सत्यकाशी पीठ
पांचवां और अन्तिम शंकराचार्य पीठ

गणराज्य, संघ,
मानकीकरण संगठन
और
सम्पूर्ण मानक
सत्यकाशी पीठ
पाँचवां और अन्तिम शंकराचार्य पीठ

व्यापार केन्द्र
दृश्य सत्य
सत्यकाशी पीठ
पाँचवां और अन्तिम शंकराचार्य पीठ

सार्वभौम एकात्म
नव विश्व निर्माण
सत्यकाशी पीठ
पांचवां और अन्तिम शंकराचार्य पीठ

मानक विपणन
प्रणाली
सत्यकाशी पीठ
पाँचवां और अन्तिम शंकराचार्य पीठ

स्वर्णयुग का मानक
आदर्श नागरिक
दिशा निर्देश
सत्यकाशी पीठ
पांचवां और अन्तिम शंकराचार्य पीठ

स्वर्णयुग का
विश्वधर्म
परिचय
सत्यकाशी पीठ
पांचवां और अन्तिम शंकराचार्य पीठ

मैत्रेय बुद्ध
की ओर
सत्यकाशी पीठ
पांचवां और अन्तिम शंकराचार्य पीठ

विशाल ज्ञान विज्ञान
सबका समाधान
सूर्योदय
जय जनता जय कानून
हम सब एक दूसरे से हैं और एक दूसरे के लिए हैं
सौजन्य से : सारे गैर सरकारी प्राणी : सरकारी प्राणी : इज्जतदार नेता और
सबका भविष्य विद्यार्थीगण.........के लिए।

सार्वभौम सत्य-सिद्धान्त आधारित "युग परिवर्तक" श्रृंखला
कल्कि धाम
और
कल्कि परिचय
– लव कुश सिंह "विश्वमानव"

सार्वभौम सत्य-सिद्धान्त आधारित "युग परिवर्तक" श्रृंखला
चार शंकराचार्य पीठ
और
पांचवां-अन्तिम पीठ
सत्यकाशी पीठ
सत्यकाशी पीठ
सत्यकाशी पीठ
पांचवां और अन्तिम शंकराचार्य पीठ

कल्कि अमृत
महाकुम्भ
2025
FINAL KNOWLEDGE BOMB BLAST
सत्यकाशी पीठ
पांचवां और अन्तिम शंकराचार्य पीठ

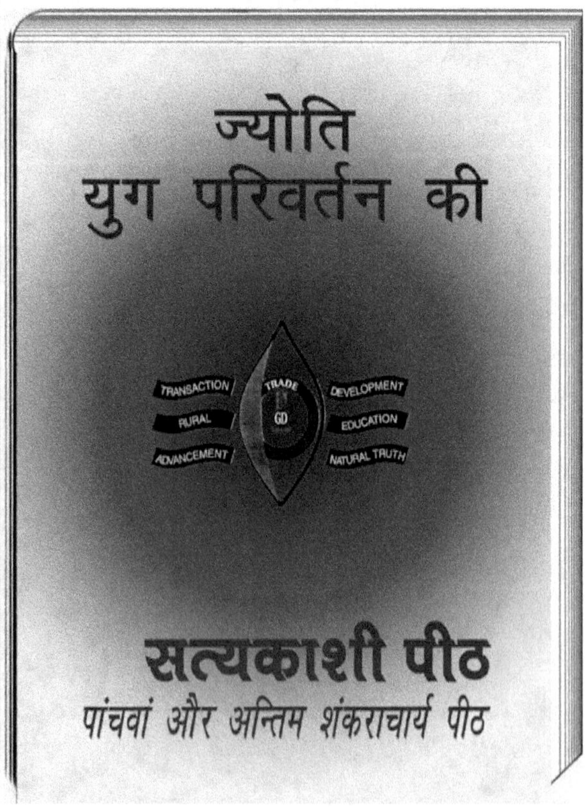
ज्योति
युग परिवर्तन की
TRANSACTION
TRADE
DEVELOPMENT
RURAL
GD
EDUCATION
ADVANCEMENT
NATURAL TRUTH
सत्यकाशी पीठ
पांचवां और अन्तिम शंकराचार्य पीठ

युग परिवर्तन
के
शब्द
सत्यकाशी पीठ
पांचवां और अन्तिम शंकराचार्य पीठ

विचारों का अंत
2025
सत्यकाशी पीठ
पांचवां और अन्तिम शंकराचार्य पीठ

विश्व सत्य घोषणा-पत्र
2025–मानव जाति तक
RSS
Rational Service Society
सत्यकाशी पीठ
पांचवां और अन्तिम शंकराचार्यपीठ

वैश्विक युग परिवर्तन के लिए
विश्व राजनीतिक पार्टी संघ
RSS
Rational Service Society
सत्यकाशी पीठ
पांचवां और अन्तिम शंकराचार्यपीठ

क्रिप्टो करेंसी
और मोबाइल माइनिंग
—लव कुश सिंह "विश्वमानव"

पीढ़ी
मानवीय और ईश्वरीय
10
वात्सल्य त्रिपाठी

बुढ़ा कृष्ण
अन्तिम मिलन
वात्सल्य त्रिपाठी

अन्तिम लक्ष्य
वात्सल्य त्रिपाठी

पॉचवां-अन्तिम पीठ
सत्यकाशी पीठ
परिचय
वात्सल्य त्रिपाठी
पाँचवां और आंतिम शंकराचार्य पीठ

कबीर और
जेन-जी
नई चेतना, नया मानव
चेतना और नवयुग की संवाद यात्रा
वात्सल्य त्रिपाठी

कल्कि की
ज्योति
बिहार से
ज्योति राठौड़

एक बिहारी
धरती पर भारी
ज्योति राठौड़

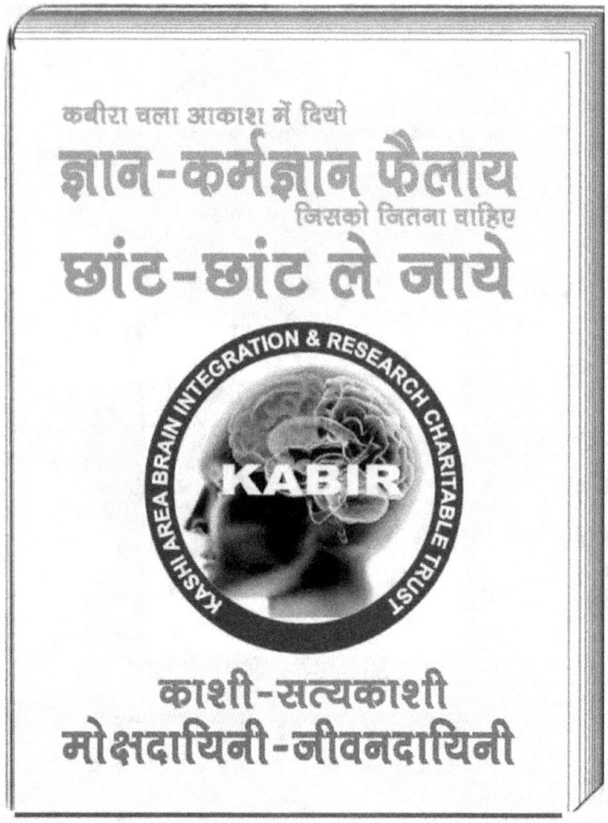
कबीरा चला आकाश में दियो
ज्ञान-कर्मज्ञान फैलाय
जिसको जितना चाहिए
छांट-छांट ले जाये
KASHI AREA BRAIN INTEGRATION & RESEARCH CHARITABLE TRUST
KABIR
काशी-सत्यकाशी
मोक्षदायिनी-जीवनदायिनी

कुर्म वंश
और
चरणाद्रिगढ़
स्वामी रमेशानन्द

आर.एस.एस
नवयुग के लिए
वैश्विक व्यक्तिगत पुस्तकालय
RATIONAL SERVICE SOCIETY (RSS)
WORLD PERSONAL LIBRARY FOR NEW AGE
A GUIDE TO GLOBAL WISDOM & FUTURE THOUGHT
स्वामी रमेशानन्द

झोला उठने के बाद
सोशल मीडिया
के लिए
कन्टेन्ट बैंक
विस्तृत गाइड: विचार, रणनीतियाँ, और संसाधन
www.64inch.com
सत्यकाशी पीठ
पांचवां और अन्तिम शंकराचार्य पीठ

झोला उठने के बाद
कल्कि
के तीन चरण
सत्यकाशी पीठ
पांचवां और अन्तिम शंकराचार्य पीठ

युग परिवर्तन के लिए:
विश्व पुस्तकालय बनाम कल्कि पुस्तकालय
www.64inch.com
बनाम
कल्कि पुस्तकालय
ज्ञान का महासंग्राम - भविष्य का निर्माण
सत्यकाशी पीठ
पांचवां और अन्तिम शंकराचार्य पीठ

व्हाट्सएप्प यूनिवर्सिटी
और
सु-इसु यूनिवर्सिटी
सत्यकाशी पीठ
पांचवां और अन्तिम शंकराचार्य पीठ

इंडिया
भारत का विश्वरूप
सत्यकाशी पीठ
पांचवां और अन्तिम शंकराचार्य पीठ

अधूरे सपनों का अन्तिम मार्ग
सत्यकाशी पीठ
पांचवां और अन्तिम शंकराचार्य पीठ

मानक संविधान और बहुजन
सत्यकाशी पीठ
पांचवां और अन्तिम शंकराचार्य पीठ

विकसित भारत अन्तिम मुद्दे
-ईश्वरीय/मानवीय पीढ़ी-10 (GEN-10)
-व्यक्तिगत
-पारिवारीक
-सामाजिक
-धार्मिक
-राष्ट्रीय
-वैश्विक
सत्यकाशी पीठ
पांचवां और अन्तिम शंकराचार्य पीठ

एक नया विकल्प
THREADS
सत्यकाशी पीठ
पांचवां और अन्तिम शंकराचार्य पीठ

विकसित भारत
शिक्षितों का अन्तिम ईश्वरीय मॉडल
सत्यकाशी पीठ
पांचवां और अन्तिम शंकराचार्य पीठ

विकास मॉडल
आसुरी
और
ईश्वरीय
सत्यकाशी पीठ
पांचवां और अन्तिम शंकराचार्य पीठ

युग परिवर्तन और 1000 वर्षों के लिए
सत्यकाशी पीठ
का सम्पूर्ण कार्य
कौन,
क्यों,
कैसे
कल्कि?
सत्यकाशी पीठ
पांचवां और अन्तिम शंकराचार्य पीठ

बैल बुद्धि
और
विकसित
भारत
सत्यकाशी पीठ
पांचवां और अन्तिम शंकराचार्य पीठ

भोज्यम
सत्यकाशी पीठ
पांचवां और अन्तिम शंकराचार्य पीठ

एक्सट्रा
टु ए बी
समान नागरिक व्यापार ज्ञान संहिता (CCTKC)
सत्यकाशी पीठ
पांचवां और अन्तिम शंकराचार्य पीठ

एक्सट्रा
टु ए बी
समान नागरिक आर्थिक संहिता (UCEC)
सत्यकाशी पीठ
पांचवां और अन्तिम शंकराचार्य पीठ

अंध भक्ति
से मुक्ति की ओर
मुक्ति मंत्र
"जिसने अंधभक्ति दिया
वही मुक्ति देगा"
सत्यकाशी पीठ
पांचवां और अन्तिम शंकराचार्य पीठ

VISHVABHARAT
न मो
नारायण
सत्यकाशी पीठ
पांचवां और अन्तिम शंकराचार्य पीठ

अगला स्तर
फिल्म और राजनीति पर
विचारों का संग्रह
सत्यकाशी पीठ
पांचवां और अन्तिम शंकराचार्य पीठ

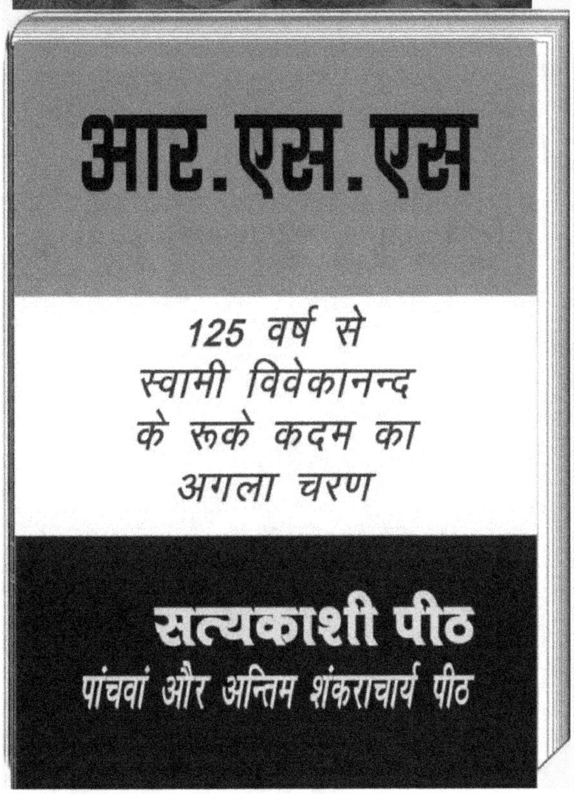
आर.एस.एस
125 वर्ष से
स्वामी विवेकानन्द
के रूके कदम का
अगला चरण
सत्यकाशी पीठ
पांचवां और अन्तिम शंकराचार्य पीठ

आर.एस.एस
रहस्योद्‌घाटन
सत्यकाशी पीठ
पांचवां और अन्तिम शंकराचार्य पीठ

125 वर्ष बाद
स्वामी विवेकानन्द
का अगला चरण

सत्यकाशी पीठ
पांचवां और अन्तिम शंकराचार्य पीठ

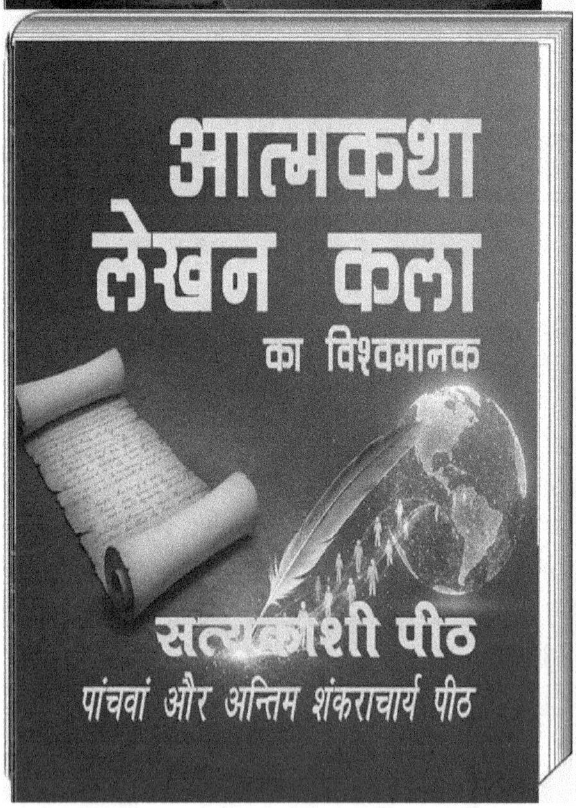
आत्मकथा
लेखन कला
का विश्वमानक
सत्यकाशी पीठ
पांचवां और अन्तिम शंकराचार्य पीठ

लुच्चा
पुराण
पौराणिक कथाओं
और पात्रों के
सत्य समझ की व्यास दृष्टि
सत्यकाशी पीठ
पांचवां और अन्तिम शंकराचार्य पीठ

आठवां
सावर्णि मनु स्मृति
सत्यकाशी पीठ
पांचवां और अन्तिम शंकराचार्य पीठ

विश्वमानक
शून्य श्रृंखला
0
सत्यकाशी पीठ
पांचवां और अन्तिम शंकराचार्य पीठ

सर्वजीत साधना
भवन
एक आध्यात्मिक अनुभव
सत्यकाशी पीठ
पांचवां और अन्तिम शंकराचार्य पीठ

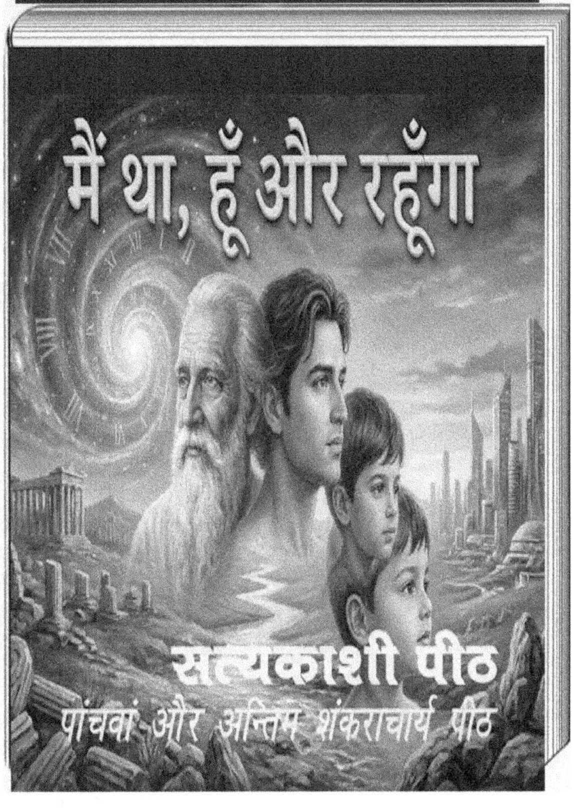
मैं था, हूँ और रहूँगा
सत्यकाशी पीठ
पांचवां और अन्तिम शंकराचार्य पीठ

लव
सत्यकाशी पीठ
पांचवां और अन्तिम शंकराचार्य पीठ

परब्रह्म,
प्रकृति,
अवतार
और वानर
सत्यकाशी पीठ
पांचवां और अन्तिम शंकराचार्य पीठ

संसार
दृश्य
और
अदृश्य
सत्यकाशी पीठ
पांचवां और अन्तिम शंकराचार्य पीठ

कर्मोपनिषद्
सत्यकाशी पीठ
पांचवां और अन्तिम शंकराचार्य पीठ

विश्वभारत पुराण
सत्यकाशी पीठ
पांचवां और अन्तिम शंकराचार्य पीठ

एकात्म विज्ञान
सत्यकाशी पीठ
पांचवां और अन्तिम शंकराचार्य पीठ

मानक विज्ञान
सत्यकाशी पीठ
पांचवां और अन्तिम शंकराचार्य पीठ

ईश्वर शास्त्र
सत्यकाशी पीठ
पांचवां और अन्तिम शंकराचार्य पीठ

युगावतारों के प्रकटीकरण की कार्यविधि:
राम-कृष्ण-लवकुश
सत्यकाशी पीठ
पांचवां और अन्तिम शंकराचार्य पीठ

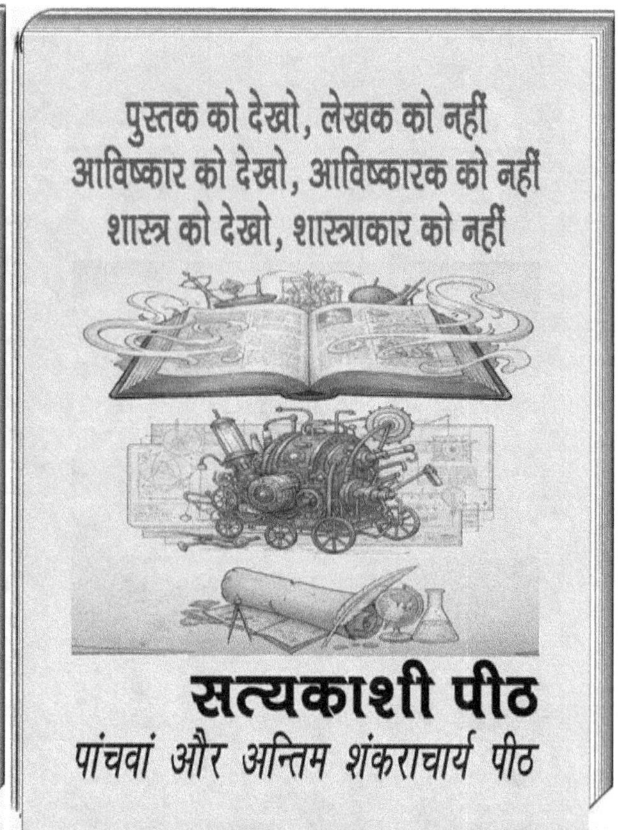
पुस्तक को देखो, लेखक को नहीं
आविष्कार को देखो, आविष्कारक को नहीं
शास्त्र को देखो, शास्त्राकार को नहीं
सत्यकाशी पीठ
पांचवां और अन्तिम शंकराचार्य पीठ

56 से 64
की ओर
सत्यकाशी पीठ
पांचवां और अन्तिम शंकराचार्य पीठ

मैं सत्यकाशी हूँ
कविता
सत्यकाशी पीठ
पांचवां और अन्तिम शंकराचार्य पीठ

पटेल
भारत के शारीरिक एकीकरण के बाद
मन का एकीकरण लक्ष्य
सत्यकाशी पीठ
पांचवां और अन्तिम शंकराचार्य पीठ

मन से
आत्मा तक
3 6 9 और 7
6
3
9
7
सत्यकाशी पीठ
पांचवां और अन्तिम शंकराचार्य पीठ

भारत
400 पार मुद्दा किसका
?
सत्यकाशी पीठ
पांचवां और अन्तिम शंकराचार्य पीठ

आर. एस. एस - पुस्तकालय
पढ़ो और कमाओ
शिक्षित समाज, समर्थ राष्ट्र
सत्यकाशी पीठ
पांचवां और अन्तिम शंकराचार्य पीठ

विश्वयुद्ध के पहले
विश्वगुरु भारत
का विश्व शान्ति और
पुनर्निर्माण का अन्तिम सन्देश
सत्यकाशी पीठ
पांचवां और अन्तिम शंकराचार्य पीठ

चुटिया पण्डित
वृन्दावन की सत्य घटना
स्वामी नन्दनानंद

कल्कि का
चुनार और वृन्दावन
से उठता प्रेम
स्वामी नन्दनानंद

कल्कि का
बेगुसराय और मीरजापुर
जन्म और कर्म क्षेत्र
स्वामी नन्दनानंद

सत्येश्वरोपनिषद्
सत्येश्वर
और
झूठेश्वर
वात्सल्य त्रिपाठी

अन्तिम अवतार
कल्कि
के लिए शेष कर्म
वात्सल्य त्रिपाठी

कल्कि अवतार
का मानव-10
विकसित भारत का प्रवेश द्वार
वात्सल्य त्रिपाठी

पप्पू-गप्पू
और
नागरिक झुलेलाल
वात्सल्य त्रिपाठी

ओपेन गेम
कभी-कभी नहीं,
अब कन्फर्म है
अपुन ही
भगवान है
(वेब सीरीज)
वात्सल्य त्रिपाठी

SATYAKASHI
THE END OF MIRZAPUR
सत्यकाशी पीठ
पांचवां और अन्तिम शंकराचार्य पीठ

अण्डरवर्ल्ड
सनातन से पुरूषों से छुपी महिलाओं की कहानी
(फिल्म स्क्रीनप्ले-रेडी टू शूट)
वात्सल्य त्रिपाठी

सोना और सोना
एवं
नारी सशक्तिकरण
वैदिक काल से वर्तमान तक
सत्यकाशी पीठ
पांचवां और अन्तिम शंकराचार्य पीठ

स्लम डॉग
गॉड
फिल्म स्क्रीनप्ले-रेडी टू शूट

उत्तर प्रदेश
का
उत्तर
वात्सल्य त्रिपाठी

अन्तिम समन्वयाचार्य
कल्कि
वात्सल्य त्रिपाठी

2026
2+0+2+6=10
पांचवां और अन्तिम शंकराचार्य पीठ

राम न आयेंगे
लवकुश आ रहें हैं
www.64inch.com
पांचवां और अन्तिम शंकराचार्य पीठ

युग परिवर्तन के
150 पुस्तकें-परिचय
ज्ञान, प्रेरणा और भविष्य की ओर एक कदम
150
सत्यकाशी पीठ
पांचवां और अन्तिम शंकराचार्य पीठ
"एक नई शुरुआत के लिए ज्ञान की खोज"

जैसी तुम्हारी इच्छा वैसा करो

डॉ0 सर्वपल्ली राधाकृष्णन का जन्म 5 सितम्बर, 1888 को दक्षिण भारत के तिरूतनि स्थान पर हुआ था जो चेन्नई से 64 किमी उत्तर–पूर्व में है। डॉ0 सर्वपल्ली राधाकृष्णन भारत के उपराष्ट्रपति और दूसरे राष्ट्रपति सन् 1952 से 1962 तक में रहे। डॉ0 सर्वपल्ली राधाकृष्णन भारतीय समाजिक संस्कृति से ओत–प्रोत एक महान शिक्षाविद् महान दार्शनिक, महान वक्ता और आस्थावान हिन्दू विचारक थे। डॉ0 सर्वपल्ली राधाकृष्णन ने अपने जीवन के महत्वपूर्ण 40 वर्ष शिक्षक के रूप में व्यतीत किये। उनमें एक आदर्श शिक्षक के सारे गुण मौजूद थे। डॉ0 सर्वपल्ली राधाकृष्णन समस्त विश्व को एक शिक्षालय मानते थे। उनकी मान्यता थी कि शिक्षा के द्वारा ही मानव दिमाग का सद्उपयोग किया जाना सम्भव है इसलिए समस्त विश्व को एक इकाई समझकर ही शिक्षा का प्रबन्धन किया जाना चाहिए। उनके जन्मदिन को "शिक्षक दिवस" के रूप में मनाया जाता है।

इति ते ज्ञानमाख्यातं गुह्यादगुह्यतरं मया।
विमृश्न्यैतदशेषेण यथेच्छसि तथा कुरू।।
(श्रीमदभगवद्गीता, अध्याय–18, श्लोक–63)

अर्थात् – मैंने तुम्हें जो बताया, वह सब से बड़ा रहस्य है। इस पर भलीभाँति विचार कर तुम्हारी जैसी इच्छा वैसा करो।

"परमात्मा देखने में तटस्थ या निरपेक्ष दिखाई देता है, क्योंकि उसने चुनने का निर्णय अर्जुन के हाथ में छोड़ दिया है। उसकी यह निरपेक्षता ही अर्जुन के चिन्ता का कारण है। वह किसी पर भी दबाव नहीं डालता क्योंकि स्वतःस्फूर्त स्वतन्त्रता बहुत मूल्यवान होती है। भगवान अपना आदेश ऊपर से नहीं थोपता। वह स्वतन्त्र छोड़ देता है। परमात्मा की पुकार को स्वीकार करने या अस्वीकार कर देने के लिए हम हर समय स्वतन्त्र हैं। हम लड़खड़ाने लगें तो वह सहायता देने के लिए तैयार रहता है और प्रतीक्षा करने को तैयार है जब तक हम उसकी ओर उन्मुख न हों।

सब कुछ पहले से निर्धारित मानने वाले सिद्धान्त में टकराव के कारण यूरोप और भारत में काफी वाद–विवाद हुआ है। यूरोप का प्रमुख सिद्धान्त है कि संकल्प शक्ति और मानवीय प्रयत्न की स्वतन्त्रता का मनुष्य के उद्धार में बहुत बड़ा हाथ होता है। यद्यपि स्वयं संकल्प शक्ति को भी परमात्मा की कृपा के समर्थन की आवश्यकता पड़ सकती है। पहले से सब कुछ तय मानने वालों को अच्छे कार्यों और प्रार्थना के लिए यत्न करना होता है, क्योंकि वहाँ भी मानते हैं कि ये उपाय नियति को आगे बढ़ाने में सहायक तो हो सकते हैं लेकिन वे उसे रोक नहीं सकते। मनुष्य इस बात के लिए स्वतन्त्र है कि परमात्मा उन मनुष्यों पर कृपा करना चाहता है जो अपने आचरण से उस कृपा को ग्रहण करने के लिए तैयार करते हैं।

आध्यात्मिक नेता हम पर शारीरिक हिंसा, चमत्कार, प्रदर्शन के जरिये प्रभाव नहीं डालते। यदि सच्चा शिष्य कोई गलती कर भी बैठे, तो वह उसे केवल सलाह देगा। यदि शिष्य को चुनाव करने की स्वतन्त्रता पर आँच आती हो, तो वह उसे गलत रास्ते से भी वापस लौट आने के लिए विवश नहीं करेगा। गलती भी विकास की एक दिशा है।

कृष्ण केवल सारथी हैं। वह अर्जुन के आदेश का पालन करेगा। उसने कोई शस्त्र धारण नहीं किया हुआ है। यदि वह अर्जुन पर कोई प्रभाव डालता है तो वह उसे अपने उस सर्वजयी प्रेम के जरिए डालता है। जो कभी समाप्त नहीं होता।

अर्जुन को अपने लिए स्वयं विचार करना चाहिए और अपने लिए स्वयं ही मार्ग खोज करना चाहिए। अस्पष्ट मान्यताओं को अनिवार्य रूप से और भावुकतापूर्वक अपना लिए जाने के कारण फलस्वरूप कट्टर धर्मान्धता उत्पन्न हुई है और उनके कारण मनुष्यों को अकथनीय कष्ट उठाना पड़ा है। इसलिए यह आवश्यक है कि मन और विश्वासों के लिए कोई तर्क संगत और अनुभावात्मक औचित्य ढूंढ़े।

अर्जुन को एक वास्तविक अखण्डता की अनुभूति प्राप्त करनी होगी लेकिन उसके विचार अपने हैं। और गुरू के जरिये उस पर थोपे नहीं गये हैं। दूसरों पर अपने विचार थोपना शिक्षण नहीं हैं।"

– भगवद्गीता के आखिरी उपदेश पर भारतीय दर्शन के व्याख्याकार और दूसरे राष्ट्रपति डॉ0 राधाकृष्णनन का विवेचन

"यह विश्वशास्त्र, मनुष्यों पर थोपा नहीं जा रहा बल्कि वह मनुष्यों को, मनुष्यो के इस संसार मे जो वर्तमान है उसे और उसके आगे अनन्त मार्ग दिखा रहा है और सभी मार्गों के एकीकरण द्वारा, उस मार्ग को भी दिखा रहा है जो विश्व को सत्य–सुन्दर–शिव बना सकता है। फिर भी हे मनुष्यों जैसी तुम्हारी इच्छा वैसा करो। वर्तमान से योग कराने के लिए ही मैं व्यक्त होता हूँ।" – लव कुश सिंह "विश्वमानव"

सत्य मानक शिक्षा
(Real Standard Education)
8:52 PM
64 Inch-BOOK
NOTICE - Software का Testing
Login?
Register now?
एक राष्ट्र
एक शास्त्र
विश्वशास्त्र
डिग्री और नौकरी
की शिक्षा
सरकार से
जीवन की "समझ और बुद्धि" की शिक्षा
रू0 1/- प्रतिदिन में यहाँ से
App-64inch-BOOK
सत्य मानक शिक्षा
App-64inch-BOOK

"सत्य मानक शिक्षा" का व्यापार-एक अन्तहीन व्यापार

एक नदी पर पुल था जिसे कोई व्यक्ति पैदल दो घण्टे में पार करता था। यह पुल पैदल यात्रीयों के लिए रोक दिया गया था जिसके लिए पुल के ठीक मध्य (एक घण्टे की यात्रा) पर एक गार्ड नियुक्त था। गार्ड एक घण्टे सोता था और एक घण्टे जागता था। एक चालाक व्यक्ति को पुल से नदी पार करना अतिआवश्यक था। इसलिए गार्ड जब सोया तब वह यात्रा प्रारम्भ किया जैसे ही गार्ड के जागने का समय आया, वह वापस लौटने लगा। गार्ड समझा कि वह दूसरे किनारे से आ रहा है इसलिए उसने उस यात्री को पकड़ा और दूसरी ओर भेज दिया। इस प्रकार यात्री नदी पार हो गया।

यदि हम में से किसी को तैरकर नदी पार करना हो और आधे से पहले ही हमारा हिम्मत टूटने लगे तो हम वापस ही आना चाहेंगे। यदि आधे से अधिक तैरने के बाद हिम्मत टूटने लगेगा तो हौसला बढ़ाकर आगे ही बढकर पार करना चाहेंगे।

इसी प्रकार मनुष्य के विकास क्रम में हम सब अदृश्य विज्ञान (आध्यात्म) से दृश्य विज्ञान (भौतिक) की ओर बढ़ गये हैं। नदी या पुल का एक किनारा अदृश्य विज्ञान है तो दूसरा किनारा दृश्य विज्ञान। वर्तमान का हमारा अधिकतम जीवन नदी के दूसरे किनारे दृश्य विज्ञान की ओर है, हर पल। जन्म से ही हम अधिकतम वे सब वस्तुएँ प्रयोग कर रहे हैं जिसका कच्चा माल भले ही ईश्वरकृत हो परन्तु उपयोग का रूप मनुष्यकृत है और विज्ञान द्वारा निर्मित है। इस प्रकार मनुष्य निर्माता के रूप में अपना रूप व्यक्त कर ईश्वर की ओर ही बढ़ रहा है।

नदी के पुल पर बैठे उस गार्ड का काम और तैरने वाले का निर्णय "सत्य शिक्षा" है। वर्तमान में मनुष्य समाज अदृश्य काल से चलकर दृश्य काल में आ चुका है। आधे से वापस किनारे जाना "सत्य" को पाना है। और आधे से दूसरे किनारे पार हो जाना "सिद्धान्त" को पाना है। इन्हीं सिद्धान्त को पाने के बाद संविधान-नियम-कानून का जन्म होता है जिससे आज हम सभी संचालित व प्रभावित है। इस "सत्य-सिद्धान्त" की शिक्षा ही "सत्य मानक शिक्षा" है।

वर्तमान में जीने का अर्थ होता है-विश्व ज्ञान जहाँ तक बढ़ चुका है वहाँ तक के ज्ञान से अपने मस्तिष्क को युक्त करना। तभी डेढ़ हजार वर्ष पुराने हमारे मस्तिष्क का आधुनिकीकरण हो पायेगा। सिर्फ वर्तमान में तो पशु रहकर कर्म करते हैं। "सत्य मानक शिक्षा" मनुष्य के मस्तिष्क के आधुनिकीकरण की शिक्षा है या विज्ञान की भाषा में कहें तो मस्तिष्क के आधुनिकीकरण का साफ्टवेयर या माइक्रोचिप्स (Integrated Circuit-I.C) है। वर्तमान की अब नवीनतम परिभाषा है-"पूर्ण ज्ञान से युक्त होना" और कार्यशैली की परिभाषा है-"भूतकाल का अनुभव, भविष्य की आवश्यकतानुसार पूर्णज्ञान और परिणाम ज्ञान से युक्त होकर वर्तमान समय में कार्य करना।"

ज्ञान के इस युग में शिक्षा-विद्या-कला का व्यापार मनुष्य के धरती पर रहने तक रहेगा। ऐसी स्थिति में "सत्य मानक शिक्षा"का व्यापार भी उस समय तक के लिए स्थायित्व में है। शिक्षा-विद्या-कला कोई प्रापर्टी नहीं है कि पिता जी ग्रहण कर चुके हैं तो पुत्र को हिस्सा प्राप्त हो जायेगा। पुत्र को भी वहीं से अर्थात् अक्षर ज्ञान से शुरू होना पड़ेगा जहाँ से पिता ने शुरू किया था। इस प्रकार "सत्य मानक शिक्षा"का व्यापार एक अन्तहीन व्यापार है जो मनुष्य के पृथ्वी पर रहने तक चलता रहेगा।

स्कूल-कालेजों के जाल से शिक्षा के व्यापार का विकास होता है न कि शिक्षा का। शिक्षा का विकास तो शिक्षा पाठ्यक्रम पर निर्भर होता है जिससे शिक्षक और शिक्षार्थी दोनों निर्मित होते हैं। जब तक पूर्ण शिक्षा पाठ्यक्रम का निर्माण नहीं होता, शिक्षा का विकास नहीं हो सकता लेकिन शिक्षा के व्यापार का विकास होता रहेगा।

आध्यात्म और विज्ञान ने मानव सभ्यता के विकास में अब कम से इतना विकास तो कर ही चुका है कि अब हमें मन के एकीकरण के लिए कार्य करना चाहिए। और उस मन पर कार्य करने का ही परिणाम है-

सम्पूर्ण ब्रह्माण्ड में व्याप्त एक ही सत्य-सिद्धान्त द्वारा व्यक्तिगत व संयुक्त मन को एकमुखी कर सर्वोच्च, मूल और अन्तिम स्तर पर स्थापित करने के लिए शून्य पर अन्तिम आविष्कार WS-0 श्रृंखला की निम्नलिखित पाँच शाखाएँ है।

1. डब्ल्यू.एस. (WS)-0: विचार एवम् साहित्य का विश्वमानक
2. डब्ल्यू.एस. (WS)-00: विषय एवम् विशेषज्ञों की परिभाषा का विश्वमानक
3. डब्ल्यू.एस. (WS)-000: ब्रह्माण्ड (सूक्ष्म एवम् स्थूल) के प्रबन्ध और क्रियाकलाप का विश्वमानक
4. डब्ल्यू.एस. (WS)-0000: मानव (सूक्ष्म तथा स्थूल) के प्रबन्ध और क्रियाकलाप का विश्वमानक
5. डब्ल्यू.एस. (WS)-00000: उपासना और उपासना स्थल का विश्वमानक

और पूर्णमानव निर्माण की तकनीकी WCM-TLM-SHYAM.C (World Class Manufacturing – Total Life Maintenance – Satya-Heart-Yog-Ashram-Meditaion.Conciousness) है।

जो शिक्षा का नया माडल है। गरीबों की समस्या सुलझानें का नैतिक दायित्व है। देश में 25 वर्ष से कम उम्र के 55 करोड़ लोगों के लिए पुनर्निर्माण जैसी योजना हैं। उन्हें नौकरी और प्रशिक्षण की व्यवस्था है। रचनात्मकता, समन्वय, लीडरशिप, ग्लोबल तथा प्रोफेशनल विषयों को पढ़ने तथा सूचना तकनीक के जरिए पढ़ाई पर ध्यान केन्द्रित करने से युक्त है। हमारे देश में जो अध्यापक हैं, वे शोध नहीं करते और जो शोध करते हैं वे पढ़ाते नहीं, इसलिए शिक्षार्थी को ही शोध पत्र (विश्वशास्त्र) पढ़ाया जाय क्योंकि शिक्षक पढ़ने से तो रहे क्योंकि समान्यतः धन के आने की सुनिश्चितता के बाद लोग पढ़ना छोड़ देते हैं, यही नहीं कोशिश तो यह भी रहती है कि पढ़ाना भी न पड़े और उन्हें सेवा से हटाया भी नहीं जा सकता।

स्वामी विवेकान्द जी ने कहा था – "सुधारकों से मैं कहूंगा कि मैं स्वयं उनसे कहीं बढ़कर सुधारक हूँ। वे लोग इधर-उधर थोड़ा सुधार करना चाहते हैं- और मैं चाहता हूँ आमूल सुधार। हम लोगों का मतभेद है केवल सुधार की प्रणाली में। उनकी प्रणाली विनाशात्मक है और मेरी संघटनात्मक। मैं सुधार में विश्वास नहीं करता, मैं विश्वास करता हूँ स्वाभाविक उन्नति में।"

स्वाभाविक उन्नति तभी होती है जब संसाधन उपलब्ध हो। कार-मोटरसाइकिल घर में पहले से रहता है तो स्वाभाविक रूप से कम उम्र में ही घर के लोग चलाना सिख जाते हैं

जो व्यक्ति या देश केवल आर्थिक उन्नति को ही सर्वस्व मानता है वह व्यक्ति या देश एक पशुवत् जीवन निर्वाह के मार्ग पर है-जीना और पीढ़ी बढ़ाना। दूसरे रूप में इसे ऐसे समझा जा सकता है कि ऐसे व्यक्ति जिनका लक्ष्य धन रहा था वे अपने धन के बल पर अपनी मूर्ति अपने घर पर ही लगा सकते हैं परन्तु जिनका लक्ष्य धन नहीं था, उनका समाज ने उन्हें, उनके रहते या उनके जाने के बाद अनेकों प्रकार से सम्मान दिया है और ये सार्वजनिक रूप से सभी के सामने प्रमाणित है। पूर्णत्व की प्राप्ति का मार्ग शारीरिक-आर्थिक उत्थान के साथ-साथ मानसिक-बौद्धिक उत्थान होना चाहिए और यही है ही। इस प्रकार भारत यदि पूर्णता व विश्व गुरूता की ओर बढ़ना चाहता है तब उसे मात्र कौशल विकास ही नहीं बल्कि राष्ट्रीय बौद्धिक विकास की ओर भी बढ़ना होगा। बौद्धिक विकास, व्यक्ति व राष्ट्र का इस ब्रह्माण्ड के प्रति दायित्व है और उसका लक्ष्य है।

राष्ट्र के पूर्णत्व के लिए पूर्ण शिक्षा निम्नलिखित शिक्षा का संयुक्त रूप है-

अ-सामान्यीकरण (Generalisation) शिक्षा

ज्ञान के लिए- यह शिक्षा व्यक्ति और राष्ट्र का बौद्धिक विकास कराती है जिससे व्यक्ति व राष्ट्रीय सुख में वृद्धि होती है।

ब-विशेषीकरण (Specialisation) शिक्षा

कौशल के लिए- यह शिक्षा व्यक्ति और राष्ट्र का कौशल विकास कराती है जिससे व्यक्ति व राष्ट्रीय उत्पादकता में वृद्धि होती है।

स-सत्य नेटवर्क (REAL NETWORK)

समाज में प्रकाशित होने के लिए-क्योंकि कोई भी क्यों न हो उसे स्वयं अपना परिचय (BIO-DATA) देना पड़ता है तभी उसके अनुसार समाज उसका उपयोग करता है।

वर्तमान समय में विशेषीकरण की शिक्षा, भारत में चल ही रहा है और वह कोई बहुत बड़ी समस्या भी नहीं है। समस्या है सामान्यीकरण शिक्षा की। व्यक्तियों के विचार से सदैव व्यक्त होता रहा है कि-मैकाले शिक्षा पद्धति बदलनी चाहिए, राष्ट्रीय शिक्षा नीति व पाठ्यक्रम बनना चाहिए। ये तो विचार हैं। पाठ्यक्रम बनेगा कैसे?, कौन बनायेगा? पाठ्यक्रम में पढ़ायेंगे क्या?

एक पूर्ण मानव निर्माण प्रक्रिया में शिक्षा पाठ्यक्रम के स्वरूप का विश्वमानक निम्नवत् है। जो किसी विशेष देश-काल-पात्र पर निर्भर नही करता अर्थात् यह प्रत्येक देशों और व्यक्तियों के लिए शिक्षा का स्वरूप है। जिससे ब्रह्माण्डीय, वैश्विक और व्यक्तिगत संतुलन, स्थिरता, एकता, प्रबन्ध, विकास, शान्ति और सुरक्षा निर्धारित होती है।

1. प्राइमरी शिक्षा (कक्षा-5 तक)-भाषा ज्ञान आधारित:- क्षेत्रीय, देश, विश्व और विज्ञान की भाषा का ज्ञान, सामान्य विज्ञान, सामान्य ज्ञान, चित्र कला।

2. जूनियर हाई स्कूल (कक्षा-6 से 8 तक)-समाज ज्ञान आधारित:- क्षेत्रीय, देश, विश्व और विज्ञान की भाषा का ज्ञान, सामान्य विज्ञान, सामान्य ज्ञान, चित्र कला का विस्तार, खेल, संगीत, कृषि, समाज विज्ञान।

3. हाई स्कूल (कक्षा-9 से 10 तक)-सामान्यीकृत ज्ञान आधारित:- ज्ञान-कर्मज्ञान समाहित WCM-TLM-SHYAM.C (World Class Manufacturing – Total Life Maintenance – Satya-Heart-Yog-Ashram-Meditaion.Conciousness) प्रणाली अर्थात शिक्षा पाठ्यक्रम का विश्व मानक, कालानुसार विज्ञान, तकनीकी, व्यापारीक व प्रबन्धकीय ज्ञान की शिक्षा।

4. इण्टरमीडिएट (कक्षा-11 से 12 तक)-विशेषीकृत ज्ञान आधारित:- कौशल विकास की शिक्षा।

5. उच्च शिक्षा-इच्छानुसार विशेष क्षेत्र आधारित

"किसी देश का संविधान, उस देश के स्वाभिमान का शास्त्र तब तक नहीं हो सकता जब तक उस देश की मूल भावना का शिक्षा पाठ्यक्रम उसका अंग न हो। इस प्रकार भारत देश का संविधान भारत देश का शास्त्र नहीं है। संविधान को भारत का शास्त्र बनाने के लिए भारत की मूल भावना के अनुरूप नागरिक निर्माण के शिक्षा पाठ्यक्रम को संविधान के अंग के रूप में शामिल करना होगा। जबकि राष्ट्रीय संविधान और राष्ट्रीय शास्त्र के लिए हमें विश्व के स्तर पर देखना होगा क्योंकि देश तो अनेक हैं राष्ट्र केवल एक विश्व है, यह धरती है, यह पृथ्वी है। भारत को विश्व गुरू बनने का अन्तिम रास्ता यह है कि वह अपने संविधान को वैश्विक स्तर पर विचार कर उसमें विश्व शिक्षा पाठ्यक्रम को शामिल करे। यह कार्य उसी दिशा की ओर एक पहल है, एक मार्ग है और उस उम्मीद का एक हल है। राष्ट्रीयता की परिभाषा व नागरिक कर्तव्य के निर्धारण का मार्ग है। जिस पर विचार करने का मार्ग खुला हुआ है।"

"भारत का प्रत्येक नागरिक अपने जीवकोपार्जन के मार्ग व संघर्ष में अपने विषय का जानकार व अनुभव तो प्राप्त कर रहा है परन्तु कुछ पाने के क्रम में कुछ छूट भी जाता है इसलिए प्रत्येक नागरिक को अपने अहंकार को भूलकर यह स्वीकार करना होगा कि वह अपने विषय से हटकर अन्य विषय के विषय में कम या नहीं जानता है।"

अतः एक "आदर्श नागरिक" बनने के क्रम में न्यूनतम ज्ञान सभी को एक समान रूप से चाहिए।

www.ingramcontent.com/pod-product-compliance
Lightning Source LLC
LaVergne TN
LVHW080934071026
849535LV00013B/4199
* 9 7 8 1 6 4 9 1 9 0 2 6 0 *